CORRESPONDANCE
DE
BENJAMIN FRANKLIN

IMPRIMERIE GÉNÉRALE DE CH. LAHURE.
Rue de Fleurus, 9, à Paris

CORRESPONDANCE

DE

BENJAMIN FRANKLIN

TRADUITE ET ANNOTÉE

PAR

ÉDOUARD LABOULAYE

de l'Institut de France
et des Sociétés historiques de New-York et de Massachusetts

Eripuit cœlo fulmen, sceptrumque tyrannis

TOME SECOND

1775 — 1790

PARIS

LIBRAIRIE DE L. HACHETTE ET Cie

BOULEVARD SAINT-GERMAIN, N° 77

1866

Tous droits réservés

PRÉFACE.

Le second volume de la *Correspondance* de Franklin n'est pas moins intéressant que le premier. Pour nous, Français, il a un attrait particulier, c'est dans notre pays que le plus grand nombre de ces lettres a été écrit; elles sont une part de notre histoire. Non-seulement Franklin nous fait vivre au milieu de l'aimable et généreuse société du dix-huitième siècle, mais il nous fait assister aux négociations qui ont affranchi l'Amérique, grâce au concours de la France. C'est là, peut-être, la plus belle page de nos annales. En aucun temps, sous aucun prince, il n'y a eu, chez nous, de guerre plus noble et plus désintéressée, que celle que Louis XVI fit aux Anglais, pour leur arracher l'indépendance des États-Unis, et venger les humiliations du règne de Louis XV. Les conditions de la paix font autant d'honneur à la sagacité politique du jeune roi, qu'à sa grandeur d'âme. En refusant tout avantage particulier, en ne demandant à l'Amérique que d'ouvrir ses ports au monde entier, Louis XVI détruisit le monopole maritime de l'Angleterre, donna à la France une alliée fidèle, et assura pour jamais la liberté des mers. Les malheurs de la Révolution ont jeté dans l'ombre cette aurore si pure du règne de Louis XVI ; il est bon de revenir sur ces premières années, et de rendre hommage à un prince qui ne connut d'autre politique étrangère que la justice et l'humanité. Franklin nous aidera dans cette œuvre de réparation ; il suffit de lire ses lettres pour aimer Louis XVI, et pour apprécier la sagesse de M. de Vergennes, son conseiller.

Il est encore une partie de cette *Correspondance* qu'on ne lira pas sans émotion : c'est le dernier chapitre qui contient les lettres que Franklin, rentré dans son pays à près de quatre-vingts ans, adresse à ses amis du vieux continent. Le patriotisme de cet aimable vieillard, sa douce gaieté au milieu des souffrances, la sérénité avec laquelle il attend la mort, sa foi en Dieu et en l'immortalité, donnent à ces dernières pages une touchante majesté. C'est de Franklin qu'on peut dire :

Rien ne trouble sa fin, c'est le soir d'un beau jour.

On a souvent comparé Franklin à Socrate; nulle part, je crois, la ressemblance n'est plus sensible que dans les derniers moments de ces deux sages. On n'a jamais été plus doux et plus ferme en face de la mort. La fin de Socrate, telle que la raconte Platon, en des pages immortelles, a quelque chose de plus tragique et de plus saisissant; celle de Franklin a quelque chose de plus humain et de plus vrai. Il est difficile de lire ces causeries familières d'un homme qui se voit mourir, sans être ému par tant de bonté, de force et de grandeur. L'âge et les infirmités n'ont pas de prise sur l'âme de Franklin; on le sent qui peu à peu s'élève vers l'immortalité. Noble lecture pour qui cherche dans la vie des hommes de bien un exemple et une consolation !

Plus j'ai vécu avec Franklin, plus je me suis étonné qu'on n'ait pas donné plus tôt au public français cette correspondance si pleine d'esprit et de sens; mon étonnement a redoublé quand j'ai lu les excellents articles que dans ses Causeries du lundi, de 1852, M. Sainte-Beuve a écrits sur les œuvres de Franklin. Les éloges d'un critique aussi sûr auraient dû susciter depuis longtemps un traducteur de Franklin. Grâce à M. Hachette, cette œuvre est enfin accomplie; je crois n'avoir laissé de côté aucune lettre vraiment intéressante, aucune leçon morale; voici Franklin qui, une fois encore, revient en France, sur cette terre qu'il appelle : *le pays que j'aime*, j'ai confiance qu'il n'en sortira plus. Ses lettres, qui sont de véritables *Mémoires*, entreront dans notre littérature, et un siècle après sa mort, il aidera encore à conserver entre l'Amérique et la France cette amitié qu'il a fondée, avec l'espoir qu'elle ne finirait jamais.

Glatigny-Versailles, 20 août 1866.

CORRESPONDANCE
DE
BENJAMIN FRANKLIN.

CHAPITRE IX.

Franklin nommé membre du Congrès. — Voyage au Canada. — Déclaration d'Indépendance. — Convention de Pensylvanie. — Correspondance avec Lord Howe. — Il est nommé commissaire à la Cour de Versailles (1775-1776.)

Le lendemain de son arrivée à Philadelphie, Franklin fut nommé à l'unanimité par l'assemblée de l'ensylvanie membre du second Congrès continental, qui devait se réunir à Philadelphie le 10 mai. Le pays était dans une agitation extrême, le sang avait coulé à Lexington, et les milices de la Nouvelle-Angleterre, affrontant les habits rouges, avaient repoussé leurs oppresseurs.

A JOSEPH PRIESTLEY [1].

Situation de l'Amérique.

Philadelphie, 16 mai 1775.

Cher ami,
Avant que cette lettre vous parvienne, vous aurez entendu

1. Célèbre physicien anglais.

parler de la marche dérobée que les réguliers[1] ont faite de nuit dans la campagne, et de leur *expédition* à reculons. En six heures, ils ont fait vingt milles en arrière. Le gouverneur[2] avait convoqué l'Assemblée pour lui soumettre le plan pacifique de lord North; mais avant le jour de la réunion, on a commencé à se couper la gorge. Vous savez qu'on a dit que le gouverneur portait l'épée d'une main et la branche d'olivier de l'autre, mais il semble qu'il a d'abord voulu nous faire tâter de l'épée.

Il double ses fortifications à Boston, et il espère mettre ses troupes en sûreté jusqu'à ce qu'il lui arrive du secours. La place est naturellement si facile à défendre que je crois les troupes à l'abri de tout danger. Toute l'Amérique est exaspérée par cette conduite et plus fermement unie que jamais. La brèche s'est élargie entre les deux pays et menace de devenir irréparable.

J'ai eu un passage de six semaines; le temps a toujours été si doux qu'un bateau de Londres aurait pu nous accompagner tout le long de la route. J'arrivai chez moi le soir, et, dès le lendemain matin, l'assemblée de Pensylvanie me choisit à l'unanimité comme délégué au Congrès qui est à présent réuni.

En route, j'ai fait une découverte scientifique qui a son prix[3]; je vous la communiquerai dès que j'aurai un peu de temps à moi. En ce moment, je suis extrêmement pressé. Votre bien affectionné   B. F.

A WILLIAM STRAHAN.

Philadelphie, 5 juillet 1775.

Monsieur Strahan,
Vous êtes membre du Parlement, un des membres de

1. L'armée anglaise.
2. Le général Gage.
3. Ses expériences sur le *Gulf-stream*, ou courant d'eau

cette majorité qui a voué mon pays à la destruction. Vous avez commencé à brûler nos villes et à assassiner notre peuple. Regardez vos mains, elles sont souillées du sang de vos frères ! Vous et moi, nous avons été longtemps amis ; aujourd'hui, vous êtes mon ennemi et je suis le vôtre. B. F.

Malgré son ton solennel, cette lettre n'est pas sérieuse ; Franklin resta toujours l'ami de M. Strahan. J'imagine qu'en l'écrivant l'auteur voulait adresser à l'Angleterre un dernier avertissement ; il est certain que M. Strahan la fit imprimer à Londres, aussitôt après l'avoir reçue. Quant au fond même de la lettre, au sentiment qui l'inspire, rien de plus sérieux. Franklin était parti d'Angleterre, convaincu que la séparation était faite, et très-décidé à jouer sa fortune et sa vie pour affanchir son pays. Il avait cette résolution, qui est rare chez les vieillards, mais qui lorsqu'elle s'y rencontre prend un caractère vénérable et sacré. A soixante-neuf ans on ne pouvait le soupçonner ni d'ambition ni d'intrigue, le patriotisme seul l'animait. Il était plus hardi que les jeunes gens du Congrès, et prodiguait, sans compter, un reste de vie qu'il donnait tout entier à sa chère Amérique et à la liberté.

A JOSEPH PRIESTLEY.

*Folie de la Grande-Bretagne. — Le général Gage. —
Occupations de Franklin.*

Philadelphie, 7 juillet 1775.

Cher ami,

Le Congrès s'est réuni au moment où les esprits étaient

chaude, qui vient du golfe du Mexique jusqu'aux côtes de France et d'Angleterre et en adoucit le climat.

si exaspérés par la perfidie du général Gage, et par son attaque contre le peuple des campagnes, qu'on avait peu de goût pour les propositions d'accommodement. C'est avec peine que nous avons fait voter une nouvelle *humble pétition*[1] à la couronne, pour donner à la Grande-Bretagne une dernière chance, une dernière occasion de recouvrer l'amitié des colonies. Je ne lui suppose pas assez de bon sens pour saisir cette chance, et je conclus qu'elle a perdu les colonies pour toujours.

Elle a commencé par brûler nos ports, bien sûre, je suppose, que nous ne serons jamais en état de lui rendre le même outrage. Elle peut sans doute détruire tous nos ports, mais si elle veut reconquérir notre commerce, est-ce là le moyen? En vérité, elle est insensée; quel marchand, sinon à Bedlam[2], a jamais songé à augmenter le nombre de ses pratiques, en leur cassant la tête, ou à leur faciliter le payement de leurs dettes, en brûlant leurs maisons? Si l'Angleterre désire nous avoir pour sujets, si elle veut que nous nous soumettions à elle comme à notre souverain collectif, elle nous donne de si misérables échantillons de son

---

1. C'est Dickinson, l'auteur des *Lettres d'un fermier*, qui avait emporté cette mesure. Elle était combattue par John Adams, et tous les députés de la Nouvelle-Angleterre, qui considéraient la rupture comme accomplie. Franklin ne se faisait pas plus d'illusions que John Adams, mais il était toujours pour les moyens les plus doux, afin de ramener peu à peu les incertains et les faibles. Il savait que la violence effraye, et que la modération unit les hommes. A la même époque les patriotes de Pensylvanie demandèrent au Comité de salut public de défendre au clergé de prier pour le roi. Franklin para le coup par une de ses plaisanteries habituelles : « A quoi bon cette défense, dit-il. Je sais de science certaine que depuis vingt ans le clergé anglican prie constamment Dieu *de vouloir bien donner la sagesse au roi et à son conseil*, et nous savons tous quel a été le succès de cette prière. Il est évident que ces Messieurs n'ont aucun crédit à la cour du Ciel. » On rit, et la motion fut ajournée. Parton, *Life of Franklin*, t. II, p. 90.

2. Maison de fous.

gouvernement, que nous le détesterons et le repousserons toujours comme un assemblage de vol, d'assassinat, de famine, de feu et de peste.

Vous savez déjà avec quelle perfidie le général Gage a traité le peuple de Boston. Après avoir permis aux habitants de se retirer avec leurs effets, il a retenu les marchandises, sous prétexte que des marchandises n'étaient pas des effets. Vous avez appris la défaite d'un grand corps de troupes par les gens de la campagne à Lexington; et les petits avantages que nous avons remportés dans quelques escarmouches. A Bunker's-Hill, les soldats ont été deux fois repoussés, ils n'ont gagné qu'à la troisième fois une victoire qui leur coûte cher. En voici assez, je crois, pour convaincre vos ministres que les Américains se battront[1], et que la noix sera plus dure à casser qu'ils ne l'imaginent.

Nous ne nous sommes encore adressés à aucune puissance étrangère pour lui demander de nous aider; nous n'avons pas encore offert notre commerce pour prix de cette alliance. Peut-être ne le ferons-nous jamais; mais si nous sommes serrés de trop près, il sera naturel d'y penser. Nous avons maintenant une armée sur pied qui tient la vôtre assiégée (dans Boston). Jamais mon temps ne fut plus occupé. Le matin, à six heures, je suis au Comité de salut public que l'assemblée a chargé de mettre la province en état de défense. Ce comité dure jusqu'à neuf heures; c'est le moment où j'entre au Congrès qui siége jusqu'à quatre heures de l'après-midi. Ces deux corps agissent avec la plus grande unanimité, leurs séances sont fort suivies. En Angleterre, on ne croira guère qu'on soit aussi zélé chez nous par amour du bien public que chez vous par amour de quelques milliers de livres sterling à l'année.

---

1. En Angleterre les traîneurs de sabre n'avaient pas manqué de dire que les Américains étaient des lâches, et qu'il suffirait de la vue d'un habit rouge pour les mettre tous en fuite.

Telle est la différence des nouveaux États qui ne sont pas corrompus et des vieux États qui sont pourris.

L'économie, le travail sont devenus à la mode en notre pays. Des gens qui n'avaient pas moins de deux ou trois services à leur dîner, se font gloire maintenant de traiter leurs amis avec du bœuf et du poudding. Par ce moyen et en arrêtant tout notre commerce de consommation avec la Grande-Bretagne, nous serons mieux en état de payer nos taxes volontaires pour l'entretien de nos troupes. Sur cet article, nos économies montent à près de cinq millions sterling par an [1].

Je communiquerai votre lettre à M. Winthrop, mais le camp est à Cambridge, et M. Winthrop a aussi peu de loisir que moi pour la science. Croyez-moi toujours, etc.

B. F.

A JOSEPH PRIESTLEY.

Philadelphie, 3 octobre 1775.

Cher monsieur,

Demain, je pars pour le camp [2]; c'est à l'instant que je

---

1. Vers la même époque Franklin écrivit à son fils : « Quelque longtemps que puisse durer la guerre, la dépense ne m'effraie pas. Un peu plus d'économie, un peu plus de travail chez chaque individu y suffiront aisément. Supposons que la guerre coûte 100 000 livres (2 500 000 francs) par mois ou 1 200 000 livres (30 millions) par an. Si 500 000 familles veulent dépenser chacune un shilling de moins et gagner un shilling de plus par semaine, ou seulement dépenser six pences de moins et gagner six pences de plus, elles payeront toute la somme sans trop s'en apercevoir. Renoncer au thé, économise les trois quarts de cet argent; 500 000 femmes faisant chacune trois pences de fil ou de tricot payeront le reste. Je n'en désire pas moins très-sérieusement la paix, car cette guerre est contre nature, mais de la soumission nous n'avons rien à attendre que la servitude et le mépris. » Parton, *Life of Franklin*, t. II, p. 93.

2. Washington était campé à Cambridge, bloquant l'armée an-

reçois cette nouvelle, aussi ne puis-je vous écrire que deux lignes pour vous dire que je suis frais et dispos. Dites à notre bon ami le docteur Price, qui doute et désespère quelquefois de notre fermeté, que l'Amérique est décidée et unanime, à l'exception de quelques tories et de quelques gens en place, qui bientôt, suivant toute apparence *s'exporteront* eux-mêmes. Avec une dépense de trois millions sterling, la Grande-Bretagne a tué cent cinquante *Yankees* dans cette campagne; c'est vingt mille livres sterling (500 000 francs) par tête; et à Bunker's-Hill, elle a gagné un mille de terrain, dont elle a reperdu la moitié quand nous nous sommes emparés de Ploughed-Hill. Durant ce temps, il est né soixante mille enfants en Amérique. Sur ces données, la tête mathématique de Price calculera aisément ce qu'il faudra de temps et d'argent pour nous tuer tous et conquérir tout notre territoire. Mes sincères respects à — et au club des *Whigs honnêtes*, à — Adieu. Je suis toujours votre bien affectionné. B. F.

A UN AMI [1] EN ANGLETERRE.

Philadelphie, 3 octobre 1775.

Cher monsieur,

Je désire la paix aussi ardemment que vous le pouvez faire, et je serais heureux d'y travailler avec vous. Mais chaque vaisseau qui arrive d'Angleterre nous apporte le

glaise dans Boston. Mais les engagements allaient finir (en Amérique on avait la mauvaise habitude d'engager les volontaires pour six mois ou un an), il fallait réorganiser l'armée près de se dissoudre. Le Congrès envoyait Franklin, Lynch et Harrison pour s'entendre sur ce point avec Washington. Jared Sparks t. I, p. 400.

1. On suppose que c'est David Hartley, dont le nom reviendra souvent dans la correspondance.

récit de nouvelles mesures qui tendent de plus en plus à exaspérer les esprits : et il me semble que tant qu'une rude expérience ne vous aura pas appris qu'il est impossible de nous réduire de force, vous ne songerez à rien de juste et de raisonnable.

Jusqu'à présent, nous avons résolu de nous en tenir à des mesures défensives. Rappelez vos troupes et restez chez vous, nous ne penserons nullement à vous faire du tort. Un peu de temps donné aux deux partis pour se refroidir aurait des effets excellents. Mais vous voulez nous piquer et nous provoquer. Vous nous méprisez trop, vous oubliez l'adage italien qu'*il n'y a point de petit ennemi*. Je suis convaincu que le peuple anglais en masse est notre ami, mais il est mobile, et vos gazettes menteuses en feront bientôt un ennemi. Notre respect pour lui en sera diminué, et je vois clairement que nous sommes sur la grande route des haines de famille et d'une horreur mutuelle. La séparation deviendra inévitable. Ce plan si beau, ce plan que nous avons soutenu, et qui devait accroître nos forces, notre empire, notre bonheur à tous, quelle pitié de le voir détruit par les mains maladroites de quelques ministres ignorants! Non, ce plan ne sera pas détruit; Dieu le protégera et le fera réussir; mais vous aurez volontairement perdu la part qui vous y revenait. On nous dit qu'on envoie de nouveaux vaisseaux, de nouvelles troupes. Nous savons que vous pouvez nous faire beaucoup de mal, nous sommes décidés à souffrir avec patience aussi longtemps que nous le pourrons. Mais si vous vous flattez de nous réduire à l'obéissance en nous battant, vous ne connaissez ni le peuple ni le pays. Le Congrès siége encore, il attend le résultat de sa *dernière* pétition. Tout à vous, etc.

B. F.

A SON ALTESSE SÉRÉNISSIME DON GABRIEL DE BOURBON.

En recevant sa traduction de Salluste [1].

Philadelphie, 12 décembre 1775.

Illustre prince,

Je viens de recevoir des mains de l'ambassadeur d'Espagne le précieux cadeau que Votre Altesse Sérénissime a daigné me faire, de son excellente traduction de Salluste.

Je suis extrêmement sensible à cet honneur, et vous prie de recevoir mes remercîments. J'aurais voulu vous envoyer d'Amérique quelques œuvres littéraires dignes de votre attention, mais jusqu'à présent les Muses n'ont guère visité ces régions lointaines. Peut-être cependant les actes de notre Congrès américain, qu'on vient de publier, ne seront-ils pas indignes de la curiosité de votre cour. Je prends donc la liberté d'en envoyer un exemplaire à Votre Altesse, j'y joins le récit des succès que la Providence nous a donnés dans ces derniers temps. Vos sages politiques y pourront contempler les premiers efforts d'un jeune État qui semble appelé à jouer bientôt un rôle de quelque importance sur le théâtre des affaires humaines, et à fournir des matériaux à un futur Salluste. Je suis très-vieux, et ne puis guère espérer de voir la fin de cette grande lutte ; mais en portant mes regards vers l'avenir, il me semble que je vois naître ici un grand empire dont l'intérêt sera de former une étroite et solide alliance avec l'Espagne, car leurs territoires se touchent. Unies ensemble, l'Espagne et l'Amérique seront en état, non-seulement d'assurer la paix de leurs peuples, mais aussi de repousser les attaques de

---

[1]. Cette traduction, sortie des presses d'Ibarra, à Madrid en 1772, est un chef-d'œuvre de l'imprimerie espagnole.

toutes les autres puissances de l'Europe. Il me paraît donc sage d'entretenir de part et d'autre une amitié qui, dans l'avenir, sera si utile aux deux pays. Les Américains y sont déjà portés de cœur, à cause de l'opinion bien fondée qu'ils ont de l'honneur et de la bonne foi des Espagnols. J'espère que Votre Altesse me pardonnera la présomption de ces réflexions. Si, dans cette partie du monde, je puis être utile ou agréable en quelque chose à Son Altesse, je serai heureux de recevoir ses ordres. J'ai l'honneur d'être, avec le plus profond respect, de Votre Altesse Sérénissime, le très-humble et très-obéissant serviteur, B. F.

AU GÉNÉRAL CHARLES LEE.

Thomas Paine.

Philadelphie, 10 février 1776.

Cher monsieur,

Je me réjouis de vous voir aller au Canada [1]. J'espère que la goutte n'aura pas le courage de vous suivre sous ce rude climat. Je crois que vous aurez le nombre d'hommes que vous désirez. On me dit qu'il y en aura deux mille de plus, mais il y a toujours des *déficits*.

Le porteur de cette lettre, M. Paine, m'a demandé quelques mots d'introduction auprès de vous ; je les lui ai donnés d'autant plus volontiers que je sais que ses opinions ne s'éloignent pas beaucoup des vôtres. Il est l'auteur présumé, et je crois, le véritable auteur du *Sens commun*, pamphlet qui fait ici grande impression. Je n'en dis pas davantage, M. Paine attend et j'espère avoir bientôt le plaisir de causer avec vous face à face, au Canada [2].

1. On faisait une expédition au Canada.
2. Franklin était envoyé au Canada comme commissaire avec

J'ajouterai seulement que la France nous a fait assurer qu'en envoyant des troupes aux Antilles, elle n'a nullement des vues hostiles à nous ou à notre cause. On suppose que les Français veulent commencer la guerre sans déclaration préalable. Que Dieu protége toutes vos entreprises, et vous ramène en santé, honneur et bonheur. Votre bien affectionné   B. F.

Un mois environ après cette lettre, Franklin partit pour le Canada en qualité de commissaire du Congrès. On avait espéré que les Canadiens se joindraient au reste de l'Amérique pour repousser la domination anglaise, et une armée était entrée au Canada. Le début fut des plus favorables, quoiqu'on trouvât peu d'appui chez une population catholique et française, qui n'avait point oublié ce qu'elle avait eu à souffrir des colons américains. Mais l'arrivé de renforts anglais et la mort du général américain Montgomery firent manquer l'expédition; l'armée était en pleine retraite quand les commissaires la rejoignirent à Montréal. La santé de Franklin fut fort éprouvée par cette aventure qui ne convenait plus à son âge. Il avait beaucoup souffert du froid et du mauvais temps, et avait été plus d'une fois forcé de coucher dans les bois. Obligé de rentrer chez lui, il revint à Philadelphie au commencement de juin; il y trouva un meilleur emploi de son expérience et de sa sagesse.

Soutenu par l'opinion, le Congrès s'était décidé à rompre définitivement avec l'Angleterre, et à proclamer l'indépendance de l'Amérique. Franklin n'avait pas

Samuel Chase et Charles Carroll auquel s'était joint John Carroll prêtre catholique, qui fut plus tard archevêque de Baltimore.

été un des moins hardis à se prononcer; aussi fit-il parti du comité qui prépara la Déclaration.

On sait que Jefferson fut le rédacteur de cet acte célèbre; les autres membres du comité Franklin, John Adams, Sherman, Livingston ne firent qu'approuver l'œuvre de leur jeune collègue. La discussion du Congrès dura trois jours et enfin le 4 juillet 1776 les colonies américaines se proclamèrent indépendantes à la face du monde et entrèrent dans l'histoire sous le nom d'États-Unis.

Tandis qu'on discutait la déclaration, et que, suivant l'usage des assemblées, chacun critiquait une phrase, un mot différent, Jefferson se désolait de voir son chef-d'œuvre altéré par des mains maladroites.

« J'étais assis, nous dit-il, près du docteur Franklin, qui voyait que je n'étais pas insensible à ces mutilations. — Je me suis fait une règle, me dit-il, d'éviter autant que je peux d'être le rédacteur d'un acte qui doit être revu par une assemblée. Un incident, que je veux vous conter, m'a servi de leçon en ce point. Lorsque j'étais ouvrier imprimeur, un de mes compagnons, apprenti chapelier, ayant fini son temps, voulut ouvrir boutique pour son compte. Son premier soin fut d'avoir une belle enseigne. Il fit peindre un chapeau et écrivit au-dessous : *John Thompson, chapelier, fait et vend des chapeaux, au comptant.* Il consulta ses amis pour avoir leur avis. Le premier dit que le mot *chapelier* faisait double emploi, puisqu'il était suivi des mots : *fait des chapeaux*, qui montraient assez que le maître de la boutique était un chapelier. Le nom de *chapelier* fut donc effacé. Un second remarqua qu'on ferait bien d'ôter le mot *fait*, car peu importait aux chalands qui faisait les chapeaux; pourvu qu'ils fussent bons on les achèterait sans s'inquiéter du faiseur. Thompson effaça ce second mot. Un troisième dit que les mots *au comptant* étaient inutiles ; ce n'était pas l'usage de vendre à crédit. Tout acheteur entendait payer. Les mots *au comptant* furent donc enlevés, et il resta pour enseigne : *John Thompson vend des chapeaux.* — *Vend des chapeaux* dit le dernier ? S'imagine-t-on que vous les donnez pour rien ? Quel est donc l'usage de ce mot ? Le mot *vend* fut donc effacé, suivi du mot *chapeau* qui ne servait de rien puisqu'il y en avait un en peinture. Et l'enseigne se réduisit à *John Thompson*, surmonté de la figure d'un chapeau.

Au moment de signer la Déclaration, il y eut quelque émotion. Cet acte solennel, c'était un titre de gloire si on réussissait, mais si l'on échouait c'était un brevet qui menait à la potence ; l'Angleterre, si elle eût triomphé n'eût certes pas épargné ceux qu'elle appelait des rebelles et des traîtres. « Signons tous, disait Hancock le président du Congrès, il n'y a pas ici à hésiter, il faut que tous nos noms soient là, tous accrochés ensemble. » — « Oui, dit Franklin, avec son goût pour les bons mots et son enjouement courageux, il faut qu'ici nous soyons tous accrochés ensemble, ou assurément nous serons tous accrochés séparément. »

Deux mois avant la déclaration d'indépendance, on avait convoqué une convention à Philadelphie, pour réformer la constitution de Pensylvanie. Franklin fut le président de cette convention. Ce fut lui qui fit introduire dans la constitution de Pensylvanie le système d'une chambre unique. En ce point il cédait aux idées françaises, car les Anglais ont toujours eu deux assemblées. Dans les débats, il avait comparé une législature divisée en deux chambres à une voiture chargée, qui avait à chaque bout un attelage, tirant en sens opposé. Dans une autre circonstance, il appuya son opinion de l'histoire du serpent qui avait deux têtes. « Il allait boire, disait Franklin, mais en son chemin il lui fallut passer au travers d'une haie ; quelques branches coupaient le passage ; une des têtes voulut aller à droite, l'autre voulut aller à gauche ; le temps se passa en querelles, et la décision n'était pas prise, que le pauvre serpent était mort de soif. »

Comparaison n'est pas raison, disaient nos pères ; c'est un proverbe qu'il sera toujours bon de citer aux faiseurs d'apologues. Ce n'est pas ici le lieu de discuter cette question ; il nous suffira de dire que malgré tout son respect pour Franklin, la Pensylvanie en revint bientôt au système des deux chambres ; système qu'on ne discute plus aux États-Unis. Une seule chambre est forcément despotique, puisque rien ne limite son pouvoir, c'est un des plus grands dangers qui menacent la liberté. La France en a fait plus d'une fois la douloureuse expérience.

Tandis que l'Angleterre expédiait des vaisseaux et des troupes en Amérique, pour écraser les rebelles, lord North faisait confier le commandement de ces forces à deux hommes que la modération de leur caractère, et le respect qui entourait leur nom aux colonies, désignait comme pacificateurs. C'étaient le général Howe, et lord Howe, amiral de la flotte anglaise, l'ami particulier de Franklin.

Dès son arrivée sur les côtes d'Amérique, lord Howe envoya au général Washington une dépêche qui offrait l'amnistie à tous ceux qui se soumettraient. Il n'était point question d'entrer en arrangement ; c'était une grâce que lord Howe offrait à des rebelles.

Washington renvoya cette pièce au Congrès, qui la fit aussitôt imprimer « afin, dit la résolution, que le petit nombre de ceux que berce encore une espérance fondée sur la justice ou la modération de leur ancien roi soit enfin convaincu que pour sauver ses libertés, le pays ne peut compter que sur son courage. »

En même temps qu'il écrivait à Washington, lord Howe adressait à Franklin la lettre suivante :

A BENJAMIN FRANKLIN.

A bord de *l'Aigle*, le 20 juin 1776.

Je ne puis, mon digne ami, laisser partir les lettres et les autres papiers que j'envoie, tels que je les ai reçus, sans y ajouter un mot au sujet des cruelles extrémités auxquelles nous ont entraînés nos malheureux différends.

Les dépêches officielles, que j'ai recommandé de vous faire passer avec cette lettre, vous apprendront la nature de ma mission. Plein du désir que j'ai toujours témoigné, de voir accommoder nos querelles, j'espère que si je trouve dans les colonies les dispositions qu'on m'a naguère annoncées, je pourrai seconder efficacement la sollicitude paternelle du roi, en rétablissant une paix durable et l'union entre les colonies et l'Angleterre.

Mais si les préjugés de l'Amérique sont trop profondément enracinés, et si la nécessité d'empêcher son commerce de passer dans des canaux étrangers doivent nous diviser encore, je regretterai sincèrement, comme homme public, et comme homme privé, que le moment ne soit pas venu de ramener cette paix, l'un des plus grands objets de mon ambition. Je serai aussi très-affligé d'être encore privé de l'occasion de vous assurer personnellement de toute l'estime avec laquelle je suis votre sincère et humble serviteur.

HOWE.

P.-S. Je n'ai pu vous envoyer cette lettre le jour qu'elle a été écrite. Des calmes et des vents contraires m'ont même empêché d'apprendre au général Howe que j'ai la satisfaction d'être chargé d'une mission pacifique, et qu'il doit la remplir avec moi.

En vue de Sandy-Hook, 12 juillet.

Franklin communiqua cette lettre au Congrès, qui l'autorisa à y répondre, s'il le jugeait convenable. Cette réponse qui n'était rien moins que confidentielle, fut répandue par toute l'Amérique et bientôt expédiée en Europe, où elle fit sensation.

A LORD HOWE.

Philadelphie, le 20 juillet 1776.

Mylord,

J'ai reçu les lettres que Votre Excellence a bien voulu me faire passer, et je vous prie d'agréer mes remercîments.

Les dépêches officielles, dont vous me parlez, ne contiennent rien de plus que ce que nous avons vu dans l'acte du parlement, c'est-à-dire, des offres de pardon si nous nous soumettons. J'en suis véritablement fâché: car il doit être pénible pour Votre Seigneurie d'être envoyée si loin pour une mission aussi désespérée.

Offrir un pardon aux colonies, qui sont la partie outragée, c'est, en vérité, montrer qu'on nous croit l'ignorance, la bassesse, l'insensibilité que votre aveugle et orgueilleuse nation s'est longtemps plu à nous supposer. Cette offre ne peut avoir d'autre effet que d'accroître nos ressentiments.

Il est impossible que nous songions à nous soumettre à un gouvernement qui, avec la plus insigne barbarie et la plus folle cruauté, a, dans le fort de l'hiver, brûlé nos villes sans défense, excité les sauvages à massacrer nos cultivateurs, nos esclaves à assassiner leurs maîtres, et qui nous envoie en ce moment même des mercenaires étrangers [1] pour inonder de sang nos établissements.

Ces atrocités ont éteint la dernière étincelle d'affection, que nous avions pour une mère patrie, qui nous fut jadis si chère. Mais quand il *nous* serait possible d'oublier et de pardonner les injures que nous avons reçues, vous ne pourriez pas, *vous* Anglais, pardonner au peuple que vous avez si cruellement offensé. Vous ne pourriez jamais vous confier à nous comme à des concitoyens et nous permettre de jouir d'une égale liberté, après nous avoir donné de justes sujets d'inimitié permanente. Si nous rentrions sous votre gouvernement, le souvenir du mal que vous nous avez fait, vous engagerait à nous écraser de la plus cruelle tyrannie, et à empêcher par tous les moyens en votre pouvoir les progrès de notre force et de notre prospérité.

Votre Seigneurie parle de « la sollicitude paternelle du roi, pour le rétablissement de l'union et d'une *paix* durable entre les colonies et l'Angleterre. » — Si, par la paix, vous entendez celle qui peut avoir lieu entre la Grande-Bretagne et l'Amérique, comme entre deux États différents, qui sont maintenant en guerre, et si Sa Majesté vous a donné des pouvoirs pour traiter avec nous d'une telle paix, j'oserai vous dire, quoique je n'y sois nullement autorisé, que je crois que ce traité n'est pas impossible à conclure avant que nous n'ayons contracté des alliances étrangères. Mais je suis persuadé que ces pouvoirs, vous ne les avez pas.

Si votre nation punissait les gouverneurs des colonies, qui ont créé et fomenté la discorde, si elle rebâtissait nos

---

1. L'Angleterre avait acheté et payé au Landgrave de Hesse des régiments allemands qu'elle expédiait en Amérique. Mirabeau eut la gloire de s'élever en Europe contre cette indignité.

villes brûlées et réparait, le mieux qu'il lui soit possible, les torts qu'elle nous a faits, elle pourrait recouvrer notre estime, profiter beaucoup de notre commerce qui s'accroît sans cesse, et se fortifier encore de notre amitié. Mais je connais trop l'excès de son orgueil et de sa folie pour croire qu'elle veuille prendre des mesures aussi salutaires. Sa passion de conquêtes, comme nation guerrière, son amour de domination, comme nation ambitieuse, sa soif de richesses et de monopole, comme nation commerçante, toutes ces causes illégitimes se réunissent pour lui cacher ses vrais intérêts, et la poussent continuellement à entreprendre ces expéditions lointaines et ruineuses, qui lui coûtent tant d'hommes et tant d'argent, et qui, à la fin, lui seront aussi funestes que les croisades l'ont été à la plupart des nations de l'Europe.

Je n'ai point, mylord, la vanité de croire que j'intimiderai votre nation, en lui prédisant les effets de cette guerre. Je sais, au contraire, que cette prédiction aura le sort de toutes celles que j'ai faites en Angleterre; on n'y croira qu'après que l'événement l'aura vérifiée.

Longtemps animé d'un zèle sincère et infatigable, je me suis efforcé d'empêcher qu'on ne brisât ce noble et beau vase de porcelaine, l'empire britannique! car je savais qu'une fois brisé, ses différentes parties n'auraient plus la force ni le prix de l'ensemble, et qu'on ne les réunirait plus.

Votre Seigneurie se rappellera, peut-être, les larmes de joie qui coulèrent de mes yeux chez votre bonne sœur, à Londres, lorsque vous me fîtes espérer qu'une réconciliation, entre l'Angleterre et les colonies, pourrait bientôt avoir lieu. J'ai eu le malheur de voir cet espoir déçu et d'être traité comme l'auteur du mal que je m'efforçais de prévenir. Mais ce qui m'a consolé de cette imputation malveillante et sans fondement, c'est que j'ai conservé, en Angleterre, l'amitié de plusieurs hommes sages et vertueux, et l'estime de lord Howe.

La juste estime, et permettez-moi de le dire, l'affection que j'aurai toujours pour Votre Seigneurie, me fait regretter que vous soyez chargé de faire une guerre, dont le grand motif est, comme vous le dites dans votre lettre, « la nécessité d'empêcher le commerce américain de passer dans des canaux étrangers. » Il me semble que ni l'obtention, ni la conservation d'un commerce, quelque avantageux qu'il soit, ne peut autoriser les hommes à s'entr'égorger. Le vrai, le plus sûr moyen d'étendre ce commerce, c'est la bonté et le bon marché des choses ; jamais le profit d'aucun commerce n'équivaudra aux frais qu'il en coûte, lorsqu'on veut le faire de force, et le maintenir avec des flottes et des armées.

Je considère donc la guerre qu'on nous fait comme injuste et insensée ; je suis convaincu que la froide et impartiale postérité condamnera à l'infamie ceux qui l'ont conseillée, et que le succès même ne sauvera pas d'un certain déshonneur ceux qui volontairement ont accepté de la conduire. Je sais que votre grand motif pour venir ici a été l'espoir d'amener une réconciliation, et je crois que quand vous verrez que *cela* est impossible, aux conditions qu'on vous a chargé de nous proposer, vous laisserez cet odieux commandement, et vous rentrerez avec honneur dans la vie privée.

Avec le plus grand et le plus sincère respect, j'ai l'honneur d'être, mylord, le très-obéissant et très-humble serviteur de Votre Seigneurie.   B. F.

A la suite de cette lettre, qui parut un peu vive à lord Howe, l'amiral, désireux de rétablir l'accord entre les deux pays, envoya à Philadelphie le général américain Sullivan son prisonnier, pour demander une conférence ; le Congrès nomma trois commissaires pour se rendre auprès de Sa Seigneurie.

Ces trois commissaires étaient Franklin, John Adams et Rutledge. L'entrevue eut lieu à Staten Island, elle n'amena et ne pouvait amener aucun résultat. L'Amérique était résolue à maintenir son indépendance, et à ne traiter avec l'Angleterre que sur le pied d'égalité. On n'en était pas là à Londres; il fallut six ans de guerre malheureuse, l'hostilité de la France et de l'Espagne et la crainte d'avoir l'Europe entière sur les bras pour que le roi Georges III se résignât à la paix, aux conditions proposées par Franklin.

Pour résister à la Grande-Bretagne il fallait aux États-Unis de l'argent, des munitions, des alliances. Le moyen d'acquérir ces ressources nécessaires, c'était d'offrir aux étrangers un commerce, dont l'Angleterre avait eu jusque-là le monopole. Ce fut à la France qu'on songea tout d'abord; la paix de 1763 qui nous avait fait sortir de l'Amérique avait été humiliante et douloureuse pour nous, le temps n'avait pas guéri cette blessure; le Congrès pensa que la France ne perdrait pas cette occasion d'humilier sa rivale, et de lui faire expier le passé. C'était bien raisonner.

Pour négocier avec la France il fallait un homme qui connût l'Europe, et que l'Europe appréciât. On pensa à Franklin. Il avait en France une belle position comme associé de l'Académie des sciences, et de plus il avait souvent vu, en Angleterre, l'agent français M. Garnier, qui lui avait rappelé plus d'une fois que Henri IV avait soutenu les Provinces-Unies dans leur lutte pour l'indépendance, et qu'on pouvait compter sur la France en même occasion. Malgré ses soixante-dix ans Franklin accepta cette mission qui n'était pas sans danger. On lui adjoignit Silas Deane, qui était déjà en France pour y acheter des munitions et Arthur Lee, qui était en Angleterre. Aussitôt nommé, Franklin, se mit en mesure de partir, il emmena avec lui deux de ses petits-fils, William Temple Franklin, et Benjamin Franklin Bache. Le 27 octobre 1776, tous trois s'embarquèrent sur le sloop de guerre *Reprisal*, porteur de seize canons et commandé par le capitaine Wickes.

Avant son départ Franklin, réunit tout l'argent dont il pouvait disposer, trois à quatre mille livres sterling[1], et le mit à la disposition du Congrès, à titre de prêt. Son patriotisme ne s'exhalait pas en vaines paroles; il voulait servir l'Amérique de son argent, de son temps, de sa santé et de sa vie. C'est par ce côté que Franklin est un grand homme; les gens d'esprit sont rarement aussi simples et aussi dévoués.

---

1. 75 à 100 000 francs.

CHAPITRE X.

Arrivée en France. — Résidence à Passy. — Réception à Paris. — Entrevue avec M. de Vergennes.— Lord Stormont. — Lafayette. — Traité d'alliance. — Franklin à la cour. (1776-1778.)

A JOHN HANCOCK, PRÉSIDENT DU CONGRÈS.

Arrivée en France.

Nantes, 8 décembre 1776.

Monsieur,

Trente jours après avoir quitté les caps de la Delaware, nous avons jeté l'ancre dans la baie de Quiberon. Je restai quatre jours à bord, espérant que le vent changerait et nous ferait entrer en Loire, mais le vent semblait fixé au point opposé. Je débarquai à Auray, et j'arrivai ici avec quelque difficulté, la route n'étant pas pourvue de bons moyens de transport.

Deux jours avant de voir la terre, nous rencontrâmes une brigantine sortie de Bordeaux, qui appartenait au port de Cork, et une autre chargée à Rochefort et appartenant au port de Hull; nous les avons prises toutes les deux. La première avait à bord des douves, du goudron, de la térébenthine et du vin ; l'autre était chargée d'eau-de-vie et de graine de lin. Nous ne savons trop qu'en faire ; elles ne valent guère la peine d'être envoyées en Amérique, et on ne sait pas encore quelle est l'intention de la cour de France au sujet des prises amenées dans ses ports. En permettre la vente est contraire aux traités avec la Grande-Bretagne, et nous n'avons aucun moyen de juger ces prises et de les confirmer. Il ne manque pas de gens ici qui achèteraient les prises ; nous avons déjà reçu les offres de quelques personnes qui prendraient à leur compte les chances d'illégalité. Aussitôt que le capitaine Wickes aura fait des vivres, il croisera dans le canal.

Nos amis de France ont été abattus par le récit que la Gazette a fait des avantages que les troupes anglaises ont remportés sur nous. Je les ai un peu remontés, en les assurant que nous faisons encore face à l'ennemi, et que nous ne craignons pas que ses armées soient en état de faire leur jonction. J'apprends que M. Lee a été dernièrement à Paris, que M. Deane y est encore, et que sous main on obtient du gouvernement un secours de deux cents pièces de bronze, de trente mille fusils, et d'autres fournitures militaires qu'on embarque pour l'Amérique, et qui seront convoyées par un bâtiment de guerre. M. Penet[1], de qui je tiens ces nouvelles, me dit que la cour d'Angleterre a eu la folie de demander qu'on lui livrât M. Deane ; on a refusé.

Notre voyage n'a pas été long, mais il a été rude, et je m'en sens fort affaibli ; mais les forces me reviennent journellement, et dans quelques jours je serai en état de faire le voyage de Paris. Je n'ai point pris encore de caractère public ; il est prudent de savoir d'abord si la cour est prête et disposée à recevoir des envoyés du Congrès ; nous ne

---

1. C'était un négociant de Nantes que le Congrès avait employé comme agent en France.

voulons ni l'embarrasser, ni nous exposer à un refus désagréable. J'ai dépêché un exprès à M. Deane, avec les lettres que le Comité m'avait remises pour lui, et une copie de nos pouvoirs, afin qu'il puisse faire les démarches convenables et me renseigner. En attendant, je vois qu'en général on suppose que je viens ici pour négocier, et cette idée fait grand plaisir, si j'en puis juger par toutes les politesses que je reçois des personnes considérables qui m'ont fait l'honneur de venir me voir.

J'ai prié M. Deane de prendre le moyen le plus sûr et le plus prompt de faire connaître à M. Lee sa nomination. J'ai trouvé ici plusieurs vaisseaux prêts à partir et chargés de provisions militaires pour l'Amérique. Il y a grand espoir que nous serons mieux fournis pour la prochaine campagne, et beaucoup plus forts qu'à la dernière. La flotte espagnole a mis à la voile avec sept mille hommes d'infanterie et un certain nombre de chevaux ; sa destination n'est pas connue, on suppose qu'elle va attaquer les Portugais au Brésil. La France et l'Angleterre préparent toutes deux des flottes considérables ; on dit que toutes les puissances de l'Europe se préparent, craignant que la guerre générale ne soit pas fort éloignée. A mon arrivée à Paris, je vous en dirai davantage. Je vous prie de présenter mes respects au Congrès, et de l'assurer que je ferai tous mes efforts pour le servir. Avec la plus sincère estime, j'ai l'honneur d'être, etc. B. F.

Franklin arriva à Paris le 21 décembre, et descendit rue de l'Université, à l'hôtel de Hambourg. Il y trouva M. Deane, qui l'attendait. M. Lee arriva le lendemain. On pouvait donc agir de suite. Franklin, qui avait affaire à Versailles non moins qu'à Paris, se logea à Passy, dans une fort belle maison, appelée l'hôtel de Valentinois, qui appartenait à M. Leray de Chaumont, un grand ami de l'Amérique. Ce fut là qu'il habita durant tout son séjour en France, sans que jamais M. de Chaumont voulût accepter de loyer.

Son arrivée à Paris fit grande sensation. Tout ce qu'il y avait de philosophes, de savants, d'amis de la liberté, d'ennemis de l'Angleterre, ou même de curieux, voulait voir l'auteur du *Bonhomme Richard*, le patriote, le sage en cheveux blancs. On se disputait l'honneur de causer avec ce vieillard qui avait l'âme d'un Caton et la finesse d'un Socrate. La simplicité de son costume ajoutait à l'originalité de sa personne; et l'on vendait partout le portrait de Franklin avec la belle devise que Turgot lui avait faite :

Eripuit cœlo fulmen sceptrumque tyrannis.

Silas Deane, son compatriote et son associé, nous dit : « Jamais je n'ai ressenti de plus grande joie qu'en étant témoin de l'honneur que les Français faisaient à Franklin. On plaidait une grande cause devant le parlement de Paris. Le palais et les rues voisines étaient remplis de monde; à la vue de Franklin les rangs s'ouvrirent de la façon la plus respectueuse; il alla gagner la place qui lui était réservée, au milieu des acclamations de la foule, honneur qu'on ne rend pas toujours aux princes du sang. Quand il allait à l'Opéra ou au théâtre on le recevait de la même façon, j'avoue que j'en éprouvais une joie pure, un orgueil honnête, mais non pas désintéressé, car je regardais comme un honneur d'être connu pour un Américain et un ami de Franklin. »

On publia un si grand nombre de portraits du docteur, qu'un de ses petits-fils a pu en rassembler cent cinquante. Médaillons, médailles, bustes de toute grandeur, de toute forme, de tout style trouvaient aussitôt des acheteurs; c'était une véritable folie. Il est vrai que ce n'était pas Franklin seulement qu'on saluait, c'était aussi la liberté naissante, et l'espoir de se venger des Anglais.

A MISTRISS MARY HEWSON.

Paris, le 12 janvier 1777.

Ma chère, chère Polly,

Figurez-vous un vieil homme qui se promène au milieu des têtes poudrées de Paris, avec des cheveux gris sortant d'un bonnet fourré. C'est cette figure bizarre qui vous salue avec mille bénédictions pour vous et vos chers petits.

A mon arrivée ici, Mademoiselle Bihéron m'a fait grand plaisir en me permettant de lire la lettre que vous lui avez écrite. J'y ai vu que vous et les vôtres vous étiez tous en bonne santé, au mois d'août dernier. J'ai avec moi mon dernier petit-fils, Benjamin Franklin Bache, un très-bon garçon. Je veux lui donner un peu de langue et d'adresse française, puis je l'enverrai présenter ses respects à miss Hewson. Mon amitié à tous ceux qui vous aiment, et en particulier à la chère Dolly. Je suis toujours, ma chère amie, votre affectionné B. F.

P. S. Temple, qui m'a accompagné, vous présente ses respects. Il faut que je vous décide à venir en Amérique [1].

---

1. Miss Hewson était devenue veuve, vers la fin du séjour de Franklin à Londres. Dans l'intérêt de ses enfants elle se décida plus tard à passer en Amérique, où elle reçut le dernier soupir de son vieil et fidèle ami.

Je veux tirer tous mes amis de ce maudit pays. J'ai vu dans le journal sept paragraphes sur moi dont six sont des mensonges.

Le 28 décembre 1776, les commissaires américains avaient été reçus à Versailles, par l'habile ministre des affaires étrangères, M. le comte de Vergennes. La France n'était pas encore décidée à épouser publiquement la cause des Américains, c'est-à-dire à déclarer la guerre à l'Angleterre ; mais elle était résolue à aider sous main les *insurgents*. Un million de livres avait été avancé à Beaumarchais pour acheter des munitions, et un bienfaiteur inconnu, qui n'était autre que Louis XVI donnait aux commissaires cinq cent mille livres par trimestre, pour employer en armes et en provisions. De cette amitié à une alliance véritable il n'y avait qu'un pas, Franklin ne douta point un instant que la France ne fût un jour l'amie déclaré des État-Unis. Il fallait seulement attendre l'heure favorable pour les deux pays.

Les commissaires apprirent bientôt que les Anglais traitaient avec une cruauté coupable les prisonniers faits à la mer ; on forçait les uns de servir dans la marine anglaise et de combattre contre leurs concitoyens ; on envoyait les autres dans les établissements anglais, en Asie ou en Afrique. Les commissaires écrivirent à l'ambassadeur d'Angleterre à Paris, lord Stormont, ils lui proposèrent d'échanger à nombre égal des marins anglais qu'un croiseur américain avait amenés en France. Lord Stormont ne daigna pas répondre ; une seconde lettre n'obtint que la réplique suivante : « L'ambassadeur du roi ne reçoit aucune communication des rebelles, à moins qu'ils ne viennent implorer la merci de Sa Majesté. » Franklin renvoya cette lettre insolente, en y joignant les mots suivants : « En réponse à une lettre qui touche aux plus visibles intérêts de l'humanité, et qui concerne deux nations, la Grande-Bretagne et les États-Unis, nous avons reçu cette note inconvenante que nous renvoyons à Votre Seigneurie pour qu'elle fasse de plus mûres réflexions. » Pour être méritée, la leçon n'en était pas moins dure ; ce qui fut plus pénible encore pour l'orgueil anglais, c'est que bientôt le nombre des prisonniers faits par les croiseurs américains força les Anglais à se soumettre à la loi des nations, sinon par humanité, au moins par nécessité[1].

Ce ne fut pas la seule façon dont Franklin soutint l'opinion. Ses bons mots faisaient le tour de Paris. Un jour on vint lui annoncer que l'ambassadeur anglais disait partout que le général Washington et six bataillons américains avaient déposé les armes devant les Anglais. On lui demanda si c'était la vérité : « Non, monsieur, répondit-il, ce n'est pas la vérité, ce n'est qu'un Stormont. » Une autre fois un curieux impertinent lui dit que l'Amérique présentait un spectacle sublime. « Oui, répliqua Franklin, mais les spectateurs ne payent pas[2]. »

1. Jared Sparks, 1, 426.
2. Parton, t. II, p. 228.

A JOSEPH PRIESTLEY.

Pierre Philosophale. — Situation de l'Amérique.

Paris, 27 janvier 1777.

Cher Monsieur,

J'ai reçu en septembre votre bonne lettre de février dernier ; le major Carleton, qui avait eu la bonté de s'en charger, n'a pas trouvé l'occasion de me la remettre plus tôt.

Je me réjouis d'apprendre vos progrès continuels dans ces utiles découvertes. Vous avez mis tous les savants d'Europe à travailler sur *l'air fixe*, et c'est avec grand plaisir que je remarque la place que vous tenez dans leur estime ; je jouis de la gloire de mes amis comme si elle était mienne.

Vous m'avez dit, en plaisantant, que vous ne désespériez pas de trouver *la pierre philosophale*. Si vous la trouvez, perdez-la de nouveau, je vous prie ; car, en conscience, je crois que les hommes sont assez méchants pour continuer à s'égorger les uns les autres, aussi longtemps qu'ils trouveront de l'argent pour payer les bouchers.

Mais, de toutes les guerres de mon temps, celle que nous fait en ce moment l'Angleterre me paraît la plus perverse. Elle n'a d'autre cause que la haine de la liberté et la jalousie du commerce. Le crime trouvera son juste châtiment ; ce sera pour l'Angleterre la perte totale de sa propre liberté, la destruction de son propre commerce.

Je suppose que vous aimeriez savoir quelque chose des affaires de l'Amérique. Selon toute apparence, nous serons beaucoup plus forts dans la prochaine campagne que nous ne l'avons été dans la dernière ; nous serons mieux armés, mieux disciplinés et mieux fournis de munitions. Lorsque j'étais au camp devant Boston [1], il n'y avait pas cinq cartouches par soldat. C'était un secret que nous taisions même aux nôtres. Le monde était étonné que notre artillerie tirât si rarement le canon : nous ne pouvions faire mieux ; mais aujourd'hui nous fabriquons de la poudre en quantité.

Je crois, et j'ai toujours cru que cette guerre se terminera à notre avantage et à la ruine de la Grande-Bretagne, si les Anglais ne s'empressent d'en finir. Un gentilhomme anglais se trouvant ici l'autre jour en société avec quelques Français, disait que, de la part de la France, c'était folie de ne point faire de suite la guerre. — « De la part de l'Angleterre, répliqua l'un d'eux, *c'en est une de ne point faire la paix.* »

N'ajoutez point foi aux bruits qu'on fait courir sur nos divisions intérieures. Jamais peuple n'a été, je vous assure, plus d'accord et plus fortement uni.   B. F.

A MISTRISS THOMPSON, A LILLE.

Paris, 8 février 1777.

Vous êtes bien pressée, *friponne*, et bien hardie de m'appeler *rebelle*; attendez l'événement : c'est lui qui décidera si c'est une *rébellion* ou seulement une *révolution*. Ici les dames sont plus polies; elles nous appellent *les insurgents* : c'est un rôle qui d'ordinaire ne leur déplaît pas. Et vraiment toutes les femmes qui gémissent ou qui ont gémi sous la tyrannie d'un mauvais mari, doivent se connaître *en principes révolutionnaires*, et se conduire en conséquence.

En me rendant au Canada, le printemps dernier, je vis la chère mistriss Barrow à New-York. M. Barrow l'avait

---

1. En octobre 1775.

laissée depuis deux ou trois mois pour tenir compagnie au gouverneur Tryon et à d'autres *Tories*, à bord de *l'Asie*, un des vaisseaux du roi, alors en rade ; et, pendant tout ce temps, ce vilain homme ne s'était pas rendu une seule fois à terre pour voir sa femme. Nos troupes se répandaient dans la ville, mistriss Barrow faisait ses paquets pour partir ; sa maison étant très-vaste, elle craignait qu'on ne la forçât à loger des officiers. Comme elle paraissait fort embarrassée, ne sachant trop où aller, je lui conseillai de rester chez elle ; j'allai trouver les officiers supérieurs qui commandaient dans la ville, je les priai de prendre cette dame sous leur protection : ce qu'ils me promirent, et ils ont tenu parole.

A mon retour du Canada, où j'avais été une espèce de gouverneur (et un fort bon, par parenthèse) durant quinze jours, et où je serais peut-être encore en cette qualité, si votre maudite armée, ennemie de tous bon gouvernement, n'était venue m'en chasser les armes à la main, je trouvai mistriss Barrow en tranquille possession de sa maison. Je lui demandai de quelle manière nos gens s'étaient conduits envers elle. Elle me parla avec les plus grands éloges des attentions délicates qu'on avait eues pour elle, de la sécurité et du repos dont elle avait joui. Je lui dis que j'en étais charmé et que si les Américains l'avaient maltraitée, je me serais fait *Tory*. « En ce cas, dit-elle avec cette aimable gaieté qui lui est naturelle, *je souhaiterais qu'ils m'eussent mal traitée.* » Car il faut vous avouer qu'elle est tout aussi *Tory* que vous, et qu'elle a aussitôt fait de crier au *rebelle*. Nous prîmes le thé ensemble, et causâmes amicalement de vous et de nos autres amis les Wilkes, dont elle n'avait point reçu de nouvelles. Mais depuis lors qu'est devenue mistriss Barrow ? Je l'ignore. La rue où elle demeurait a été, quelques mois après presque entièrement brûlée ; mais comme la ville était alors, comme elle est encore, au pouvoir des troupes du roi, je n'ai pu trouver l'occasion de savoir si elle avait ou non souffert de l'incendie. J'espère que non, car, autrement, j'aurais à regretter de l'avoir engagée à rester chez elle.

Je suis fort aise d'apprendre que cette malheureuse, mais digne famille des Wilkes ait entrepris un commerce qui puisse la faire vivre. Dieu les bénisse et puissent-ils voir de meilleurs jours! Je suis enchanté des bonnes fortunes de M. Cheap et du docteur H***. — Apprenez, je vous prie, si vous ne le savez pas encore, à vous réjouir des plaisirs de votre prochain, à vous rendre heureuse de son bonheur, quand le bonheur vous oublie. Peut-être alors ne vous fatiguerez-vous plus si vite de l'endroit où le sort pourra vous placer, et ne serez vous plus si pressée de courir pour vous délivrer de votre *ennui*. Je crois que vous avez deviné la véritable cause de l'ennui que vous donne Saint-Omer : c'est que vous êtes un peu de mauvaise humeur; effet ordinaire d'une vie trop douce et de l'oisiveté. Un mois à Bridewell, un seul mois à battre le chanvre, au pain et à l'eau, vous rendrait la santé et la gaieté, et ferait que vous seriez contente en toute situation. Je vous prescris ce régime, ma chère, par pure bonté, et sans rien demander pour l'ordonnance. Et permettez-moi de vous dire que si vous ne prenez pas sur vous, ni Lille, ni Bruxelles ne vous plairont. Je ne connais pas le prix de la vie dans ces deux villes; mais ce dont je suis sûr, c'est qu'avec un peu d'économie, une femme seule peut vivre très-bien partout avec 200 livres sterling de rente, se chargeât-elle de moi par-dessus le marché. Cependant gardez-vous de prendre la chose au sérieux, et de m'inviter à aller vivre avec vous : car mon poste est ici; votre proposition ne pourrait me convenir, et je ne sais si j'aurais le courage de vous refuser.

Présentez mes respects à Mmes Payne et Heathcoat. Je n'ai pas l'honneur de les connaître; mais, puisque vous

dites qu'elles sont dévouées à la cause américaine, il faut
que ce soient des femmes de bon sens. Je sais que vous désirez me voir; mais, comme cela ne se peut pas, je vais vous
faire une description de ma personne. Figurez-vous d'abord que je suis aussi gai, aussi fort, aussi dispos qu'autrefois, seulement un peu plus vieux de quelques années;
je me mets le plus simplement du monde; je porte mes
cheveux qui sont gris, longs et clair-semés; ils sortent d'un
beau bonnet fourré qui compose toute *ma coiffure*, et
descend, sur le front, presque jusqu'à mes lunettes. Concevez quelle figure je dois faire parmi les têtes poudrées
de Paris! Je voudrais, pour beaucoup, que toutes les belles
dames et tous les gentilshommes de France eussent la
bonté d'adopter ma mode, de se coiffer comme je le fais,
de congédier leurs *friseurs*, et de me compter, à moi, la
moitié de ce qu'ils paient à ces messieurs. Ce ne serait pas
trop exiger du beau monde; j'enrôlerais alors tous ces
perruquiers, qui sont au nombre de cent mille au moins;
avec l'argent je les entretiendrais et j'irais avec eux faire
une visite en Angleterre pour y arranger la tête de vos
ministres et de vos conseillers privés qui, si je ne me
trompe, sont en ce moment *un peu dérangées*. Adieu, tête
folle; croyez-moi toujours votre affectionné serviteur,

B. F.

P. S. Ne soyez pas fière de la longueur de ma lettre.
Un accès de goutte, qui me retient chez moi depuis
cinq jours, et me fait refuser ma porte à tout le monde, me
laisse le loisir de vous écrire ces bagatelles : autrement
ma lettre eût été plus courte. Les visites et les affaires
m'auraient interrompu; et peut-être dites-vous comme
mistriss Barrow : *Je le voudrais*.

A M. LITH.

Des demandes indiscrètes.

Passy, 6 avril 1777.

Monsieur,

Vous m'avez fait l'honneur de m'écrire une lettre, en date du 26 mars, dans laquelle vous paraissez étonné et même irrité de n'avoir pas reçu de réponse à une lettre que vous m'avez adressée le 11 décembre, et que vous affirmez m'être parvenue.

Pour m'excuser, je puis vous assurer que je n'ai reçu aucune lettre de vous à cette date. Et de fait, comme je n'étais débarqué à Nantes que depuis quatre jours, il me semble difficile que vous connussiez déjà ma présence en Europe.

Mais j'ai reçu de vous une lettre en date du 8 janvier, à laquelle j'avoue n'avoir pas répondu. Vous en dire la raison pourra vous déplaire, mais comme cette raison pourra vous servir dans vos futures correspondances, je me hasarderai à la donner à une personne envers qui je me sens obligé, en ma qualité d'Américain, pour le bon vouloir qu'il porte à notre cause.

Quand on écrit à un étranger on doit observer trois points : 1º Proposer quelque chose de praticable. 2º Faire cette proposition en termes explicites et faciles à comprendre. 3º Désirer quelque chose de raisonnable. On donne ainsi une idée favorable de son esprit et on crée le désir de faire plus ample connaissance. Or, vous avez négligé *tous* ces points. D'abord vous demandez qu'on vous procure le moyen de passer en Amérique *avec sûreté*, ce qui n'est pas possible, car il y a toujours le danger de la mer, et à présent il y a de plus le danger d'être pris par les Anglais. Ensuite vous désirez que cela se fasse *sans de trop grandes dépenses;* c'est une demande qui n'est pas assez claire pour qu'on y réponde ; on ne sait pas quelles sont vos ressources, on ne peut donc pas juger quelles dépenses sont *trop grandes* pour vous. Enfin vous voulez des lettres d'introduction pour le Congrès et pour le général Washington, ce qu'il n'est pas raisonnable de demander à une personne qui ne sait rien de vous, sinon que vous vous appelez Lith et que vous demeurez à Bayreuth.

Dans votre dernière lettre, vous vous exprimez également en termes vagues, quand vous demandez si vous serez *reçu d'une manière convenable* dans notre armée. Comment répondre à cette question? Sait-on ce que vous entendez par *manière convenable?* Vous demandez encore si je vous soutiendrai de mon autorité en vous donnant des lettres de recommandation. Je ne doute pas que vous ne soyez un homme de mérite, et comme vous le savez par vous-même vous devez pardonner à l'ignorance de ceux qui ne le savent pas ; mais réfléchissez un moment, monsieur, et vous serez convaincu que si je donnais des lettres de recommandation à toutes les personnes que je ne connais pas plus que vous, mes recommandations auraient bientôt perdu toute autorité.

Je ne vous en remercie pas moins du désir que vous avez d'être utile à mes concitoyens, et je désire en retour pouvoir vous être utile dans le projet que vous avez formé de passer en Amérique. Mais il y a en France une foule d'officiers éprouvés qui m'ont offert d'aller se joindre à notre armée, et je n'ai pu les y encourager, parce que je n'ai point reçu d'ordres à ce sujet, et que je sais qu'il est extrêmement difficile de placer ces officiers quand ils arrivent. Je crois donc qu'il vaut mieux pour vous ne pas faire un voyage si long, si coûteux, si hasardeux, et suivre l'avis de vos amis *en restant en Franconie.* J'ai l'honneur d'être, monsieur, etc.

B. F.

Le ton de cette lettre est dur; mais depuis son arrivée en France, Franklin était harassé de pareilles demandes soutenues par des recommandations non moins indiscrètes; il ne lui avait pas fallu longtemps pour s'apercevoir qu'en notre pays chacun prodigue les recommandations à des gens qu'il n'a jamais vus et dont il ne se soucie pas le moins du monde. Pour se moquer de cette manie il fit un *modèle de recommandation pour une personne qu'on ne connaît pas.*

Passy, 2 avril 1777.

Monsieur,

Le porteur de cette lettre, qui part pour l'Amérique me presse de lui donner une lettre de recommandation quoique je ne sache rien de lui, non pas même son nom. Cela peut sembler extraordinaire, mais je vous assure qu'ici ce n'est pas chose rare. Quelquefois un inconnu amène un autre inconnu pour le recommander, et quelquefois ils se recommandent l'un l'autre! Quant au porteur de la présente, je m'en réfère à lui pour son caractère et son mérite; il les connaît certainement mieux que je ne puis le faire. Je le recommande néanmoins pour qu'il reçoive ces politesses auxquelles a droit tout étranger dont on ne sait rien de mal, je vous prie de lui rendre tous les bons offices, et de l'accueillir avec toute la bienveillance qu'il vous paraîtra mériter quand vous le connaîtrez mieux. J'ai l'honneur, etc.

Il y avait cependant des exceptions à cette sévérité, et parmi ces exceptions nous trouvons une lettre des plus aimables en faveur de Lafayette.

« Le marquis de Lafayette, écrit Franklin, est un
« jeune gentilhomme de grande famille, et fort riche;

« il est parti pour l'Amérique, dans un navire qu'il a
« équipé lui-même, et il est accompagné de quelques
« officiers de distinction. Il veut servir dans nos ar-
« mées. Il est extrêmement aimé ici, les souhaits uni-
« versels l'accompagnent. Nous espérons qu'il trouvera
« un accueil qui lui rendront agréable et notre pays et
« son expédition. Ceux qui lui reprochent son impru-
« dence, n'en applaudissent pas moins à son courage;
« et nous sommes sûrs que l'attention et les égards
« qu'on lui témoignera, serviront ici nos affaires; cela
« fera plaisir non-seulement à sa famille qui est puis-
« sante, et à la Cour, mais encore à toute la nation
« française. Il a laissé ici une jeune femme, et dans
« l'intérêt de cette belle fiancée nous espérons que la
« prudence du général en chef modérera un peu la
« bravoure de M. de Lafayette et son désir de se dis-
« tinguer, et ne lui permettra de se hasarder qu'en
« d'importantes occasions. »

AU DOCTEUR COOPER.

Popularité de la cause de l'Amérique.

Paris, le 1er mai 1777.

Je vous remercie de vos obligeantes félicitations sur mon heureuse arrivée en France, et des bons souhaits que vous m'adressez. Je suis, ainsi que vous le supposez, traité ici avec beaucoup de politesse et de respect par toutes les classes de la société; mais je suis plus satisfait encore de m'apercevoir que ma présence à Paris est de quelque utilité pour notre pays. Je ne saurais, pour le moment, vous en dire davantage.

Je me réjouis avec vous de l'heureux changement que

les affaires d'Amérique ont éprouvé cet hiver. J'espère que nous obtiendrons le même succès cet été. Nos ennemis se sont trompés sur le nombre de soldats qu'ils ont envoyés pour ajouter à leurs forces. Tout ce qu'ils ont pu rassembler ne sera pas suffisant pour porter leur armée au chiffre qu'elle avait à l'ouverture de la dernière campagne, j'espère que nos troupes seront pour le moins aussi nombreuses, et mieux armées et mieux habillées qu'elles ne l'ont été jusqu'à présent.

Toute l'Europe est avec nous, au moins par ses applaudissements et ses vœux. Les hommes qui vivent sous le joug du pouvoir arbitraire, n'en aiment et n'en désirent pas moins la liberté : ils désespèrent de la reconquérir en Europe; ils lisent avec avidité les traductions qu'on a faites des constitutions de chacune de nos colonies ; partout on rencontre tant de personnes qui parlent de se retirer en Amérique, avec leurs familles et leurs fortunes, dès que la paix et notre indépendance seront assurées, que l'on croit généralement que les émigrations de l'Europe nous apporteront un accroissement considérable de force, de richesse, et d'industrie. Pour diminuer ou prévenir ces émigrations, il faudra que les tyrannies d'Europe se relâchent, et qu'elles accordent plus de liberté aux peuples. Aussi est-ce en ce pays une phrase généralement répétée que *notre cause est la cause du genre humain*, et, qu'en défendant notre liberté, nous combattons pour la liberté du monde. C'est une tâche glorieuse que nous a assignée la Providence, en nous donnant, je l'espère, la force et le courage nécessaires pour la remplir, et en se proposant sans doute de la couronner du plus heureux succès.

Je suis toujours, mon cher ami, votre très-affectionné,

B. F.

A JOHN WINTHROP.

Les Hessois en Amerique.

Paris, le 1er mai 1777.

Cher monsieur,

J'ai reçu votre bonne lettre du 28 février : elle m'a fait grand plaisir. J'ai envoyé au Dr Price la lettre qui lui était adressée ; il se portait bien, mais ses amis craignaient pour lui quelque violence du Gouvernement, en raison des excellents écrits qu'il a publiés récemment en faveur de la liberté. Je voudrais que tous les amis de la liberté et de l'humanité sortissent de cette sentine de corruption, et l'abandonnassent à son malheureux sort.

Les habitants de ce pays-ci se sont presque tous prononcés en notre faveur. Le Gouvernement a ses raisons pour retarder la guerre ; mais il fait de grands préparatifs, et l'Espagne agit de concert avec la France. En attendant, l'Amérique récolte toutes les prises qu'elle fait sur le commerce britannique : cette espèce de monopole ne laisse pas que d'avoir ses avantages ; car en encourageant la course, elle accroît le nombre de nos marins, et, par ce moyen, augmente notre puissance navale.

La conduite de ces princes d'Allemagne qui ont vendu le sang de leur peuple, leur a mérité le mépris et la haine de toute l'Europe. Les recrues du prince d'Anspach se sont mutinées : elles ont refusé de marcher. Ce prince a été forcé de les faire désarmer et enchaîner, et de les conduire lui-même de la sorte, jusqu'au bord de la mer, à la tête de ses gardes. A son retour, la populace de toutes les villes de Hollande, par lesquelles il a passé, l'a hué publiquement, en lui jetant les épithètes les plus outrageantes. Le roi de Prusse [1] a trouvé plaisant d'obliger ces princes à

1. Frédéric II.

lui payer, par chaque tête d'homme qu'ils conduisent ainsi à travers ses États, le même droit qu'ils ont coutume de lui payer pour leur *bétail*, puisqu'ils avaient en effet vendu leurs sujets comme des moutons. La mesure a été généralement approuvée; c'est une juste flétrissure de ces tyrans. Je vous envoie ci-inclus une des nombreuses satires qu'on a publiées à cette occasion.

Je vous souhaite toutes sortes de prospérités, ainsi qu'à mon cher pays, où j'espère bien passer mes dernières années et laisser mes os.

Je suis toujours votre ami très-affectionné,

B. F.

A DAVID HARTLEY.

Cruel traitement des prisonniers américains en Angleterre.

Passy, 14 octobre 1777.

Cher monsieur,

J'ai reçu à sa date votre lettre du 2 mai, renfermant copie d'une lettre que vous m'avez adressée l'année dernière et qui ne m'est point parvenue. Elle a eu le sort de quelques-unes de celles que je vous ai écrites d'Amérique. Quoique nos lettres aient toujours été pleines de bienveillance pour les deux pays, que nous n'ayons pas eu de plus vif désir que d'empêcher leur ruine et de concourir à leur félicité mutuelle, j'ai craint que, si l'on venait à savoir qu'il existât une correspondance entre nous, il n'en résultât pour vous quelque désagrément. J'ai donc tardé à vous écrire, me défiant de la poste, et ne voyant personne à qui confier mes lettres. Mais certain aujourd'hui d'une voie sûre, je me hasarde à vous écrire, surtout parce que le sujet est tel que vous pouvez recevoir une lettre de moi sans vous attirer de blâme.

Que j'aurais été heureux si l'on eût prêté quelque attention aux honnêtes avis que j'avais donnés. On eût évité la fatale séparation d'intérêts et la haine mutuelle que devaient amener les mesures qu'on commençait déjà d'adopter, lorsque j'étais en Angleterre ; on eût prévenu les maux horribles d'une guerre abominable. Je serais encore heureux, si je pouvais rétablir la paix en ménageant les libertés, la sûreté et l'honneur de l'Amérique. Quant à nous soumettre au gouvernement de la Grande-Bretagne, il est inutile d'y songer. L'Angleterre a exercé sur nous d'innombrables cruautés ; elle a excité les esclaves à tuer leurs maîtres, les sauvages à massacrer les familles des cultivateurs ; elle a eu la bassesse de récompenser l'infidélité des serviteurs, de corrompre la vertu des marins à qui nos biens étaient confiés. Dans le cours de la guerre, comme dans le traitement des prisonniers, elle nous a donné de telles preuves de sa méchanceté, que jamais nous ne lui rendrons la conduite de nos affaires, ni le soin de nos intérêts. Persuader maintenant aux Américains que la guerre était purement ministérielle, comme j'ai longtemps essayé de le faire, leur dire que le peuple anglais a toujours pour eux de la bienveillance, c'est désormais chose impossible. Des milliers d'adresses imprimées dans vos gazettes approuvent la conduite du gouvernement à notre égard ; elles l'encouragent à hâter notre destruction de toutes les manières ; la grande majorité du Parlement ne cesse de manifester les mêmes sentiments ; le peuple anglais célèbre par des réjouissances toute nouvelle qui lui apprend le massacre d'un peuple innocent et vertueux, qui ne combat que pour la défense de ses justes droits ; les écrits de vos moralistes, les sermons de vos théologiens les plus célèbres recommandent ces mesures ; vos assemblées nationales elles-mêmes les autorisent et y applaudissent. En faut-il davantage pour nous convaincre que vous n'êtes plus cette nation magnanime et éclairée que nous estimions naguère ; vous êtes devenus incapables et indignes de nous gouverner, puisque vous n'êtes plus en état de gouverner vos propres passions.

Néanmoins, je le répète, je serais heureux de voir la paix rétablie. Si les amis de la liberté et de la vertu qui restent encore en Angleterre, pouvaient en être retirés, je verrais avec moins de peine continuer la guerre jusqu'à la ruine de ce pays ; mais comme ce vœu est chimérique, je ne puis que désirer la paix dans l'intérêt de ces amis aussi bien que de l'humanité et pour arrêter le carnage.

Ce désir, quelque impuissant qu'il soit, m'engage à vous dire qu'entre deux nations exaspérées par la guerre, quelques actes de générosité et de bienveillance de la part de l'une d'elles envers les prisonniers, ont parfois adouci le ressentiment, abattu l'animosité d'un adversaire au point d'amener un arrangement. Vous autres Anglais, si vous désirez la paix, vous avez une occasion de nous le prouver, par la manière dont vous traiterez les prisonniers qui sont dans vos cachots. Ils se plaignent d'être maltraités. Ils sont loin de leurs amis, et de leurs familles, l'hiver approche : ils souffriront beaucoup dans l'état où on les laisse, mal nourris, sans abri, sans vêtements, sans feu, et privés de la consolation de voir leurs amis, ou même ceux de leurs ennemis qui ont quelque humanité et quelque charité.

Je puis vous affirmer, de science certaine, que vos compatriotes, prisonniers en Amérique, y ont été traités avec beaucoup de douceur ; ils ont eu les mêmes rations que nos troupes ; on leur a fourni de bons logements ; on leur a assigné sur parole des villages salubres pour se promener et s'y distraire. Lorsque vous avez jugé convenable de passer des contrats pour fournir des secours à vos prisonniers, les fournisseurs ont été protégés et aidés dans leurs opérations. Quelque acte remarquable de bienveillance envers nos gens laverait la nation anglaise de l'accusation d'inhumanité qui pèse sur elle et la ferait retomber sur les vrais coupables, sur ceux qui conduisent la guerre d'Amérique. Je vous suggère ces idées par un reste de bienveillance pour une nation qu'autrefois j'ai sincèrement aimée. Mais au point où en sont les choses et dans ma disposition d'esprit, ayant peu de goût à être votre obligé, je me contenterai de proposer que le gouvernement anglais nous permette d'envoyer un employé ou commissaire pour prendre soin de ces pauvres gens. Peut-être, sur vos instances, obtiendrons-nous promptement cette faveur en Angleterre, quoiqu'on nous l'ait refusée fort inhumainement à New-York.

Si vous aviez le temps de visiter les prisons où sont renfermés nos prisonniers, et que vous fussiez curieux de vous assurer des traitements qu'ils reçoivent, je désire que vous preniez la peine de distribuer parmi les plus nécessiteux, en raison de leurs besoins, cinq ou six cents livres sterling, pour lesquelles vos traites sur moi seront ici très-exactement honorées. Vous pourriez alors parler pertinemment sur ce point dans le Parlement; et cela pourrait produire de bons effets.

Si vous ne pouvez obtenir pour nous la permission d'envoyer un commissaire, peut-être trouverez-vous, à Plymouth et à Portsmouth, des personnes sûres, humaines et discrètes, qui se chargeraient de faire parvenir à nos malheureux soldats, martyrs de la liberté, les secours que nous serons en état de leur procurer. Votre Roi ne vous récompensera point de cette peine, mais Dieu le fera. Je ne vous parle point de la gratitude de l'Amérique, vous aurez pour vous, ce qui vaut mieux encore, l'approbation de votre conscience. Nos capitaines ont mis en liberté plus de deux cents de vos gens, faits prisonniers par nos vaisseaux de guerre et amenés en France, sans parler d'un grand nombre d'autres qui ont été débarqués près de vos côtes, et à qui on a procuré des bâtiments pour les rapatrier. Cependant vous ne nous avez pas rendu un seul homme en échange. Si nous avions vendu vos compatriotes aux Maures de Salé, comme vous avez vendu la plupart des nôtres à vos compagnies d'Afrique et des Indes orientales, auriez-vous eu droit de vous plaindre?

En relisant ma lettre, j'y trouve trop de chaleur, je voulais en effacer quelques passages. Je les laisse, ils vous feront faire cette réflexion : « Si un homme froid de son naturel, que la vieillesse glace chaque jour davantage, s'échauffe ainsi à la vue des mauvais traitements que nous faisons souffrir à son pays, combien ses concitoyens ne doivent-ils pas être exaspérés contre nous? Pourquoi par notre barbarie mériter la haine irréconciliable, non-seulement des habitants actuels d'une vaste contrée, mais de leur postérité, qui sera bien plus nombreuse et, qui, de siècle en siècle, maudira le nom *anglais*, comme aujourd'hui en Hollande les enfants maudissent le nom d'*Albe* et celui d'*Espagnol?* » C'est ce qui arrivera cependant si vous ne changez promptement de conduite ; et si le ressentiment de la nation ne tombe sur les coupables, sur votre ministère, ou plutôt même sur le Roi, dont les ministres ne font que suivre les volontés.

Avec la plus grande estime, la plus sincère affection, et les meilleurs vœux pour votre bonheur, j'ai l'honneur d'être, monsieur, votre etc.   B. F.

A UN AMI.

Sur les paratonnerres [1].

Passy, 14 octobre 1777.

Monsieur,

Je vous suis fort obligé de m'avoir communiqué la lettre

---

1. Il y avait eu grande discussion en Angleterre pour savoir si la tige du paratonnerre devait être pointue ou obtuse. M. Wilson soutenait la seconde opinion et Franklin la première.

d'Angleterre. Je suis de votre avis, il ne serait pas convenable de la publier ici. La façon dont notre ami[1] traite M. Wilson est trop vive pour convenir à un savant parlant d'un autre savant, à propos d'une question scientifique. Il s'échauffe autant pour sa *pointe* que les jansénistes et les molinistes pour leurs cinq *points*. Quant à écrire sur ce sujet, je n'en vois pas la nécessité; je n'ai rien à ajouter à la note que j'ai lue devant le comité qui fit établir des paratonnerres à Purfleet. Cette note est imprimée dans la dernière édition française de mes écrits[2].

Je ne suis jamais entré en discussion pour défendre mes opinions scientifiques; je les laisse faire elles-mêmes leur chemin. Si elles sont *justes*, la vérité et l'expérience les soutiendront; si elles sont *fausses*, il est bon qu'on les réfute et qu'on les rejette. Des disputes ne font qu'aigrir le caractère et troubler le repos. Je n'ai aucun intérêt particulier à ce que mes inventions réussissent dans le monde, je n'en ai jamais retiré ni voulu retirer le moindre profit. Que le roi (d'Angleterre) change ses *conducteurs pointus* pour des *conducteurs obtus*, il ne m'importe guère. Si j'avais eu un désir à former, c'est qu'il les eût rejetés tous comme ne servant à rien. C'est depuis qu'il s'est cru à l'abri des foudres du ciel, lui et sa famille, qu'il a osé se servir de ses propres foudres pour détruire ses sujets innocents. Je suis, Monsieur, etc.   B. F.

[1]. Le docteur Ingenhousz.
[2]. Édition de Dubourg, Paris, 1773, 2 vol. in-4°. Purfleet était une poudrière anglaise.

A RALPH IZARD [1].

Passy, 29 janvier 1778.

Cher monsieur,

J'ai reçu votre lettre hier soir. Des circonstances que je vous expliquerai quand j'aurai l'honneur de vous voir, m'empêchent de vous donner aujourd'hui une réponse complète. Les raisons que vous alléguez, je les ai pesées depuis longtemps. Mais je dois me résigner à rester quelques jours sous le coup de l'opinion que vous paraissez vous être faite, non-seulement de mon peu d'intelligence en ce qui touche les intérêts de l'Amérique, mais de mon défaut de sincérité et de politesse à votre endroit et d'attention à vos instructions. Je me flatte que tous ces défauts trouveront leur excuse, ou plutôt qu'on verra qu'ils n'ont jamais existé. Vous dites que *vous vous sentez blessé*. Permettez-moi de vous offrir une maxime, qui m'a servi dans la vie, et qui pourra vous servir pour éviter ces blessures imaginaires: « Au lieu de *supposer* que vos amis ont *tort*, jusqu'à ce que vous trouviez qu'ils ont *raison*, *supposez* toujours qu'ils ont *raison* jusqu'à ce que vous *trouviez* qu'ils ont *tort*. » On vous a dit, ou vous avez imaginé tout ce qu'on peut dire ou supposer d'un côté, mais l'autre côté vous ne l'avez point envisagé. Je n'en suis pas moins avec une sincère estime, cher monsieur, votre très-obéissant et très-humble serviteur. B. F.

---

1. M. Ralph Izard avait été nommé par le Congrès commissaire près la cour de Toscane. L'état des affaires européennes l'obligea de rester à Paris, et il se plaignit que Franklin ne le consultât pas sur le traité d'alliance avec la France qui était sur le point d'être signé. Il fut signé en effet le 6 février 1778.

A DAVID HARTLEY.

Conduite de la France à l'égard des État-Unis.

Passy, 12 février 1778.

Cher monsieur,

Mille remerciments pour votre promptitude à secourir nos pauvres prisonniers, pour les peines que vous avez prises, et l'argent que vous avez avancé. J'ai reçu votre bonne lettre du 3 courant et je vous envoie ci-inclus une traite de cent livres sterling. J'approuve beaucoup la conduite prudente non moins que bienveillante de M. Wren, pour la distribution de cet argent; je désire qu'il continue de faire ce qui lui semblera bon, ainsi qu'à vous; je suis persuadé que nos collègues et moi nous en jugerons de même. Quand vous lui écrirez, assurez-le de ma reconnaissance.

Votre « avis sérieux, votre prière instante, afin que rien ne persuade à l'Amérique de se jeter dans les bras de la France, parce que le temps changera, et qu'un Américain sera toujours un étranger en France, tandis que l'Angleterre sera son foyer pendant de longs siècles à venir, » cet avis marque la bonté de votre cœur, votre estime pour nous, votre amour pour votre pays. Mais tandis que votre nation rassemble et paye les coupe-gorges de toute couleur et de tout pays, il est difficile de nous persuader que nous ne devons demander ni accepter le secours d'un pouvoir disposé à nous aider, et cela parce qu'un jour, quand vous n'aurez plus soif de notre sang, quand vous ne nous poursuivrez plus par le fer et le feu, peut-être vous nous traiterez avec quelque bonté. C'est nous demander trop de patience, cela n'est pas dans la nature humaine.

Les Américains sont reçus et traités en France avec une cordialité, un respect, une affection qu'ils n'ont jamais rencontrés en Angleterre, alors même qu'ils le méritaient le mieux, et qu'aujourd'hui ils trouveraient moins encore après tant de peines prises pour exaspérer les Anglais contre eux, et les rendre aussi odieux que méprisables. Je ne vois pas pourquoi, en nous alliant à la France, nous ne pourrions pas compter sur la durée de ses bons procédés. Depuis deux cents ans passés, la France a gardé une fidèle amitié à la Suisse, et les Suisses vivent ici sur le même pied que les Français. L'Amérique a été *chassée* et *poussée* dans les bras de la France. C'était une fille obéissante et vertueuse. Une cruelle marâtre l'a mise à la porte, l'a diffamée, a cherché à la tuer. Tout le monde reconnaît son innocence, et prend son parti, ses amis espèrent qu'elle sera bientôt mariée honorablement. Jamais ils ne lui conseilleront de retourner sous l'empire d'une ennemie aussi barbare. Une fois heureuse, si elle oublie, si elle pardonne, elle aura fait tout ce qu'on peut lui demander raisonnablement. Je crois qu'elle sera aussi bonne femme qu'elle a été bonne fille, que son mari l'aimera et l'honorera, et que la famille qui l'a si méchamment chassée regrettera longtemps de l'avoir perdue.

Je ne sais si en Angleterre on désire faire la paix avec nous ; je crois qu'on n'y songerait en ce moment que si nous nous soumettions en demandant pardon ; ce sont là de vieilles et impossibles conditions. Quand vous serez disposés à faire la paix à des conditions égales et raisonnables, vous trouverez peu de difficultés, si vous commencez par avoir un ministère honnête. Le ministère actuel a agi dans toute cette affaire avec tant de fraude, tant de perfidie, tant d'inhumanité, que notre manque absolu de confiance en de pareilles gens rendra, je crois, impossible tout traité avec le Congrès.

La souscription pour les prisonniers produit un excellent effet en faveur de l'Angleterre et des Anglais. Les souscriptions écossaises pour lever des troupes afin de nous anéantir ont monté à des sommes beaucoup plus considérables.

mais elles ne feront pas moitié autant de bien à la nation. Si vous en aviez l'occasion, je vous prie d'exprimer notre respectueuse reconnaissance au comité et aux souscripteurs; leurs bienfaits mettront nos pauvres gens aussi à l'aise que leur situation le permet. Adieu, mon cher ami. Recevez mes remercîments pour les excellents écrits que vous m'avez envoyés. Si vos efforts pour amener la paix n'ont point réussi, ils n'en seront pas moins une consolation pour vous, et un jour, quand cette guerre insensée sera universellement exécrée, ils ajouteront encore à votre réputation. Je suis toujours avec le plus grand estime, etc.

B. F.

P. S. Un de mes vieux amis, M. Hutton, un des chefs de la communauté des Moraves, qui est souvent au palais de la reine, et à qui le roi parle quelquefois, est venu dernièrement à Paris. Il m'a dit n'avoir aucun mandat, tout en me pressant beaucoup d'offrir quelques conditions de paix; je me suis excusé d'en rien faire. Depuis son retour il m'a écrit pour me presser encore, en m'assurant avec quelque confiance que nous pouvions tout obtenir, hormis l'indépendance absolue, etc. Je vous envoie ma réponse toute ouverte, afin que vous puissiez la lire, avant de la remettre, et même en prendre copie si cela vous fait plaisir. Cette réponse servira à vous montrer plus complétement mes sentiments. Je ne pense pas qu'elle serve à autre chose.

B. F.

A THOMAS CUSHING.

Traité avec la France.

Passy, 21 février 1778.

Monsieur,

M. Austin m'a remis votre lettre, avec vos agréables

félicitations sur le succès de nos armes dans le nord¹. En retour, permettez-moi de vous féliciter du succès de nos négociations en France. Nous venons de signer deux traités avec S. M. Très-Chrétienne ; l'un d'amitié et de commerce sur le plan proposé par le Congrès, avec quelques bonnes additions, l'autre d'alliance et de défense mutuelle, par lequel S. M. Très-Chrétienne convient de faire cause commune avec les États-Unis si l'Angleterre essaye de gêner le commerce des Français avec l'Amérique, et garantit aux États-Unis leur liberté, leur souveraineté, leur indépendance absolue et illimitée, avec toutes les possessions qu'ils ont maintenant, ou qu'ils pourront avoir à la fin de la guerre. Les États-Unis, en retour, garantissent à S. M. ses possessions des Antilles. Le grand principe des deux traités c'est une égalité et une réciprocité parfaites ; la France ne demande ni avantages, ni privilèges de commerce que les États-Unis ne puissent accorder à toute autre nation.

En deux mots le roi nous a traités de façon généreuse et magnanime ; il n'a point pris avantage de nos difficultés présentes pour exiger des conditions que nous n'accorderions pas volontiers, si nous étions en pleine indépendance et pleine prospérité. J'ajoute qu'il a agi sagement en désirant que l'amitié, contractée par ces traités, soit durable, ce qui probablement ne pourrait avoir lieu s'il avait suivi d'autres errements.

Quelques vaisseaux américains, avec des provisions pour le Congrès, sont prêts à mettre à la voile, sous le convoi d'une escadre française. L'Angleterre est dans une grande consternation, et le 17 courant, le ministère a avoué que toutes ses mesures avaient été mauvaises, et que la

1. M. Austin avait été envoyé à Franklin pour lui annoncer que le général Burgoyne, avec toute l'armée anglaise qui venait du Canada, avait été obligé de se rendre au général Gates à Saratoga.

paix était nécessaire ; en conséquence il a proposé deux bills pour apaiser l'Amérique ; mais ces lois sont pleines d'artifices et de fraude, je suis sûr qu'elles seront traitées comme elles le méritent par notre pays. B. F.

P. S. Les traités ont été signés le 6 février par les plénipotentiaires des deux parties, mais il y a quelques raisons qui les font tenir secrets, quoiqu'on doive bientôt les publier. On croit que l'Espagne y accédera prochainement. Les traités sont expédiés au Congrès par ce convoi.

Le 20 mars 1778, les commissaires américains furent présentés au roi à Versailles, et prirent rang à la cour comme envoyés d'un État indépendant. Cette présentation fut un triomphe pour Franklin. Son âge, sa figure vénérable [1], la simplicité de son costume (il n'avait ni épée au côté, ni chapeau sous le bras), ses cheveux blancs, le désignaient à l'attention ; on se le montrait du doigt, on l'applaudissait comme un sage, un patriote, un savant. Et puis, il faut le dire, la liberté germait en France dans tous les cœurs, applaudir Franklin, le représentant de l'Amérique républicaine, c'était une façon de protester en faveur de la liberté française. On n'a pas assez étudié l'in-

1. Suivant une tradition qui ne paraît pas très-sûre, Franklin, pour obéir à l'étiquette, s'était résigné à mettre une perrruque avant de paraître à Versailles. On lui apporta cette coiffure dont il avait perdu l'habitude ; mais malgré toute son habileté le coiffeur ne put faire entrer la perruque sur la tête de Franklin. « Cette perruque est trop étroite, dit Franklin. — Non, monsieur, s'écria l'artiste, cette perruque est parfaite ; c'est votre tête qui est trop grosse. » Du reste, on voit par le buste de Houdon que Franklin avait une forte tête ; et c'était un commun dicton, à Paris, que le docteur avait une *grosse tête* et une *grande tête*. (Parton, t. II, p. 311.)

fluence de la révolution américaine sur la révolution française ; elle a été plus grande qu'on ne pourrait le supposer; mais par malheur si, nous avons emprunté à l'Amérique ses comités de salut public et ses conventions, nous ne lui avons pas emprunté son libre et sage gouvernement et surtout ses grands patriotes : il nous a manqué un Washington et un Franklin.

Un journal américain du temps (le *New-York journal* du 6 juillet 1778), prétend qu'une fois en présence du roi Louis XVI, Franklin, qui voyait dans l'alliance de la France le salut de son pays, se mit à pleurer. M. de Vergennes le présenta de suite au roi avec ses collègues Silas Deane, Arthur Lee, William Lee et Ralph Izard. « Messieurs, leur dit le roi Louis XVI avec un accent de sincérité, je vous prie d'assurer le Congrès de mon amitié. J'ajoute qu'en mon particulier, je suis excessivement satisfait de votre conduite depuis que vous êtes dans mon royaume. » Le soir, les envoyés reçurent une invitation pour assister au jeu de la reine; Marie-Antoinette, toute dévouée à la cause des insurgents, fit placer Franklin auprès d'elle, et ne perdit pas une occasion de lui parler avec sa grâce ordinaire.

Disons que jamais l'Amérique ne fut ingrate, et qu'au milieu même de la Révolution, elle conserva toujours un souvenir de reconnaissance pour le malheureux roi, pour l'aimable princesse qui leur avaient tendu une main secourable, quand de la France seule l'Amérique pouvait attendre son salut [1].

1. Parton, II, 312.

CHAPITRE XI.

La France se prépare à la guerre. — Voltaire et Franklin. — Avances faites à Franklin par le gouvernement anglais. — Ses difficultés avec M. Lee. — Lafayette. — Détails sur Paris. — Situation critique de l'Amérique (1778-1780).

Peu après la réception de Franklin à la cour, l'ambassadeur de France à Londres instruisit le ministère anglais qu'un traité d'amitié et de commerce avait été conclu entre la France et les États-Unis. L'Angleterre considéra cette nouvelle comme une déclaration de guerre, lord Stormont reçut l'ordre de quitter Paris.

La cour de Versailles s'était préparée à cet événement. Une escadre partit de Toulon, vers le milieu d'avril, sous le commandement du comte d'Estaing. M. Gérard était sur le vaisseau amiral, comme ministre de France auprès des États-Unis; avec lui se trouvait un des trois commissaires américains, M. Silas Deane, qui avait été rappelé par le Congrès. Il était remplacé à Paris par John Adams, celui-là même qui fut le successeur de Washington, comme président des États-Unis[1].

Les ministres anglais sentirent alors toute la gravité de la situation. On avait la guerre avec l'Amérique et la France; on l'aurait bientôt avec l'Espagne, intime alliée de la France. Ne pouvait-on pas arrêter le mal dans son germe, et traiter avec l'Amérique? Le ministère y songea et résolut d'envoyer au Congrès, c'est-à-dire aux rebelles, des commissaires armés de pouvoirs suffisants pour amener une réconciliation. C'était une illusion : les États-Unis n'entendaient pas abdiquer leur souveraineté.

En même temps qu'on essayait de négocier ouvertement avec le Congrès, on dépêchait à Franklin des agents secrets pour tâcher d'obtenir de lui des propositions acceptables, et pour se servir de l'influence de son nom. M. Hutton, de la société des Moraves, M. William Pulteney et M. David Hartley, tous deux membres du Parlement, s'employèrent à cette œuvre louable; mais Franklin n'avait aucun pouvoir pour traiter, et ne croyait pas qu'il fût possible de revenir en arrière. Son parti était pris, ni menaces ni prières ne pouvaient le fléchir.

« Mon bon ami, lui écrivait David Hartley, que Dieu vous protége ! Je ne négligerai rien pour que nous puissions un jour ou l'autre nous retrouver en pleine paix. Votre pouvoir est bien plus grand que le mien. C'est à ce pouvoir que je confie mes dernières espérances. Je finis en disant : Heureux ceux qui font la paix ! Votre ami affectionné.   D. Hartley.

---

1. Sparks, t. I, 438.

P. S. *S'il survient des tempêtes, prenez garde à vous; les événements sont incertains, et les hommes peuvent être capricieux* [1].

A DAVID HARTLEY.

23 avril 1778.

Je vous remercie de votre sage conseil, mais, tout près d'achever une longue vie, j'attache peu de prix à ce qui en reste. Comme un drapier à qui l'on marchande une fin de pièce, je suis tout prêt à dire : « C'est le dernier morceau, je ne vous marchanderai pas, prenez-le pour le prix qu'il vous plaira. » Peut-être le meilleur usage qu'on puisse faire d'un vieux bonhomme comme moi, c'est d'en faire un martyr.
B. F.

C'est à ce moment que le *vieux bonhomme* se fit présenter à un autre vieillard, qui depuis soixante ans tenait le monde attentif à sa voix. Voltaire, âgé de quatre-vingt-quatre ans, venait de rentrer à Paris, après un exil de vingt-sept ans. Les envoyés américains demandèrent à le saluer. Ils le trouvèrent couché, faible, exténué, avec un visage tout ridé, au milieu duquel brillaient, *comme deux escarboucles*, ces yeux où la vie s'était retirée. En les voyant entrer, Voltaire se souleva sur sa couche et récita quelques vers de l'ode de Thomson à la liberté.

« Là-bas, au sud, sous un soleil bienfaisant, s'étendent d'heureuses colonies, calme retraite de la pauvreté immé-

---

1. David Hartley craignait qu'un changement de dispositions dans la cour de France ne la décidât à expulser Franklin.

ritée, asile de ceux que des bigots chassent des terres étrangères. Elles ne sont pas fondées sur la rapine, la servitude et la douleur pour devenir un jour la proie de quelque misérable tyran, non, elles s'élèvent fortes et unies entre elles par la liberté. »

Voltaire se mit alors à causer en anglais avec Franklin. Mme Denis, sa nièce, le pria de parler en français, afin que l'assistance pût les entendre. « Je vous demande pardon, dit le mourant, j'ai cédé à la vanité de montrer que je pouvais parler la langue d'un Franklin. » Le docteur lui présenta son petit-fils ; Voltaire leva ses mains sur la tête du jeune homme et lui dit : « Mon enfant, *God and liberty* [1]; rappelez-vous ces deux mots. »

Le 29 avril 1778, il y eut séance à l'Académie des sciences. Voltaire et Franklin y assistaient l'un près de l'autre. Le public se mit à les appeler et à les applaudir; tous deux se saluèrent, tous deux, pour plaire à l'assistance, se donnèrent la main à l'anglaise. « Non! non! cria le public : *Il faut s'embrasser à la française.* » Les deux vieillards ne se le firent pas répéter, et le lendemain, suivant le style du temps, l'Europe apprit que *Solon et Sophocle s'étaient embrassés* [2]. Heureux temps après tout que celui où les héros de l'opinion sont des hommes qui n'ont jamais cherché qu'à éclairer et affranchir leurs semblables. A côté de cela, qu'est-ce que la gloire sanglante et impure des conquérants?

Au mois de juillet, Franklin reçut une longue lettre

1. Dieu et liberté.
2. Parton, II, p. 317.

datée de Bruxelles et signée du pseudonyme Charles de Weissenstein. Cette lettre mêlait assez grossièrement les offres de corruption et les menaces pour séduire ou pour effrayer Franklin. Elle offrait à l'Amérique un Congrès qui se tiendrait tous les sept ans ou plus souvent, et ajoutait : « Les hommes distingués comme Franklin, Washington, Adams, Hancock, auront des places ou des pensions à vie, et peut-être y aura-t-il une pairie américaine, pour donner des honneurs à qui les mérite. »

D'où venait cette lettre ? Franklin crut y reconnaître la main du ministère anglais, et il y fit une réponse d'une extrême sévérité, sur un ton qui ne lui est pas habituel. Il supposait que cette réponse serait mise sous les yeux du roi Georges. J'avoue que tout dans cette lettre est si étrange et si romanesque, que je serais tenté d'y voir l'œuvre d'un de ces faiseurs de projets, qui abondent en politique, mais qu'on ne prend pas au sérieux.

A CHARLES DE WEISSENSTEIN.

Passy, 1ᵉʳ juillet 1778.

Monsieur,

J'ai reçu votre lettre, datée de Bruxelles, le 16 du mois passé. Ma vanité pourrait être flattée des compliments que vous faites à mon esprit, si vos *propositions* n'indiquaient clairement que vous en avez une très-mince opinion.

C'est au nom du Dieu qui sait tout, du Dieu juste, devant qui je dois comparaître, c'est au nom de ma réputation et de ma gloire dans l'avenir, que vous me conjurez de chercher un moyen d'arrêter la désolation de l'Amérique, et de prévenir le fléau d'une guerre générale. Comme j'ai la conscience d'avoir fait tout ce qui était en mon pouvoir pour empêcher la rupture, et de n'avoir rien fait pour l'agrandir, je puis paraître avec confiance devant Dieu. En ce point je n'ai rien à craindre de sa justice, quoique en beaucoup d'autres je n'aie que trop de raisons d'implorer sa merci. Quant à ma réputation future, je me repose sur ma conduite présente et passée, sans chercher la gloire dans ces chemins tortueux et sombres que vous me proposez de suivre, et où certainement ma réputation se perdrait. Votre adjuration solennelle eût été mieux adressée à votre souverain et à son parlement vénal. C'est lui, ce sont eux qui ont commencé méchamment et qui continuent follement la guerre qui désole l'Amérique; ce sont eux seuls qui sont responsables des conséquences.

Vous tâchez de me donner une mauvaise opinion de la foi française; mais l'exemple de leurs efforts amicaux pour servir une dynastie de faibles princes [1], qui par leur propre imprudence, déjouèrent tout ce qu'on avait fait pour eux, n'a que peu de poids à mes yeux, quand je considère la solide amitié de la France pour les treize États Unis de la Suisse, amitié inviolable qui a déjà duré deux cents ans. Vous me dites que certainement la France nous trompera, et que déjà elle nous méprise. Je ne crois pas qu'elle nous trompe, et je ne suis pas certain qu'elle nous méprise, mais je vois clairement que vous essayez de nous tromper avec vos bills de conciliation, que vous méprisez notre intelligence quand vous vous flattez que ces artifices réussiront, et que non-seulement la France, mais l'Europe entière, vous compris, nous mépriserait certainement et à jamais si nous étions assez faibles pour accepter vos insidieuses propositions.

Nos espérances en ce qui touche la future grandeur de l'Amérique, ne sont pas si magnifiques et par conséquent ni si vaines ni si chimériques que vous le dites. La masse

1. Les Stuarts.

de notre peuple est composée, non pas de marchands, mais de petits propriétaires qui se plaisent à cultiver leurs terre. Grâce à la fertilité et à la variété de nos climats, ces terres peuvent nous fournir toutes les nécessités et toutes les commodités de la vie, sans que nous ayons besoin du commerce extérieur. Nous avons un territoire trop large pour avoir la moindre tentation de l'agrandir par des conquêtes sur de paisibles voisins ; nous sommes trop justes pour y songer. Notre milice, vous le savez par expérience, suffit à nous défendre contre l'invasion, notre commerce sera protégé par toutes les nations qui ont intérêt à faire des affaires avec nous. Rien donc ne nous pousse à avoir des flottes et des armées, ainsi que vous l'imaginez, nous laissons à d'autres le soin d'entretenir ces coûteuses machines pour la pompe des princes, ou le luxe des anciens États. Nous voulons, s'il est possible, vivre en paix avec le genre humain, et quand vous vous serez convaincus, à vos frais, qu'on ne gagne rien à nous attaquer, nous avons toute raison d'espérer qu'aucune autre puissance ne jugera prudent de se quereller avec nous, de crainte qu'en nous détournant de nos paisibles travaux, elle ne fasse de nous des corsaires prêts à fondre sur les siens. Le poids d'un empire indépendant, que vous nous déclarez incapables de supporter, ne sera donc pas aussi lourd que vous l'imaginez. Nous avons toujours payé les dépenses de notre gouvernement civil, et nous pouvons les payer aisément, car elles sont petites. Un peuple honnête et laborieux peut être gouverné à bon marché. Résolus à n'avoir ni places lucratives, ni sinécures, deux choses si communes en des États vieux et corrompus, nous pouvons nous gouverner toute une année pour la somme que vous coûte un seul ministère, ou pour celle que, grâce à la faveur d'un ministre, un fournisseur adroit peut vous voler sur un seul article.

Vous croyez que nous nous flattons, et que nous nous

trompons en pensant que l'Angleterre *finira* par reconnaître notre indépendance. Nous, de notre côté, nous croyons que vous vous flattez en supposant que cette reconnaissance est une immense faveur que nous désirons fort, et qu'elle peut vous procurer quelque grand avantage, soit que vous l'accordiez, soit que vous la refusiez. Nous ne vous l'avons jamais demandée; nous vous avons dit seulement que vous ne traiteriez avec nous que comme avec un État indépendant. Libre à vous, du reste, et libre à vos enfants, de vous bercer du droit de nous gouverner, aussi longtemps que vos rois se sont bercés du nom de rois de France; tant que vous n'essayerez pas d'exercer ce droit, nous ne nous en troublerons nullement. Que ce prétendu droit soit inattaquable, comme vous dites, c'est ce que nous nions absolument. Jamais votre Parlement n'a eu le droit de nous gouverner, et votre roi a forfait son titre par sa sanglante tyrannie.

Mais je vous remercie de me faire connaître un peu de votre pensée. Suivant vous, alors même que le Parlement reconnaîtrait notre indépendance, cet acte ne lierait pas vos descendants; votre nation pourrait reprendre et poursuivre ses prétentions, dès qu'elle y serait poussée par l'influence de la passion ou par sa haine contre nous. Nous soupçonnions déjà que vous ne vous tiendriez liés par vos Actes de conciliation qu'aussi longtemps qu'ils serviraient à nous désarmer, mais nous n'étions pas certains que vous étiez des fourbes par principe, et que nous ne devions pas avoir la moindre confiance dans vos offres, vos promesses, vos traités, même confirmés par le Parlement.

Je me souviens, qu'il y a longtemps, on me dit en Angleterre, qu'un très-grand personnage, jeune alors, étudiait beaucoup un certain livre intitulé : *Arcana Imperii*. J'eus la curiosité de me procurer ce livre et de le lire. Il y a de bonnes choses, mais il y en a aussi de mauvaises; car, je me rappelle qu'un certain roi y est loué pour avoir excité une rébellion parmi ses sujets, au moment où ils n'avaient pas la force de la soutenir, et cela pour en arriver à leur prendre des priviléges qui le gênaient. On y examine et on y discute la question de savoir : *si un prince qui pour apaiser une révolte fait des promesses aux révoltés est obligé de les remplir?* Les honnêtes gens diront *oui*; mais ce politique dit comme vous : *non*. Et il en donne cette belle raison, qu'il était bien de faire les promesses, puisqu'autrement on n'aurait pu supprimer la révolte, mais qu'il serait mal de les tenir, parce qu'on doit punir les révoltés pour effrayer les révoltes futures.

Si tels sont les principes de votre nation, on ne peut avoir en vous nulle confiance; c'est en vain qu'on traite avec vous; et les guerres ne peuvent finir que par l'impuissance de les continuer.

Une des principales intentions de votre lettre semble être de me donner une idée de votre impartialité, en blâmant vos ministres et leurs mesures, et de tirer de moi des propositions de paix, ou l'approbation des propositions que votre lettre contient, et que vous vous chargez, dites-vous, de faire parvenir directement au roi, sans l'intervention des ministres. Vous voulez que je les remette en main propre, ou que je les laisse tomber devant un étranger, que je trouverai lundi prochain dans l'église de Notre-Dame et que je reconnaîtrai à une rose à son chapeau. Mais vous-même, Monsieur, vous m'êtes tout à fait inconnu; vous ne m'avez pas confié votre vrai nom. Nous servir de vous pour traiter avec l'Angleterre, c'est faire une démarche qui, si vous êtes un ennemi, sera tournée contre nous pour nous perdre auprès de nos nouveaux et bons amis. Je suis peut-être trop léger en beaucoup de choses; mais certainement si j'étais disposé à faire des propositions (ce que je ne puis faire, puisque je n'ai aucun mandat), je ne penserais jamais à les remettre à Dieu sait qui pour être portées Dieu sait où, et pour servir à des fins que personne ne connaît. Je suis en ce moment une des figures de Paris les plus connues; paraître à l'église Notre-Dame, où je ne puis avoir rien à faire, et surtout y remettre ou laisser tomber une lettre, cela serait assez pour faire causer, et des soupçons, trop naturels en pareil cas, auraient de fâcheuses conséquences pour notre crédit en ce pays.

La seule proposition d'une correspondance ainsi conduite, ce mystère fort inutile quand les intentions sont droites, tout cela me donne plus que des doutes. D'ailleurs, pour traiter avec le Congrès, votre cour a envoyé des commissaires, avec tous les pouvoirs que la couronne peut leur donner suivant l'acte du Parlement, à quoi bon dès-lors nous demander secrètement des propositions? Avant le départ de ces commissaires, nous aurions pu traiter en vertu de nos pouvoirs généraux, avec la connaissance, les avis et l'approbation de nos alliés. Mais, dans les circonstances présentes, quand un traité est, dit-on, proposé au Congrès, il serait fort inconvenant à nous de faire des propositions; ce serait une grande présomption à l'égard de nos constituants, et on n'en pourrait attendre aucun bien.

Je vous réponds néanmoins (et je crois que sans tout ce mystère, la lettre vous parviendra), je vous réponds parceque je veux que vous sachiez ce que nous pensons de votre procédé, qui nous paraît aussi insidieux que vos bills de conciliation. Votre vrai moyen d'obtenir la paix, si vos ministres la désirent, c'est de proposer ouvertement au Congrès des conditions franches et équitables; et peut-être en viendrez-vous plus vite à prendre ce parti quand vous verrez que des flatteries personnelles, des cajoleries générales, des panégyriques sur notre *vertu* et notre *sagesse* sont loin de produire l'effet que vous en attendez; c'est-à-dire de nous persuader d'agir avec autant de bassesse que de folie en livrant nos frères et nos enfants entre les mains de nos plus cruels ennemis, en donnant ou en vendant nos armes et nos munitions, en licenciant nos vaisseaux et nos troupes, en mettant ces ennemis en possession de nos forteresses et de nos ports.

Vous nous proposez de nous livrer nous-mêmes, liés et bâillonnés, tous prêts à être pendus, sans même avoir le droit de nous plaindre, sans l'espoir de retrouver jamais un ami dans tout le genre humain, et vous nous demandez cela sur la foi d'un acte du Parlement! Grand Dieu ! Un acte de votre Parlement ! Cela prouve que vous ne nous connaissez guère, et que vous vous imaginez que nous ne vous connaissons pas. Mais ce n'est pas sur cette *foi* trop faible que nous devons agir, vous nous offrez de plus l'*espérance*, l'espérance de PLACES, de PENSIONS, de la PAIRIE. A en juger par vous-mêmes, ce sont là, croyez-vous, des motifs irrésistibles. Cette offre de corruption, monsieur, c'est pour moi votre lettre de créance; elle me prouve que ce n'est pas un simple particulier qui s'adresse à moi. C'est la marque de la cour. C'est la signature de votre roi. Mais songez un moment sous quel jour ces offres seront vues en Amérique ?

Ces PLACES, ce seront des places chez nous, car vous avez un article particulier pour vous assurer vos places à vous seuls. Ce sera donc nous qui payerons les traitements pour nous enrichir avec ces places? Mais vous nous donnerez des PENSIONS; sans doute elles seront payées sur ce fameux revenu américain, sur lequel vous comptez toujours; mais ces pensions personne de nous ne peut les accepter sans mériter, et peut-être attraper une sus*pension*. Des *pairies* ! Hélas ! monsieur, il y a si longtemps que nous voyons une majorité servile voter constamment pour toute mesure proposée par un ministre, si faible ou si méchant qu'il soit, qu'en vérité il nous reste peu de respect pour ce titre de pair. Nous le considérons comme une sorte d'honneur *plumes et goudron*[1], un mélange

---

1. En Amérique, l'émeute trempe dans des plumes et du goudron le malheureux qu'on livre à la risée publique.

d'impureté et de folie. Chez nous, quiconque accepterait de votre roi cet honneur, serait obligé d'y renoncer, ou de l'échanger contre celui que confère la foule ou de le porter avec une éternelle infamie.

Je suis, monsieur, votre humble serviteur, B. F.

A JAMES LOWELL.

Des droits d'exportation. — Les trois commissaires américains.

Passy, 22 juillet 1778.

.... Entre nations, comme entre particuliers, le commerce doit être loyal et juste; les échanges équivalents, les fournitures réciproques. Tirer des nécessités du voisin un avantage déloyal, procure un succès temporaire, mais fait toujours faire du mauvais sang. Mettre des droits à l'exportation d'un article dont nos voisins ont besoin, c'est une escroquerie pour tirer quelque chose de rien. L'homme d'État qui le premier fit cette invention avait l'âme d'un filou, et aurait été un filou si la fortune l'avait voulu. Les nations qui ont pratiqué ce système en ont souffert au quadruple comme doivent souffrir les filous. En mettant un droit sur l'exportation des vins, la Savoie perdit le marché de la Suisse qui se mit à planter des vignes, et pour citer un autre exemple, c'est en mettant un droit sur le thé que la Grande-Bretagne a perdu le commerce de ses colonies. Et nous, qui ne produisons aucun article dont notre pays ait le monopole, et qu'on ne puisse se procurer autre part, que ferons-nous en mettant des droits à l'exportation, sinon décourager l'achat de nos produits et favoriser la rivalité des autres nations ; ce serait de la folie; mais dans toute fourberie il y a toujours plus ou moins de folie. Pour ma part, si ma protestation pouvait avoir quelque poids, je protesterais contre de telles mesures, fussent-elles prises par voie de représailles. C'est une bassesse dont je ne voudrais pas souiller la conscience ou le caractère de l'Amérique.

.... Le Congrès a-t-il l'intention de maintenir *trois* commissaires à la cour de France ? Nous en avons quatre, y compris l'envoyé de Toscane[1], qui reste ici, et qui est fort mécontent qu'on ne l'ait pas consulté sur le traité, qu'il aurait corrigé en quelques points; peut-être a-t-il quelque raison d'être mécontent, si ses instructions, comme il le dit, nous enjoignent de le consulter. Nous en aurons bientôt un cinquième, car notre envoyé à Vienne, n'étant pas reçu à cette cour, revient, dit-on, ici. Les dépenses nécessaires pour que nous vivions tous ici sont énormes, je vous assure. Je désire que l'utilité y réponde. Je suppose que chacun de nous dépense presqu'autant que faisait lord Stormont. Il est vrai qu'il a laissé la réputation d'un avare, et quand on a lu l'affiche qui annonçait la vente de son mobilier, tout Paris a ri d'un article, peut-être fort innocent : *Une grande quantité de linge de table qui n'a jamais servi.* — « *Cela est très-vraisemblable*, disait-on, *car il n'a jamais donné à manger.* »

Pour en revenir à notre nombre, quelque avantage qu'il puisse y avoir dans la réunion de trois personnes pour dresser et discuter les articles d'un traité, il ne peut y en avoir aucun pour mener les affaires courantes d'un résident. Au contraire on perd tous les avantages qui résultent du secret des négociations, de l'uniformité de sentiment, et de la rapide expédition des affaires. En outre, dans une cour où l'on épie et l'on pèse chaque mot, si les commissaires ne tiennent pas tous le même langage, en donnant leur avis sur une question, cela diminue leur autorité. Et quand il serait prudent de montrer de l'indiffé-

---

1. Ralph Izard, v. sup. p. 46.

rence, de la satisfaction, du mécontentement, ou quand il serait bon de garder pour soi ces sentiments, là où la franchise et la simplicité suffiraient pour donner crédit, c'est assez du langage inconsidéré d'une seule personne pour tout gâter; le risque est en proportion du nombre. Et quand il faut que chacun soit consulté sur chaque détail des affaires courantes, sur la réponse à faire à chaque lettre, etc., et qu'un des commissaires s'offense si l'on fait la moindre chose sans le consulter, la difficulté d'être souvent et longtemps ensemble, la différence d'opinions, le temps perdu à discuter, les interruptions et tout le reste amènent tant de retards et de délais que la correspondance languit, l'occasion se perd et la besogne est toujours en arrière.

J'ai parlé de la difficulté d'être souvent et longtemps ensemble. C'est une difficulté considérable quand on ne peut loger tous ensemble dans la même maison. Mais trouver trois personnes d'assez bon caractère, et qui se conviennent et s'aiment assez pour s'accorder quoique vivant dans la même maison, éviter que les domestiques ne se querellent, et ne mêlent les maîtres à leurs disputes, ce sont là des difficultés plus grandes encore et à peu près insurmontables. Et tout bien considéré, je désire que le Congrès nous sépare.

.... Avec une grande estime, j'ai l'honneur, etc.

B. F.

Ces plaintes de Franklin font allusion à la mésintelligence qui régnait entre lui et un des autres commissaires, Arthur Lee. Dans plusieurs lettres à M. Lee, Franklin se plaint avec une grande vivacité du ton d'importance que ce collègue prend avec lui. On en jugera par la suivante :

A ARTHUR LEE.

Passy, 4 avril 1778.

Monsieur,

.... Vous me demandez pourquoi j'agis d'une façon qui s'accorde si peu avec mes devoirs envers le public? C'est une grave accusation, monsieur, je ne l'ai pas méritée. Mais c'est au public que je suis comptable et non pas à vous. Durant ma longue vie j'ai servi plus d'un public, je les ai servis avec fidélité, j'ai été honoré de leur approbation. Jamais jusqu'à présent on ne m'a accusé d'agir contrairement à l'intérêt public, ou de manquer à mes devoirs. Quand le Congrès le demandera, je lui rendrai compte du terrible délit que j'ai commis en ne vous disant rien du départ de M. Deane et de M. Gérard. Et je n'ai aucun doute que sa justice m'acquittera.

Il est vrai que j'ai négligé de répondre à quelques-unes de vos lettres, en particulier à vos lettres colères, où avec un ton de magister, vous m'avez réprimandé et morigéné comme si j'étais un de vos domestiques. Je voyais sous le jour le plus fort l'importance de vivre poliment l'un avec l'autre tant que nos grandes affaires étaient en suspens. Voilà pourquoi, tout en voyant votre caractère jaloux, soupçonneux, malveillant, querelleur se montrer dans vos rapports avec M. Deane, ou avec quiconque avait affaire à vous, j'ai reçu vos outrages en silence, je n'ai pas répondu à vos lettres furieuses que je me suis contenté de brûler, et je vous ai reçu avec la même politesse que si vous ne les aviez pas écrites. Peut-être continuerai-je la même conduite, car de toutes choses, ce que je hais le plus, ce sont les disputes.

.... Si vous croyez que nous devons nous communiquer l'un à l'autre le compte de nos dépenses, je n'y fais point d'objection, quoique je n'aie jamais pensé qu'il en dût être ainsi. Je crois que ces dépenses seront fort modérées, je réponds des miennes ; car je m'en suis tenu au nécessaire, je n'ai rien acheté si ce n'est l'*Encyclopédie*, et je n'ai pas envoyé une valeur de six pences à mes amis d'Amérique ou à ma famille. J'ai l'honneur d'être votre obéissant serviteur, B. F.

Le Congrès sentit la justesse des observations faites par Franklin et Adams. M. Adams fut rappelé en Amérique, M. Lee fut nommé commissaire près de la cour d'Espagne, mais n'y alla point, et Franklin fut nommé ministre plénipotentiaire à la cour de France, le 14 septembre 1778.

A DAVID HARTLEY,

En réponse à des propositions de rompre l'alliance avec la France.

Passy, 3 février 1779.

Cher Monsieur,

Je reçois à l'instant votre lettre du 23 janvier. Vous me mandez que « l'alliance qui existe entre la France et l'Amérique est la grande pierre d'achoppement qui empêche de faire la paix ; » vous ajoutez : « Quels que soient les engagements qu'ait pris l'Amérique, on peut au moins *y renoncer*, du consentement des deux parties, afin d'écarter un si grand obstacle à tout traité général. Et si pour faire la paix les parties pouvaient se rencontrer sur un terrain *libre* et *dégagé*, vous pensez que *cela* seul serait une belle avance faite au peuple d'Angleterre, et en soi une proposition équitable. »

L'intérêt constant et solide que vous avez témoigné pour le bonheur de l'Amérique, votre conduite dans le Parlement, me prouvent assez que cette proposition n'émane pas de vous, elle vous a été suggérée. Votre extrême humanité, votre amour de la paix, la crainte que vous avez de voir tomber sur nous la destruction dont on nous menace, ont jeté sur vos yeux un brouillard, qui vous empêche de voir la malignité et la perfidie d'une pareille proposition. Nous savons que votre roi abhorre les whigs et les presbytériens ; qu'il a soif de notre sang ; que ses ministres, faibles et sans principes, sont prêts à exécuter ses ordres les plus cruels, et son Parlement vénal à les voter. Quelle raison pourrait nous décider à rompre une alliance solide avec l'un des plus aimables comme des plus puissants princes de l'Europe, pour l'espoir d'obtenir des conditions de paix que nous ne connaissons pas, et que nous offrira plus tard *un pareil gouvernement*, un gouvernement qui a déjà violé honteusement tous les traités qu'il a faits avec nous. C'est pis que de nous conseiller d'abandonner la chose pour l'ombre. Le chien, après avoir reconnu son erreur, pouvait encore rattraper sa proie ; mais comment jamais espérer que la France, ou toute autre nation sous le ciel, se fiât désormais à nous? Il n'est pas plus nécessaire que nous rompions notre alliance avec la France, avant que vous traitiez avec nous, qu'il ne le serait que vous rompiez votre alliance avec la Hollande, ou votre union avec l'Écosse avant que nous traitions avec vous. Cette alliance n'est donc pas, comme vous le supposez, un *obstacle considérable*. Si lord North avait été l'auteur d'une semblable proposition, tout le monde l'eût déclarée insidieuse, faite seulement pour nous tromper, nous séparer de nos amis, et achever notre ruine ; en supposant toutefois que nos craintes nous eussent forcés d'y acquiescer. Mais, grâce à Dieu, nous n'en sommes pas là. Nous savons depuis longtemps à quoi nous en tenir. Le pis que vous puissiez nous faire, si vous réussissez, c'est de confisquer nos biens, de nous ôter la vie, de nous voler, et de nous assassiner ; vous voyez que nous sommes prêts à courir tous ces hasards plutôt que de rentrer sous votre détestable gouvernement.

Je sens, mon ami, que je m'échauffe un peu. Excusez-moi, c'est fini. Permettez-moi seulement de vous donner un conseil. N'acceptez point de venir ici pour nous faire une pareille proposition.

Elle me rappelle une farce intitulée : *God-send* ou *les Naufrageurs* [1]. Vous l'avez peut-être oubliée ; laissez-moi vous la réciter pour vous distraire [2].

SCÈNE.

LA BAIE DE LA MONTAGNE.

(*On voit un vaisseau qui tire sur son ancre pendant un grand orage; la côte est pleine d'écueils, des gens armés de haches, munis de chariots, se promènent le long du rivage prêts à assommer les matelots, à piller l'épave, et à emporter le butin, suivant l'usage.*)

PREMIER PILLARD. Ce vaisseau résiste plus longtemps que je ne l'aurais cru ; il faut qu'il ait de bons palans.

DEUXIÈME PILLARD. Nous ferions mieux de lui envoyer un bateau et de lui persuader de prendre un pilote, qui le ferait ensuite échouer dans l'endroit où nous pourrions le mieux l'atteindre.

TROISIÈME PILLARD. Je ne crois pas qu'un bateau puisse durer sur cette mer ; mais s'il y a quelque brave garçon qui veuille risquer sa peau pour le bien du public, et une double part de butin, qu'il le dise !

---

1. C'est-à-dire les gens qui font faire naufrage aux vaisseaux pour piller l'épave.
2. C'est une invention de Franklin ; il n'est pas difficile de le deviner.

PLUSIEURS PILLARDS. Me voici! me voici! me voici!
(*Le bateau part, et arrive à l'arrière du vaisseau.*

UN DES PILLARDS. Oh! eh! du vaisseau! Oh! eh!

LE CAPITAINE DE VAISSEAU. Que voulez-vous?

LE PILLARD. Voulez-vous un pilote?

LE CAPITAINE. Non! non!

LE PILLARD. Il vente dur, vous êtes en danger.

LE CAPITAINE. Je le sais.

LE PILLARD. Achetez donc un meilleur câble? Nous en avons un dans ce bateau.

LE CAPITAINE. Combien le vendez-vous?

LE PILLARD. Coupez d'abord le vôtre; nous ferons ensuite notre prix.

LE CAPITAINE. Je me garderai bien de faire cette folie! J'ai vécu chez vous, mes paroissiens, je vous connais trop bien pour me fier à vous. Allez au large et loin de mon câble; je vois que vous voulez le couper vous-mêmes? Si vous approchez, je tire sur vous et je vous coule.

LE PILLARD. C'est un sacré câble français tout pourri, qui cassera dans une demi-heure. Que deviendrez-vous alors, capitaine? Vous feriez mieux d'accepter notre offre.

LE CAPITAINE. Votre offre, fripons! c'est de la trahison et du mal. Mon câble est bon et fort; il tiendra assez longtemps pour déjouer tous vos projets.

LE PILLARD. Capitaine, vous n'êtes guère poli envers des gens qui ne sont venus ici que pour votre bien!

LE CAPITAINE. Pour notre *bien!* oui sans doute; mais, avec la grâce de Dieu, vous n'y toucherez pas. Vous ne nous traiterez pas comme vous avez traité ces pauvres *Indiens*.

LE PILLARD. Allons, compagnons, au large; ce gaillard n'est pas si sot que nous croyions.

A DAVID HARTLEY.

Prisonniers. — Croissance de l'Amérique.

Passy, 21 mars 1779.

Cher Monsieur,

J'ai reçu vos lettres du 2 courant. Je suis fâché de tout l'ennui que vous a donné l'affaire des prisonniers. Vous avez été trompé comme moi. Nul vaisseau de cartel n'a paru, il est maintenant évident que ces délais ont été calculés afin d'avoir plus de temps pour séduire nos matelots et les amener par des promesses ou des souffrances à gagner leur liberté en s'engageant contre leur pays. Ceux qui se sont échappés nous disent qu'il y a des gens continuellement occupés à les cajoler et à les menacer. On leur dit que nous les négligeons, que le gouvernement anglais consent à les échanger, que c'est notre faute si l'échange ne se fait pas; que les nouvelles d'Amérique sont mauvaises pour nous; que nous serons conquis et qu'ils seront pendus s'ils n'acceptent pas la grâce qu'on leur offre, à la condition de servir le roi, etc. En attendant leur échange, une grande partie de vos prisonniers sont restés six mois sur un navire en rade de Brest, où je crains qu'ils n'aient pas été aussi bien qu'ils l'auraient été dans une prison française. On a ordonné de les mettre à terre.

Sachant avec quelle ardeur et quelle persévérance vous désirez la paix, je ne puis finir cette lettre sans toucher un mot de ce sujet pour vous dire que mes vœux sont toujours d'accord avec les vôtres. Après les barbaries que votre nation a exercées contre nous, je rougis presque d'avouer que quelquefois je souffre de ses malheurs et de ses folies. Vos veines sont ouvertes; votre meilleur sang coule à flot. Vous avez débarqué une petite armée en Georgie, et vous triomphez de ce succès. Espérez-vous jamais revoir cette armée? Je ne sais pas ce que le général Lincoln, ou le général Thompson pourront faire contre vos soldats; mais si vos troupes passent l'été sous ce climat il y a un certain *général*, du nom de *la Fièvre*, qui je le crains en aura trop facilement raison. Peut-être vous consolez-vous en songeant que nous perdons autant de sang que vous. Mais, comme disent les médecins, entre un vieux corps et un jeune, il y a une grande différence dans la facilité de réparation. Chaque année l'Amérique compte cent cinquante mille âmes de plus. Elle croît donc plus vite que vous ne pouvez l'affaiblir, et elle surmontera tout le mal que vous lui pouvez faire. Avez-vous la même perspective? Mais il est inutile que je vous représente ou que vous me représentiez les maux que la guerre cause à chacune des deux nations; tous deux nous ne voyons que trop clairement la folie de la continuer; le difficile est de trouver quelque part assez de bon sens pour la finir. Adieu, mon cher ami, croyez-moi, etc. B. F.

A JOSIAH QUINCY.

Caractère du peuple français. — Le luxe américain.

Passy, 22 avril 1779.

Cher Monsieur,

J'ai reçu votre bonne lettre par M. Bradford; il me paraît un jeune homme aimable et sensible; j'aurais grand plaisir à lui rendre tous les services en mon pouvoir, et à faire honneur à votre recommandation, mais j'apprends qu'il repart immédiatement.

C'est du fond du cœur que je me joins à vous pour reconnaître et admirer les bontés de la Providence à notre égard. Que l'Amérique soit reconnaissante et qu'elle persévère, Dieu finira son œuvre, il assurera l'indépendance américaine; et de tous les coins de l'Europe, aussitôt que la paix sera rétablie, les amis de la liberté accourront avec leur fortune pour jouir avec nous de cette liberté.

Je suis fort charmé de ce que vous me dites de la politesse et de l'urbanité françaises, qu'on a remarquées chez les officiers et les marins de la flotte. Il est certain qu'à cet égard, les Français sont de plusieurs degrés en avant des Anglais. Je trouve que c'est la nation avec laquelle il est le plus agréable de vivre. L'opinion commune suppose que les Espagnols sont cruels, les Anglais fiers, les Écossais insolents, les Hollandais avares, etc. ; mais je ne crois pas qu'il y ait de vice national attribué aux Français. Ils sont un peu frivoles, mais cette frivolité ne fait de mal à personne. Se coiffer de façon à ce qu'un chapeau ne puisse tenir sur la tête, se barbouiller le nez de tabac, ce sont là des folies peut-être, mais ce ne sont pas des vices. C'est simplement l'effet de la tyrannie de la mode. En deux mots il ne manque aux Français rien de ce qui appartient à l'homme aimable et au galant homme. Il y a seulement quelques bagatelles de surplus, ou qu'on pourrait épargner.

Tandis que je rends justice aux Français, permettez-moi une petite critique à l'endroit de nos compatriotes, critique faite à bonne intention, car je voudrais en supprimer la cause. Vous savez quel besoin nous avons des secours de l'Europe, et quelle est la difficulté de faire des retours. Avec nos traites on achèterait beaucoup d'armes, de munitions, d'habillements, de voiles et autres objets de défense. Quand on me présente ces traites à l'acceptation, je demande à quoi on emploiera l'argent, et je trouve que la plus grande part se dépense en superfluités; plus de la moitié s'emploie à acheter du thé. Qu'il est malheureux que la folie de notre peuple et l'avidité de nos marchands concourre ainsi à affaiblir et à appauvrir notre pays! J'ai calculé autrefois qu'avant la guerre nous dépensions cinq cent mille livres sterling par an pour ce seul article du thé. Quand nous en suspendîmes l'usage, une grande partie de cette somme fut économisée. J'honorai la vertueuse résolution de nos femmes qui renonçaient à cette petite jouissance, je regrette que cette vertu ait duré si peu de temps. Cinq cent mille livres sterling employées annuellement à nous défendre, ou à inquiéter l'ennemi, auraient un grand effet. De quel front demandons-nous des secours et des subsides à nos amis, quand nous gaspillons notre propre richesse avec une telle prodigalité ! Avec une grande et sincère estime, j'ai l'honneur d'être, cher monsieur, etc.

B. F.

A SAMUEL COOPER.

Sur la dépréciation du papier-monnaie d'Amérique.

Passy, 22 avril 1779.

Mon cher ami,

J'ai reçu votre précieuse lettre par le marquis de Lafayette ; j'en ai reçu une autre par M. Bradford. Je ne puis en ce moment vous écrire que quelques mots en réponse à la seconde, n'ayant pas la première sous la main. La dépréciation de notre papier-monnaie doit, comme vous le dites, affecter fortement les employés, les veuves et les orphelins. Ce malheur mérite l'attention des différentes Assemblées ; on devrait, s'il était possible, y remédier par quelque loi équitable adaptée à la situation. J'ai fait ce que j'ai pu dans le Congrès pour éviter cette dépréciation, en proposant d'abord que les billets portassent intérêt : cet avis fut rejeté, on les émit tels que vous les voyez. Après la première émission, je proposai de nous arrêter, de ne plus faire de billets, mais d'emprunter à intérêt ceux qui étaient en circulation. Cette proposition ne fut pas adoptée, et, de nouveau, l'on émit des billets.

Dès qu'ils commencèrent à se déprécier, en raison de leur trop grande quantité, on convint d'emprunter à intérêt, je proposai, pour fixer la valeur du capital, que l'intérêt fût promis en argent comptant. On regarda cela comme impraticable ; mais je persiste à croire qu'en expédiant des bâtiments qui auraient rapporté le prix de leur cargaison en argent, nous aurions pu importer assez de numéraire pour cet objet, comme nous avons eu assez de poudre, etc., etc. Quand même l'essai eût été coûteux, la perte qui en serait résultée aurait été un moindre mal que le discrédit des billets, discrédit qui menace de nous ôter des mains le grand instrument de notre défense.

Le Congrès en vint enfin à proposer de payer l'intérêt en argent. Mais quand toute la masse était dépréciée, la force de la chute était trop grande pour être arrêtée par un moyen qui, à l'origine, aurait suffi pour prévenir la mise en mouvement. *Le seul remède maintenant* semble être une diminution de la quantité des billets, par une vigoureuse imposition de grosses sommes *nominales*, que le peuple peut aisément payer en raison même de la dépréciation des billets ; et *notre seule consolation* dans ce malheur, c'est que la dette publique diminue dans la proportion même de la dépréciation ; et cela, par une espèce de taxe insensible, chacun en ayant payé une portion par la perte de valeur qu'ont éprouvée les sommes qu'il a eues entre les mains, pendant le temps qui s'est écoulé entre la recette et la dépense. Car il faut toujours se rappeler que l'intention première était d'amortir les billets par des taxes qui auraient éteint aussi effectivement la dette qu'un rachat actuel.

Cet effet du papier-monnaie n'est pas compris de ce côté-ci de l'eau. Dans le fait, c'est un mystère même pour les politiques, que nous ayons pu faire la guerre pendant quatre ans sans argent, et payer avec du papier pour le rachat duquel on n'avait pas établi à l'avance un fonds spécial. Ce papier, par la manière dont nous nous en servons, est une machine prodigieuse. Lors de l'émission, il remplit sa fonction : il paye et habille les troupes, procure des vivres et des munitions ; et quand nous en sommes réduits à faire une émission excessive, il s'amortit par sa propre dépréciation.

Nos affaires sont vues d'un œil favorable dans toute l'Europe. Notre cause est universellement approuvée. Nos Constitutions ont été traduites et imprimées dans presque toutes les langues ; on admire tellement l'esprit de liberté qui y règne, que l'on croit en général qu'après la guerre, toutes les parties de l'ancien continent, et particulièrement les îles Britanniques, nous fourniront une forte augmentation de richesses. Nous n'avons, pour cela, qu'à persévérer et à réussir. Votre, etc.   B. F.

A THOMAS VINY.

Passy, 4 mai 1779.

Cher Monsieur,

Votre bonne lettre m'a fait grand plaisir : elle m'apprend que mon hôte et ami vit encore, et que le temps n'a point altéré son amitié pour moi.

Nous avons eu une terrible lutte à soutenir, mais le Tout-Puissant a favorisé la cause de la justice ; je me joins de tout cœur à vos prières, pour qu'il achève son ouvrage et qu'il établisse la liberté dans le nouveau monde, comme dans un asile ouvert à ceux de l'ancien monde qui méritent d'y être reçus. Un grand nombre de familles honorables et riches de ce continent sont décidées à émigrer en Amérique aussitôt que la paix rendra le passage sûr. Je joins aussi de tout mon cœur mes prières aux vôtres, pour que cette paix nous soit accordée. Je regarde cette guerre comme détestable, et je souffre des maux et des misères qu'elle occasionne ; ma seule consolation est d'avoir fait tout ce qui dépendait de moi pour l'empêcher.

Quand tout ce fracas sera passé, si le peu de vie qui me reste me permet de retourner dans ma patrie, quel plaisir j'aurai de revoir mon vieil ami et ses enfants établis là-bas. J'espère qu'il y trouvera pour chacun d'eux une vigne et un figuier, à l'ombre desquels nous pourrons nous asseoir et converser ensemble, au sein de la paix et de l'abondance, jouissant d'un bon gouvernement, de bonnes lois, et de la liberté sans laquelle les hommes perdent la moitié de leur valeur.

Je suis, cher ami, avec une grande estime, votre, etc.

B. F.

A MISTRISS PATIENCE WRIGHT[1].

Les figures de cire.

Passy, 4 mai 1779.

Chère Madame,

J'ai reçu votre lettre du 14 mars dernier. Si vous persistez à retourner en Amérique en passant par la France,

---

[1]. Mistriss Patience Wright, nièce du célèbre John Wesley, naquit à Philadelphie, où ses parents s'étaient établis. Elle possédait l'art de modeler en cire. Pendant la guerre d'Amérique, elle sut tirer un très-grand parti de son talent en faveur de son pays. Elle se rendit en Angleterre, sous le prétexte de faire voir ses ouvrages. En relation avec un grand nombre de personnes, elle se procurait ainsi beaucoup de renseignements importants qu'elle communiquait, soit à Franklin, soit à d'autres Américains, avec lesquels elle entretenait une correspondance suivie. Qu'on nommât un général, qu'on équipât une escadre, la bonne dame trouvait toujours moyen de savoir et de faire savoir le nombre exact des troupes anglaises et le lieu de leur destination. Lord Chatham l'honora de ses visites : elle fit son buste en cire, que l'on voit encore à l'abbaye de *Westminster.* Mistriss Wright mourut en février 1786, dans un âge fort avancé.

je vous rendrai certainement tous les petits services qui seront en mon pouvoir ; mais on éprouve aujourd'hui, dans ce pays-ci, tant de difficultés pour se procurer des passages, et surtout des passages qui soient sûrs pour une femme, que je vous conseille de rester tranquille jusqu'à ce que le temps soit plus calme, et que les communications soient plus fréquentes.

Quant à exercer votre art à Paris, je doute que le succès réponde à votre attente. On compte déjà deux ou trois personnes ici qui professent le même art, et qui font voir leurs ouvrages sur les boulevards ; mais les gens à la mode n'ont point de goût pour faire faire leurs bustes par ces artistes ; et, à Paris, les loyers et la vie sont fort chers.

J'ai pensé que l'amitié exigeait que je vous fisse connaître ces détails ; après quoi vous agirez comme vous le jugerez à propos.

Je suis, etc.   B. F.

P. S. Mon petit-fils, que vous pouvez vous rappeler comme un petit écolier turbulent, et qui est en ce moment mon secrétaire, m'a beaucoup amusé par ses réflexions. Il dit qu'on ne saurait emballer vos figures de cire sans qu'elles courent le risque d'être endommagées par tout ce qu'on mettrait dans les caisses pour les empêcher de remuer. Il pense que vous devriez les placer deux à deux dans des chaises de poste : à la vérité cela ferait un assez long cortége sur la route, et semblable transport ne sera pas bon marché ; mais comme vos figures ne dîneront pas dans les auberges, vous pourrez supporter cette dépense. Ces figures sont tellement vivantes et naturelles, qu'à votre arrivée à Douvres, le maître du paquebot ne voudra pas les recevoir sans passe-ports. Mon petit-fils croit donc qu'avant de quitter Londres, vous feriez bien d'aller en prendre dans les bureaux du ministre : ils ne vous coûteront chacun que le *modique* prix de deux guinées et six pences ; et vous payerez sans murmurer, bien convaincue que cet argent ne sera jamais employé contre votre pays. Il faudra en outre, ajoute-t-il, cinq ou six de ces grandes diligences françaises, en osier, pour les conduire de Calais à Paris, et enfin un bâtiment bien équipé pour les transporter en Amérique, où tout le monde admirera votre clémence envers lord North, puisqu'étant maîtresse de le pendre ou de l'envoyer sur les pontons, vous avez eu la générosité de commuer sa peine en celle de la transportation.

AU COMITÉ DES AFFAIRES ÉTRANGÈRES.

Présentation au roi. — Paul Jones. — Prisonniers. — Necker. Lee et Izard, etc.

Passy 26 mai 1779.

Messieurs,

Le marquis de Lafayette, qui est arrivé ici le 11 février, m'a apporté vos lettres du 28 octobre, avec le nouveau titre, lettres de créance et instructions dont le Congrès m'a honoré. Depuis lors je n'ai pas trouvé une occasion sûre pour vous écrire. Les capitaines marchands ont l'ordre de jeter leurs dépêches à la mer, quand ils craignent d'être pris, mais cet ordre est quelquefois oublié, ou si mal exécuté que les lettres tombent aux mains de l'ennemi, et que de cette interception il résulte beaucoup d'inconvénients. Vous me dites que vous aurez bientôt l'occasion de m'envoyer des *duplicata* et des *triplicata* de ces pièces, ils ne sont pas arrivés, et je n'ai rien reçu de vous qui soit de date plus récente.

J'ai immédiatement instruit de ma nomination le ministre des affaires étrangères ; je lui ai communiqué, suivant l'usage, mes lettres de créance, sur le vu desquelles on m'a donné jour pour ma réception. Une attaque de goutte m'a empêché de me présenter à la date fixée, et m'a retenu au logis quelques semaines, mais aussitôt que je me suis senti en état de figurer à cette cérémonie, je me suis rendu à Versailles, où j'ai été présenté au roi et reçu dans toutes les formes. J'ai remis la lettre du Congrès dans les mains mêmes de Sa Majesté, qui a exprimé sa satisfaction de la façon la plus gracieuse.

Depuis lors j'ai été, tous les mardis, au lever avec les autres ministres étrangers, et, suivant mes instructions, j'ai saisi toutes les occasions d'assurer Sa Majesté de la reconnaissance du Congrès, et de la ferme résolution où il est de remplir religieusement tous ses engagements. L'ennemi prend beaucoup de peine pour affaiblir sans cesse la confiance de la Cour dans ses nouveaux alliés; il représente notre peuple comme fatigué de la guerre et du gouvernement du Congrès ; il représente ce corps comme déchiré par les dissensions, etc.; mais tout cela fait peu d'effet; et quand par hasard on a réussi à produire quelque faible impression, à éveiller quelque crainte, je n'ai point eu de peine à tout effacer. Et c'est ma ferme opinion que, malgré les pertes considérables que le commerce de France a souffertes depuis le commencement des hostilités, la Cour est toujours décidée à continuer la guerre jusqu'à ce qu'elle ait établi notre indépendance, et que son estime pour nous n'a pas diminué.

J'ai déjà exécuté cette partie des instructions qui concerne les matelots américains pris par les Français sur des navires anglais ; le capitaine Jones [1] a reçu depuis quelque temps un ordre de la Cour qui enjoint aux gardiens des prisonniers de lui remettre les Américains qu'ils ont entre les mains, afin que nos marins puissent avoir la liberté de servir sous son commandement. La plupart de nos gens, sinon tous, lui ont été remis. Le talent et la bravoure

---

1. Paul Jones, le fameux corsaire américain.

que le capitaine a montrés dans la prise du *Drake* a donné de lui une si haute opinion au ministre de la marine qu'il a désiré de l'employer en lui donnant le commandement d'une entreprise particulière. Le capitaine Jones est en ce moment à la tête d'un vaisseau de cinquante canons et de quelques frégates, armés aux frais du roi, et portant pavillon américain. On dit qu'il mettra à la voile vers le 1ᵉʳ juin.

Le marquis de Lafayette devait partir avec le capitaine Jones et emmener quelques troupes de terre; mais j'apprends que le marquis ne partira pas, et que le plan est un peu changé.

.... Enfin le cartel est arrivé, grâce aux infatigables efforts d'un de mes vieux amis, d'un ami de l'Amérique, depuis longtemps éprouvé, M. Hartley, membre du Parlement pour la ville de Hull. Le vaisseau anglais nous a déjà amené de Plymouth une cargaison de matelots. On nous avait annoncé cent personnes; il n'y en avait que quatre-vingt dix-sept; le navire est reparti avec un nombre égal de prisonniers anglais échangés; il va nous apporter une seconde cargaison tirée de la prison de Portsmouth. On continuera ainsi jusqu'à ce que l'échange soit achevé. Les Américains s'engagent presque tous avec les capitaines Jones et Landais. Cet échange est d'autant plus remarquable, que nos gens avaient été emprisonnés comme coupables de haute trahison.

Suivant la septième instruction, j'ai vivement recommandé la prise d'Halifax et de Québec. Le marquis de Lafayette m'a chaudement soutenu, et j'espère qu'avec le temps nous réussirons. J'ai aussi, par différentes voies et par différents canaux, fait connaître aux ministres la détresse de nos finances en Amérique. Il y a chez tous grand désir de nous aider, hormis le contrôleur général, M. Necker, qu'on dit n'être pas bien disposé pour nous, et qui, à ce qu'on croit, contrarie toutes les propositions de nous aider par des secours d'argent. Le roi a déclaré qu'il ne mettrait pas de nouveaux impôts sur ses sujets cette année, et il est certain que, par suite de cette déclaration un peu téméraire, la Cour a grand'peine à faire face à ses dépenses. Pour mettre la marine de France sur le même pied que celle des Anglais, il a fallu des sommes immenses.

C'est ici l'opinion dominante que la façon la plus efficace de nous servir, c'est de rendre la marine de France supérieure à celle d'Angleterre. Toutefois, pour encourager l'emprunt que nous faisons en Hollande, le roi a été assez bon pour s'engager, sous main, et se porter notre caution pour le payement de l'intérêt de trois millions de livres; mais l'emprunt, jusqu'à présent, n'a pas dépassé quatre-vingt mille florins. Le docteur Price, dont le Congrès avait réclamé l'assistance, a décliné cette offre, comme vous le verrez par la lettre ci-incluse [1]. Il me semble que la mesure recommandée par le Congrès de diminuer la quantité de papier-monnaie par des taxes *nominalement* considérables ne peut avoir que de bons effets.

Quant à vos finances en ce pays, il est bon que vous en connaissiez l'état. Lorsque les commissaires du Congrès firent la proposition de payer à Paris l'intérêt des sommes empruntées en Amérique, ils entendaient que l'emprunt serait de cinq millions de dollars [2]. Ils obtinrent du gouvernement des sommes plus que suffisantes pour payer cet intérêt. Mais le chiffre de l'intérêt a grossi, et si vos commissaires ont pu y faire face par des moyens divers, ils ont été de temps à autre fort appauvris par quantité de dépen-

1. Le docteur Price avait été prié par Franklin, au nom du Congrès, de se considérer comme citoyen américain et de venir aider le Congrès à régler les finances. Il s'excusa sur son peu de capacité, son âge et ses liaisons en Angleterre. Au fond, c'était trop lui demander que d'abdiquer sa patrie, et de se faire Américain, au moment d'une guerre avec l'Angleterre.
2. 25 millions de francs.

ses imprévues que le Congrès ne connaît pas, ainsi que par des ordres et traites du Congrès. Les cargaisons que le comité a envoyées aux commissaires ont été volées traîtreusement par les équipages mêmes, ou prises par l'ennemi ; ou encore, quand elles sont arrivées, il a fallu les appliquer au payement des dettes : les tabacs aux fermiers généraux suivant le contrat, le riz et l'indigo à MM. Hortalez et compagnie[1], de qui, pour le dire en passant, nous n'avons pu encore tirer aucun compte.

.. J'ai enfin obtenu, comme je l'ai dit plus haut, le *bon* du roi pour le payement de l'intérêt de trois millions, si nous pouvons emprunter cette somme en Hollande, ou ailleurs. Mais, quoique deux puissantes maisons d'Amsterdam aient entrepris le placement de cet emprunt avec espoir de succès, elles m'ont écrit récemment toutes deux que les grandes demandes d'argent en Allemagne et en Angleterre ont fait monter l'intérêt plus haut que notre chiffre, que les succès des Anglais en Georgie et à Sainte-Lucie, la destruction du commerce français, les prétendues divisions du Congrès, grossies par le ministre anglais, et les emprunts sollicités par plusieurs de nos États, faisaient que les capitalistes doutaient de notre stabilité, aussi bien que du pouvoir que nous aurions de rembourser ce qu'on nous prêterait, et qu'il fallait attendre un moment plus favorable pour placer notre emprunt.

C'est dans cette situation que j'ai reçu de M. William Lee, et dernièrement de M. Izard, de nouvelles demandes d'argent pour leurs dépenses ; on me dit qu'ils sont irrités de mon refus, qu'on m'accuse de *désobéir à un ordre du Congrès*, et de mettre méchamment dans la gêne des gens qui sont au service de leur pays. On m'a produit, en effet, une résolution du Congrès qui *autorise* ces messieurs à *tirer* sur vos commissaires de France pour leurs dépenses en

---

1. C'étaient les prête-noms de Beaumarchais.

des cours étrangères; et, sans doute, quand le Congrès a pris cette résolution, il comptait nous faire les fonds de ces traites; mais comme ces fonds n'ont pas été fournis, que ces messieurs n'ont eu à faire aucune dépense près des cours étrangères, et que s'ils en ont fait quelqu'une, ils ont eu une large provision dans les cinq mille cinq cents guinées qu'ils ont reçues depuis neuf mois, et comme tous deux peuvent tirer de l'argent d'Angleterre, je ne crois pas que j'aie *désobéi à un ordre du Congrès*. Si je l'ai fait, les circonstances sont mon excuse. Quant à gêner ces messieurs, je n'en ai nullement l'intention ni le pouvoir; leur fortune et leur crédit les mettront toujours à même de payer leur dépense particulière.

En deux mots, quand même la demande eût été fondée, je n'aurais pas donné plus d'argent à ces messieurs; j'aurais songé aux terribles conséquences qui suivraient la ruine de notre crédit public en Amérique et en Europe si une traite du Congrès était protestée faute d'argent en caisse. Toutefois, que le Congrès me juge! Si j'ai mal fait, je me soumets respectueusement à sa censure. Grâce à Dieu, je suis tiré d'affaire pour cette semaine, les billets seront ponctuellement payés; mais si le bureau de la marine nous envoie de nouveaux bâtiments à équiper, ou si le Congrès continue à tirer sur nous pour le payement de nouvelles dettes, je serai obligé de faire banqueroute, à moins qu'on ne m'envoie des fonds pour suffire à ces demandes.

.... On fait ici de grands préparatifs; il y a beaucoup d'activité dans tous les ports; on arme des transports, on construit de petits bâtiments propres à un débarquement, etc., ce qui fait croire à beaucoup de personnes qu'on pense à une descente en Angleterre ou en Irlande. Quelle que soit l'intention, elle peut changer; mais l'idée que l'on a de cette intention, idée qui semble prévaloir chez les Anglais, les forcera de garder chez eux leurs troupes et leurs vaisseaux.

Le général Howe, lord Howe, les généraux Cornwallis et Grey, le colonel Montrésor, le capitaine Hammond et d'autres encore ont dit formellement, en plein Parlement, que la conquête de l'Amérique était impossible. Cette semaine, on nous annonce qu'on examinera, pour prouver le contraire, John Maxwell, Joseph Galloway, Andrew Allen, John Patterson, Théophilus Morris, Enoch Story et Jabez Fischer. Il semble que les meilleurs juges de la question soient ceux de la première série.

Veuillez présenter mes respects au Congrès et l'assurer de mes fidèles respects. J'ai l'honneur d'être, etc. B. F.

A SIR EDWARD NEWENHAM.

Émigration irlandaise aux États-Unis.

Passy, 27 mai 1779.

Monsieur,

Je vous aurais envoyé plus tôt ce passe-port, mais j'espérais recevoir à temps pour l'y joindre un passe-port de la cour de France. Si vous restez quelques jours en Angleterre, et me donnez une adresse, je vous enverrai cette pièce par la poste.

J'ai reçu, il y a quelque temps, une lettre de Belfast, dans laquelle on me dit qu'il y a un grand nombre d'Irlandais qui émigreraient en Amérique s'ils pouvaient obtenir des passe-ports pour eux et leurs effets; c'est à vous qu'on m'adresse pour obtenir de plus amples informations. Je serai toujours prêt à donner tous secours et toute assurance en mon pouvoir lorsqu'il s'agira d'une émigration véritable et non d'une spéculation commerciale pour introduire des marchandises anglaises en Amérique, sous prétexte que ces marchandises sont les effets de gens qui vont s'établir là-bas.

J'admire le généreux esprit des Irlandais qui se décident enfin à réclamer quelque part de cette liberté de commerce qui est le droit de l'humanité, droit dont ils ont été si longtemps privés par l'abominable égoïsme de leurs concitoyens. Jouir de tous les avantages du climat, du sol et de la situation où Dieu et la nature nous ont placés, est un droit aussi évident que celui de respirer. On ne peut nous l'enlever justement qu'en punition de quelque crime atroce.

On dirait que les Anglais ont longtemps pensé que ce droit, nul ne pouvait l'avoir qu'eux seuls. Leur injustice leur a déjà coûté cher ; s'ils y persistent, ce sera leur ruine. J'ai l'honneur d'être avec une grande estime, Monsieur, etc.
B. F.

A HORATIO GATES MAJOR-GÉNÉRAL DANS L'ARMÉE AMÉRICAINE.

Le chevalier de Raymondis. — Capitulation de Saratoga. — Dissensions en Amérique.

Passy, 2 juin 1779.

Cher Monsieur,

J'ai reçu votre aimable lettre par le chevalier de Raymondis. Il paraît très-sensible aux politesses qu'il a reçues à Boston, et très-désireux de servir la cause américaine. Sa blessure n'est pas encore guérie ; il y a encore un morceau d'os à couper. Du reste, il est frais et dispos et a pour vous un grand respect.

Jamais l'orgueil de l'Angleterre n'a été plus humilié que par la capitulation de Saratoga. Ils n'en sont pas encore remis, quoique leurs succès de cet été sur le commerce français les ait un peu relevés. Mais la crainte d'avoir bientôt l'Espagne sur les bras leur a donné une modestie qui commence à paraître jusque dans les discours et les journaux ministériels. On ne connaît pas assez les heureux effets de cet événement pour l'Amérique. Un jour ou l'autre j'en instruirai le monde. Quand nous retrouverons-nous dans quelque joyeuse réunion, causant ensemble de nos aventures, et finissant par une tranquille partie d'échecs?

Les petites querelles entre États particuliers en Amérique sont fort grossies en Angleterre; j'ai vu un temps où les Anglais en tiraient de grandes espérances. Comme vous, je considère ces discussions comme l'effet d'une sécurité apparente; cela n'affecte pas les grands points de l'indépendance et du respect des traités, et tout cela disparaîtra au retour ou à l'apparence du danger. La cour de France continue d'être notre amie cordiale, et toute la nation est chaudement en notre faveur, hormis quelques créoles et quelques commerçants aux Antilles que leurs pertes ont un peu refroidis. Avec une sincère estime et une grande affection, je suis toujours, cher Monsieur, etc.

B. F.

A RICHARD BACHE.

Intrigues contre Franklin. Ses petit-fils.

Passy, 2 juin 1779.

Les efforts que messieurs L.[1] et consorts font de l'autre côté de l'eau pour me noircir me laissent fort tranquille. J'ai confiance dans la justice du Congrès; il n'écoutera pas les accusations qu'on porte contre moi sans me les faire connaître et me mettre à même de répondre. Je sais que ces messieurs sont fort mal disposés pour moi, quoique je n'aie fait à aucun d'eux la moindre injure et ne leur aie pas donné la moindre cause de ressentiment. Mais ma trop

1. Les *Lee*.

grande réputation, le bon vouloir que les Français me témoignent, le respect qu'ils me montrent et même les compliments qu'ils me font, tout cela blesse ces malheureux messieurs, malheureux, en effet, par leur caractère et par ces sombres et tristes passions, la jalousie, la colère, le soupçon, l'envie, la malignité. C'est assez pour les bons esprits d'être affectés des maux d'autrui ; mais ceux qui sont vexés de la bonne fortune des autres ne seront jamais heureux. Avec de tels ennemis, ma seule vengeance est de les laisser dans la misérable situation où les place leur nature maligne. En continuant de soutenir un caractère estimé, en conservant la réputation que le monde a la bonté de m'accorder, je les maintiens dans leur état présent de damnation, et je n'ai nulle envie de changer de conduite pour soulager leurs tourments.

Je suis surpris d'apprendre qu'on me reproche de garder auprès de moi mon petit-fils Temple Franklin, et qu'il y a une cabale pour l'écarter. J'aurais cru qu'il y avait quelque mérite à sauver cet estimable jeune homme du danger d'être un tory[1] et à le fortifier dans les principes d'un honnête whig républicain. Par son intégrité, son zèle, sa sagacité précoce, son talent remarquable pour les affaires, il peut un jour être de grand service pour son pays. C'est assez d'avoir perdu mon *fils*, veulent-ils m'enlever mon *petit-fils* ? A soixante-dix ans, je suis parti au milieu de l'hiver, par ordre du Congrès et pour le service public, sans personnne autre que Temple pour prendre soin de moi. On me fait rester ici, dans un pays étranger; si je suis malade, ses attentions me consolent, si je dois mourir, j'ai un fils pour me fermer les yeux et prendre soin de mes restes. Son respect pour moi, son zèle et sa fidélité en affaires me sont à la fois agréables et utiles. Comme mon

---

1. On se souvient que le fils de Franklin, le père du jeune Temple, avait épousé la cause anglaise en Amérique.

secrétaire particulier, sa conduite est irréprochable; et je m'assure que le Congrès ne songera jamais à nous séparer.

Ben [1] me donne aussi beaucoup de satisfaction. C'est un bon et honnête garçon qui fera, j'en suis sûr un homme de mérite. Il a fait autant de progrès dans ses études qu'il en pouvait faire dans la pension où il était; après en avoir cherché une meilleure, je me suis décidé à l'envoyer à Genève. J'ai trouvé pour cela une bonne occasion, celle d'un Genevois qui avait une place pour Ben dans sa voiture et qui a un fils presque du même âge et à la même école. Il m'a promis d'en prendre soin, et je vous envoie ci-inclus les lettres que j'ai reçues de Ben, ou qui me parlent de lui. Il est parti fort gaiement, et j'apprends qu'il est fort heureux. Sa compagnie me manque les dimanches. à dîner. Mais si je vis et si je peux trouver un peu de loisir, je ferai un voyage au printemps prochain pour le voir et pour voir en même temps les *anciens treize États-Unis* de la Suisse.

Grâce à Dieu, je continue d'être bien portant et dispos. Sans aucun doute, je vieillis; mais il me semble que les dix dernières années n'ont pas fait grande différence. J'ai quelquefois la goutte; mais on dit que c'est moins une maladie qu'un remède. Dieu vous bénisse! Je suis votre affectionné père.   B. F.

A MISTRISS SARAH BACHE.

Passy, 3 juin, 1779.

Chère Sally,

J'ai sous les yeux vos lettres du 22 octobre et du 17 janvier. Ce sont les deux seules que j'ai reçues de vous en

---

1. Le fils aîné de M. Bache, et le petit-fils de Franklin.

dix-huit mois. Si vous saviez combien vos lettres me rendent heureux, et si vous réfléchissiez combien il y en a qui se perdent, je crois que vous m'écririez plus souvent.

Le médaillon de terre qui me représente et que vous avez donné à M. Hopkinson est le premier de ce genre qu'on ait fait en France. Depuis on en a fait une quantité d'autres de grandeurs différentes, les uns pour être mis sur des couvercles de tabatières, les autres assez petits pour être portés en bagues ; on en a vendu un nombre incroyable. Ces médaillons, avec les portraits, les bustes, les estampes (dont on répand partout épreuves sur épreuves), ont rendu la face de votre père aussi connue que celle de la lune ; si bien qu'il n'ose rien faire de ce qui l'obligerait à s'enfuir, car son *facies* le trahirait partout où il oserait le montrer. De savants étymologistes disent que le mot *doll* donné aux images avec lesquelles jouent les enfants, est dérivé du nom d'IDOLE. Grâce au nombre de *dolls* qu'on a faits de lui, votre père peut dire en ce sens, qu'il est *i-doll-ized* (ou idolâtré) en ce pays.

Je pense que pour la santé de votre enfant vous avez bien fait de rester hors de la ville jusqu'à ce que l'été fût passé. J'espère que vous en ferez autant cette année, durant les grandes chaleurs, car je commence à aimer cette chère petite créature, par la description que vous m'en faites.

J'ai été charmé du récit que vous me faites de votre industrie : nappes filées par vous etc., mais la dernière partie de votre lettre, hélas ! a dissipé le charme. C'est celle où vous me dites que vous demandez de la toile en France, parce que le tissage et le lin sont devenus trop chers. Et votre demande d'épingles noires, de dentelles et de *plumes?* Elle m'a fait tourner le cœur comme si vous aviez mis du sel sur mes fraises. Adieu le rouet, il faut nous habiller pour le bal. Il semble, ma chère fille, que vous ne sachiez pas que de toutes les choses chères en ce monde, la plus chère, après le vice, c'est l'oisiveté.

Le projet dont vous me parlez de m'enlever Temple, était inhumain. A un vieillard, qu'on envoie à l'étranger pour servir son pays, ôter la consolation d'un enfant qui lui tienne compagnie, qui l'assiste en santé et qui le soigne en maladie, ce serait chose cruelle si elle était praticable. Ici cela ne peut se faire ; les soupçons qu'on allègue sont sans fondement, tant sa conduite est irréprochable ; je ne me séparerai de l'enfant qu'en quittant la place. Mais je m'assure que malgré les propositions de gens faibles ou méchants, le Congrès est trop sage et trop bon pour songer à me traiter de cette façon.

Ben, si je vis assez longtemps pour avoir besoin de lui, sera aussi une consolation pour moi. Comme j'en veux faire un presbytérien aussi bien qu'un républicain, je l'ai envoyé finir son éducation à Genève. Il a beaucoup grandi, et se porte bien ; il dessine un peu comme vous verrez par le papier ci-inclus, il apprend le latin, l'écriture, l'arithmétique et la danse, et parle mieux français qu'anglais. Il a traduit la dernière lettre que vous lui avez écrite, si bien que quelques-unes de vos œuvres pourront maintenant paraître en une langue étrangère. Je vous envoie les notes que je reçois sur l'enfant, et je lui mettrai dans l'esprit de vous écrire. Je ne vous propose pas de vous séparer de votre cher Will. Un de ces jours je reviendrai le voir ; heureux d'être une fois encore tous ensemble ! Mais l'avenir est incertain. En attendant, apprenez-lui à mieux diriger son culte ; Hercule est une déité passée de mode aujourd'hui.

Quand j'ai commencé à lire ce que vous me dites sur le prix élevé de toutes choses : « Une paire de gants, sept dollars, une aune de gaze commune, vingt-quatre dollars ; il faut maintenant une fortune pour tenir une maison de la façon la plus simple » ; je m'attendais à vous entendre dire, comme conclusion, que tout le monde, et vous-même, vous étiez devenus économes et laborieux ; je ne pouvais en croire mes yeux quand j'ai lu ensuite : « il n'y a jamais eu tant de fêtes et tant de toilettes ». Et vous même il vous faut des épingles noires et des plumes de France, pour être à la mode, je suppose ! Ceci me fait croire que peut-être ce ne sont pas les marchandises qui ont enchéri, mais l'argent qui est devenu bon marché, comme sont toutes choses en cas d'abondance excessive, et que vous êtes tous aussi peu gênés que lorsqu'on pouvait avoir une paire de gants pour une demi-couronne. Il est probable, cependant, que la guerre doit élever le prix des choses, et que les fortes taxes qui sont nécessaires pour soutenir la guerre doivent nous rendre l'économie nécessaire ; et comme je suis toujours à prêcher cette doctrine, je ne puis en conscience, ni décemment, encourager la doctrine contraire, par mon exemple, en fournissant mes enfants de modes insensées et d'un luxe coûteux. Parmi les articles que vous demandez je vous envoie donc ceux qui sont utiles et nécessaires, j'oublie le reste. Comme vous dites que « vous serez fière de porter tout ce que je vous enverrai, et de montrer le goût de votre père » je dois vous éviter l'occasion de le faire avec des dentelles ou des plumes. Si vous portez vos manchettes de batiste aussi longtemps que je le fais, et que vous n'en répariez pas les trous, elles finiront avec le temps par être en dentelle, et quant aux plumes, ma chère fille, vous en trouverez en Amérique, à la queue de tous les coqs.

Si par hasard vous revoyez le général Washington, assurez-le de mon profond et sincère respect, dites-lui qu'ici tous les vieux généraux s'amusent à étudier le compte rendu de ses opérations, et approuvent hautement sa conduite.

Présentez mes affectueux hommages à tous ceux qui vous parleront de moi, ma chère enfant, et écrivez plus souvent à votre père qui vous aime.   B. F.

AU MARQUIS DE LAFAYETTE.

Passy, 19 août 1779.

Cher Monsieur,

Je reçois à l'instant votre lettre du 17. Je vous ai écrit, il y a un ou deux jours, et n'ai que peu de chose à ajouter. Vous me demandez quelle conduite je pense que les Anglais tiendront dans cette circonstance [1] ; et s'ils ne proposeront pas d'entrer en négociation pour la paix. Je n'ai qu'une seule règle pour juger ces gens-là ; tout ce qu'il leur conviendrait de faire ils ne le feront pas; tout ce qu'il leur est imprudent de faire, ils le feront. Cette règle, comme toute autre règle générale, a ses exceptions ; mais je pense qu'elle sera bonne dans le plus grand nombre de cas, au moins tant que le ministère actuel se maintiendra, ou plutôt tant que le *fou actuel* [2] aura le choix des ministres.

Vous désirez savoir si je suis satisfait des ministres français. Il est impossible de l'être davantage. Ils font les plus grands efforts pour servir la cause commune, et font pour nous tout ce qu'ils peuvent. Nous ne saurions rien désirer de plus, sinon un subside, que notre extrême pénurie nous rend fort désirable, pour être à même d'agir plus vigoureusement, de chasser l'ennemi des postes qui lui restent encore, et de réduire le Canada. Mais les dépenses de la France sont si considérables, que je n'ose insister sur cette augmentation : j'espère cependant que nous obtiendrons quelques secours d'armes et de munitions, et peut-être, quand il sera possible, quelques vaisseaux pour nous aider à réduire New-York et Rhode-Island.

---

1. Il s'agissait d'un projet de descente en Angleterre, auquel on renonça.
2. C'est le roi Georges III.

Je n'ai en ce moment aucune bonne occasion pour écrire en Amérique. Il y a toujours des bâtiments marchands en partance, mais cette voie n'est pas sûre. Je suis impatient d'apprendre *votre heureuse arrivée* en Angleterre[1]; mais les vents sont contraires, il faut prendre patience.

Avec la plus sincère estime, je suis toujours, etc.

B. F.

AU MARQUIS DE LAFAYETTE,
EN LUI ENVOYANT L'ÉPÉE VOTÉE PAR LE CONGRÈS.

Passy, 24 août 1779.

Monsieur,

Le Congrès, sensible aux services que vous avez rendus aux États-Unis, mais hors d'État de les récompenser dignement, a décidé qu'il vous offrirait une épée comme une légère marque de sa reconnaissance. Il a ordonné qu'elle fût ornée d'emblèmes. On y a donc représenté quelques-unes des principales actions de la guerre dans lesquelles vous vous êtes distingué par votre bravoure et votre conduite. Ce travail, et quelques figures allégoriques[2], admirablement bien exécutées[3], forment la principale valeur de ce présent. Avec le secours des excellents

---

1. C'est-à-dire *votre débarquement avec l'armée française*.
2. On remarquait sur cette épée un jeune guerrier blessant *le lion britannique*, l'Amérique délivrée de ses chaînes et offrant au héros une branche de laurier, enfin la nouvelle république, représentée par un croissant avec cette devise : CRESCAM UT PROSIM.
3. « Cette épée, écrit Franklin au président du Congrès, a été exécutée par les meilleurs artistes de Paris; elle coûte deux cents guinées. Le cadeau a fait grand plaisir au marquis, et n'a pas été désagréable à la nation française. »

artistes que possède la France, je trouve facile d'exprimer tout, excepté le sentiment que nous avons de votre mérite et de nos obligations envers vous. Pour cela des figures et même des paroles sont insuffisantes. Je ne puis donc qu'ajouter que j'ai l'honneur d'être avec la plus parfaite estime et le respect le plus profond, etc.   B. F.

P. S. Mon petit-fils se rend au Havre[1] avec l'épée; il aura l'honneur de vous la présenter.

AU DOCTEUR FRANKLIN[2].

Au Havre, 27 août 1779.

Monsieur,

Quelque attente que pût faire naître en moi le sentiment de leurs faveurs passées, la bonté des États-Unis pour moi a toujours été telle que dans toutes les occasions elle surpasse de beaucoup toutes les idées que j'en pouvais concevoir. Je trouve une nouvelle preuve d'une vérité si flatteuse dans le noble présent dont le Congrès a daigné m'honorer, et qui m'est offert par Votre Excellence d'une manière qui surpasse tout, excepté les sentiments de mon infinie reconnaissance.

Je ne puis m'empêcher de trouver dans quelques-uns des emblèmes une récompense trop honorable de ces légers services que de concert avec mes compagnons d'armes, et sous les ordres du héros de l'Amérique, j'ai eu la bonne fortune de lui rendre. L'image de ces actions où j'ai été témoin de la bravoure et du patriotisme américain, je la contemplerai avec la joie qui sied à un cœur brûlant

---

1. C'est au Havre qu'on avait rassemblé les troupes destinées à débarquer en Angleterre.
2. Cette lettre a été écrite en anglais par Lafayette.

d'amour pour la nation, et plein d'un zèle ardent pour sa gloire et pour son bonheur.

Les assurances de gratitude que je demande la permission d'offrir à Votre Excellence sont trop au-dessous de ce que j'éprouve, et les sentiments dont je suis pénétré peuvent seuls répondre à vos bontés pour moi.

La manière dont M. Temple Franklin m'a remis cette inestimable épée lui donne bien des droits sur moi, et réclame mes remerciments particuliers.

Avec le plus grand respect, j'ai l'honneur d'être, etc.

LAFAYETTE.

A SAMUEL COOPER.

Corsaires américains. — Commodore Jones. — Bruits de paix. — Luxe américain.

Passy, 27 octobre 1779.

Cher monsieur,

Il y a bien longtemps que je n'ai eu le plaisir de recevoir de vos nouvelles. Les détails que vous aviez coutume de me donner, étaient souvent utiles à nos affaires. J'espère que je ne suis pas privé de votre amitié, comme je le suis de vos lettres. Je vois que notre excellent ami M. Winthrop nous a quittés. C'était un de ces vieux amis pour lesquels je désirais retourner dans la Nouvelle-Angleterre, afin de passer dans leur société le peu qui me reste de jours. Encore quelques morts semblables, je me trouverai étranger dans ma patrie. Perdre ses amis, c'est l'impôt que paye l'homme qui vit de longues années. Je trouve qu'il est bien lourd.

Vous verrez, par les gazettes, que nous avons un peu inquiété les côtes d'Angleterre cette année. Un petit corsaire, le Prince-Noir, sorti de Dunkerque avec une commission du Congrès et un équipage composé de quelques

Américains et de contrebandiers irlandais et anglais, a fait autour des îles Britanniques trente-sept prises en moins de trois mois. La petite escadre du commodore Jones, avec une commission pareille, et sous le même pavillon, a fort alarmé leurs côtes, leur a occasionné des dépenses intérieures considérables, a causé beaucoup de dommage à leur commerce, et leur a pris deux frégates montées de quatre cents hommes. Le commodore est maintenant avec ses prises les plus considérables en Hollande, où il est bien accueilli ; mais il lui faudra quitter ce pays neutre, aussitôt que ses avaries seront réparées. Les Anglais avec des forces supérieures surveillent sa sortie ; mais nous espérons qu'il saura échapper à leur vigilance. Il est peu d'actions navales où l'on ait fait preuve de plus d'énergie, de sang-froid et de bravoure que dans la prise du *Sérapis* par Jones.

On a beaucoup parlé cet été, en Europe, de préliminaires de paix par la médiation de la Russie et de la Hollande ; mais tout cela n'est qu'une invention d'agioteurs et autres individus intéressés à propager de pareils bruits. L'Angleterre ne paraît pas encore assez humiliée pour reconnaître l'indépendance des États-Unis, ou pour traiter avec eux sur ce pied ; nos amis ne feront jamais la paix à d'autres conditions. Nous verrons donc probablement une nouvelle campagne.

A en juger par les ordres que je vois, ou dont j'entends parler, il paraîtrait que notre peuple a moins besoin du nécessaire que du superflu. Il est difficile de croire à votre détresse, lorsqu'on voit la plus grande partie de votre argent prodigué en modes, en colifichets, en thé ! Nous est-il donc impossible de devenir plus sages, quand, par la simple économie, et en évitant des dépenses inutiles, nous pourrions défrayer, et au delà, les charges de la guerre ? Nous exportons des provisions solides, nécessaires à la subsistance de l'homme, et nous importons des modes,

des objets de luxe et des babioles. Un commerce semblable peut enrichir les marchands, mais jamais le pays.

L'Europe est toujours pleine de bon vouloir pour notre cause, comme étant celle de la liberté, qui est la cause du genre humain. Il y a un désir universel de voir l'orgueil de l'Angleterre humilié et son pouvoir abattu. Ces circonstances sont encourageantes, et nous donnent l'espoir d'une heureuse issue. Puisse Dieu nous l'accorder ; et puissiez-vous vivre longtemps pour le bonheur de votre pays. Je suis, etc. B. F.

A BENJAMIN VAUGHAN.

Édition des œuvres de Franklin.

Passy, 9 novembre 1779.

Cher monsieur,

J'ai reçu de vous plusieurs bonnes lettres, auxquelles je n'ai point exactement répondu. Elles m'ont cependant fait grand plaisir, puisque c'est par elles que j'ai su que vous vous portiez bien, ainsi que votre famille, et nos autres amis. J'espère que vous continuerez à m'écrire aussi souvent que vous pourrez le faire sans vous gêner.

Je vous remercie des soins que vous avez pris pour mettre en ordre et corriger l'édition de mes écrits. Votre amitié pour moi se montre à chaque page, et si la conservation de ces écrits peut avoir quelque utilité, c'est à vous que le public en aura l'obligation. En les relisant, j'ai pris note de quelques fautes d'impression qui en altèrent le sens, et de plusieurs autres petites erreurs, que vous trouverez toutes inscrites sur une feuille de papier, avec le titre d'*Errata*. Vous êtes plus que personne en état de juger s'il vaut la peine de les ajouter à l'*errata* déjà imprimé, ou s'il ne vaut pas mieux les réserver pour une seconde édition, si jamais il en paraît une. Je vous envoie, par cette occasion, un texte plus complet de mon *Chapitre*[1].

Si je pouvais recouvrer les pièces qui étaient entre les mains de mon fils, et celles qui sont restées parmi mes papiers, en Amérique, je pense que j'aurais de quoi former trois autres volumes semblables, dont une grande partie serait plus intéressante.

Quant au *moment favorable* pour les publier, sur lequel vous me demandez mon avis, je n'ai aucune raison, ni aucune ombre de raison sur quoi fonder une opinion quelconque. Je suppose tout naturellement qu'en vertu de son expérience, le libraire est le meilleur juge, et je serais d'avis de nous en remettre à lui.

Je ne suis point l'auteur de la brochure dont vous parlez : je ne la connais même pas. Je suppose qu'elle est la même que celle qui m'a déjà valu semblable demande du docteur Priestley. Ma brochure, qui n'est point celle-là, était intitulée : *Dissertation sur la liberté et sur la nécessité, sur le plaisir et sur la peine*[2]; elle portait pour épigraphe les vers suivants :

> *Whatever is, is right. But purblind man,*
> *Sees but a part of the chain, the nearest links;*
> *His eye not carrying to that equal beam*
> *That poises all above*[3].   DRYDEN.

Londres : Imprimé en MDCCXXV.

Je vous renvoie les manuscrits que vous avez eu la

---

1. C'est la *Parabole contre la persécution*. Voyez les *Essais de morale et d'économie politique*.
2. Sur cette brochure, voyez les *Mémoires de Franklin*, p. 93 et 131.
3. « Tout ce qui est, est bien ; mais la faible vue de l'homme ne voit qu'une partie de la chaîne, le premier anneau ; ses yeux ne s'élèvent pas jusqu'à la balance infaillible qui, là-haut, pèse toutes choses. »

bonté de me faire passer : je suis fâché que vous n'en ayez pas d'autre copie, j'espère que celle-ci vous parviendra heureusement. Je ne me rappelle pas que le duc de Chaulnes m'ait montré la lettre dont vous me parlez. J'ai reçu le livre du docteur *Crawford*, mais non pas encore votre extrait, que j'attendrai, ainsi que vous le désirez.

Je vous envoie aussi le Tableau économique de M. Dupont[1] ; je le regarde comme une excellente chose, en ce qu'il contient, d'une manière méthodique et claire, tous les principes de la nouvelle secte, que l'on appelle ici *les Économistes*.

Rappelez-moi affectueusement au souvenir de toute votre aimable famille, et croyez-moi, avec la plus parfaite estime, mon cher ami, votre, etc.   B. F.

AU PÈRE BECCARIA[2].

Passy, 19 novembre 1779.

Cher monsieur,

J'avais entendu parler, il y a quelque temps, de votre maladie, qui m'affligeait sensiblement ; j'ai le plaisir infini d'apprendre aujourd'hui par M. Chantel que vous êtes assez bien rétabli pour pouvoir faire quelques petites promenades à cheval. Je prie Dieu que votre convalescence soit aussi prompte que parfaite, et que votre santé se rétablisse solidement. La science perdrait trop en perdant un soutien aussi zélé, aussi actif, aussi capable d'accélérer son progrès et d'étendre son domaine.

---

1. Dupont de Nemours.
2. Au dernier siècle, le père Jean-Baptiste Beccaria a été célèbre comme physicien. Il communiqua à Franklin beaucoup d'observations curieuses. Le père Beccaria mourut à Turin, dans un âge avancé, en 1731.

Je suis noyé dans des affaires qui absorbent mon attention, et qui m'empêchent de poursuivre ces études qui firent toujours mes plus chères délices; maintenant, je suis si vieux que j'ose à peine espérer de retrouver ce loisir et cette tranquillité, qui sont si nécessaires pour les recherches scientifiques. J'ai cependant jeté tout récemment sur le papier quelques idées touchant l'aurore boréale : je vous les adresserais, si je ne supposais que vous les eussiez déjà vues dans le journal de l'abbé Rozier. S'il en était autrement, j'en ferais faire une copie que je vous enverrais, peut-être avec quelques corrections.

Tout ce qui sort de votre plume est toujours pour moi une bonne fortune. Si donc vous avez, depuis peu, fait quelques nouvelles expériences, ou publié des observations sur la physique, je serai charmé de les voir, dès que vous trouverez quelque occasion de me les envoyer.

Je suis, avec la plus haute estime et avec affection, votre, etc. B. F.

A RICHARD PRICE.

Passy, 6 février 1780.

Je n'ai reçu que fort tard votre bonne lettre du 14 octobre, le docteur Ingenhousz, qui était chargé de me la remettre, étant resté longtemps en Hollande. Je suis charmé d'apprendre que vous continuez de jouir d'une bonne santé. Après tous les outrages que votre personne et vos écrits ont essuyés, les conseils que vous avez donnés commencent à faire une impression sérieuse sur ceux qui les avaient d'abord rejetés : ils acquerront de jour en jour plus de poids, et seront encore en grande estime quand les critiques seront depuis longtemps mortes et oubliées [1].

1. Le docteur Price avait beaucoup écrit en faveur de l'Amérique et de la liberté.

Présentez, s'il vous plaît, mes respects affectueux à cette société honnête, sensible et intelligente [1] qui m'a fait si longtemps l'honneur de m'admettre à ses conversations instructives. Je ne songe jamais aux heures fortunées que j'ai passées dans cette compagnie sans regretter qu'elles ne puissent revenir, car je ne vois nulle raison d'espérer que cette malheureuse guerre finisse de mon vivant. Le docteur Priestley continue, dites-vous, ses expériences avec succès. Nous faisons chaque jour de grands progrès dans la philosophie *naturelle*; mais il en est un que je voudrais voir en philosophie *morale* : c'est la découverte d'un plan qui engagerait et obligerait les nations à régler leurs disputes, sans commencer par s'entre-égorger. Quand la raison humaine aura-t-elle fait assez de progrès pour reconnaître les avantages de cette innovation? Quand les hommes seront-ils convaincus que les guerres les plus heureuses finissent toujours par être un malheur pour ceux qui les entreprirent injustement, et qui triomphèrent aveuglément dans leur succès, sans en prévoir les suites? Ce qui doit nous consoler l'un et l'autre, au milieu de cette guerre, c'est d'avoir fait honnêtement, loyalement tout ce qui dépendait de nous pour la prévenir.

Adieu. Croyez-moi, mon cher ami, pour toujours, votre, etc. B. F.

A GEORGE WASHINGTON.

Le marquis de Lafayette. — Invitation à venir en Europe.

Passy, 5 mars 1780.

Monsieur,

Je n'ai reçu que dernièrement la lettre que Votre Excellence m'a fait l'honneur de m'écrire, pour me recomman-

---

1. On suppose que Franklin veut parler ici d'un club qui se réunissait au *London Coffee-House.*

der le marquis de La Fayette. Sa modestie la lui avait fait garder longtemps entre les mains. Nous avions cependant fait connaissance ensemble depuis l'époque de son arrivée à Paris. Son zèle pour l'honneur de notre pays, l'activité qu'il met ici dans nos affaires, l'attachement inviolable qu'il témoigne pour notre cause et pour votre personne, m'ont naturellement inspiré pour lui la même estime, la même considération qu'aurait fait la lettre de Votre Excellence, si on me l'avait remise immédiatement.

Si, après une ou deux nouvelles campagnes, la paix nous apportait enfin quelque loisir, je serais heureux de voir Votre Excellence en Europe, et de l'accompagner, pour peu que mon âge et mes forces me le permissent, dans la visite qu'elle ferait de quelques-uns des royaumes les plus anciens et les plus célèbres du vieux continent. De ce côté de l'eau, vous jouiriez de la grande réputation que vous avez acquise. Elle serait pure de ces petites ombres que la jalousie et l'envie des concitoyens et des contemporains d'un grand homme s'efforcent toujours de jeter sur le mérite vivant. Vous sauriez ici ce que la postérité dira de Washington, et vous jouiriez de votre gloire, car mille lieues font à peu près le même effet que mille années. Le murmure de toutes ces passions rampantes ne saurait franchir le temps ni l'espace. Quant à présent, je jouis de ce plaisir en votre place; car souvent les vieux généraux de ce pays martial qui étudient les cartes d'Amérique, et y marquent toutes vos opérations, parlent devant moi de vos exploits avec une sincère approbation et un grand enthousiasme, ils s'accordent à vous décerner le titre d'un des plus grands capitaines du siècle.

Bientôt il me faudra quitter cette scène du monde; mais vous vivrez pour voir notre patrie florissante; et elle le sera de façon merveilleuse, la guerre finie. Ainsi un champ de jeune maïs, que la sécheresse et le soleil ont affaibli et décoloré, semble menacé d'une destruction totale, lorsqu'au milieu de cette faiblesse il est assailli par le tonnerre, le vent, la grêle et la pluie ; mais dès que la tempête a cessé, il retrouve sa fraîche verdure, il pousse avec une double vigueur, et charme, non-seulement l'œil du maître, mais aussi celui du voyageur.

Je fais les vœux les plus sincères pour votre santé, votre gloire et votre bonheur, et je suis, etc.   B. F.

AU CHEVALIER DE LA LUZERNE [1].

M. de Malesherbes — Paris.

Passy, 5 mars 1780.

Monsieur,

J'ai reçu avec grand plaisir la lettre que vous m'avez fait l'honneur de m'écrire de Boston. Je me réjouis d'apprendre que vous êtes heureusement arrivé, et que l'accueil que vous avez reçu dans mon pays vous a été agréable. J'espère que l'air vous conviendra, et que tant que vous résiderez chez nous, vous jouirez d'une santé et d'un bonheur constant.

Votre bon frère me fait quelquefois l'honneur de me visiter, et nous causons en anglais qu'il parle très-intelligiblement. Je suppose qu'en ce moment vous en faites autant. M. de Malesherbes m'a fait dernièrement le même honneur. Ce grand homme semble n'avoir plus aucun désir de rentrer dans les emplois publics, il s'amuse à planter, et désire obtenir tous les arbres de l'Amérique du Nord qu'on n'a pas encore introduits en France. Je suis persuadé que vous l'obligeriez beaucoup en lui envoyant une boîte

---

1. Le chevalier de la Luzerne remplaçait M. Gérard, comme ministre de France aux États-Unis. C'était le frère de l'abbé, plus tard le cardinal de la Luzerne, dont le nom est resté cher à l'Église de France.

de graines. Vous pourrez vous les procurer par mon jeune ami Bartram, qui vit près de Philadelphie.

Vous aurez appris que l'Espagne vient d'avoir un petit échec en mer; mais la bravoure avec laquelle ses vaisseaux ont combattu des forces supérieures, lui a fait grand honneur. Nous sommes impatients d'avoir des nouvelles; on en attend tous les jours. On fait ici de grands préparatifs pour la campagne prochaine, nous nous flattons qu'elle sera plus active et plus heureuse en Europe que n'a été la dernière.

Un avantage des grands États, c'est que les calamités causées par une guerre étrangère ne tombent que sur une très-petite partie de la communauté, qui se trouve exposée par sa situation. Et ainsi de même qu'il fait toujours beau temps dans nos maisons, on est toujours en paix, à Paris. Chacun continue ses occupations; les théâtres, les opéras, sont aussi régulièrement suivis et par autant de monde que dans les temps de la plus profonde tranquillité; ce sont les mêmes petites questions qui nous divisent. Depuis quelques semaines, nous sommes tous pour ou contre Janot, un nouvel acteur. Le jeu de cet homme et le mariage du duc de Richelieu tiennent plus de place dans nos conversations que tout ce qui concerne la guerre. C'est là une preuve de la félicité publique.

Mon petit-fils se joint à moi pour vous offrir les vœux les plus vifs pour votre santé et votre bonheur. Il est très-flatté de votre bon souvenir. Nous désirons aussi que M. de Marbois [1] veuille accepter nos assurances d'estime.

J'ai l'honneur d'être avec le plus grand respect, monsieur, etc.   B. F.

---

1. Barbé Marbois, secrétaire de la légation française aux États-Unis. Plus tard déporté de fructidor, ministre de l'Empire et enfin président de la Cour des comptes, sous la Restauration.

A THOMAS BOND [1].

Passy, 16 mars 1780.

Cher monsieur,

J'ai reçu votre bonne lettre du 22 septembre; je vous remercie des agréables nouvelles que vous me donnez de la santé et du bien-être de mes vieux amis, Hugh Roberts, Luke Morris, Philip Syng, Samuel Rhoads, etc., sans oublier ni vous ni votre famille. Aux vieux, donnez de ma part une poignée de main; aux jeunes donnez ma bénédiction. Pour moi, je ne trouve pas que je vieillisse. Une fois arrivé à soixante-dix ans, j'ai réfléchi qu'à suivre la même route, j'arriverais probablement à la tombe; aussi me suis-je arrêté court, j'ai tourné bride, et je me suis mis à retourner en arrière. Voici quatre ans que je fais cela, ne me donnez donc plus que soixante-six ans. Conseillez à nos vieux amis de suivre mon exemple; maintenez-vous en bonne humeur, cela maintiendra votre corps; vous ne plierez pas plus sous le faix de l'âge que si vous aviez avalé une hallebarde.

Je suis charmé que la *Société philosophique* ait fait ce compliment à M. Gérard [2]. Je voudrais qu'elle en fît autant pour M. Feutry, un homme de mérite, et pour le docteur Ingenhousz qui vient de faire de grandes découvertes sur le rôle que jouent les feuilles des arbres, en épurant l'air pour l'usage des êtres animés. Je vous enverrai son livre. Il est médecin de l'Impératrice-Reine. Je n'ai pas encore vu votre écrit sur l'inoculation. Je suis toujours, etc.

B. F.

P. S. J'ai acheté quelques bons livres que je veux offrir

---

1. Médecin à Philadelphie. Voy. les *Mémoires de Franklin*, p. 233.

2. De le nommer associé.

à la Société, mais je ne les enverrai qu'en un temps plus sûr.

A UN AGENT DES CROISEURS AMÉRICAINS.

Le pavillon couvre la marchandise.

Passy, 30 mai 1780.

Monsieur,

Dans ma dernière lettre du 27 courant, j'ai omis de vous parler d'une chose importante. Je vous prie de donner à nos croiseurs des ordres formels pour qu'ils ne saisissent plus de vaisseaux hollandais, quoique chargés de marchandises ennemies, à moins qu'elles ne soient de contrebande. Tous les États neutres de l'Europe semblent disposés à changer une règle qu'on avait considérée jusqu'à présent comme le droit des gens, c'est-à-dire : *on prend le bien de l'ennemi partout où on le trouve;* on veut établir comme règle que *les vaisseaux libres font les marchandises libres* [1]. Cette règle est en elle-même si raisonnable et peut avoir de si bons effets pour l'humanité, que je désire vivement qu'elle devienne générale. Et je ne fais pas de doute que le Congrès ne l'accepte, aussi largement que l'ont déjà fait la France et l'Espagne [2]. En attendant, et jusqu'à ce que j'aie reçu des ordres à ce sujet, c'est mon intention de ne plus déclarer de bonne prise les articles anglais saisis sur les vaisseaux hollandais, s'ils ne sont contrebande. J'ai trouvé juste de vous donner cet avis à l'avance pour que vous puissiez éviter les ennuis et les frais qui résultent de

1. Nous disons en français : *Le pavillon couvre la marchandise.*
2. C'est l'impératrice Catherine de Russie qui eut la gloire de proposer cette nouvelle règle de droit des gens. Sa proposition fut aussitôt acceptée par le Danemark, la Suède, la Hollande et le Portugal.

ces captures, et de leur détention jusqu'au jugement. Avec une grande estime et mes meilleurs vœux pour le succès de votre entreprise, j'ai l'honneur d'être, etc.   B. F.

A ROBERT MORRIS.

Droits des neutres.

Passy, 3 juin 1780.

Cher monsieur,

... Nous sommes impatients de recevoir des nouvelles d'Amérique; nous ne savons rien de ce qui se passe devant Charleston, depuis le 9 mars.

Ici, en Europe, toutes choses continuent à présenter un aspect favorable. La Russie, la Suède, le Danemark, la Hollande lèvent des forces navales considérables pour établir la libre navigation des vaisseaux neutres et de leur cargaison, encore bien que cette cargaison appartienne à l'ennemi. Il n'y a d'exception que pour la contrebande, c'est-à-dire les provisions militaires. La France et l'Espagne ont approuvé ce principe, et il est probable que la maxime: *Vaisseaux libres, marchandises libres*, sera désormais le droit des gens [1]. Cette confédération n'est pas du goût de l'Angleterre. Je voudrais qu'on étendît plus loin cette règle, qu'on respectât tous les vaisseaux marchands, les pêcheurs, les laboureurs; ils travaillent pour le bénéfice commun de l'humanité; personne, fût-ce même l'ennemi, ne devrait troubler leurs opérations. Que ceux-là seuls se battent, dont la guerre est le métier, et qui sont armés et payés pour se battre. Avec une grande et sincère estime, je suis, etc.   B. F.

1. L'ancienne maxime était : *Robe d'ennemi confisque celle d'ami;* c'est-à-dire que la marchandise ennemie saisie à bord faisait confisquer le navire neutre.

A ALEXANDRE SMALL [1].

Passy, 22 juillet 1780.

Vous voyez, mon cher monsieur, que je n'ai pas eu peur que mes maîtres prissent mal une visite à un vieil ami, quoiqu'il soit au service de l'ennemi. Ils sont assez raisonnables pour admettre que des différends politiques ne doivent pas empêcher les communications entre philosophes qui étudient et conversent ensemble pour le bien de l'humanité. Mais vous vous faites scrupule de venir dîner avec moi. Je suppose que vous n'oserez pas le faire ; votre refus fera en vérité plus d'honneur à votre sagacité qu'à la générosité ou au bon naturel de votre gouvernement. Vous connaissez votre peuple, et je ne vous attends pas. Je crois aussi que, par amitié, je ne dois pas vous faire d'autre visite, quoique j'en eusse l'intention ; mais je vous envoie mon petit-fils pour rendre ses devoirs à son médecin.

Vous vous inquiétez de ma goutte, j'ai oublié de vous dire que je l'ai traitée un peu cavalièrement dans les deux derniers accès. Une nuit, trouvant que mon pied me faisait plus souffrir dans la chaleur du lit, je l'exposai à l'air, et me sentant soulagé, je le laissai découvert plus longtemps que je ne pensais le faire au début, et je dormis dans cette situation jusqu'au lendemain. La souffrance ne revint pas, et je guéris. L'hiver suivant, j'eus une nouvelle attaque, je répétai l'expérience ; le succès ne fut pas aussi grand, la goutte ne disparut pas aussitôt, mais la souffrance fut toujours moins forte, et je pus dormir chaque nuit. Je dois dire que c'est mon fils qui m'a donné la première idée de ce traitement. Il tenait à la vieille opinion qui veut que la transpiration dissipe la goutte, et

---

1. Chirurgien de l'armée anglaise.

comme il m'avait entendu dire que la transpiration était plus forte quand le corps était nu que quand il était couvert, il mit son pied hors du lit pour augmenter l'évaporation, et se sentit soulagé, ce qu'il considéra comme une confirmation de ma doctrine. Mais avant de pouvoir recommander en conscience cette recette, il faudrait encore plus d'une expérience. Je vous la donne néanmoins en échange de votre recette sur l'émétique, parce que le commerce de la philosophie, comme tout autre commerce, ne va jamais mieux que lorsqu'on a soin de faire des *retours*. Je suis toujours avec affection, votre

B. F.

A MISS GEORGIANA SHIPLEY [1].

Passy, 8 octobre 1780.

Il y a longtemps, bien longtemps, ma chère amie, que je n'ai eu le grand plaisir d'avoir de vos nouvelles et de recevoir de vos aimables lettres. Mais c'est ma faute. J'ai longtemps négligé de remplir mon rôle de correspondant. Ceux qui aiment à recevoir des lettres doivent en écrire. Je voudrais pouvoir vous promettre que je me corrigerai. Mais sans parler de l'indolence que les années amènent, et qui s'accroît avec elles, mon temps est pris par trop d'affaires, je n'ai que trop de raisons pour remettre ce que je sens bien que je devrais faire, et ce que je ne me résoudrai jamais à négliger entièrement.

Autant que je puis me connaître en poésie et en traductions, votre version d'Horace est très-bonne. Celle de l'ode : *Quo, quo, scelesti, ruitis* [2], convient si bien à notre temps que la conclusion (dans votre traduction) ressemble à une prophétie, et je crains qu'elle ne s'accomplisse un

---

1. Fille de l'évêque de Saint Asaph.
2. *Où courez-vous, malheureux?*

jour. Je suis malheureusement un ennemi, cependant je trouve qu'on n'a que trop versé de sang, et je désire que celui qui reste dans les veines d'un peuple autrefois aimé, soit conservé par une paix solide et durable.

Il y a longtemps que je n'ai pas entendu parler du *bon évêque*. Il est étrange qu'une épithète aussi simple suffise pour distinguer un membre de cette sainte corporation. *Donnez-moi de ses nouvelles*. Je me suis souvent flatté de voir la figure de mon cher et respectable ami, tracée par votre pinceau. On m'assure que ce portrait est depuis longtemps en route; mais il n'est pas encore arrivé, et je ne puis savoir même où il est.

Si indolent que je sois, vous voyez que je ne pouvais laisser échapper une aussi belle occasion de vous écrire quelques lignes, de vous renouveler les vœux que je fais pour votre bonheur et pour celui de votre aimable et chère famille, dans la douce intimité de laquelle j'ai passé des heures si fortunées. M. Jones [1] m'assure qu'il se fera un vrai plaisir de vous porter ma lettre; c'est ce dont je ne doute nullement [2]. Il m'apprend qu'au dessin, à la musique, à la peinture, à la poésie, au latin, vous venez d'ajouter le talent du *jeu d'échecs;* ainsi vous voilà, comme disent les Français, *remplie de talents*. Puissent tous ces trésors échoir avec vous, à un homme qui les sache apprécier, et qui vous aime autant que moi. Adieu.

B. F.

1. Plus tard sir William Jones, le célèbre orientaliste.
2. C'était le fiancé de miss Georgiana.

A RICHARD PRICE.

De la tolérance.

Passy, 9 octobre 1780.

Cher monsieur,

J'ai eu le plaisir d'apprendre, par vos deux estimables amis et par votre lettre, que vous jouissez d'une bonne santé. Puisse Dieu vous la conserver, autant pour le bien de l'humanité que pour votre bonheur! Je vous remercie beaucoup de la seconde édition de votre excellente brochure. J'ai envoyé à M. Dana l'exemplaire que vous lui destiniez; il est en Hollande. Je désire voir le morceau que vous avez écrit *sur la tolérance*, à ce que m'a dit M. Jones. Je n'espère pas que votre nouveau parlement soit ou plus sage ou plus honnête que le dernier. Tous les projets que l'on fait pour avoir un parlement honnête, lois sur les places, etc., me paraissent vains et impraticables. Le vrai remède, selon moi, c'est de faire que les places ne rapportent rien, et de rendre le roi trop pauvre pour pouvoir donner ni argent ni pensions. Jusque-là (ce ne peut être que le résultat d'une révolution, et je ne crois pas qu'il vous reste assez de vertu pour en faire une) votre nation sera toujours pillée et obligée de payer des impôts, afin que les pillards la pillent et la ruinent. La liberté et la vertu s'unissent donc pour vous crier: « SORTEZ D'ICI, MON PEUPLE ! »

Je suis entièrement de votre avis en ce qui touche les *tests* religieux[1]. Mais, quoique le peuple du Massachusetts

1. On appelait en Angleterre *test*, ou épreuve, certaine confession religieuse qu'il fallait signer, certains actes religieux qu'il fallait faire pour jouir des priviléges civils réservés aux membres de l'Église anglicane. Il y avait aussi des *tests* dans les colonies américaines; c'était le moyen d'assurer la domination d'une Église nationale, c'est-à-dire privilégiée. En Amérique tout cela a disparu depuis longtemps.

ne les ait pas tout à fait abolis dans sa nouvelle constitution, cependant si nous nous rappelons ce qu'était ce peuple il y a cent ans, nous conviendrons qu'il a fait de grands pas vers la libéralité de sentiments en matière religieuse; et nous pouvons espérer qu'il ira encore plus près de la perfection, quand, dans quelques années d'ici, il révisera sa constitution. Si les prédicateurs chrétiens avaient continué d'enseigner comme firent jadis Jésus-Christ et ses apôtres, ou comme font les quakers aujourd'hui, sans exiger de salaire, j'imagine qu'il n'y aurait jamais eu de *tests*, car je crois qu'on les a inventés bien moins pour protéger la religion même, que pour s'en assurer les bénéfices. Qu'une religion soit bonne, elle se soutiendra d'elle-même; qu'elle ne puisse se soutenir, ou que Dieu daigne si peu la soutenir, que les hommes qui la professent soient forcés de recourir à l'autorité civile, c'est un signe, je crois, qu'elle ne vaut rien. Mais, à me plonger dans ces profondeurs de la théologie, je perdrais pied; je ne vous ennuierai point davantage ni de politique, ni de nouvelles qui ne sont point choses plus certaines. Je conclus avec le désir de vous embrasser encore une fois, et de jouir en paix de votre aimable société, au milieu de nos honnêtes, bons et spirituels amis au *London*[1]. Adieu.   B. F.

AU COMTE DE VERGENNES[2].

Situation critique de l'Amérique. — Nécessité d'un secours immédiat.

Passy, 13 février 1781.

Monsieur,

Je viens de recevoir du Congrès la lettre qu'il adresse au roi; j'ai l'honneur de la remettre entre les mains de Votre

1. V. Sup. Lettre du 6 février 1780.
2. Cette lettre est intéressante à un double titre. Elle prouve

Excellence. En même temps je suis chargé « de représenter, dans les termes les plus forts, l'inaltérable résolution où sont les États-Unis de maintenir leurs libertés et leur indépendance, et d'adhérer inviolablement à l'alliance française, à tout hasard et à tout événement. Les malheurs de la dernière campagne ont redoublé l'ardeur des Américains, au lieu de l'affaiblir. Le Congrès est décidé à employer tous les moyens en son pouvoir pour chasser entièrement l'ennemi, il est prêt à la plus vigoureuse et à la plus décisive coopération avec la marine et les autres forces de son illustre allié. Il s'est adressé aux différents États pour obtenir une armée puissante et d'abondantes provisions ; les États sont disposés à faire honneur à ces réquisitions. Si la Cour de France se décide à envoyer des forces navales supérieures dans les mers américaines, et à fournir les armes, les munitions, les habillements déjà demandés, si elle veut aider encore l'Amérique en lui accordant l'emprunt qu'elle sollicite, le Congrès se flatte, qu'avec l'aide de Dieu, on terminera promptement la guerre, à la gloire et à l'avantage des deux nations. »

De différentes lettres que m'écrivent des gens intelligents, il résulte que c'est la supériorité maritime des Anglais qui, l'an dernier, a rendu inutiles les coûteux efforts, au moyen desquels on avait levé une armée capable d'affronter l'ennemi, et qui est restée longtemps devant New-York ; c'est à cette même supériorité que les Anglais ont dû leur succès dans la Caroline, le Congrès n'ayant d'ailleurs nul moyen d'armer, de faire marcher ni de payer le nombre de troupes nécessaire à la défense de cette province. Le marquis de Lafayette m'écrit qu'il est impossible, quand on ne l'a pas vu, de concevoir ce que les soldats ont souffert, faute de vêtements ; et d'une lettre

de quel secours la France fut à l'Amérique, et elle nous fait connaître Franklin comme diplomate.

que je reçois du général Washington j'extrais le passage suivant, que je dois mettre sous les yeux de Votre Excellence. « Le Congrès vous aura si complétement renseigné sur notre situation politique et militaire, qu'il serait superflu de revenir sur ce sujet. Si j'en voulais parler, ce serait pour montrer que notre position présente nous met dans une alternative forcée : ou il faut faire la paix, ou il nous faut le plus vigoureux secours de nos alliés, surtout *en argent*. Leur disposition à nous servir n'est pas douteuse; leur générosité ira aussi loin que le permettront leurs moyens. »

En Amérique, on espérait beaucoup, je ne sais sur quel fondement, qu'on obtiendrait d'Espagne une grande somme d'argent; mais cet espoir a été déçu; les forces que l'Espagne entretient dans nos mers ont été employées à réduire de petits forts en Floride, sans être d'aucun secours direct aux États-Unis, et, d'un autre côté, le long retard que met cette Cour à accéder au traité de commerce, semble indiquer qu'on désire peu se lier avec nous; si bien que pour obtenir une amitié active, et les secours qui nous sont si nécessaires dans la situation présente, nous ne pouvons compter que sur la France seule, et sur la continuation des bontés du roi envers nous.

Je suis vieux; je me sens fort affaibli par la longueur de ma dernière maladie, et il est probable que je n'aurai pas longtemps à me mêler de ces affaires. Je saisis donc cette occasion pour dire à Votre Excellence que, selon moi, le moment est critique. Si le Congrès est incapable d'obtenir les secours dont on a besoin, il est à craindre qu'il ne perde son influence sur le peuple, et que tout le nouveau gouvernement d'Amérique n'en soit ébranlé. Si l'on permet aux Anglais de recouvrer ce pays, on ne retrouvera pas dans le cours des siècles pareille occasion d'effectuer cette séparation décisive; la possession de ces vastes et fertiles régions, l'immense étendue des côtes maritimes, donnera aux Anglais une base si large pour leur grandeur future, elle augmentera tellement leur commerce, le nombre de leurs matelots et de leurs soldats, qu'ils deviendront la *terreur de l'Europe*, et qu'ils exerceront avec impunité cette insolence qui est naturelle à leur nation et qui grandira énormément avec l'agrandissement de leur pouvoir. Je suis avec grand respect, de Votre Excellence, etc.

B. F.

A FÉLIX NOGARET.

Traduction du vers de Turgot.

Passy, 8 mars 1781.

Monsieur,

J'ai reçu la lettre que vous m'avez fait l'honneur de m'écrire, et dans laquelle, après m'avoir noyé d'un flot de compliments que je ne puis jamais espérer de mériter[1],

---

1. En plus d'une circonstance Franklin se plaint mais avec une faiblesse visible des éloges outrés dont on l'accablait en France; il écrit à Jay le 13 juin 1780 : « Mme Jay me fait trop d'honneur en désirant avoir une des estampes qui représentent son compatriote. Je vous envoie la meilleure des cinq ou six gravures qu'on a faites d'après différents portraits. Les vers mis au bas sont vraiment extravagants. Mais vous devez savoir que le désir de plaire en renchérissant sur chaque compliment, a tellement usé chez cette nation polie les louanges ordinaires, qu'elles sont devenues plates et insipides ; s'en servir c'est presque critiquer. Autrefois on faisait l'éloge d'une musique en disant qu'elle était *bonne;* pour aller plus loin on a dit qu'elle était *excellente*, puis *superbe, magnifique, exquise, céleste;* tout cela est maintenant usé, il ne reste plus que *divine.* Quand ce mot sera devenu aussi insignifiant que ses devanciers, on retournera au langage et au sens commun. Quand je suis arrivé ici on rivalisait en belles et coûteuses peintures pour orner les voitures, puis quand il a été impossible d'aller plus loin dans cette voie, on est retourné aux voitures unies, sans armes, sans décorations, et peintes d'une seule et même couleur.

vous me demandez mon avis sur votre traduction d'un vers latin dont on m'a fait l'application[1]. Si j'étais (ce que je ne suis pas) assez versé dans votre belle langue pour être bon juge en poésie, je me refuserais à donner mon avis sur ce vers, puisqu'il y est question de moi. Je dirai seulement qu'on me prête beaucoup trop, surtout en ce qui touche le tyran; la révolution a été l'œuvre d'une foule d'hommes braves et capables; c'est assez d'honneur pour moi si l'on m'y accorde une petite part.

Je vous suis fort obligé des sentiments favorables dont il vous plaît de m'honorer, et je serai charmé de voir vos remarques sur l'*Éventail* de Gray, ainsi que votre poème sur le même sujet. J'ai l'honneur d'être, Monsieur, etc.

B. F.

1. C'est le vers célèbre :

> *Eripuit cœlo fulmen sceptrumque tyrannis.*

D'Alembert l'a traduit ainsi :

> Tu vois le sage courageux
> Dont l'heureux et mâle génie
> Arracha le tonnerre aux dieux
> Et le sceptre à la tyrannie.

Nogaret traduisait :

> On l'a vu désarmer les tyrans et les dieux.

M. Sumner, l'éloquent défenseur de la liberté des noirs, a publié dans l'*Atlantic Monthly* de novembre 1863, un curieux travail sur ce vers que Turgot imita de Manilius. *Astronomic.* I, 104 :

> *Eripuitque Jovi fulmen viresque tonandi,*

ou de l'*Anti-Lucrèce* du Cardinal de Polignac, 1, 96 :

> *Eripuitque Jovi fulmen, Phœboque sagittas.*

CHAPITRE XII.

Les amis de Franklin à Paris. — Madame Brillon. — Madame Helvétius. — Madame d'Houdetot. — Franklin demande à être remplacé. — Refus du Congrès. — — *La herse* (1781).

« Vous désirez savoir de quelle façon je vis, écrivait Franklin à sa vieille amie de Londres, mistriss Stevenson. J'habite une jolie maison, située dans un beau village en amphithéâtre, à un demi-mille de Paris; il y a un grand jardin pour me promener. J'ai une foule de connaissances, et je dîne en ville six jours sur sept. J'ai réservé le dimanche pour dîner chez moi avec les Américains qui passent à Paris, et ce jour-là je fais sortir de l'école mon petit-fils Ben, avec quelques autres enfants Américains[1]. »

Ces nombreuses connaissances, qui devinrent bientôt des amis dévoués, des disciples fidèles, c'était tout ce que Paris comptait d'esprits distingués, de savants

1. Lettre de Passy, 25 janvier 1779.

illustres, d'ardents amis de la liberté. Turgot, Buffon, D'Alembert, Condorcet, La Rochefoucauld, Malesherbes, Raynal, Mably, voilà les amis de Franklin. On voit qu'il vivait en bonne compagnie.

A côté de ces illustres personnages Franklin avait une société plus intime.

Il aimait beaucoup la société des dames françaises ; on lui prête le mot suivant : « L'ami le plus pur et le plus utile qu'on puisse avoir, c'est une Française, assez âgée pour n'avoir plus de prétentions. Ces dames sont disposées à vous rendre service, ajoutait-il, et, grâce à leur connaissance du monde, elles savent si bien comment s'y prendre[1] ! » Franklin était presque devenu un membre de la famille Brillon à Passy ; c'est pour Mme Brillon, sa *Brillante*, qu'il a écrit en français la plupart de ses *Bagatelles*.

A Auteuil il avait une amie non moins chère ; c'était Mme Helvétius, veuve du célèbre philosophe. Bonne et charmante femme, elle avait retenu auprès d'elle quelques hommes distingués et aimables, l'abbé Morellet, l'abbé La Roche, Cabanis, Le Roy. Franklin fut bientôt de cette petite société, et malgré ses soixante-dix ans, se déclara le chevalier de Mme Helvétius qui avait bien la soixantaine. On peut juger de sa galanterie, par un billet qui est conservé à la bibliothèque Impériale, et qui n'a jamais été publié. J'en dois la connaissance à mon aimable et savant confrère, M. Paulin Pâris. Je respecte l'orthographe de Franklin.

1. Parton, II, 412.

A L'ABBÉ DE LA ROCHE.

M. Franklin n'oublie jamais aucune Partie où Mme Helvétius doit être. Il croit même que s'il étoit engagé d'aller à Paradis ce matin, il ferai supplication d'estre permis de rester sur terre jusqu'à une heure et demi, pour recevoir l'Embrassade qu'elle a bien voulu lui promettre en le rencontrant chez M. Turgot.

Une des lettres les plus fines, et les plus charmantes de Franklin, nous permet d'entrer dans cette petite cour où chacun rivalisait de bonne grâce et d'esprit pour amuser la douce et gracieuse souveraine, qu'on avait surnommée *Notre-Dame d'Auteuil*. La lettre est écrite en français.

A MADAME HELVÉTIUS [1].

Passy, 1781.

Chagriné de votre résolution barbare, prononcée si positivement hier au soir, de rester seule pendant la vie, en l'honneur de votre cher mari, je me retirai chez moi, et tombé sur mon lit, je me croyais mort et me trouvais dans les Champs élysées.

On m'a demandé si j'avais envie de voir quelques personnages particuliers. — Menez-moi chez les philosophes. — Il y en a deux qui demeurent ici-près dans ce jardin. Ils sont de très-bons voisins et très-amis l'un de l'autre. — Qui sont-ils? — Socrate et Helvétius. — Je les estime prodigieusement tous deux. Mais faites-moi voir premièrement Helvétius, parce que j'entends un peu le français,

---

1. Cette lettre, dont la copie que nous avons est de la main de Champfort, a été écrite en français par Franklin : c'est pourquoi nous nous sommes fait un devoir de ne pas toucher au style. (*Note de Castéra.*)

et pas un mot de grec. — Il m'a reçu avec beaucoup de courtoisie; m'ayant connu, disait-il, de réputation, il y a quelque temps; et m'a demandé mille choses sur la guerre et sur l'état présent de la religion, de la liberté, et du gouvernement en France.

—Vous ne me demandez donc rien de votre chère amie, Mme Helvétius? et cependant elle vous aime encore excessivement, et il n'y a qu'une heure que j'étais chez elle. — Ah! dit-il, vous me faites souvenir de mon ancienne félicité; mais il faut l'oublier, pour être heureux ici. Pendant plusieurs des premières années je n'ai pensé qu'à elle. Enfin je suis consolé. J'ai pris une autre femme, la plus semblable à elle que j'aie pu trouver. Elle n'est pas, il est vrai, tout à fait si belle; mais elle a autant de bon sens et d'esprit, et elle m'aime infiniment. Son étude continuelle est de me plaire; et elle est sortie actuellement pour chercher le meilleur nectar, la meilleure ambroisie, et me régaler ce soir. Restez chez moi, et vous la verrez. — J'aperçois, disais-je, que votre ancienne amie est plus fidèle que vous; car plusieurs bons partis lui ont été offerts, et elle les a refusés tous. Je vous confesse que je l'ai aimée, moi, à la folie; mais elle a été dure à mon égard, et m'a rejeté absolument pour l'amour de vous. — Je plains, dit-il, votre malheur, car c'est une bonne et belle femme, et bien aimable. Mais l'abbé Lar.... et l'abbé M[1].... ne sont-ils pas encore quelquefois chez elle! — Oui, assurément, car elle n'a pas perdu un seul de vos amis. — Si vous aviez engagé l'abbé M..., avec du café à la crème, à parler pour vous, peut-être auriez-vous réussi. Car c'est un raisonneur subtil comme Jean Scott ou saint Thomas. Il met ses arguments en si bon ordre, qu'ils deviennent presque irrésistibles; ou, si l'abbé Lar.... avait été gagné par quelque belle édition d'un vieux classique, pour parler contre vous,

---

1. L'abbé La Roche, et l'abbé Morellet.

cela aurait été mieux ; car j'ai toujours observé que, quand il conseille quelque chose, elle a un penchant très-fort à faire le contraire.

A ces mots, entre la nouvelle Mme Helvétius avec le nectar. A l'instant je la reconnus pour être Mme Franklin, mon ancienne amie américaine. Je la réclamai ; mais elle me dit froidement : « J'ai été votre bonne femme quarante-neuf années et quatre mois, presqu'un demi-siècle : soyez content de cela. J'ai formé ici une nouvelle liaison qui durera l'éternité. »

Mécontent de ce refus de mon Eurydice, je pris sur le-champ la résolution de quitter ces ombres ingrates, et de revenir en ce bon monde revoir le soleil et vous. Me voici : vengeons-nous.   B. F.

D'où venait le charme de Mme Helvétius, qui ne paraît pas avoir été une femme d'un grand esprit, Franklin, qui étudie et analyse toutes choses, nous le dit dans une autre lettre à sa bien-aimée suzeraine.

Puisque je parle de vos amis, laissez-moi vous dire que, suivant mon habitude, j'ai essayé de faire une hypothèse afin d'expliquer pourquoi vous en avez tant et d'espèce si différente. Je vois que des hommes d'État, des philosophes, des historiens, des poëtes, des savants de toute sorte sont attirés vers vous, et semblent aussi prêts à s'attacher à vous qu'une paille à un beau morceau d'ambre. Ce n'est pas que vous affichiez des prétentions à aucune de leurs sciences, et quand vous le feriez, la ressemblance des études ne fait pas toujours que les gens s'entr'aiment. Ce n'est pas que vous preniez quelque peine pour les engager, une simplicité sans art est la partie frappante de votre caractère. Je n'essayerai pas d'expliquer la chose par l'histoire de cet ancien à qui l'on demandait pourquoi les philosophes recherchaient la connaissance des rois, tandis que les rois ne recherchaient point celle des philosophes, et qui répondit que les philosophes savaient ce qui leur manquait, et non pas toujours les rois. Cependant, la comparaison est bonne en ceci, que nous trouvons dans votre douce société cette charmante bienveillance, cette aimable attention à obliger, cette disposition à plaire et à se plaire que nous ne trouvons pas toujours dans notre société les uns les autres. Ce charme sort de vous, il a son influence sur nous tous, et, dans votre compagnie, nous ne nous plaisons pas seulement avec vous, nous nous plaisons mieux les uns les autres, nous nous plaisons à nous-mêmes.   B. F.

Ce n'était pas seulement Mme Helvétius que Franklin recherchait à Auteuil. L'abbé Morellet et l'abbé La Roche étaient pour lui des amis, avec qui le diplomate pouvait oublier l'ennui des affaires, et au besoin rire et chanter à table, en vidant une bouteille. La lettre suivante, écrite en français, nous montrera le philosophe américain en gaieté, comme Socrate son modèle.

A MONSIEUR L'ABBÉ MORELLET.

Passy, le....

Vous m'avez souvent égayé, mon très-cher ami, par vos excellentes chansons à boire; en échange, je désire vous édifier par quelques réflexions chrétiennes, morales et philosophiques, sur le même sujet.

In vino veritas, dit le sage. *La vérité est dans le vin.* Avant Noé donc, les hommes, n'ayant que de l'eau à boire, ne pouvaient pas trouver la vérité. Ainsi ils s'égarèrent, ils devinrent abominablement méchants, et ils furent justement exterminés par l'*eau* qu'ils aimaient à boire.

Ce bonhomme Noé ayant vu que par cette mauvaise

boisson tous ses contemporains avaient péri, la prit en aversion, et Dieu, pour le désaltérer, créa la vigne et lui révéla l'art d'en faire du vin. Par l'aide de cette liqueur, il découvrit maintes et maintes vérités, et depuis son temps le mot *deviner* a été en usage, signifiant originairement *découvrir par le moyen du* VIN. Ainsi, le patriarche Joseph prétendait *deviner* au moyen d'une coupe ou verre de VIN [1], liqueur qui a reçu ce nom pour marquer qu'elle n'était pas une invention humaine, mais *divine* (autre preuve de l'antiquité de la langue française contre M. Gébelin). Aussi, depuis ce temps, toutes les choses excellentes, même les déités, ont été appelées *divines* ou *divinités*.

On parle de la conversion de l'eau en vin, à la noce de Cana, comme d'un miracle. Mais cette conversion est faite tous les jours par la bonté de Dieu, sous nos yeux. Voilà l'eau qui tombe des cieux sur nos vignobles, et alors elle entre dans les racines des vignes pour être changée en vin; preuve constante que Dieu nous aime et qu'il aime à nous voir heureux. Le miracle particulier a été fait seulement pour hâter l'opération, dans une circonstance de besoin soudain qui le demandait.

Il est vrai que Dieu a aussi instruit les hommes à réduire le vin en eau. Mais quelle espèce d'eau? C'est l'*eau-de-vie*. Et cela, afin que par-là ils puissent au besoin faire le miracle de Cana, et convertir l'eau ordinaire en cette espèce excellente de vin qu'on appelle *punch!*

Mon frère chrétien, soyez bienveillant et bienfaisant comme lui, et ne gâtez pas son bon ouvrage. Il a fait le vin pour nous réjouir. Quand vous voyez votre voisin à table verser du vin dans son verre, ne vous hâtez pas à y verser de l'eau. Pourquoi voulez-vous noyer *la vérité?* Il

---

[1]. L'orateur romain qui est bien connu par ses mauvaises poésies d'être *un buveur d'eau*, confesse franchement dans son livre *De divinatione* qu'il ne savait pas *deviner*. *Quid futurum sit non* DIVINO. (*Note de Franklin.*)

est vraisemblable que votre voisin sait mieux que vous ce qui lui convient. Peut-être il n'aime pas l'eau ; peut-être il ne veut mettre que quelques gouttes par complaisance pour la mode ; peut-être il ne veut pas qu'un autre observe combien peu il en met dans son verre. Donc, n'offrez l'eau qu'aux enfants ; c'est une fausse politesse et bien incommode. Je vous dis ceci comme homme du monde, et je finirai comme j'ai commencé, en bon chrétien, en vous faisant une observation religieuse bien importante et tirée de l'Écriture sainte ; savoir que l'apôtre Paul conseillait bien sérieusement à Timothée de mettre du vin dans son eau pour la santé ; mais que pas un des apôtres, ni aucun des saints pères, n'ont jamais conseillé de mettre *de l'eau dans le vin!* B. F.

P. S. Pour vous confirmer encore plus dans votre piété et reconnaissance à la Providence divine, réfléchissez sur la situation qu'elle a donnée au *coude*. Vous voyez aussi que les animaux qui doivent boire l'eau qui coule sur la terre, s'ils ont les jambes longues, ont aussi un cou long, afin qu'ils puissent atteindre leur boisson sans la peine de se mettre à genoux. Mais l'homme, qui était destiné à boire du vin, doit être en état de porter le verre à sa bouche. Si le coude avait été placé plus près de la main, la partie d'avant aurait été trop courte pour approcher le verre de la bouche ; et s'il avait été placé plus près de l'épaule, la partie serait si longue qu'il porterait le verre au delà de la tête. Ainsi, nous aurions été *tantalisés*. Mais, par la présente situation du coude nous sommes en état de boire à notre aise, le verre venant justement à la bouche[1]. — Adorons donc, le verre à la main, cette sagesse bienveillante! Adorons et buvons!

1. Cette lettre que nous a conservée Morellet dans ses *Mémoires* est accompagnée de cinq dessins faits par le petit-fils de Franklin et qui représentent un cerf et une cigogne allongeant le cou

Dans un siècle où l'on aimait l'esprit, le beau monde se disputait le *Socrate américain;* nous avons le récit d'une *fête champêtre* que lui donna l'amie de Jean-Jacques, Mme d'Houdetot[1]; ce petit intermède nous montrera comment on s'amusait chez nos pères; leurs plaisirs valaient bien les nôtres, si même ils n'étaient plus délicats.

C'est à Sanoy, dans la vallée de Montmorency, que le comte et la comtesse d'Houdetot reçurent Franklin, le 22 avril 1781. Ils allèrent au-devant de lui, à un quart de lieue du village. Quand la voiture arriva, ce fut la comtesse qui donna la main au docteur pour l'aider à descendre, et en même temps elle lui adressa les vers suivants de sa composition :

    Ame du héros et du sage,
  O liberté, premier bienfait des dieux!
Hélas! c'est de trop loin que nous t'offrons des vœux;
Ce n'est qu'en soupirant que nous rendons hommage
Au mortel qui forma des citoyens heureux.

On se mit à table; le service était splendide; nos pères associaient volontiers le luxe et la nature. Au premier verre de vin, on chanta en chœur, avec accompagnement de musique, le refrain suivant :

  De Benjamin célébrons la mémoire,
  Chantons le bien qu'il a fait aux mortels;
  En Amérique il aura des autels,
  Et dans Sanoy nous buvons à sa gloire.

pour boire, tandis qu'un homme, en trois positions différentes, prend le verre, le lève, et le boit. Parton a aussi donné ces dessins, t. II, p. 428.

1. J'emprunte ce récit à M. Jared Sparks, t. IX, p. 22 et suiv.

Au second verre la comtesse chanta :

> Il rend ses droits à l'humaine nature,
> Pour l'affranchir, il voulut l'éclairer ;
> Et la vertu pour se faire adorer
> De Benjamin emprunta la figure.

Au troisième verre le vicomte d'Houdetot chanta :

> Guillaume Tell fut brave, mais sauvage ;
> J'estime plus notre cher Benjamin ;
> De l'Amérique en fixant le destin,
> A table il rit ; et c'est là le vrai sage.

Au quatrième ce fut le tour de la vicomtesse :

> Je dis aussi : vive Philadelphie !
> L'indépendance a de quoi me tenter ;
> Dans ce pays je voudrais habiter,
> Quoiqu'il n'y ait ni bal ni comédie.

Au cinquième Mme de Pernan :

> Tous nos enfants apprendront de leurs mères
> A vous aimer, vous croire et vous bénir ;
> Vous enseignez ce qui peut réunir
> Tous les humains dans les bras d'un seul père.

Au sixième le comte de Tressan :

> Vive Sanoy ! c'est ma Philadelphie !
> Lorsque j'y vois son cher législateur,
> J'y rajeunis dans le sein du bonheur ;
> J'y ris, j'y bois, et j'écoute Sophie[1].

---

1. Mme d'Houdetot.

Au septième le comte d'Apché :

> Pour soutenir cette charte sacrée
> Qu'Édouard accorda aux Anglais [1],
> Je sens qu'il n'est de chevalier français
> Qui ne désire employer son épée.

A la fin du dîner, la comtesse, accompagnée de toute la compagnie, conduisit le docteur dans le parc, où le jardinier lui présenta un acacia de Virginie que Franklin planta de ses propres mains.

En même temps la comtesse répétait les vers suivants, qu'on avait gravés sur une table de marbre, près du lieu où le nouvel arbre allait être placé :

> Arbre sacré, durable monument
> Du séjour qu'en ces lieux a daigné faire un sage,
> De ces jardins devenu l'ornement
> Recevez-y le juste hommage
> De nos vœux et de notre encens ;
> Et puissiez-vous dans tous les âges,
> A jamais respecté du temps,
> Vivre autant que son nom, ses lois et ses ouvrages.

Au retour on rencontra une bande de musiciens qui accompagna toute la famille, chantant ce qui suit :

> Que cet arbre, planté par sa main bienfaisante,
> Élevant sa tige naissante
> Au-dessus du stérile ormeau,
> Par sa fleur odoriférante
> Parfume l'air de cet heureux hameau.

---

1. Si le texte est exact, le comte était meilleur chevalier que poète.

La foudre ne pourra l'atteindre,
Elle respectera son faîte et ses rameaux ;
FRANKLIN nous enseigna par ses heureux travaux
    A la diriger, à l'éteindre,
    Tandis qu'il détruisait des maux
    Pour la terre encor plus à plaindre.

La soirée finie, Franklin fut reconduit à sa voiture par toute la compagnie, et la comtesse, lui dit en guise d'adieux, les vers suivants qu'elle avait composés elle-même :

Législateur d'un monde et bienfaiteur des deux,
L'homme dans tous les temps te devra ses hommages
    Et je m'acquitte dans ses lieux
    De la dette de tous les âges.

Certes il y a loin de ces vers à ceux que la Fontaine ou Molière écrivaient pour des fêtes royales ; mais, si la poésie est faible, en revanche on sent qu'un nouvel esprit souffle sur la France ; c'est la noblesse française, noblesse généreuse et ardente qui salue la liberté dans la personne du républicain et de l'insurgent Franklin.

Au milieu de toutes ses affaires et de tous ses plaisirs, Franklin sentait le poids de l'âge ; il avait soixante-quinze ans ; la goutte l'avait fort travaillé dans l'hiver de 1780, et il était las des intrigues de ses ennemis en Amérique. Au commencement de 1781, il adressa au Président du Congrès, une demande qui ne devait pas être accueillie, car si Franklin avait besoin de repos, les États-Unis avaient bien plus besoin du zèle et de l'esprit de leur vieux et fidèle serviteur.

AU PRÉSIDENT DU CONGRÈS.

Franklin demande à se retirer.

Passy, 12 mars 1781.

Monsieur,

.... Je demande maintenant à parler un peu de moi-même ; c'est un sujet dont je n'ai pas souvent fatigué le Congrès. J'ai dépassé ma soixante-quinzième année, je trouve que le long et fort accès de goutte que j'ai éprouvé cet hiver m'a excessivement ébranlé ; je suis loin d'avoir recouvré les forces corporelles que j'avais auparavant. Je ne sens pas que mon esprit soit affaibli, peut-être serai-je le dernier à m'en apercevoir, mais je sens qu'il y a une grande diminution dans mon activité, et l'activité est particulièrement nécessaire à un ministre en cette Cour. Je crains donc qu'un jour ou l'autre vos affaires ne souffrent de mon insuffisance. Je trouve aussi que le travail est trop lourd pour moi, et m'oblige à être trop sédentaire. Forcé de rester toujours au logis pour recevoir et accepter vos lettres de change (besogne étrangère à mes fonctions diplomatiques), répondre à des lettres, et autres choses semblables, je ne puis prendre ni air ni exercice, comme je le faisais autrefois dans mes voyages annuels qui contribuaient beaucoup à la conservation de ma santé. Il y a une foule de petits soins que les infirmités de l'âge rendent nécessaires au bien-être et même à la vie d'un vieillard, et qui ne se concilient pas avec le travail.

Durant le long terme de cinquante années, j'ai été engagé dans les affaires publiques, et j'ai joui de la confiance publique, sous une forme ou sous une autre : j'ai eu assez d'honneur pour satisfaire une ambition raisonnable ; je n'en ai plus d'autre que celle du repos ; et j'espère que le Congrès voudra bien m'accorder cette dernière faveur en envoyant quelqu'un prendre ma place. En même temps, j'assure le Congrès que ce n'est ni le doute du succès de notre glorieuse cause, ni aucun dégoût reçu au service de mon pays, qui m'engage à décliner mon emploi, ce sont purement et simplement les raisons que je viens de donner. Et, comme à présent je ne pourrais souffrir la fatigue d'une traversée (la dernière a été déjà trop pénible pour moi) et qu'en ce temps de guerre je ne veux pas m'exposer de nouveau au hasard d'une capture et de la prison, je me propose de rester ici jusqu'à la paix, ce sera peut-être jusqu'à la fin de ma vie. Si donc on juge que la science et l'expérience que j'ai acquise en ce pays peut être utile à mon successeur, je les mettrai à son service, et je l'aiderai de toute l'influence qu'on peut me supposer, et de tous les conseils qu'on me demandera.

J'ai encore une requête à adresser au Congrès ; si je l'ai servi à sa satisfaction, j'espère qu'il ne me refusera pas ; c'est qu'il veuille bien prendre sous sa protection, mon petit-fils, William Temple Franklin. Je l'ai élevé depuis son enfance, je l'avais emmené avec moi dans l'intention de le préparer à la profession d'avocat ; mais le constant besoin que j'ai eu de ses services, au temps des commissaires, et bien plus encore depuis leur départ, a fait que je l'ai toujours gardé auprès de moi ; et de fait n'ayant jamais eu le secrétaire que le Congrès m'avait plusieurs fois promis, il m'eût été impossible de suffire à la besogne sans l'assistance de ce jeune homme. Il a donc laissé passer le temps qu'il eût été nécessaire de consacrer aux études légales. Aussi, je crois qu'il vaudrait mieux pour lui continuer à servir son pays dans la diplomatie ; service auquel il semble appelé par une sagacité et un jugement au-dessus de son âge, beaucoup de zèle et d'activité, une probité parfaite, une honnête adresse, une grande facilité à parler le français, et toute la connaissance des affaires qu'on peut acquérir par quatre années passées dans les fonctions de ecrétaire, ce qu'on peut bien considérer comme une sorte d'apprentissage.

En faisant la part la plus large à la faiblesse qu'un père a pour son enfant, je ne puis m'empêcher de croire qu'avec le temps il fera un ministre fort capable, et sur la fidélité duquel le Congrès pourra se reposer. Mais aujourd'hui, je n'en demande pas tant pour lui. Quoiqu'il soit d'âge suffisant, quelques années d'expérience de plus ne lui seront pas inutiles. En attendant, si le Congrès voulait l'employer comme secrétaire de légation auprès d'une Cour d'Europe, je suis persuadé qu'on sera satisfait de sa conduite, et je considérerai cette nomination comme une faveur qu'on m'aura faite.

.... Avec un grand respect, j'ai l'honneur d'être, etc.

B. F.

A WILLIAM HODGSON.

Conduite de M. Digges[1].

Passy, 1ᵉʳ avril 1781.

Cher Monsieur,

J'ai reçu votre honorée du 20 passé, je suis révolté de ce que vous me dites de Digges. Celui qui dérobe au riche une seule guinée est un misérable ; mais quel nom donner à celui qui viole un dépôt sacré, qui vole de pauvres prisonniers en leur prenant les dix-huit pences que la charité lui a confiés, qui répète ce crime autant de fois qu'il y a de semaines dans un hiver, et qui le multiplie en volant six cents pauvres par chaque semaine? Il n'y a pas de mot dans notre langue pour flétrir une telle scélératesse. Si ce drôle n'est pas damné, à quoi sert-il d'avoir un diable ?

1. Ce Digges s'était chargé de distribuer de l'argent aux prisonniers de guerre américains, en Angleterre, et il avait gardé pour lui cet argent.

Je regrette que vous ayiez été obligé d'avancer de l'argent. Il y a quelque temps, j'ai prié M. Grand de vous envoyer un mandat de deux cents livres sterling, payable à Londres. S'il ne l'a point fait, tirez sur lui pour deux cent cinquante livres, payables à trente jours de vue ; votre billet sera payé.

.... Avec vous, avec tous les honnêtes gens, je fais des vœux pour la paix ; il y a eu des propositions de médiation, mais l'effet en est encore incertain. Je n'oublierai pas votre requête, vous pouvez compter que pour vous rendre service, je ferai tout ce qui sera en mon pouvoir. Avec une sincère estime, je suis, cher monsieur, etc. B. F.

A JOHN ADAMS.

Passy, 29 avril 1781.

Je vous envoie l'extrait de deux lettres ministérielles (anglaises), trouvées dans le même paquet ; elles sont écrites avec la ferme croyance que les États sont sur le point de se soumettre, et on avertit les commissaires de la paix de ne point trop promettre en ce qui touche les futures constitutions. On y parle à mots couverts, mais il est aisé d'en saisir le sens quand on les explique par deux maximes de la Cour d'Angleterre ; l'une est de lord Granville, qui a été dernièrement président du Conseil ; *Le Roi est le Législateur des Colonies;* l'autre est du chancelier actuel qui a dit à la Chambre des Communes : Que *la constitution de Québec était la seule constitution qui convînt aux Colonies, qu'on aurait dû la donner à toutes lors de leur plantation, et qu'aujourd'hui il fallait les y réduire toutes* [1]. Là, nous pouvons voir le danger d'écouter leurs

1. Cette constitution du Canada, empruntée des lois françaises, refusait toute liberté politique à la colonie.

propositions trompeuses, quelque piqués d'ailleurs que nous soyons de l'indifférence des puissances européennes qui seront les premières à profiter de notre Révolution. J'ai l'honneur d'être, monsieur, votre très-obéissant et très-humble serviteur.
B. F.

A SAMUEL COOPER.

Nouvelle constitution du Massachusetts. — Frais du Culte.

Passy, 15 mai 1781.

Cher Monsieur,

J'ai reçu votre bonne lettre du 1er février, par le colonel Johonnot. Vos sentiments sur la situation de nos affaires me paraissent fort judicieux, je vous suis fort obligé de me les communiquer franchement. En ce pays, ils nous sont souvent utiles; car vous avez en France un nom et une réputation qui donne du poids à vos opinions.

J'ai grand plaisir à apprendre que votre nouvelle Constitution (du Massachusetts), a été enfin acceptée à la presque unanimité et à la satisfaction générale. A tout prendre elle me paraît excellente; s'il y a quelques articles qu'on aimerait mieux autrement rédigés, on sent que dans la situation présente on ne pouvait faire davantage; on les changera quand l'expérience en aura démontré les inconvénients. Quant à présent, je ne vous parlerai que d'un article, l'entretien du clergé. Il me semble que, suivant la Constitution, les Quakers peuvent être obligés de payer la taxe pour les frais du culte. Pourquoi impose-t-on cette taxe? C'est, on le déclare, pour favoriser la piété, la religion, la morale. Mais les Quakers ont trouvé moyen d'atteindre ce but sans avoir de clergé, et ils ne permettent pas à leurs prédicateurs de recevoir de l'argent. Je ne trouve donc pas juste de les taxer et de remettre cet argent au ministre de la paroisse ; mais j'imagine que dans les lois qu'on fera pour lever les taxes paroissiales, on pourra régler ce point à leur satisfaction.

Je suis très-sensible à l'honneur que m'a fait l'Académie américaine des arts et des sciences en me choisissant pour un de ses membres. Je voudrais pouvoir la servir, en favorisant le noble dessein de son institution. Peut-être pourrai-je le faire, en lui envoyant de temps en temps les meilleures publications qui paraissent ici. Je vais commencer à en faire collection pour elle.

Votre excellent sermon m'a fait le plus grand plaisir ; il est fort admiré par plusieurs de mes amis qui entendent l'anglais. Je me propose de le faire traduire et imprimer à Genève, à la suite d'une traduction de votre nouvelle Constitution. Rien de plus heureux que le choix de votre texte et l'application que vous en avez faite. Dans la Nouvelle-Angleterre où chacun lit la Bible, et est familier avec les versets de l'Écriture, il n'était pas nécessaire de marquer les textes auxquels vous avez emprunté vos citations, mais j'ai observé qu'en Angleterre, aussi bien qu'en France, les citations et expressions prises de la Bible, et dont on ne connaît pas la source, paraissent très-étranges et très-gauches à certains lecteurs ; aussi, dans mon édition, prendrai-je la liberté de citer les textes à la marge.

Je ne sais pas si personne s'en est donné *à plein ventre* du plaisir de *ronger mes os ;* mais pour rongés, ils le sont, et je pense qu'il est temps qu'ils *se reposent.* Je me mets en mesure d'obtenir pour eux ce repos ; heureux si, avant de mourir, je puis trouver quelques jours dont je sois le maître absolu. Je me forge souvent d'agréables imaginations du plaisir que je goûterai, comme simple particulier, au milieu de mes amis et mes compatriotes, dans ma ville natale de Boston. Dieu seul sait si ce plaisir m'est réservé. Avec la plus grande et la plus sincère estime, je suis, etc.

B. F.

A JOHN ADAMS.

Des droits à l'Exportation.

Passy, 19 mai 1781.

Monsieur,

Comme vous je ne doute nullement que l'Amérique ne soit un jour aisément en état de payer, non-seulement l'intérêt, mais le principal de toutes les dettes qu'elle pourra contracter dans cette guerre. Mais il n'est pas aussi clair pour moi que des droits à l'exportation soient le meilleur moyen d'arriver à cet amortissement. Il est vrai que l'Angleterre a tiré un grand revenu des droits qu'elle a mis sur le tabac. Mais en même temps elle prohibait les tabacs étrangers, et forçait ainsi le consommateur intérieur à payer ces droits. Si l'Amérique mettait un droit de cinq pences sur chaque livre de tabac exporté, y aurait-il une nation d'Europe qui lui achèterait du tabac ? Les colonies d'Espagne et de Portugal, et l'Ukraine de Russie n'en fourniraient-elles pas à plus bas prix ? Les mêmes raisons n'ont-elles pas obligé l'Angleterre à ôter le droit sur le tabac qu'elle fournissait à la France ? Ne dépenserait-on pas des sommes énormes en douaniers, etc., pour garder nos côtes contre la contrebande du tabac exporté en fraude pour échapper au droit ? N'y aurait-il pas beaucoup de ces employés qui se laisseraient corrompre et qui fermeraient les yeux ? C'est peut-être une erreur, mais j'incline à adopter l'opinion moderne qui suppose que le mieux pour chaque pays c'est de laisser son commerce entièrement libre de toute entrave. Nul pays peut-être ne le fait à présent. La Hollande est le plus près de ce système, et sa richesse commerciale a grandi en proportion de la liberté.

Votre Excellence m'a fait l'honneur de m'annoncer sa nomination[1]. J'espère lui retourner bientôt le compliment en

---

1. D'envoyé en Hollande.

l'informant de ma démission. Sans parler de mon rôle diplomatique, j'ai trouvé les diverses fonctions d'armateur, de banquier, de juge d'amirauté, de consul, etc., etc., trop nombreuses et trop lourdes pour mes vieilles épaules; j'ai donc prié le Congrès de vouloir bien m'en relever; car en ce point je m'accorde même avec mes ennemis; on en trouvera aisément un autre qui remplira mieux que moi tous ces emplois.   B. F.

A ROBERT MORRIS [1].

Passy, 26 juillet 1781.

Cher Monsieur,

Je reçois à l'instant votre lettre amicale du 6 juin dernier, qui m'annonce votre nomination à la surintendance de nos finances. Cette nouvelle m'a fait grand plaisir; votre intelligence, votre intégrité et vos talents nous font espérer que le pays retirera de votre administration tout l'avantage possible. Vous faites sagement de penser d'avance que la plus douce récompense que vous puissiez retirer de cet emploi sera la conscience d'avoir rendu service à votre patrie. La tâche que vous avez entreprise est si complexe de sa nature, elle absorbera une si grande partie de votre temps et de votre attention, que vos intérêts particuliers en souffriront nécessairement; le public, d'ailleurs, est souvent avare, même de ses remercîments; tandis que vous êtes certain de ne point échapper à la censure de ces critiques malveillants, de ces méchants écrivains qui vous insulteront tandis que vous les servirez, et qui saliront votre nom dans des pamphlets sans nombre; semblables à ces petits

1. D'abord très-riche négociant de Philadelphie, il éprouva depuis des pertes de fortune; il fut mis à la tête des finances de la révolution, et contribua beaucoup à relever le crédit de la fédération.

et sales insectes qui nous attaquent dans les ténèbres, troublent notre repos, nous harassent et nous blessent, tandis qu'ils se nourrissent de notre sueur et de notre sang.

Tout le concours que ma situation me permettra de vous apporter, je vous le donnerai certainement ; car, outre mon amour pour la glorieuse cause où nous sommes engagés tous les deux, je suis fier de votre amitié, et serais fort heureux que la mienne pût vous être de quelque utilité.

Avec une grande et sincère estime, je suis toujours, cher monsieur, etc. B. F.

A WILLIAM CARMICHAEL.

Le Congrès refuse d'accepter la démission de Franklin. Histoire de la Herse.

Passy, 24 août 1781.

Cher Monsieur,

En parcourant vos lettres je suis honteux de me trouver depuis si longtemps, et à un tel point, votre débiteur. Je vous remercie de m'avoir fait faire la connaissance de M. Sonnerat. Il paraît être un fort aimable homme ; et il est plein d'esprit et de connaissances.

Nous sommes tous fort obligés au comte de Montmorin[1] pour l'aimable assistance qu'il nous prête. Présentez-lui, je vous prie, l'hommage de ma reconnaissance. Je vous remercie aussi de m'avoir fait connaître M. Giusti ; je l'ai vu souvent et j'ai trouvé beaucoup de plaisir et de profit dans sa conversation.

Le Congrès m'a fait l'honneur de refuser ma démission ; il insiste pour que je reste à son service jusqu'à la paix. Il faut donc reprendre le harnais, et je remercie Dieu de ce

1. Ambassadeur de France en Espagne.

que ma santé et mes forces sont meilleures depuis quelque temps. Pour ces ennemis dont vous me parlez, il y aura eu double mortification, j'imagine, à me voir solliciter comme une faveur ce qu'ils espéraient m'imposer comme une disgrâce et de plus à me voir maintenu en place. Mais cette sorte de considération ne doit jamais influencer notre conduite. Nous devons toujours faire ce qui nous semble le mieux, sans nous trop inquiéter de ce qu'en pensent les autres. J'appelle ce maintien en place un honneur et j'estime vraiment que c'est un plus grand honneur que ma première nomination, quand je considère que tous les efforts de mes ennemis, joints à ma propre requête, n'ont pas été suffisants pour l'empêcher.

Je n'ai pas encore reçu les œuvres de votre *Société économique*, non plus que celles de son fondateur. Je suppose que vous n'avez pas trouvé l'occasion de me les envoyer. La lettre que vous vous proposez d'adresser à notre *Société philosophique* lui sera fort agréable. Je serai charmé de lire l'exemplaire que vous voulez faire passer par mes mains. Tout à vous, B. F.

Sur ce refus du Congrès qui faisait tant d'honneur à Franklin, mais qui lui remettait sur les bras une si lourde charge, le vieux philosophe écrivait à un autre de ses amis la charmante histoire de la *Herse*.

« Votre comparaison de *la clef de voûte* est fort jolie ; elle a pour objet de me rendre heureux de ma situation. Mais je suppose que vous connaissez notre histoire de la *Herse* ; sinon la voici. Un fermier de mon pays envoya deux de ses valets emprunter la herse du voisin, en leur recommandant de l'apporter à eux deux sur leurs épaules. Quand ils furent en face de l'outil, un des valets qui avait beaucoup d'esprit et de malice, s'écria : « A quoi pense notre maître d'envoyer deux hommes seulement pour prendre cette herse? Il n'y a pas deux hommes au monde qui soient assez forts pour la porter. — Bon, dit l'autre, qui tirait vanité de ses forces ; que parles-tu de deux hommes? Un seul suffit. Mets cette herse sur mes épaules, et tu verras. — Tandis qu'il marchait ainsi chargé, l'autre malin suivait en s'écriant : « Bon Dieu, que tu es fort? Je ne l'aurais jamais imaginé! Mais tu es un Samson! Il n'y a pas ton pareil en Amérique! Quelle force surprenante Dieu t'a donnée! Mais tu vas te tuer! Je t'en prie mets cette herse à terre et repose-toi un moment, ou laisse-moi prendre une part de la charge. » — Non, non, disait l'autre, plus encouragé par les compliments qu'écrasé par le fardeau, tu verras que je puis la porter jusqu'au logis. » Et il fit comme il le disait. En ce point j'ai peur que mon imitation n'aille pas aussi loin que l'original.

A WILLIAM NIXON[1].

Moyen de faire beaucoup de bien avec peu d'argent.

Passy, 5 septembre 1781.

Mon révérend,

J'ai reçu la lettre que vous m'avez fait l'honneur de m'écrire le 25 du mois passé, avec l'excellent petit livre dont vous êtes l'auteur. Il n'est pas douteux qu'une personne de votre instruction et de votre talent ne puisse faire un membre très-utile de la société dans notre pays nouveau, et qu'elle ne puisse y trouver une place, soit comme maître dans une de nos universités, soit comme pasteur de l'Église d'Irlande. Mais je n'ai point mandat d'engager personne à émigrer là-bas, et mes ressources pour assister ceux qui sont gênés, sont très-étroites. Je suppose que grâce au cartel pour l'échange des prisonniers vous serez

---

1. Pasteur anglais, prisonnier sur parole, à Valognes.

bientôt remis en liberté et reconduit en Angleterre. En attendant si cinq *louis d'or* peuvent vous être de quelque service, ayez la bonté de tirer sur moi pour le montant de cette somme; votre billet sera payé à vue. Un jour ou l'autre vous aurez peut-être occasion d'aider de pareille somme un étranger qui en aura un égal besoin. Faites-le. Par ce moyen vous acquitterez l'obligation que vous croirez avoir contractée envers moi. Dites à votre obligé d'en faire autant à l'occasion. En poursuivant cette pratique on peut faire beaucoup de bien avec peu d'argent. Rendons service à la ronde. Les hommes sont tous de la même famille. J'ai l'honneur d'être, etc. B. F.

A JOHN ADAMS.

Passy, 12 octobre 1781.

Monsieur,

J'ai reçu la lettre que Votre Excellence m'a fait l'honneur de m'écrire le 4 courant[1]. Je n'ai jamais connu de paix, même la plus avantageuse, qui n'ait été critiquée comme insuffisante; tandis que ceux qui l'ont faite sont dénoncés comme maladroits ou corrompus. *Bienheureux ceux qui font la paix*, doit être entendu je suppose, d'un autre monde, car dans celui-ci ils sont souvent *maudits*. Comme je suis encore un peu trop attaché à ce monde, je n'avais aucune ambition d'être appelé à fabriquer la paix, et j'ignore comment on m'a mis dans la commission. Je n'en regarde pas moins comme un honneur de vous être associé dans une affaire si importante, et si la chose se fait de mon vivant, ce que je n'ose espérer, je ferai de mon mieux pour vous aider à remplir cette fonction.

1. Le congrès venait de nommer commissaires, pour négocier la paix en Europe, et de concert avec la Cour de France, John Adams, Benjamin Franklin, John Jay, Henry Laurens, et Thomas Jefferson. Ce dernier n'accepta pas, et resta en Amérique.

.... J'espère que votre santé est entièrement rétablie. Je ne doute pas que vous ne preniez le conseil d'habiles médecins, autrement j'oserais vous offrir mon avis qui serait de prendre quelques doses de quinquina pour fortifier votre constitution et prévenir le retour de la fièvre. Avec le plus grand respect, j'ai l'honneur d'être etc.

B. F.

A EDMOND BURKE.

Concernant l'échange du général Burgoyne et de M. Laurens.

Passy, 15 octobre 1781.

Monsieur,

J'ai reçu, il y a quelques jours seulement, votre aimable lettre d'août dernier, où il est question du général Burgoyne.

Tant que les fous d'ici-bas continueront de temps en temps à se faire la guerre, parce qu'ils n'ont pas assez de bon sens pour s'arranger à l'amiable, ce sera le métier des sages d'alléger autant que possible les calamités de ces guerres qu'ils ne peuvent prévenir. M. Burke a toujours tenu une grande place dans mon estime, mais le vif intérêt qu'il prend à son ami le rend encore plus aimable, et me rend encore plus précieux l'honneur qu'il me fait de me mettre au nombre de ses amis.

Je ne crois pas que le Congrès ait aucun désir de persécuter le général Burgoyne[1]. Avant de recevoir votre lettre, je n'avais pas entendu dire que le Congrès l'eût rappelé. Si l'on a pris cette décision, je suppose qu'elle est conditionnelle, et qu'elle ne doit s'exécuter qu'autant qu'on n'accepterait pas l'offre faite par le Congrès d'échanger le général

---

1. Il était prisonnier sur parole, et dans son propre pays, en Angleterre.

contre M. Laurens[1]; cette décision n'aurait pour objet que de fortifier l'offre en question.

Je viens de recevoir une copie authentique de la résolution du Congrès qui propose cet échange. Comme je n'ai aucune communication avec vos ministres, je vous envoie cette pièce. Si vous trouvez moyen de négocier cette affaire, je suis sûr que de rendre un aussi galant homme à sa famille et à ses amis, sera pour vous double plaisir. Avec un grand respect et une invariable affection, je suis, Monsieur, votre très-obéissant et très-humble serviteur.

B. F.

WILLIAM ALEXANDER AU DOCTEUR FRANKLIN.

Passy, 15 décembre 1781.

Mon cher Monsieur,

La dernière fois que j'eus le plaisir de vous voir à Passy, je vous ai dit que j'irais faire un tour à Londres; mais je ne pensais pas que ce fût sitôt. En rentrant en ville, hier soir, j'ai trouvé des lettres si pressantes, que je me propose de partir ce soir ou demain matin au plus tard. S'il m'eût été possible, j'aurais été moi-même chez vous pour recevoir vos ordres; mais, pressé par le temps, je ne puis que vous les envoyer demander. Le porteur les ira prendre une heure après que vous aurez reçu cette lettre.

On me questionnera probablement sur les dispositions qu'on a en ce pays, pour ce qui touche la paix. Mon opinion personnelle est que vous ne cherchez que votre indépendance, et que, si elle était assurée, *ce pays-ci*[2] serait modéré sur d'autres points, puisque le but de la guerre ne

---

1. M. Laurens fut échangé un peu plus tard contre le général Cornwallis, fait prisonnier à York-Town.
2. C'est-à-dire la France.

paraît pas être de faire des conquêtes. Dites-moi si c'est là le langage que je dois tenir. Pour continuer la guerre en Amérique, le parti de la Cour a dit au Parlement « que, nous retirer de l'Amérique, ce serait vous rendre insolents, et donner à la France des avantages exclusifs. » Ne serait-il pas convenable de contredire ceci nettement? Je me chargerai de toutes les commissions que vous pourriez me donner ; et sauf les accidents, je serai de retour ici sous trois semaines.

Je vous souhaite tout le bien possible, et je suis, cher Monsieur, avec autant d'estime que de respect, votre etc.

W. ALEXANDER.

A WILLIAM ALEXANDER.

Passy, 15 décembre 1781.

Cher Monsieur,

Je vous remercie de m'avoir annoncé votre voyage. Vous connaissez trop bien les sentiments qui règnent ici, et les miens en particuliers, pour qu'il soit nécessaire que je vous les exprime. D'ailleurs, à quoi bon? je n'ai jamais été cru de ce côté de l'eau. Je dirai toutefois que le langage dont vous parlez me paraît très-bon à tenir, parce que c'est la vérité, quoique la vérité ne soit pas toujours bonne à dire.

Je vous souhaite un bon voyage, un heureux retour auprès de vos enfants, et je suis avec une grande estime, votre etc.,

B. F.

A DAVID HARTLEY.

Passy, 15 décembre 1781

Mon cher ami,

J'ai reçu votre lettre en date du 26 septembre, contenant un projet très-judicieux, pour mettre l'Opéra et les salles de spectacle à l'abri du feu. Je l'ai communiqué là où je crois qu'il peut servir. Vous verrez par l'incluse que ce sujet a été pris en considération. Vos soins pour conserver la vie, même de vos ennemis, font honneur à votre cœur et à votre humanité : mais qu'est-ce que la vie de quelques oisifs qui hantent le théâtre, en comparaison de la vie de tant de milliers d'hommes recommandables, de tant de familles honnêtes et industrieuses, massacrées, anéanties par cette guerre diabolique? Oh! que ne pouvons-nous trouver quelque heureuse invention pour arrêter le progrès des flammes, et mettre fin à un incendie si horrible! Adieu. Je suis toujours avec une vive affection, votre, etc.

B. F.

CHAPITRE XIII.

Traité de paix avec l'Angleterre. — Rôle de Franklin dans cette négociation. — Son journal. (1782-1783.)

Dès le commencement de l'année 1782, on sentit en Angleterre qu'il devenait nécessaire de reconnaître l'indépendance des États-Unis et de faire la paix. La prise de Lord Cornwallis et de son armée à Yorktown, les énormes dépenses d'une guerre lointaine, la Hollande s'alliant aux ennemis de l'Angleterre, toutes ces causes réunies avaient ramené l'opinion; il y avait un cri universel pour demander la paix. Dans son discours au parlement le Roi parla encore *de ses sujets rebelles et trompés,* mais c'était là un trait sans portée. Dès le mois de mars, Lord North abandonnait le ministère, ses successeurs au pouvoir négociaient avec Franklin. Ce fut lui qui joua le principal rôle dans cette affaire longue et compliquée; c'est à lui que nous laisserons la parole. Nous avons du reste son *journal* qu'on ne lira pas sans interêt.

A DAVID HARTLEY.

Point de négociations sans le concours de la France.

Passy, 15 janvier 1782.

Cher monsieur,

J'ai reçu, il y a quelques jours, votre lettre du 2 janvier, dans laquelle vous me dites que M. Alexander vous a informé que « l'Amérique était disposée à faire un traité séparé avec la Grande-Bretagne. » Je suis persuadé que votre vif désir de la paix vous a trompé ; et que vous avez mal compris M. Alexander. Il n'est pas possible, qu'il ait avancé une chose *aussi entièrement dépourvue de fondement.* Je me rappelle qu'en d'autres occasions (ainsi que vous le dites vous-même) vous avez mis en avant cette proposition, et qu'elle m'a toujours causé plus de dégoût que mon amitié pour vous ne me permettait de le témoigner. Mais puisque cette fois vous avez été jusqu'à communiquer une telle proposition à lord North, comme venant de nous, il est nécessaire que je m'explique franchement avec vous, et que je vous dise sans détour que je n'ai jamais eu de pensée semblable. Je crois qu'il n'y a pas en Amérique un seul homme, hormis quelques *Tories anglais*, qui ne bondit à l'idée d'abandonner un noble et généreux ami, pour le plaisir de faire une trêve avec un injuste et cruel ennemi.

J'ai relu votre Bill de Conciliation, ainsi que les propositions manuscrites qui l'accompagnent ; je vois avec peine que l'on ne peut émettre le vœu le plus simple pour la paix, ni témoigner le moindre sentiment d'humanité, sans qu'il y ait des gens qui l'interprètent aussitôt comme une *disposition à accepter les conditions les plus humiliantes*, plutôt que de continuer la guerre. Autrement comment osez-vous nous proposer une trêve de dix ans, pendant laquelle nous nous engagerons à ne pas assister la France tandis que vous continuerez à lui faire la guerre. Une trêve où il ne sera rien dit qui puisse affaiblir les prétentions que vous avez de nous dominer : prétentions que vous pourrez par conséquent afficher de nouveau à l'expiration de la trêve ou à votre bon plaisir, dès que, par notre trahison envers notre premier ami, nous nous serons couverts d'infamie à ce point qu'aucune autre Nation ne veuille plus nous prêter de secours, quelle que soit la cruauté avec laquelle il vous convienne de nous traiter! Croyez-moi, mon cher ami, l'Amérique a trop de sens, et elle attache trop de prix à l'estime du monde, pour tout perdre par une telle perfidie. Le Congrès ne chargera jamais ses Commissaires d'obtenir la paix à des conditions aussi ignominieuses ; et quoiqu'il y ait très-peu de cas où je m'exposasse à lui désobéir, cependant, s'il était possible qu'on me donnât un ordre pareil, je refuserais certainement d'agir; je me démettrais sur-le-champ de mon mandat, et je m'exilerais pour jamais d'un pays aussi infâme.

D'ailleurs, nous ambitionnons aussi votre estime; je crois que nous en avons acquis un peu par notre façon de vous faire la guerre, je réponds que nous ne hasarderons pas de la perdre en consentant bassement à une paix déshonorante.

Lord North a fait preuve de sagesse, en vous demandant de lui montrer que cette proposition était faite par des personnes autorisées. Il a pensé avec raison qu'elle était trop invraisemblable pour qu'on pût la mettre sous les yeux du Conseil privé. Dites-lui, maintenant, que tout ceci n'est qu'une méprise; qu'une paix séparée n'a jamais été proposée et, selon toute apparence, ne sera jamais proposée par moi, et j'ajoute que personne ne la proposera au nom de l'Amérique. De plus, si cela vous fait plaisir, informez Sa Seigneurie que M. Adams, M. Laurens, M. Jay et moi, nous avons depuis longtemps un mandat spécial, qui nous autorise à traiter de la paix dès qu'il s'entamera une négociation à cet effet; mais qu'il doit toujours être entendu que cela sera d'un commun accord avec nos alliés, conformément aux traités solennels faits avec eux.

Vous avez, mon cher ami, un vif désir d'amener la paix; c'est un désir très-louable et très-vertueux. Permettez-moi donc de vous prier, si vous voulez réussir comme médiateur, d'éviter ces expressions fâcheuses qui ne peuvent que contrarier vos intentions.

Vous me dites qu'aucune stipulation pour notre indépendance ne doit être insérée dans le traité, parce que « vous croyez fermement que la jalousie qui existe entre l'Angleterre et la France est si profonde que l'Angleterre se battrait pour un brin de paille, jusqu'au dernier homme et jusqu'au dernier shilling, plutôt que de *recevoir une paix dictée* par la France. » Vous ajoutez, « que la Nation se porterait aux dernières extrémités, plutôt que de reconnaître formellement notre indépendance *sur l'ordre impérieux de la France.* » Mon cher Monsieur, si toute proposition de paix, que fait une des parties belligérantes, doit être considérée par l'autre comme *une paix dictée*, comme *un ordre impérieux;* si, pour cette raison, on la rejette, avec la résolution de se battre jusqu'au dernier homme plutôt que d'y acquiescer, vous voyez que, dans un pareil état de choses, il n'y a pas de traité de paix qui soit possible.

En fait, nous avons commencé la guerre pour être indépendants de votre gouvernement, que nous trouvions tyrannique; et cela, bien avant que la France eût rien à démêler avec nos affaires. L'article de notre traité, ainsi conçu : « Les deux parties prennent l'engagement qu'au-
« cune d'elles ne conclura de trêve ou de paix avec la
« Grande-Bretagne, sans le consentement formel et préa-
« lable de l'autre partie; elles s'engagent mutuellement
« à ne pas déposer les armes avant que l'indépendance
« des États-Unis n'ait été formellement, ou *tacitement*, assu-

« rée par le traité ou les traités qui termineront la guerre », cet article a été inséré sur notre demande, car il est en notre faveur. Et vous voyez, par l'article lui-même, que votre grande difficulté est facile à vaincre, puisqu'une reconnaissance formelle de notre indépendance n'est pas exigée. Nous espérons, cependant, avec l'aide de Dieu, jouir de cette indépendance ; et je présume que nous combattrons pour elle tant que nous le pourrons.

Je ne fais aucune remarque sur les autres propositions. A moins que vous n'ayez mandat de les faire, je pense que la discussion en est inutile, et que même elle a des inconvénients. Je ne pouvais garder le silence sur la supposition que nous étions disposés à faire une paix séparée, parce qu'elle affecte notre honneur et nos plus chers intérêts. Si j'ai montré un peu de vivacité sur ce point blessant, n'oubliez pas que vous avez insisté plusieurs fois, et tâchez de m'excuser. Quel que soit le sort de nos pauvres patries, mourons, vous et moi, comme nous avons vécu, en paix l'un avec l'autre.

Je suis plus que jamais, avec une grande et sincère estime, mon cher ami, votre tout dévoué,

B. F.

A DAVID HARTLEY.

Passy, 16 février 1782.

Cher monsieur,

J'ai reçu votre lettre du 24 janvier. Vous avez pris la peine de rectifier l'erreur que j'ai commise, relativement à l'intention de vos lettres. J'accepte volontiers votre réponse, et j'espère que vous voudrez bien excuser ma méprise, lorsque vous réfléchirez que je ne savais rien du consentement donné par la France, à ce que nous traitassions séparément de la paix ; et qu'en outre vous avez mêlé à vos conversations et à vos lettres divers raisonnements pour démontrer que si la France exigeait de nous quelque chose de déraisonnable, nous ne serions pas obligés, par notre traité, de l'aider à continuer la guerre. Comme la France n'a jamais fait aucune demande de cette nature, que pouvais-je penser de semblables discours? J'ai pensé, ce qu'une honnête femme aurait pensé, ce me semble, si un galant venait lui parler des cas supposés dans lesquels l'infidélité envers son mari serait justifiable. Cette femme ne supposerait-elle pas tout naturellement que, si le galant pouvait lui faire admettre le principe général, le premier pas serait ensuite de lui prouver que le cas supposé existe réellement? Ainsi donc, connaissant votre aversion pour la France, votre vif désir de restituer l'Amérique à l'Angleterre, j'ai été frappé de l'idée qu'une pareille infidélité de notre part ne vous serait pas désagréable, et que par conséquent vous visiez à affaiblir, dans mon esprit, l'horreur que m'inspire une telle pensée. Mais nous en resterons là, en tombant d'accord tous les deux, que vous n'étiez pas capable de proposer ni moi de suivre de pareilles maximes.

Pour que cette lettre soit bonne à quelque chose, je ne puis m'empêcher de vous parler de votre exemple de Dunkerque. Vous ne voyez pas pourquoi deux nations seraient naturellement ennemies l'une de l'autre; je ne le vois pas non plus, à moins que l'une des deux, ou toutes deux, ne soient naturellement méchantes et insolentes. Mais je vois comment des inimitiés longtemps prolongées, même en temps de paix, tendent à abréger la paix et à rallumer la guerre. C'est lorsque l'une des parties ayant eu quelque avantage militaire, exige, dans un traité de paix, des conditions qui vexent et mortifient constamment l'autre. C'est là le cas de votre commissaire à Dunkerque [1]. Quels

---

1. Il y a eu longtemps en résidence à Dunkerque un commissaire anglais chargé de s'assurer qu'on ne faisait pas de Dunkerque un port de guerre.

sentiments éprouveriez-vous, si après la paix la France prenait et retenait en sa possession Porstmouth, ou l'Espagne Plymouth, comme vous avez autrefois retenu Calais, et comme vous retenez aujourd'hui Gibraltar? Ou si, en vous restituant vos ports, on insistait pour qu'il y restât à demeure fixe un insolent commissaire chargé de vous défendre de placer une pierre sur l'autre, sous prétexte de fortification? Il est probable qu'une pareille stipulation vous serait peu agréable? Si donc vous désirez une paix *solide* et durable, oubliez ces demandes extravagantes. Il est inutile de vous développer mon opinion sur ce point : j'ajouterai cependant, en toute franchise (car tout ceci doit rester entre vous et moi), que je crois qu'un fidèle allié, surtout lorsqu'il a l'obligation de secours aussi grands et aussi généreux que ceux que nous avons reçus, doit se battre aussi longtemps qu'il le peut, pour empêcher, autant qu'il le peut, que ses amis soient obligés une seconde fois de souffrir un pareil outrage.

Mon cher ami, quel que soit le succès de vos efforts, les peines que vous prenez pour rétablir la paix, vous donnent des droits à l'estime de tous les honnêtes gens. Si vos ministres désirent réellement la paix, il me semble qu'ils feraient bien d'*autoriser* quelqu'un à entamer des propositions à cet effet. Il faut que l'une ou l'autre des parties en guerre fasse le premier pas. C'est au plus sage à commencer. L'Amérique, qui est novice en de pareilles affaires, n'a aucune prétention à ce rôle. Après la réponse que nous fit lord Stormont, lorsque nous lui proposâmes de traiter mutuellement nos prisonniers avec humanité : « *Un ministre du roi n'a aucun rapport avec des rebelles, à moins qu'ils ne viennent implorer la clémence de Sa Majesté,* » on ne peut s'attendre à ce que nous nous exposions encore à une pareille insolence. Tout ce que je puis dire à présent, c'est que, dans mon opinion, vos ennemis ne visent pas à votre destruction; si vous proposez un traité, vous les trouverez raisonnables dans leurs demandes, pourvu qu'ils trouvent chez vous les mêmes dispositions. Mais ne songez pas à nous diviser; vous n'y réussirez jamais.

Je suis toujours avec estime et affection, votre etc.

B. F.

A ROBERT R. LIVINGSTON.

Lafayette à Paris. — Médaille imaginée par Franklin. — La cour de France. — Robert Morris. — Prisonniers américains. — Situation générale.

Passy, 4 mars 1782.

Monsieur,

.... A son retour en France le marquis de Lafayette a été reçu par tout le monde avec toute la distinction possible. Il gagne journellement dans l'estime et l'affection générale, et promet d'être un grand homme en son pays. Il est chaudement attaché à notre cause; nous sommes ensemble sur le pied le plus amical et le plus confidentiel, et il m'est vraiment utile dans mes demandes pour obtenir un surcroît d'assistance.

J'ai fait tout ce que j'ai pu pour recommander MM. Duportail et Gouvion [1], comme vous le désirez. Je l'ai fait avec plaisir, car j'ai beaucoup d'estime pour ces messieurs.

J'essayerai de vous procurer une devise pour l'objet dont vous me parlez. Ceci me rappelle une médaille que j'ai envie de faire frapper depuis le grand événement dont vous m'avez fait le récit [2]. Cette médaille représenterait les États-Unis sous la figure d'Hercule au berceau, étran-

---

1. Duportail fut ministre de la guerre sous Louis XVI. Gouvion est celui qui fut plus tard le maréchal Gouvion Saint-Cyr, le véritable organisateur de l'armée française. Ces deux officiers avaient fait la guerre en Amérique.
2. La reddition de Yorktown.

glant les deux serpents; la France, représentée sous les traits de Minerve, serait assise auprès de l'enfant, comme sa nourrice. Elle aurait la lance et le casque, sa robe serait parsemée de fleurs de lis[1]. Anéantir deux armées entières dans une même guerre est un événement rare, et un présage de la force à venir de notre Empire grandissant.

Je vous remercie beaucoup des journaux que vous avez eu la bonté de m'envoyer. Je vous envoie aussi par toute occasion, des paquets de journaux français, hollandais, anglais. Dans le dernier *Courrier de l'Europe*, vous trouverez les curieux débats du parlement sur la continuation de la guerre avec l'Amérique ; le ministre l'a emporté d'un seul vote, et c'était le sien[2]? La nation est lasse de la guerre, mais le roi est entêté. *Le secrétaire des affaires américaines est changé*, et on parle du remplacement de lord Sandwich. Mais je suppose que nous n'avons aucune raison de souhaiter ces changements. Si le roi veut avoir la guerre avec nous, ses anciens serviteurs valent tous autant pour nous que ceux qu'il va, dit-on, mettre en leur place. Vous verrez que le ministère déclare qu'à l'avenir la guerre en Amérique sera seulement *défensive*. J'espère que nous serons assez prudents pour ne pas ajouter la moindre foi à cette déclaration. On la jette en avant pour nous éblouir, car, soyez-en sûr, le roi nous hait cordialement, rien ne le contentera que notre extirpation.

1. La médaille fut gravée sous la direction de Franklin, mais avec quelques changements. D'un côté est un enfant au berceau qui étrangle deux serpents; Minerve, emblème de la France, avec la lance, le carquois et le bouclier, est aux prises avec le lion britannique. La devise est : NON SINE DIIS ANIMOSUS INFANS; et au-dessous, sont les dates des deux victoires de Saratoga (reddition de Burgoyne) et de York-Town (reddition de Cornwallis); « 17 OCTOBRE 1777, » et « 19 OCTOBRE 1781. » De l'autre côté de la médaille est une tête de liberté avec l'exergue : LIBERTAS AMERICANA, et la date de l'indépendance : « 4 JUILLET 1776. »

2. Aussi donna-t-il sa démission.

Je serais content de recevoir le compte que vous préparez des dommages méchamment faits à nos possessions, je voudrais bien aussi que vous puissiez me fournir le compte rendu des barbaries commises sur notre peuple. Les deux choses peuvent être d'un excellent usage en certaines occasions.

Les bonnes dispositions de la cour à notre endroit continuent. Nous avons été quelquefois trop pressants, nous avons espéré et demandé plus peut-être que nous n'aurions dû faire, nous avons employé des arguments peu convenables et qui peut-être ont causé un peu de déplaisir ; mais cela n'a pas duré. Dans mon opinion le plus sûr moyen d'obtenir d'autrui un secours libéral, c'est de nous aider nous-mêmes vigoureusement. On craint d'assister le négligent, l'indolent, l'insouciant, parce que le secours qu'on lui donne est perdu. Je sais que nous avons beaucoup fait, mais on dit que nous sommes enclins à nous relâcher après le moindre succès, et que nous sommes toujours en retard pour fournir nos contingents. La France est vraiment une nation généreuse, amoureuse de gloire, et particulièrement fière de protéger les opprimés. La noblesse qui gouverne toujours en ce pays a peu d'admiration pour le commerce. Dire aux Français que leur *commerce* profitera de nos succès, et que leur *intérêt* est de nous aider, cela équivaut à dire : « Secourez-nous et nous ne vous en serons pas obligés. » Nos gens ont quelquefois tenu ce langage indiscret et peu convenable ; cela n'a pas produit bon effet.

La constante harmonie, qui subsiste entre les armées des deux nations en Amérique m'a causé un plaisir infini. Il faut l'entretenir avec soin. J'espère qu'il n'arrivera rien qui la trouble. Les officiers français qui sont revenus ici cet hiver, parlent de nous, de la plus noble et de la plus aimable manière ; il y a chez la jeune noblesse un vif désir d'aller se battre pour nous ; on ne peut l'arrêter, et dernièrement il a fallu à cause de cela, faire quelques changements parmi les officiers de l'armée française.

Vous devez sentir l'utilité de vous maintenir en parfaite intelligence avec le chevalier de la Luzerne ; aussi n'ai-je besoin de vous rien dire sur ce chef. Dans toutes les cours de l'Europe les affaires d'une nation éloignée se ressentiront toujours des rapports du ministre étranger qui réside chez elle.

Nous avons ici de grandes provisions de toute espèce ; elles sont prêtes à être expédiées, et seraient déjà en route si la perte malheureuse des transports partis avec M. de Guichen et d'autres demandes de vaisseaux n'avaient rendu difficile de les affréter. J'espère cependant que vous les recevrez par le prochain convoi.

Les nouvelles qui nous parviennent de l'économie que M. Morris introduit dans nos finances, nous servent déjà en ce pays ; elles corrigeront peu à peu la fâcheuse opinion qu'on a de notre désordre et de notre mauvaise administration. Par ce courrier j'informe M. Morris des secours en argent que nous aurons cette année. La somme n'est pas aussi forte que nous l'aurions désiré ; raison de plus pour redoubler nos efforts. Un peu plus de travail chez chaque Américain, homme ou femme, une petite diminution de luxe, produiront une somme supérieure à tout ce que nous pouvons demander ou emprunter à tous nos amis d'Europe.

Nous avons en ce moment près d'un millier de braves gens, prisonniers en Angleterre ; il en est beaucoup qui depuis plusieurs années ont souffert les misères de la prison, en résistant à la tentation de servir notre ennemi. Notre grande victoire ne vous donnera-t-elle pas le pouvoir de faire quelque chose pour les secourir? La misérable aumône d'un shilling par semaine que j'ai pu procurer à chacun d'eux durant l'hiver, monte à cinquante livres sterling par semaine. Un échange ferait le bonheur de tous ces braves concitoyens, ajouterait à notre force, et diminuerait nos dépenses. Mais nos corsaires, qui croisent en Europe, ne voudront pas mener leurs prisonniers en Angleterre, et je n'en ai point à offrir en échange.

Le général Cornwallis et le général Arnold[1] sont tous deux arrivés en Angleterre. On dit que dans toutes ses conversations le premier se prononce contre la continuation de la guerre en Amérique ; il ne sera donc pas en faveur. Quant au second on lui donne des audiences, et il assiste au conseil.

En ce qui touche les négociations de paix, je ne vois pas grande probabilité à ce qu'on les entame sérieusement cette année, si le ministre anglais a réussi, comme on le dit, à se procurer des fonds ; il faut donc nous préparer à une nouvelle campagne ; j'espère que Dieu continuera de nous favoriser, et d'humilier nos cruels et fiers ennemis ; ce sera une grande joie pour l'Europe, quoi que M. Deane puisse dire au contraire.

L'année s'ouvre bien ; Port-Mahon s'est rendu, et la garnison est prisonnière de guerre ; nous ne sommes pas sans espoir que Gibraltar suivra bientôt. Si nous remportions en Amérique quelque nouveau succès d'importance, cela ferait beaucoup pour ramener nos ennemis à la raison.

Je suis touché de votre bonne opinion à mon endroit, et des vœux que vous faites pour que je continue mon service. Aussi longtemps que le Congrès pensera que je puis être utile à notre cause, c'est mon devoir de lui obéir ; mais je serais heureux de voir ses ordres mieux exécutés par un autre, et de me voir moi-même en liberté, et jouissant d'un peu de loisir et de repos, avant de quitter le théâtre de la vie. Avec grande estime, etc.   B. F.

1. Le général Cornwallis venait d'être vaincu à Yorktown. Arnold était un officier américain qui avait trahi son pays.

A ROBERT R. LIVINGSTON.

Adresse du Parlement anglais au roi pour cesser la guerre d'Amérique.

Passy, 9 mars 1782.

Monsieur,

.... Vous trouverez dans les journaux ci-inclus les débats complets de la chambre des communes, sur la nécessité de cesser la guerre d'Amérique. Des avis particuliers m'apprennent que toute l'opposition, devenue majorité, s'est rendue en corps auprès du roi pour lui présenter l'adresse. Le roi a répondu qu'il ferait grande attention à l'avis de ses fidèles communes, et qu'il emploierait avec plus de vigueur toutes ses forces contre les anciens ennemis de la nation [1]. Des ordres ont été immédiatement donnés pour équiper un grand nombre de transports, parmi lesquels il y a beaucoup de vieux vaisseaux revenus des Indes ; on suppose que les Anglais veulent faire quelque grande expédition aux Antilles, et peut-être embarquer les troupes et les munitions qu'ils ont à New-York et à Charleston. J'espère toutefois que ces nouvelles ne nous feront point diminuer nos préparatifs pour la prochaine campagne.

Présentez mes respects au Congrès, et croyez-moi avec une sincère estime, etc.   B. F.

1. C'est-à-dire la France.

A GEORGE WASHINGTON.

Capitulation de lord Cornwallis. — Comte de Ségur.

Passy, 2 avril 1782.

Monsieur,

J'ai reçu à sa date, votre lettre contenant la capitulation du général Cornwallis. Tout le monde s'accorde à dire que jamais expédition ne fut mieux combinée ni mieux exécutée ; elle ajoute beaucoup à la réputation militaire que vous vous êtes acquise, et rend plus éclatante la gloire qui entoure votre nom, et qui l'accompagnera jusqu'à la postérité la plus reculée. Aucune nouvelle ne pouvait me rendre plus heureux. Hercule enfant vient d'étrangler les deux serpents qui l'attaquaient dans son berceau ; j'espère que sa vie future répondra à ce premier prodige.

La présente vous sera remise par le comte de Ségur[1]. C'est le fils du marquis de Ségur, ministre de la guerre, un de nos meilleurs amis. Mais ce n'est pas à ce titre que je réclame vos bontés pour ce jeune gentilhomme ; ses qualités personnelles, son caractère aimable, sa conversation spirituelle, son zèle pour la liberté lui mériteront votre estime, et lui seront, auprès de vous, une meilleure recommandation que toutes celles que je pourrais lui donner.

Les Anglais paraissent ne savoir ni comment continuer la guerre, ni comment faire la paix. Au lieu d'entrer directement en arrangement, pour mettre fin à une lutte dont ils sont las, ils ont voté en plein Parlement qu'il était impossible de reconquérir de force l'Amérique, qu'il ne fallait pas continuer contre nous une guerre offensive ; et

---

1. Celui qui fut plus tard ambassadeur à la cour de Russie, et dont nous avons les *mémoires*.

que quiconque conseillerait de le faire serait regardé comme un ennemi de la patrie.

Ainsi donc, s'il reste des garnisons à New-York et à Charleston, elles demeureront tranquilles ; on ne leur permet que de se défendre. Les ministres ne concevant pas ou n'approuvant pas cette manière de faire la paix à demi, ont donné leur démission ; mais nous ne savons pas qui leur succédera, ni quelles mesures prendra le gouvernement anglais. Il est probable que nous en saurons quelque chose avant que le marquis de La Fayette ne parte. Nous avons tout à espérer : malgré cela, je crois prudent de ne rien relâcher des préparatifs que nous faisons pour une vigoureuse campagne. Cette nation est sujette à des fluctuations soudaines. Quelque humiliée qu'elle soit aujourd'hui, le moindre succès aux Antilles dissiperait ses craintes, réveillerait son insolence naturelle, interromprait les négociations et rallumerait la guerre. Nous avons fait ici de grands approvisionnements pour le service de votre armée ; nous vous les enverrons aussitôt que nous aurons pu nous procurer des transports et nous assurer d'un bon convoi.

Tous mes vœux vous ont toujours suivi, et vous suivront toujours. Avec le plus grand estime et le plus sincère respect, j'ai l'honneur d'être, de Votre Excellence, le très-humble et très-obéissant serviteur,   B. F.

A DAVID HARTLEY,

De la réconciliation avec l'Amérique.

Passy, 5 avril 1782.

Mon cher ami,

.... Je vois avec plaisir que, dans les votes, dans les discours parlementaires et dans vos papiers publics, lorsqu'on parle de l'Amérique, le mot *réconciliation* est souvent employé. Il signifie certainement quelque chose de plus qu'une paix simple. C'est un mot d'amitié. Mon cher ami, cherchez dans votre esprit les moyens d'amener cette *réconciliation*. Considérez l'injustice de la guerre que vous nous avez faite, et la façon barbare dont elle a été conduite, le grand nombre de nos familles qui ont souffert de vos incendies et du *scalp* des sauvages, etc., etc., vous serez convaincus que, la cessation de la guerre peut s'appeler la paix sans être pour cela une *réconciliation*. De votre part, quelques actes de justice, et même de bienveillance produiraient d'excellents effets, et amèneraient une *réconciliation*. Ne sauriez-vous pas trouver le moyen de réparer un peu le mal que vous nous avez fait? Vous avez en Angleterre et en Irlande douze cents de nos compatriotes qui sont prisonniers. Depuis plusieurs années ils ont bravement souffert toutes les misères de la détention, plutôt que de consentir à entrer à votre service pour se battre contre leur pays. Il me semble que vous devriez être fiers de trouver dans vos descendants un tel héroïsme. Que ne commencez-vous vos mesures de *réconciliation* par mettre ces hommes en liberté? Je sais que cette mise en liberté vous procurerait celle d'un nombre égal de vos gens, même sans aucune stipulation de votre part. Cette confiance en notre équité, ce bon vouloir donnerait une heureuse idée de votre changement de dispositions envers nous. Vous ne connaissez peut-être pas l'opinion qu'on avait dernièrement en Amérique de votre roi et de votre pays? La copie d'une lettre ci-incluse vous en fera juger; elle vous convaincra combien toute espèce de projet de nous ramener sous la domination d'un tel souverain serait impuissante et chimérique. Je suis, etc.

B. F.

AU CHEVALIER DE CHASTELLUX [1].

Passy, 6 avril 1782.

Cher monsieur,

J'ai eu grand plaisir à apprendre par les officiers revenus de votre armée l'hiver dernier, que vous étiez toujours en bonne santé. Vous verrez par les papiers publics que les Anglais commencent à être las de la guerre, et ils ont raison. Ils ont souffert plus d'un échec, ils ont quatre nations ennemies sur les bras, peu d'hommes disponibles, peu d'argent de reste, et de très-mauvais chefs. Ces derniers viennent d'être changés. Nous ne savons pas encore quelles mesures prendront les nouveaux ministres. On croit généralement que le roi se servira d'eux pour se tirer des difficultés présentes et faire la paix, et qu'ensuite il les jettera à la porte ; car ce sont tous des hommes qu'il a en horreur et qui lui ont été imposés par le Parlement.

Les communes ont déjà fait une demi-paix avec nous autres Américains, en défendant à leurs troupes d'Amérique de prendre l'offensive, et en autorisant le roi à achever la paix. Je ne sais rien des conditions qu'on propose ; on n'a pas encore eu le temps de les dresser. Je sais qu'on désire nous détacher de la France, mais cela est impossible.

Je vous félicite du succès de votre glorieuse campagne. Établir les libertés de l'Amérique, ce ne sera pas seulement faire le bonheur d'un peuple, ce sera diminuer la misère de ceux qui, en d'autres parties du monde, gémissent sous le despotisme. Il sera forcé d'être plus circonspect et de

---

[1]. Le chevalier, plus tard marquis de Chastellux, a été célèbre au dernier siècle par son livre : *De la félicité publique*. Au moment où Franklin lui écrivait, il servait en Amérique comme officier supérieur dans l'armée française. On lui doit un *Voyage en Amérique* qui ne manque pas d'intérêt.

gouverner d'une main plus légère. Un philosophe, possédé de cet amour de l'humanité qui perce dans vos excellents écrits, doit éprouver une grande satisfaction d'avoir aussi largement contribué, de son épée et de sa plume, à *la félicité publique.*

M. le comte de Ségur m'a demandé deux mots de recommandation auprès de vous. Je considère cette demande comme un pur compliment à mon adresse; car tous ceux qui le connaissent l'estiment et l'aiment, et certainement ce n'est pas un inconnu pour vous.

Oserai-je vous confesser que je suis votre rival auprès de Mme G...? Je n'ai pas besoin de vous dire que je ne suis pas dangereux. Je vois qu'elle vous aime beaucoup, et c'est ce que fait aussi, cher monsieur, votre, etc.   B. F.

A GEORGES WASHINGTON.

Le prince de Broglie.

Passy, 8 avril 1782.

J'ai eu l'honneur de vous écrire il y a quelques jours par le comte de Ségur. Ces quelques lignes ont pour objet de présenter à Votre Excellence le prince de Broglie, qui va rejoindre l'armée de M. de Rochambeau. M. le prince de Broglie a une excellente réputation en France; c'est un ami de notre cause, je suis persuadé que vous aurez du plaisir à causer avec lui. J'ose donc le recommander à ces égards que vous êtes toujours heureux de témoigner aux étrangers de mérite et de distinction.

J'ai déjà complimenté Votre Excellence à l'occasion des victoires que vous avez remportées sur les généraux de notre ennemi; aujourd'hui je puis vous complimenter d'avoir culbuté ses hommes d'État. Vos derniers succès ont tellement fortifié l'opposition dans le Parlement, qu'elle est devenue la majorité, et qu'elle a forcé le roi à renvoyer ses anciens ministres et leurs adhérents. Le voilà délivré des esprits impurs qui le possédaient, mais on croit qu'aussitôt qu'il aura obtenu la paix, ces esprits rentreront avec d'autres qui vaudront moins encore, et *le dernier état de cet homme*, comme dit l'Écriture, *sera pire que le premier.*

Aussitôt que nous saurons quelque chose de certain sur les projets du nouveau ministère, je m'empresserai d'en informer le Congrès.

Avec la plus grande estime et le plus grand respect, je suis, de Votre Excellence, etc.   B. F.

A ROBERT R. LIVINGSTON.

Hollande. — Espagne.

Passy, 12 avril 1782.

Monsieur,

J'étais à la cour mardi ; j'ai appris de l'envoyé hollandais que le nouveau ministère d'Angleterre avait offert, par la médiation de la Russie, une cessation d'armes à la Hollande, et un renouvellement du traité de 1674. M. de Berkenrode a paru penser que l'offre était faite pour gagner du temps, pour troubler la marche des opérations avec la France dans la campagne prochaine, et pour empêcher la conclusion d'un traité avec l'Amérique. On craint que cette offre n'ait pour effet de fortifier le parti anglais en Hollande, et de retarder un peu les affaires; mais on espère qu'en définitive, la proposition ne sera pas acceptée. Cela rendrait les Hollandais ridicules. A. ayant une canne à la main, rencontre son voisin B., qui se trouve n'en point avoir : le premier profite de son avantage pour donner au second une vigoureuse bastonnade. Mais B.

s'est procuré un bâton, et vient pour rendre les coups qu'il a reçus. A. lui dit: « Mon vieil ami, pourquoi nous quereller ? Nous sommes voisins, vivons en bonne intelligence, et en paix comme nous avons coutume de le faire. » Si B. se paie de ces raisons et jette son bâton, ses autres camarades, ainsi que A., se moqueront de lui. C'est sous ce jour que j'ai présenté la chose; je vous envoie sous ce pli une copie de la proposition.

Je vois, par les journaux, que les Espagnols ayant pris un petit poste appelé *Saint-Joseph*, prétendent avoir fait la conquête du pays des Illinois. Sous quel jour le Congrès verra-t-il cette conduite ? Est-ce au moment où ils refusent l'offre de notre amitié, que nous permettrons qu'ils envahissent nos frontières, et qu'ils nous enferment dans les montagnes Apalaches ? Je commence à craindre qu'ils n'aient quelque projet semblable.

Avec grande estime, etc.   B. F.

A MISTRISS MARY HEWSON.

Passy, 13 avril 1782.

Ma chère amie,

J'ai reçu votre bonne lettre du 23 décembre. Je suis toujours heureux d'avoir de vos nouvelles et de celles de votre bonne mère, quoique je ne puisse écrire que rarement, et que les occasions sûres soient peu communes. En remuant de vieux papiers, j'ai trouvé le brouillon d'une lettre que je vous écrivais il y a quinze mois, elle s'est égarée, ou votre réponse s'est égarée, car je n'ai rien reçu. Je vous envoie cette lettre, le printemps approche, ma proposition sera de saison et facilement exécutée, si vous l'approuvez [1].

---

1. Il lui demandait de venir à Passy auprès de lui.

Vous me dites que M. Viny est avec vous. Quelle est sa situation? Je pense que dans ce pays-ci il pourrait réussir avec sa fabrication de roues. Je vois dans vos journaux que Jacob s'est établi pour son compte. Ne peut-il pas faire une bonne voiture avec les derniers perfectionnements, et vous amener tous ici dans son équipage? S'il voulait rester ici, ce serait un *specimen* de son talent, et s'il veut s'en retourner, il la vendra avantageusement. J'espère que votre mère est revenue de son abattement et ne craint plus l'hydropisie. Il n'est pas rare que les vieilles gens aient les chevilles enflées vers le soir; mais c'est un mal passager qui s'en va de soi-même et qui n'a pas de suite. Faites-lui toutes mes amitiés.

Si vous avez une occasion pour Genève, j'aimerais que vous fissiez passer les livres à mon petit-fils et filleul qui étudie là-bas. Vous faites bien d'élever ma petite-fille sans corset. Que Dieu la bénisse et vous bénisse tous.

Vous pouvez croire que je commence à devenir heureux dans mes perspectives d'avenir. Je le serais vraiment si je pouvais voir la paix et l'amitié rétablies entre nos deux pays; car j'ai santé, aisance, amis et réputation. La paix est le seul ingrédient qui manque à ma félicité.

Adieu, ma chère amie, croyez-moi toujours votre très-affectionné.
B. F.

A JONATHAN SHIPLEY, ÉVÊQUE DE SAINT-ASAPH.

Passy, 10 juin 1782.

J'ai reçu et lu avec un plaisir infini la lettre de mon cher et respectable ami. Après un si long silence, amené par de si tristes causes, un mot de votre main est pour moi le pronostic d'un temps plus heureux où nous pourrons causer et communiquer librement, sans avoir rien à craindre de la malveillance de certains hommes que le mauvais succès de leurs odieux projets rend enragés.

Comme vous, et par amour de l'humanité, je désire le retour de la paix. L'espoir de passer quelques-uns de mes derniers jours au milieu des douces causeries et de l'aimable société dont je jouissais à Twyford [1], est un motif particulier qui se joint au vœu général et excite mes efforts pour atteindre cette première de toutes les bénédictions. J'ai eu trop d'occasions de réfléchir à la folie et aux malheurs de la guerre, ainsi qu'au peu d'avantage qu'en retirent les nations qui l'ont conduite avec le plus de succès, et j'en suis venu à penser qu'il n'y a jamais eu et qu'il n'y aura jamais de *bonne* guerre, ni de *mauvaise* paix.

Vous me demandez si j'ai conservé du goût pour mes anciennes études? --- Oui sans doute; mais je ne puis m'y livrer. D'autres affaires malheureusement absorbent tout mon temps. L'année dernière j'ai demandé au Congrès de me décharger des fonctions publiques que j'exerce ici, pour qu'il me fût permis de jouir d'un peu de repos sur le soir d'une longue vie d'affaires; le Congrès m'a refusé, et je suis forcé de traîner mon boulet un peu plus longtemps.

En vieillissant, que vous êtes heureux d'avoir autour de vous cette chère et aimable famille. Quatre filles! Quelle richesse? Je n'en ai qu'une, et encore faut-il qu'elle vive à mille lieues de moi! Je ne ressens que trop la privation de tous les soins qu'on peut attendre d'une fille ; je donnerais le monde entier pour en avoir une auprès de moi. Tous vos portraits sont rangés au-dessus de ma cheminée; votre image n'est pas seulement dans mon cœur, elle est sans cesse devant mes yeux.

La cause de la liberté et celle de l'Amérique vous sont toutes deux infiniment redevables. Je souhaite que vous viviez assez longtemps pour voir notre pays florissant sous sa nouvelle constitution, qui, j'en suis sûr, vous fera grand plaisir. Permettez-moi de vous exprimer un autre

---

1. Maison de campagne de l'évêque.

souhait. Maintenant que vos amis sont en place, j'espère qu'ils saisiront la première occasion de vous montrer l'estime qu'ils font de vos vertus et de votre mérite.

Veuillez présenter mes humbles respects à madame Shipley et embrasser tendrement pour moi tous nos chers enfants. Je suis avec estime, respect et vénération, mon cher ami, votre très-affectionné, B. F.

A MISTRISS MARY HEWSON.

Éducation des enfants.

Passy, 13 juin 1782.

Ma chère enfant,

J'ai reçu votre aimable lettre du 1er mai par les mains de M. Hodgson; depuis, j'en ai reçu une seconde par M. Oswald. Parler de vos enfants, de votre manière de les instruire, des progrès qu'ils font, ne peut pas vous donner plus de joie que je n'en ai à vous écouter, et à voir qu'au lieu de courir après les vains amusements auxquels votre fortune et les mœurs du siècle vous invitent, vous avez réuni vos plaisirs et vos devoirs en vous consacrant à l'éducation de vos enfants. C'est suivre la nature et la raison au lieu de suivre la mode ; rien ne convient mieux à une femme de sens et de vertu.

Nous avons ici une dame qui écrit sur l'éducation ; elle vient de publier trois volumes dont on parle beaucoup. Je vous les enverrai par la première occasion. Ils sont fort loués et fort critiqués. Ce livre a valu à son auteur, madame la comtesse de Genlis, d'être nommée gouvernante des enfants du duc de Chartres, qui est fils du duc d'Orléans. Peut-être que dans ces écrits vous ne trouverez pas grand'chose qui puisse vous servir, mais peut-être aussi trouverez-vous quelque chose.

Je vous envoie un autre traité sur le même sujet. L'auteur est une autre comtesse, madame de Forbach, qui me fait l'honneur de m'appeler son ami. C'est ce qui me vaut un exemplaire de cet écrit qui n'est point publié. Quand vous aurez du loisir, je serai charmé d'avoir vos réflexions.

N'envoyez pas de livres à Genève. Les troubles de cette ville en ont chassé l'école et mon petit-fils, j'ai l'idée de l'envoyer au logis. Peut-être le mettrai-je quelque temps sous votre tutelle, pour qu'il rattrape son anglais dans l'école où vont vos enfants.

Comme vous, j'espère qu'il y aura une paix et que nous nous reverrons. Rappelez-moi au bon souvenir de M. et de madame Viny. En ce moment je n'ai pas besoin de voiture. Embrassez votre bonne mère pour moi avec beaucoup d'affection, et croyez-moi toujours, ma chère amie, votre
B. F.

A RICHARD PRICE.

Influence de la Presse.

Passy, 13 juin 1782.

Cher monsieur,

Je vous félicite de la dernière révolution de vos affaires publiques. Il en peut sortir beaucoup de bien, non pas autant peut-être que l'espèrent et le souhaitent les honnêtes gens et même les nouveaux ministres. Dans le changement qu'ont subi les sentiments de la nation, je vois l'effet de vos écrits, de ceux de l'ami que nous venons de perdre, M. Burgh, et de quelques autres membres de notre excellent club; cela doit vous encourager à continuer.

Les anciens orateurs romains et grecs ne pouvaient parler qu'au nombre de citoyens qui se trouvaient à portée de la voix. Leurs écrits avaient peu d'effet, car la masse du peuple ne pouvait pas lire. Aujourd'hui, au moyen de la presse, nous parlons aux nations; de bons livres, des brochures bien écrites ont une grande et générale influence. La facilité avec laquelle on peut répéter certaines vérités, en les montrant chaque matin sous un aspect différent, dans des journaux qui sont lus partout, donne une grande chance de les faire triompher. Et nous voyons maintenant que non-seulement il est bon de battre le fer quand il est chaud, mais qu'il est très-possible de l'échauffer à force de le battre.

Je suppose que maintenant les correspondances sont libres, je serai heureux d'avoir de vos nouvelles aussi souvent qu'il vous plaira de m'en donner. Présentez, je vous prie, mes respects à nos bons vieux amis du *London Coffee house*. Je me figure souvent le plaisir que j'aurais à m'asseoir une fois encore parmi eux. Avec l'estime et l'affection la plus grande et la plus sincère, je suis toujours, mon cher ami, votre tout dévoué, B. F.

JOHN INGENHOUSZ.

Querelles de savants. — Lavoisier. — Affaires d'Amérique.

Passy, 21 juin 1782.

Cher monsieur,

Je suis fâché qu'il se soit élevé quelque mésintelligence entre vous et le docteur X. Les indiscrétions des amis occasionnent souvent de pareilles mésintelligences. Quand elles produisent des altercations publiques, les ignorants s'amusent aux dépens des savants. J'espère donc que dans votre édition française vous ne mettrez pas cette polémique et que vous passerez sous silence la conduite peu convenable de votre ami; continuez vos excellentes expériences, produisez des faits, perfectionnez la science, et faites du bien au genre humain. La réputation viendra à la suite de vos efforts, et l'on oubliera les petites injustices de vos contemporains. Mon exemplo peut vous encourager ; autrement je ne le citerais pas. Lorsque je publiai mes premiers écrits[1], vous savez que l'abbé Nollet, qui avait alors une grande réputation, les attaqua dans un volume de lettres. On attendait de moi une réponse, mais je ne répondis ni à ce livre, ni à aucun autre. Aujourd'hui ces critiques sont oubliées, et il semble que la vérité est reconnue. Vous pourrez toujours mieux employer votre temps qu'en discussions polémiques.

M. Lavoisier fit l'autre jour à l'Académie des sciences, devant M. le comte du Nord, une expérience qu'on dit fort curieuse. Il alluma un charbon creux et y souffla un courant d'air déphlogistiqué. En quelques minutes il fondit du platine dans ce foyer qui, dit-on, est le feu le plus chaud que l'art de l'homme ait pu produire.

Nos affaires d'Amérique présentent aujourd'hui le meilleur aspect. Notre Congrès est parfaitement uni ; tous nos citoyens sont armés et disciplinés ; un service fréquent dans la milice a fait d'eux tous autant de soldats. Le nombre de nos ennemis est fort diminué ; il est réduit à deux ou trois garnisons ; notre commerce et notre agriculture sont florissants. L'Angleterre reconnaît enfin la difficulté de nous conquérir ; elle n'exige plus notre soumission ; elle demande la paix. Elle s'estimerait aujourd'hui fort heureuse d'obtenir de nous une union fédérale ; elle fera tout pour y réussir ; mais peut-être échouera-t-elle, car il est de l'intérêt de toute l'Europe d'empêcher cette union. L'année dernière, j'ai demandé ma retraite au Congrès, afin de pouvoir dépenser agréablement dans un loisir philosophique le soir de ma vie ; mais on m'a refusé. Si j'avais réussi, mon intention était de faire le tour de l'Italie avec mon petit-fils, d'aller ensuite en Allemagne pour passer quelques bonnes journées avec vous, que je n'ai cessé d'aimer tendrement depuis que je vous connais.

1. Sur l'électricité.

Nous avons perdu notre commun ami, l'excellent Pringle. Que d'heures agréables, vous et moi, nous avons passées ensemble dans sa compagnie ! Je le suivrai bientôt : je suis dans ma soixante-dix-septième année. Quant à vous, mon ami, vous avez devant vous la perspective de bien des années utiles ; j'espère qu'il vous sera donné d'en jouir ; et je suis persuadé que vous vous souviendrez toujours avec bonté de votre ami tout dévoué.   B. F.

A MISS ALEXANDER.

Passy, 24 juin 1782.

Je ne suis pas du tout fâché que la thèse et la dédicace, dont nous étions menacés, se soient évanouies ; je déteste toute espèce de mascarade. Je ne sais pas ce que la république des lettres a gagné au commerce des dédicaces, mais ce n'est certainement pas de la réputation. Je n'en ai jamais fait, je n'ai jamais désiré qu'on m'en fît. Si je m'étais résigné à accepter celle-ci, c'est que depuis longtemps j'ai la mauvaise habitude de faire tout ce que veulent les dames ; on ne peut rien refuser à madame la Marck ni à vous. Je me suis présenté chez cette aimable dame pour lui présenter mes respects, non-seulement parce que c'était mon devoir, mais parce que je l'aime ; et c'est la raison pour laquelle je l'excuse de ne m'avoir point reçu : raison que je retrouverais pour vous pardonner vos défauts, si vous en aviez.

Je n'ai pas vu votre papa depuis la réception de votre charmante lettre ; je n'ai donc rien décidé avec lui au sujet de la voiture. Je serai très-occupé pendant sept à huit jours, après quoi vous recevrez de mes nouvelles, et la voiture sera à votre service. A quoi songez-vous donc de me parler de feu et de cheminées, par un temps comme celui-ci ! C'est à présent que la dame économe dont vous parlez doit épargner son bois, faire *provision de chaleur*, et la mettre en réserve pour l'hiver, comme on conserve de la glace pour l'été. L'économie est une vertu qui enrichit, une vertu que je n'ai jamais pû me donner à moi-même, mais que j'ai eu le bonheur de rencontrer chez une femme qui a été pour moi un vrai trésor. Possédez-vous cette vertu? Si vous la possédez, que n'ai-je vingt ans de moins? Je donnerais à votre père mille guinées pour votre main? Je sais qu'en devenant ma *ménagère* vous me vaudriez bien davantage, mais je suis intéressé et j'aime les bons marchés. Adieu, ma chère amie, croyez-moi toujours votre bien affectionué,   B. F.

JOURNAL DES NÉGOCIATIONS DE PAIX ENTRE LA GRANDE-BRETAGNE ET LES ÉTATS-UNIS D'AMÉRIQUE [1].

(*Tenu par Franklin, depuis le* 21 *mars jusqu'au* 1er *juillet* 1782.

Passy, 9 mai 1782.

Depuis le changement du Cabinet en Angleterre, on nous assure que les nouveaux ministres sont disposés à faire la paix, et prêts à négocier un traité général. Dans ce traité il faudra discuter les intérêts et les prétentions de cinq nations [2]. C'est là une chose intéressante pour le siècle présent, et pour la postérité. Aussi ai-je envie de tenir un journal de toutes les particularités qui viendront à ma connaissance, et pour le rendre le plus complet, je rappellerai ce qui s'est passé jusqu'à ce jour.

De grands événements sortent quelquefois de petites cir-

1. Ce journal nous ramène un peu en arrière.
2. L'Angleterre, l'Amérique, la France, l'Espagne et la Hollande.

constances. Mon excellente amie et voisine madame Brillon, était allée à Nice pour sa santé; elle y passa tout l'hiver dernier avec son aimable famille, et m'écrivit qu'elle avait fait connaissance avec plusieurs Anglais de distinction dont la société lui était agréable. Parmi eux elle nomma Lord Cholmondely qui, disait-elle, lui avait promis de la venir voir, à son retour en Angleterre, et de prendre le thé avec nous à Passy. Il partit de Nice plus tôt que madame Brillon ne l'avait supposé, et arriva à Paris longtemps avant elle. Le 21 mars je reçus de lui le billet suivant :

« Lord Cholmondely présente ses compliments au docteur Franklin ; il part pour Londres demain soir, et serait charmé de le voir cinq minutes avant son départ : lord Cholmondely se présentera dans la matinée, à l'heure qu'il plaira au docteur Franklin de fixer. »

Jeudi soir, hôtel de Chartres.

Je répondis que je serais chez moi toute la matinée, et recevrais Sa Seigneurie avec plaisir, si elle me faisait l'honneur de me rendre visite. Lord Cholmondely vint en effet. Il m'était personnellement inconnu. Nous parlâmes de nos amis qu'il avait laissés à Nice, puis des affaires d'Angleterre, et des dernières résolutions prises par la Chambre des Communes sur la motion de M. Conway[1]. Il m'assura que lord Shelburne faisait grand cas de moi; que Sa Seigneurie serait charmée de recevoir de mes nouvelles, et que si je voulais lui écrire, il se ferait un plaisir de se charger de ma lettre. Sur quoi j'écrivis ce qui suit :

1. C'était la résolution de ne plus continuer la guerre.

« A LORD SHELBURNE.

Passy, 22 mars 1782.

« Mylord,

« Lord Cholmondely m'ayant gracieusement offert de se charger d'une lettre de moi pour Votre Seigneurie, je saisis l'occasion de vous assurer que mon respect pour vos talents et pour vos vertus, ne s'est jamais démenti. Je vous félicite du retour des bonnes dispositions de votre pays en faveur de l'Amérique : retour qui est attesté par les dernières résolutions de la Chambre des Communes. Je suis convaincu qu'il aura de bons effets. J'espère que cela nous amènera à une *paix générale*, que Votre Seigneurie ne peut manquer de souhaiter avec tous les gens de bien. Puissé-je la voir avant de mourir! J'y contribuerais du moins par tous les moyens en mon pouvoir et avec un plaisir infini.

« Vos amis, l'abbé Morellet et madame Helvétius, se portent bien. Vous avez rendu cette dernière fort heureuse par votre présent de groseillers qui sont arrivés en cinq jours et en excellent état. J'ai l'honneur d'être, etc.

B. F. »

Bientôt après nous apprimes d'Angleterre qu'un changement total s'était opéré dans le ministère anglais, et que lord Shelburne y était entré comme secrétaire d'État. Je ne pensais plus à ma lettre, lorsqu'un de mes anciens amis et voisins de Londres, parut à Passy, et me présenta un M. Oswald, qui avait, disait-il, grand désir de me voir. Après un peu de conversation M. Oswald me communiqua les lettres suivantes de lord Shelburne et de M. Laurens.

LORD SHELBURNE A B. FRANKLIN.

Londres, 6 avril 1782.

Cher monsieur,

« J'ai reçu votre lettre, je suis fort reconnaissant de votre aimable souvenir. Me voici à peu près revenu au poste où vous m'avez vu il y a dix-neuf ans ; combien je serais charmé de m'entretenir avec vous, comme je le fis alors, et depuis en 1767, sur les moyens de rendre les hommes heureux : sujet beaucoup plus agréable pour moi, que les plans les mieux concertés de répandre au loin la misère et la dévastation! J'ai toujours eu une haute idée de l'étendue de votre esprit, et de votre prévoyance. J'ai dû beaucoup à ces deux qualités, je serai charmé de leur devoir encore, autant du moins que cela est compatible avec votre situation. Les bonnes dispositions que j'ai cru reconnaître dans votre lettre, m'engagent à vous envoyer M. Oswald. Je le connais depuis plus longtemps que je n'ai le plaisir de vous connaître vous-même. C'est un honnête homme ; et après avoir consulté plusieurs de nos amis communs, j'ai vu en lui l'intermédiaire qu'il nous fallait. M. Oswald est un ami de la paix, et il a l'habitude de ces négociations qui intéressent l'humanité entière. Voilà pourquoi je l'ai préféré, soit à un de nos amis les philosophes, soit à un personnage d'un plus haut rang. Il connaît le fond de ma pensée, vous pouvez ajouter foi entière à ce qu'il vous dira. Si toutefois un autre intermédiaire se présente à votre pensée, je suis prêt à l'accepter. Mon désir est de conserver entre nous cette simplicité, cette bonne foi qui présidèrent jadis à des affaires d'un bien moindre intérêt. J'ai l'honneur d'être, etc.   SHELBURNE. »

HENRI LAURENS, AU DOCTEUR FRANKLIN.

Londres, 7 avril 1782.

Cher monsieur,

Richard Oswald, esq., qui me fera l'honneur de vous remettre la présente, est une personne du caractère le plus loyal et le plus intègre. J'ose vous en donner l'assurance, d'après une connaissance qui ne remonte guère à moins de trente ans ; j'ajoute que vous pouvez vous expliquer avec lui sans réserve sur l'affaire dont il vous parlera.

M. Oswald s'est chargé de cette affaire, sans intérêt, par pure bienveillance ; et le choix de l'homme est un sûr garant de la sincérité de ceux qui l'envoient.

Certains anglais qui, trop longtemps, se sont plu à injurier tout ce qui était américain, ont cherché à répandre le bruit que le docteur Franklin était un homme fin et rusé. J'ai dit à ce sujet à M. Oswald : « Le docteur Franklin sait fort bien comment il faut agir avec un homme rusé ; mais quand le docteur a affaire à un homme simple et franc, il n'est personne qui soit plus franc que lui. » Je ne sais si vous serez d'accord en politique, mais comme gens d'honneur, je suis sûr que vous vous quitterez satisfaits l'un de l'autre.

Si vous jugez à propos, monsieur, de me faire connaître vos sentiments et votre avis sur nos affaires, plus vous m'en direz, plus je vous en serai reconnaissant, et plus, sans doute, la chose sera utile. M. Oswald se chargera de vos dépêches, et vous offrira une voie sûre.

C'est à lui que je m'en réfère pour vous parler d'un voyage que je dois faire bientôt avec lui à *Ostende*, et ensuite à *La Haye*. Si infirme que je suis, j'essaierai de faire tout ce qu'on peut attendre d'un prisonnier sur parole. Le général Burgoyne est échangé (circonstance qui, par parenthèse, nous aurait embarrassés, si l'on eût accepté vos dernières propositions), puis-je espérer qu'à mon retour on offrira en échange un autre lieutenant général actuellement en Angleterre et prisonnier sur parole ; ou bien qu'offrirais-je aux Anglais pour mon chétif individu ? J'ai l'honneur d'être, etc. HENRI LAURENS.

J'entrai en conversation avec M. Oswald. La lettre de lord Shelburne annonçait qu'il était dans sa confidence, et je désirais connaître les dispositions de ce ministre. Tout ce que je pus savoir, c'est que le nouveau ministère désirait sincèrement la paix, et qu'il considérait le but de la guerre comme atteint par la France et par l'Amérique. L'indépendance des États-Unis, une fois reconnue, il ne restait plus de point en litige, et par conséquent rien n'empêchait la pacification. Les ministres étaient donc prêts à traiter *de la paix*, mais M. Oswald déclarait que, si la France insistait sur des conditions trop humiliantes pour l'Angleterre, on continuerait la guerre, car on avait encore une grande force et des ressources considérables. Je dis à M. Oswald que l'Amérique ne traiterait que de concert avec la France ; qu'en l'absence de mes collègues, je ne pouvais rien faire, mais que s'il y consentait, je le présenterais à M. de Vergennes, secrétaire d'État pour les affaires étrangères. Il ne demanda pas mieux ; j'écrivis donc la lettre suivante :

A M. LE COMTE DE VERGENNES.

Passy, 16 avril 1782.

Monsieur,

Un Anglais de distinction, lord Cholmondely, est venu dernièrement me voir à son retour d'Italie, au moment où nous apprenions les premières résolutions de la Chambre des Communes au sujet de l'Amérique. Dans la conversation, il me dit que son ami, lord Shelburne, avait une grande estime pour moi; qu'il serait charmé de recevoir de mes nouvelles; que, si je voulais lui écrire un mot, lui, lord Cholmondely, s'en chargerait volontiers. Il ajouta qu'en cas de changement de ministère, lord Shelburne entrerait probablement dans le nouveau cabinet. J'écrivis quelques lignes, dont je vous envoie la copie. Aujourd'hui j'ai reçu une réponse, que je vous envoie avec une lettre de M. Laurens. Votre Excellence verra que ces deux lettres recommandent le porteur, M. Oswald comme un homme très-honnête et très-intelligent. J'ai eu avec lui un court entretien. M. Oswald me dit qu'on a voulu d'abord faire une paix séparée avec l'Amérique, en continuant la guerre contre la France et l'Espagne; mais aujourd'hui tous les gens sensés abandonnent cette idée comme impraticable. Il croit que le ministère désire sincèrement une *paix générale* et qu'il s'y prêtera volontiers, pourvuque la France n'élève pas des prétentions humiliantes pour l'Angleterre; car dans ce cas, on ferait de grands et de violents efforts plutôt que de s'y soumettre, et l'Angleterre n'a pas perdu toute sa puissance, etc.

J'ai dit à M. Oswald que je ne pouvais entrer avec lui dans le détail qu'après m'être concerté avec votre cour. Je lui ai proposé de le présenter à Votre Excellence, après vous avoir communiqué les lettres qu'il a apportées si toutefois vous jugez à propos de le recevoir. Il a paru satisfait de cette idée. Je me rendrai demain auprès de vous pour connaître vos intentions et prendre vos conseils. M. Oswald n'a point entendu parler de la mission de Forth. L'ancien ministère n'a pas mis ses successeurs au courant de cette affaire. M. Laurens a fait route, sur le même vaisseau que M. Oswald; il se rend d'Ostende en Hollande. J'ai l'honneur, etc.　　　　　　　　　　　B. F.

Le lendemain, me trouvant à la Cour avec les ministres étrangers qui sont reçus tous les mardis, je vis M. de Vergennes. Il me dit qu'il avait fait traduire ces lettres, et qu'informé de leur contenu, il serait charmé de voir M. Oswald. Nous convînmes que l'entrevue aurait lieu le mercredi à dix heures.

En rentrant chez moi, j'écrivis à M. Oswald ce qui s'était passé à Versailles, et je l'invitai à se rendre chez moi le lendemain matin à huit heures et demie, afin de partir ensemble.

M. Oswald fut exact au rendez-vous, et nous arrivâmes à Versailles à l'heure dite. M. de Vergennes l'accueillit avec beaucoup de politesse. M. Oswald n'ayant pas une grande habitude de parler français, M. de Rayneval lui servit d'interprète. La conversation dura plus d'une heure. M. Oswald voulut d'abord expédier un courrier à Londres pour en rendre compte; on lui offrit un passe-port à cet effet; mais il se décida à faire le voyage lui-même. Le lendemain j'écrivis ce qui suit :

« A LORD SHELBURNE.

Passy, 18 avril 1782.

« Mylord,

« J'ai reçu la lettre que Votre Seigneurie m'a fait l'honneur de m'écrire le 6 courant. Je vous félicite de votre nouvelle nomination au poste honorable et important que vous avez déjà si dignement rempli, et qui doit vous être d'autant plus agréable, qu'il vous met à même de faire du bien, et de servir votre pays dans ses plus chers intérêts.

« J'ai beaucoup causé avec M. Oswald ; je suis enchanté de lui; c'est un homme sage et honnête. Je lui ai dit que j'étais, avec d'autres personnes, chargé de négocier et de conclure la paix; que nous étions munis de pleins pouvoirs et que le Congrès s'était engagé de bonne foi à ratifier, confirmer et faire observer fidèlement le traité que nous ferions; mais que nous ne voulions pas traiter séparément de la France. J'ai présenté M. Oswald au comte de Vergennes, à qui j'ai communiqué la lettre de Votre Seigneurie pour servir de texte à l'entrevue. M. Oswald vous dira que l'assurance qu'il a donnée des bonnes dispositions de Sa Majesté britannique a été bien accueillie, et qu'on lui a fait les mêmes protestations au nom de Sa Majesté très-chrétienne.

« Quant au traité même, M. de Vergennes a fait observer que les engagements du roi sont de telle nature qu'il ne saurait traiter sans le concours de ses alliés. C'est donc d'une paix générale, et non d'une paix partielle qu'il s'agit. Si les parties sont disposées à terminer promptement et directement la guerre, le mieux serait de traiter à Paris, où se trouve déjà un ambassadeur d'Espagne, et où il sera facile de réunir de suite les commissaires américains. Si l'on préfère recourir à la médiation proposée, on pourrait négocier à Vienne. Au surplus, a ajouté le ministre, le roi de France a tellement à cœur de finir promptement la guerre, qu'il acceptera tout endroit que le roi d'Angleterre jugera convenable.

« Le reste de la conversation sera rapporté à Votre Seigneurie par M. Oswald; et pour qu'il pût le faire plus facilement et plus en détail que ne le permet une dépêche, j'ai été d'avis qu'il valait mieux qu'il revînt à Londres sans délai, pour s'expliquer *vivâ voce*. N'étant moi-même qu'un des quatre commissaires envoyés en Europe par le Congrès pour traiter de la paix, je ne puis faire, en l'absence de mes collègues, aucune proposition de quelque importance. Je ne puis qu'exprimer un vœu, c'est que si vous renvoyez ici M. Oswald, il y revienne avec des pleins pouvoirs pour traiter d'une paix générale, et proposer le temps et le lieu de la négociation; alors j'écrirai sur-le-champ à MM. Adams, Laurens et Jay. Je suppose qu'en ce cas Votre Seigneurie jugera convenable d'affranchir M. Laurens des engagements qu'il a pris quand on l'a admis à donner caution. Je ne désire pas d'autre canal de communication entre nous que M. Oswald ; Votre Seigneurie me paraît l'avoir choisi avec grande raison. Il me verra agir avec toute la simplicité, toute la bonne foi que vous me faites l'honneur d'attendre de moi, et si, à son retour, il est autorisé à nous faire connaître plus complétement les intentions de Votre Seigneurie sur les points principaux qu'il s'agit de régler, cela contribuera beaucoup à l'œuvre sainte dans laquelle nos cœurs sont engagés.

« Dans l'acte du Parlement relatif aux prisonniers américains, je vois que le roi a le pouvoir d'en conclure l'échange. J'espère que ceux que vous avez en Angleterre et en Irlande pourront être bientôt renvoyés dans leur patrie sous pavillon parlementaire, et échangés contre un pareil nombre d'Anglais. Permettez-moi d'ajouter qu'il serait bien de mêler un peu de bonté à cette affaire, en ayant soin des prisonniers soient bien à bord. Ces pauvres gens sont depuis longtemps séparés de leurs parents et de leurs familles, et on les a durement traités. Je suis, avec un parfait et sincère respect, votre, etc. B. F. »

Au récit que contient cette lettre, j'ajouterai la déclaration formelle que nous fit M. de Vergennes : « Le fondement d'une paix bonne et durable, nous dit-il, c'est la justice : et quand on traitera, j'aurai, sur plusieurs points, un appel à faire à la justice des Anglais. Je vous en préviens d'avance, » ajouta-t-il. Quelles sont ces demandes? il ne l'a point dit. Il y en a une qui s'est présentée à mon esprit. Il demandera sans doute réparation de l'injure que les Anglais ont faite aux Français, en leur prenant, contre le droit des gens, un grand nombre de vaisseaux par surprise, et sans aucune déclaration de guerre. M. Oswald désirait qu'on lui fît quelques propositions qu'il pût emporter avec lui ; mais M. de Vergennes répondit, avec beaucoup de justesse : « Il y a quatre nations en guerre avec vous ; aucune d'elle ne peut rien vous proposer sans avoir consulté les trois autres. Votre cour, au contraire, est seule et sans alliés; elle sait ce qu'elle veut, elle peut s'expliquer immédiatement. Il est donc plus naturel que vous fassiez les premières propositions. »

En revenant de Versailles, M. Oswald chercha à me pénétrer de l'idée que la faiblesse actuelle du gouvernement anglais tenait à ce que les esprits étaient divisés au sujet de la guerre; que si, par hasard, la France adressait à l'Angleterre des propositions humiliantes, l'esprit public se réveillerait tout à coup; on retrouverait l'unanimité et les ressources ne manqueraient pas. « Nous ne manquons pas d'argent, dit-il; toute la difficulté est d'imposer de nouvelles taxes; mais on tournerait cette difficulté en fermant le Trésor, en suspendant le payement des fonds publics, et en appliquant cet argent à la continuation de la guerre. » Je ne répondis point à cet argument, je n'ai aucune envie de dissuader les Anglais d'une suspension de payement; je considère ce moyen comme la vraie façon d'égorger leur crédit public et d'achever de les brouiller avec leurs voisins. D'ailleurs, ces menaces m'encourageaient, en me rappelant un vieil adage : *Qui menace a peur.*

Le lendemain matin, après avoir écrit la lettre à lord Shelburne, j'allai la porter à M. Oswald, et lui en donnai lecture avant de la cacheter, afin d'y faire des corrections, s'il le jugeait nécessaire; mais il s'en déclara très-satisfait.

En allant voir M. Oswald, je me proposais aussi de l'engager dans une conversation pour sonder les intentions de sa cour sur le Canada et la Nouvelle-Écosse. J'avais jeté sur le papier quelques idées qui devaient me servir de *memorandum*, mais que je n'avais pas précisément l'intention de montrer à M. Oswald. Comme il me remerciait de la bonne opinion que j'exprimais sur son compte dans ma lettre à lord Shelburne, et qu'il m'assurait qu'il avait la même idée de moi, je vois bien, lui dis-je, que lord Shelburne place toute sa confiance en vous, et puisque nous avons le bonheur de nous inspirer la même confiance l'un l'autre, ne pourrions-nous pas faire beaucoup de bien en nous communiquant franchement nos sentiments, en nous réglant d'avance sur les points essentiels, de façon à faire partager nos idées à des personnages influents.

Je lui fis alors remarquer que l'Angleterre désirait une réconciliation; que, pour y parvenir, ceux qui avaient été les agresseurs ou qui avaient eu les plus grands torts, devaient témoigner quelque regret du passé, et quelque disposition à offrir une réparation; qu'il était certaines réparations que l'Amérique pouvait demander, et que l'Angleterre pouvait accorder; mais que l'effet en serait infiniment plus grand si elles paraissaient le gage volontaire d'un heureux retour de bonne volonté. Je désirais donc que l'Angleterre voulût bien offrir quelque chose pour secourir les malheureuses victimes du *scalp* et de l'incendie. Sans doute, on ne pouvait ni rendre la vie aux morts, ni les dédommager, mais on pouvait, du moins, rebâtir les villages et les maisons qu'on avait détruits sans nécessité, etc. Je touchai alors la question du Canada; et comme, dans une précédente conversation, M. Oswald avait soutenu que la cession de ce pays aux Anglais, lors de la paix de 1763, avait été, de la part de la France, un acte de politique, parce qu'on avait ainsi affaibli les liens entre l'Angleterre et ses colonies, et que lui, Oswald, n'avait pas hésité à en tirer l'augure de la dernière révolution, je parlai des occasions sans cesse renaissantes de querelles qui résulteraient de la possession du Canada par l'Angleterre. Je donnai à entendre, sans l'expliquer clairement, que le danger de ce voisinage nous forcerait nécessairement à cultiver et à fortifier notre union avec la France. Mon discours le frappa; et, comme je jetais souvent les yeux sur mon papier, il demanda à le voir. Après quelque hésitation, je lui permis de le lire. En voici la copie exacte :

NOTES POUR UNE CONVERSATION.

« Pour faire une paix durable, il faut écarter, si l'on peut, tout ce qui pourrait être l'occasion de guerres futures.

« Le territoire des États-Unis et celui du Canada se touchent par des frontières étendues.

« Les planteurs établis sur les frontières des provinces américaines sont, pour la plupart, les hommes les plus turbulents du pays. Placés loin des yeux et de la surveillance de leurs gouvernements respectifs, ils sont toujours prêts à inquiéter leurs voisins; c'est un sujet de plaintes continuelles et de querelles entre les États limitrophes.

« Les derniers débats du Parlement, et les brochures politiques, prouvent que la Grande-Bretagne désire se *réconcilier* avec les Américains. C'est un mot d'amitié. Il signifie beaucoup plus qu'une paix ordinaire, et rien n'est plus à désirer. Les nations font la paix, quand des deux parts on est las de la guerre. Mais quand l'une d'elles a attaqué l'autre injustement, lui a fait souffrir sans nécessité de grands maux, et cependant lui en refuse la réparation, c'est en vain qu'on aura signé la paix ; le ressentiment des injures subsistera, et il éclatera avec violence à la première occasion. Ces occasions, on les épiera d'un côté, on les craindra de l'autre ; la paix ne sera jamais sûre ; il n'y aura pas de cordialité entre les deux pays.

« Beaucoup de maisons et de villages ont été brûlés en Amérique par les Anglais et par leurs alliés, les Indiens. Je ne sais pas si les Américains insisteront sur une réparation; peut-être ils le devraient; mais ne vaudrait-il pas mieux que l'Angleterre l'offrît? Rien ne servirait mieux à rapprocher les esprits; l'heureux retour des relations commerciales entre les deux pays dépend d'une réconciliation. Cet avantage ne serait-il pas supérieur au prix qu'il en coûterait pour l'obtenir?

« Si donc on proposait un moyen qui tendît à effacer le souvenir des injures, en même temps qu'il extirperait le germe de nouvelles difficultés et de nouveaux malheurs, ce moyen ne mériterait-il pas d'être pris en considération, surtout si au lieu d'être coûteux, il offre un bénéfice?

« La Grande-Bretagne possède le Canada. Le principal avantage de cette possession, c'est le commerce des pelleteries. Le gouvernement et la défense de cet établissement doivent lui coûter des sommes considérables. Il serait humiliant pour elle de le céder sur la demande de l'Amérique. Peut-être l'Amérique ne le demandera-t-elle pas. Quelques-uns de ses hommes d'État peuvent considérer la crainte d'un tel voisinage comme le moyen de maintenir une plus étroite union parmi les treize États, et de les rendre plus attentifs à la discipline militaire. Mais l'offre volontaire de cette province produirait le meilleur effet sur l'esprit du peuple, alors même que l'Angleterre stipulerait qu'en tout temps elle jouirait, dans le Canada, d'un commerce entièrement libre, et affranchi de toute espèce de droits, qu'on vendrait des terres vacantes jusqu'à concurrence de la somme nécessaire pour payer les maisons qui ont été brûlées par les troupes anglaises et par les Indiens, et en même temps pour indemniser les royalistes de la confiscation de leurs biens.

« Tout cela n'est qu'un objet de conversation entre M. Oswald et M. Franklin, attendu que le premier n'a aucun pouvoir et que le dernier ne peut rien proposer sans le concours de ses collègues. »

M. Oswald me dit alors, qu'à son avis, rien n'était plus clair, plus satisfaisant et plus convaincant que les raisonnements contenus dans ma note; qu'il ferait tout son possible pour pénétrer lord Shelburne de leur justesse; mais se défiant de sa mémoire, et craignant de ne pas exprimer ma pensée aussi bien, ou de ne pas l'exposer aussi clairement que je l'avais fait dans cet écrit, il me pria de lui laisser ce papier, promettant de me le rendre à son retour. Je finis par y consentir. Nous nous séparâmes très-bons amis, et il partit pour Londres.

Après son départ je profitai de la première occasion pour envoyer à M. Adams la lettre qu'on va lire, et les pièces qui y sont citées, afin de le mettre au courant de ce qui se passait. J'omis seulement les *notes pour une conversation* avec M. Oswald; mais j'en insérai la substance dans ma dépêche, ainsi qu'on le verra. Mon motif pour faire cette omission fut qu'à la réflexion je pensai que j'avais eu tort de parler d'une réparation pour les confiscations dont les *Tories*[1] avaient souffert; je rougissais aussi un peu de la faiblesse que j'avais eue de laisser sortir de mes mains ce papier.

A JOHN ADAMS.

Passy, 20 avril 1782.

Monsieur,

« J'espère que Votre Excellence aura reçu la copie de nos instructions, que je lui ai envoyée, il y a quelques semaines, par le courrier de Versailles. Je vous ai écrit le 13 par la voie du capitaine Smedley, et je vous ai envoyé un paquet de correspondance avec M. Hartley. Smedley n'a point quitté Paris aussitôt que je l'aurais cru; mais il doit être arrivé à présent.

« Je vous envoie ci-inclus une nouvelle correspondance dans laquelle on m'a engagé, savoir : 1º Une lettre que j'ai écrite à lord Shelburne, avant qu'il fût ministre; 2º la réponse qu'il m'a envoyée par M. Oswald, depuis qu'il est

---

1. C'était le nom donné aux Américains, restés fidèles à l'Angleterre.

ministre ; 3° une lettre de M. Laurens ; 4° ma lettre à M. de Vergennes ; 5° ma réponse à lord Shelburne ; 6° ma réponse à M. Laurens ; 7° la copie du rapport de Digges. Ces papiers vous feront connaître ce qui s'est passé entre M. Oswald et moi, à l'exception de la conversation que nous eûmes au moment de son départ. Je lui fis observer qu'on parlait beaucoup, en Angleterre, d'une *réconciliation* avec les Colonies ; c'était plus que la paix, puisqu'on pouvait obtenir l'une sans l'autre. J'ajoutai, que les maux cruels qu'on nous avait fait souffrir en brûlant nos villes, etc., laisseraient de longues traces de ressentiment ; que les plus grands avantages que le commerce anglais pouvait se promettre de la paix, dépendaient d'une *réconciliation ;* que la paix, sans réconciliation, ne serait probablement pas durable ; que des amis brouillés n'étaient jamais mieux *réconciliés*, que lorsque l'agresseur offrait de réparer les torts qu'il avait commis dans un moment de passion. Et j'insinuai que si l'Angleterre nous offrait volontairement le Canada comme indemnité, cela pourrait avoir un bon effet.

« M. Oswald goûta fort cette idée, et dit que l'Angleterre était trop gênée dans ses finances pour nous offrir une réparation pécuniaire ; mais qu'il ferait tous ses efforts pour nous procurer une satisfaction dans le genre de celle que j'indiquais. Il a pris un passe-port pour aller et retourner par Calais. Je l'attends sous dix à douze jours. Je souhaite que vous et M. Laurens puissiez être ici à son arrivée ; car j'ai grand besoin de vos conseils, et je ne puis rien faire sans vous. Si la crise actuelle de vos affaires vous empêche de venir, j'espère que M. Laurens, au moins, fera le voyage. Nous communiquerons avec vous par des exprès, attendu que les lettres que vous m'envoyez par la poste sont presque toujours ouvertes. J'écrirai, par le prochain courrier à M. Jay, en le priant de se rendre aussi à Paris le plus tôt possible.

« J'ai reçu la lettre où vous me donnez avis d'une lettre de change tirée sur moi pour vos appointements d'un trimestre : il y sera fait honneur. Je suis, etc.   B. F. »

Supposant que M. Laurens était en Hollande avec M. Adams, je lui écrivis en même temps la lettre suivante :

« A HENRY LAURENS.

Passy, 20 avril 1782.

« Monsieur,

« J'ai reçu, par M. Oswald, la lettre que vous m'avez fait l'honneur de m'écrire le 7 du courant. Il m'a également apporté une lettre de lord Shelburne, qui me l'a présenté avec les mêmes éloges que les vôtres en ajoutant: « M. Oswald connaît le fond de ma pensée, vous pouvez « vous en rapporter à tout ce qu'il vous dira. » Toutefois M. Oswald ne m'a pas fait connaître autrement le fond de la pensée de Sa Seigneurie, qu'en m'assurant que le ministre désirait sincèrement la paix. Son message paraît avoir plutôt pour objet d'amener ou de recevoir des propositions que d'en faire. J'ai répondu à M. Oswald, que je ne pouvais rien faire sans le concours de mes collègues, et qu'en nous supposant même tous réunis, nous ne traiterions que de concert avec la France. Je lui ai proposé de le présenter à M. de Vergennes; ce qu'il a accepté.

« Sur la déclaration toute semblable qu'il a faite des dispositions de l'Angleterre à traiter de la paix, le ministre a répliqué que la France n'était pas moins bien disposée, et qu'elle était prête à traiter d'une *paix générale*, mais non d'une paix *séparée*. Le ministre ajouta que Paris lui semblait le lieu le plus convenable pour négocier, puisque l'Espagne y avait déjà un ambassadeur, et qu'il était facile d'y réunir les commissaires américains; cela, dans la supposition où les parties traiteraient directement entre elles, sans l'intervention de médiateurs; mais que, si l'on voulait recourir à la médiation, on pouvait se réunir à Vienne. M. de Vergennes déclara que le roi, son maître, inclinait si franchement à la paix, qu'il en traiterait partout où le roi d'Angleterre le jugerait à propos; et que la meilleure preuve qu'il pouvait donner de sa fidélité à remplir les engagements à venir, c'était la loyauté et l'exactitude avec lesquelles il observerait les conventions qu'il avait faites avec ses alliés.

« M. Oswald est reparti, par la voie de Calais, avec ces réponses générales; il espère revenir sous peu de jours. Je désirerais qu'il fût possible à vous et à M. Adams de vous trouver à Paris à la même époque. Mais si la situation critique des affaires forçait M. Adams à rester en Hollande, je compte au moins sur vous, et je vous prie de m'apporter l'opinion et les conseils de M. Adams. J'ai proposé à lord Shelburne de vous dégager des obligations que vous avez prises au moment de votre élargissement, afin que vous ayez toute liberté pour faire le traité qu'il désire.

« J'avais eu l'honneur de vous écrire peu de temps avant l'arrivée de M. Oswald. Ma lettre a été remise à M. Young, votre secrétaire, elle contenait une copie de votre commission et des offres d'argent, si vous en aviez besoin. Espérant que vous ne retournerez pas en Angleterre avant de venir à Paris, je ne vous parlerai pas de nos affaires en France et en Espagne. M. de Vergennes m'a dit qu'il serait charmé de vous voir ici. M. Oswald a répondu parfaitement à l'idée que vous m'aviez donnée de son caractère; il me plaît beaucoup.

« J'ai l'honneur d'être, etc.   B. F. »

J'avais à peine envoyé ces dépêches que je reçus la lettre suivante de M. Adams.

JOHN ADAMS A B. FRANKLIN.

Amsterdam, 16 avril 1782.

Monsieur,

Hier, après midi, M. William Vaughan, de Londres, est venu chez moi avec M. Laurens, le fils du président[1]. Il était porteur d'un billet du président qui se trouvait, m'a-t-il dit, à Harlem, et désirait me voir. Je suis parti pour Harlem, et j'ai trouvé mon vieil ami au *Lion d'or*.

Le président m'a dit qu'il était venu, en partie pour sa santé et pour le plaisir de me voir, en partie, pour causer avec moi, et voir s'il avait une juste idée de l'état des choses. Il désirait savoir si nous étions d'accord, plusieurs membres du nouveau ministère l'ayant prié de faire cette démarche.

« Je lui demandai s'il était en pleine liberté; il me répondit que non; qu'il était toujours prisonnier sur parole, mais libre de s'exprimer avec moi sans réserve. Je lui dis que sa qualité de prisonnier m'empêchait de lui communiquer même ses propres instructions, et de conférer avec lui comme avec un de nos collègues; qu'en conséquence, notre entretien serait de particulier à particulier, et que je me réservais, dans tous les cas, d'en faire part à nos collègues et à nos alliés.

M. Laurens me dit que lord Shelburne et les nouveaux ministres désiraient ardemment savoir s'il y avait quelque part des pleins pouvoirs pour traiter d'une paix séparée et s'il était possible de conclure à d'autres conditions que celles de notre indépendance. Il ajouta qu'il leur avait toujours répondu que, dans son opinion, nous n'accepterions jamais que la reconnaissance formelle ou tacite de

1. Henry Laurens avait été le second président du Congrès de l'Indépendance. Le nom de président lui en était resté.

notre indépendance, et que nous ne voudrions ni ne pourrions jamais traiter séparément de la France. Il m'a demandé s'il avait eu raison de répondre ainsi : je lui ai répondu que j'étais entièrement de son avis.

Il ajouta que les nouveaux ministres avaient reçu le rapport de Digges[1], mais que c'était un homme d'une réputation telle qu'ils n'avaient pas voulu se fier à lui, et qu'une personne appelée, je crois, Oswald, était partie d'Angleterre en même temps que lui, Laurens, pour vous voir à Paris.

Je le priai de considérer, entre nous et sans en rien dire au ministère, si nous pouvions avoir une paix réelle, tant que le Canada et la Nouvelle-Écosse resteraient entre les mains des Anglais, et si nous ne devrions pas exiger au moins la stipulation formelle que l'Angleterre n'aurait, sur ces frontières, ni armée permanente, ni troupes réglées, ni fortifications. Je lui fis observer qu'à présent rien ne nous pressait de faire la paix, et que, si le peuple anglais n'était pas encore prêt à nous accorder des conditions honorables, nous pouvions attendre patiemment.

Je trouvai que le vieux *gentleman* avait des idées politiques parfaitement saines. Il a une très-mince idée de l'intégrité et des talents du nouveau ministère, et ne l'estime guère plus que l'ancien. « Ces gens-là, dit-il, ne savent ce qu'ils veulent; c'est toujours le même manque de sincérité ; même duplicité, même fausseté, même corruption. Lord Shelburne flatte encore le roi de l'idée d'une réconciliation, d'une paix séparée, etc.; cependant la nation et les plus honnêtes gens désirent une paix générale, et la reconnaissance expresse de l'indépendance américaine : beaucoup des plus sages sont pour l'abandon du Canada et de la Nouvelle-Écosse. »

---

1. Ce Digges était un intrigant et pis encore qui s'était offert aux ministres anglais pour négocier la paix. Voy. *sup.*, p. 133.

Il me parût que M. Laurens voulait surtout savoir jusqu'à quel point le rapport de Digges était vrai. Après une heure ou deux de conversation, je retournai à Amsterdam, et il repartit pour Londres.

Tout ceci n'est qu'un manége pour faire hausser les fonds publics ; si vous connaissiez un moyen d'y mettre ordre, j'y concourrai avec plaisir. On sait maintenant que notre commission a pour objet de traiter d'une paix générale avec des personnes munies d'un égal pouvoir. Si vous le trouvez bon, je ne recevrai aucun autre messager, qu'il n'ait qualité de plénipotentiaire.

On compte que la septième province, celle de Gueldres, reconnaîtra aujourd'hui l'indépendance américaine. Je crois que notre situation est telle, que nous ne devons plus nous contenter d'une trêve ni d'aucun arrangement qui ne serait pas la reconnaissance formelle de la souveraineté des États-Unis. Je serais cependant charmé de connaître vos sentiments sur ce point.

J'ai l'honneur, etc.   J. ADAMS.

Je répondis immédiatement :

« A JOHN ADAMS.

Passy, 20 avril 1782.

« Monsieur,

« Je reçois votre lettre, datée du 16 courant, par laquelle vous m'informez de l'entrevue qui a eu lieu entre votre Excellence et M. Laurens. J'apprends avec joie que ses sentiments politiques s'accordent avec les nôtres, et que l'on serait disposé, en Angleterre, à nous abandonner le Canada et la Nouvelle-Écosse.

« J'aime votre idée de ne plus recevoir de messager qui ne soit plénipotentiaire ; je ne puis cependant refuser de revoir M. Oswald. Le ministre français a considéré la lettre que lord Shelburne m'a adressée comme une sorte de caractère officiel donné à cet envoyé, il compte que M. Oswald à son retour, nous apportera des propositions explicites. Je vous aviserai de tout ce qui se passera.

« Le dernier acte du Parlement relatif à l'échange des Américains comme *prisonniers de guerre*, conformément aux droits des gens, et *nonobstant les termes de leur écrou*, me semble une renonciation à leur prétention de juger nos concitoyens comme des sujets coupables de haute trahison ; c'est une reconnaissance tacite de notre indépendance. Après ce premier pas, il leur sera moins difficile de la reconnaître expressément. On prépare en Angleterre les transports qui doivent rapatrier les prisonniers. J'ai expédié hier les passe-ports qu'on m'a demandés.

« Sir Georges Grand m'a fait voir une lettre de M. Fizeaux, où il dit : Que si nous savons profiter de l'enthousiasme qui règne actuellement en faveur de l'Amérique, nous obtiendrons aisément en Hollande un emprunt de cinq ou six millions de florins ; et que, si sa maison reçoit l'autorisation d'ouvrir cet emprunt, il ne doute pas du succès ; mais qu'il n'y a pas de temps à perdre. Je vous recommande fortement cet objet, comme d'une nécessité absolue pour les opérations de notre financier M. Morris. Il ne sait pas que la plus grande partie des cinq derniers millions a été employée à acheter des articles d'Europe, etc. ; il m'avise en conséquence de traites considérables qu'il sera forcé de tirer sur moi cet été.

« La cour de France nous a alloué six millions de livres tournois pour l'année courante ; mais cette somme est bien au-dessous de nos besoins. Nous avons à faire honneur à des traites importantes, et près de deux millions et demi à payer à M. Beaumarchais, sans compter les intérêts, les billets, etc., etc. La maison Fizeau et Grand vient de recevoir sa nomination de banquier de France, par commission spéciale du roi. Sous ce rapport, comme sous plusieurs autres, elle est celle que je crois la plus convenable pour notre opération. Votre Excellence étant sur les lieux, jugera mieux des conditions, etc.; elle peut régler toute l'affaire avec cette maison; je serais heureux de n'avoir à m'occuper de ces messieurs, que lorsque nous aurons besoin de leur secours pour solder ces terribles lettres de change. Je suis, etc. B. F. »

En réponse M. Adams m'écrivit ce qui suit :

JOHN ADAMS A B. FRANKLIN.

Amsterdam, 2 mai 1782.

« Monsieur,

J'ai reçu votre lettre du 20 avril, et le fils de M. Laurens se charge de la lettre que vous y avez jointe pour son père. Les instructions nous sont arrivées à bon port par le courrier de Versailles, et je ne doute pas de la sûreté des autres dépêches confiées au même canal. J'ai reçu, par le capitaine Smedley, votre correspondance avec M. Hartley; je saisirai la première occasion particulière de vous la renvoyer, ainsi que la correspondance avec le comte de Shelburne.

M. Laurens et M. Jay pourront, j'espère, venir à Paris; mais sera-t-il en mon pouvoir d'y aller, c'est ce que j'ignore. Vos négociations pour la paix seconderont à merveille la proposition (que je suis chargé de faire, dès que la cour de Versailles le jugera convenable,) d'une triple ou quadruple alliance. Cet objet important, le traité de commerce que l'on discute en ce moment et la négociation de l'emprunt, voilà les motifs qui m'empêchent de quitter la Hollande, à moins d'une nécessité absolue. Si l'on était réellement disposé à permettre au Canada de se joindre la Confédération américaine, il n'existerait plus, je pense, de grandes difficultés entre l'Angleterre et l'Amérique, pourvu toutefois que nos alliés reçussent aussi satisfaction. Dans une dépêche précédente, je disais que le moment était venu d'insister sur la reconnaissance formelle de notre indépendance ; mais je n'entendais pas qu'il fallût en faire l'objet d'un article dans le traité. Que les Anglais fassent un traité de paix avec les États-Unis d'Amérique, je n'ai pas besoin d'une autre reconnaissance.

L'affaire de l'emprunt me donne beaucoup de tourments et de fatigue. Il est vrai que je puis ouvrir un emprunt de cinq millions ; mais j'avoue que n'ai pas l'espérance de le voir remplir. On n'aura pas la somme. L'argent comptant n'est pas inépuisable en ce pays. Depuis deux ou trois ans le commerce de la Hollande a été ruiné ; la France, l'Espagne, l'Angleterre, la Russie, la Suède, le Danemark et d'autres puissances ont ici des emprunts ouverts, sans parler des emprunts hollandais, emprunts nationaux, provinciaux, municipaux. Les prêteurs sont déjà chargés de fardeaux au-dessus de leurs forces, et tous les courtiers de la République sont tellement engagés, qu'ils ne sauraient prêter un ducat au delà de ce qu'ils ont promis.

Telle est la véritable cause qui nous empêchera de réussir ; cependant on cherchera cent autres prétextes. On regarde comme un tel honneur et comme une telle entrée en affaires d'être le banquier des Américains, qu'il existe, pour obtenir ce titre, une concurrence prodigieuse. Plusieurs maisons de commerce ont des prétentions qu'elles font sonner très-haut ; quelle que soit celle que je choisisse, il y aura des plaintes et des cris.

J'ai pris quelques mesures pour calmer cette effervescence et contenter tout le monde ; mais, jusqu'à présent, j'ai peu d'espoir de succès. Je suis prêt à conclure avec toute maison qui m'assurera l'argent ; mais maintenant que j'offre l'emprunt, personne ne veut le prendre, quoiqu'au premier moment où l'on en a parlé, il y eût plusieurs maisons qui se déclarassent prêtes à le souscrire. Examen fait de la chose, elles ne trouvent pas facile de se procurer de l'argent, ce que j'aurais pu leur annoncer d'avance. Pour moi personnellement, il m'est parfaitement indifférent de traiter avec telle ou telle maison, pourvu que ce soit au mieux des intérêts des États-Unis. Le problème est simple, mais il n'est pas d'une solution facile. Ce qu'il y a de plus clair, après dix-huit mois de tâtonnements pénibles, c'est qu'aucune maison ne fera grand'chose. Il est des temps et des pays où l'enthousiasme fait des prodiges, mais l'enthousiasme qu'on a ici pour les Américains n'est pas assez fort pour délier les cordons de la bourse. Peut-être aurons-nous plus de succès une autre année, si la guerre continue. J'ai l'honneur, etc.

J. ADAMS.

Pendant l'absence de M. Oswald, M. Laurens m'écrivit la lettres suivante.

« HENRY LAURENS A B. FRANKLIN.

Londres, 20 avril 1782.

« Monsieur,

« Je vous ai écrit le 7 du courant par M. Oswald. Le 28, j'ai reçu des mains de M. Young votre réponse du 12, avec une copie de la commission pour traiter de la paix.

« L'engagement qu'avait exigé de moi l'ancien ministère a été annulé par le nouveau. On a bien voulu m'élargir sans conditions; mais comme je ne veux pas que les États-Unis soient vaincus en générosité, encore bien que de ce côté-ci les marques en aient été un peu lentes, j'ai pris sur moi d'assurer lord Shelburne, dans une lettre de remercîment, que le Congrès ne manquerait pas d'offrir une juste compensation de ce procédé. Je pensais au lieutenant général lord Cornwallis. Il y a quelques temps, le

Congrès a eu la bonté d'offrir pour ma rançon, un autre lieutenant général[1], et j'apprends qu'il était dernièrement question, à ce sujet, de lord Cornwallis lui-même. Ce serait une grande satisfaction pour moi de vous voir concourir à l'acquittement de cette dette d'honneur, que nous avons contractée ensemble et d'obtenir que Sa Seigneurie fût déliée de sa parole.

« Quant à moi, quoique je ne sois pas un téméraire, j'imagine que je ne m'exposerais pas à la censure, en faisant ce marché de concert avec vous. Je vous conjure, Monsieur, d'y réfléchir sérieusement. Je prendrai la liberté de vous demander quelle est votre détermination, quand je serai arrivé sur le continent ; c'est-à-dire, sous peu de jours.

« Lord Cornwallis, avec qui j'eus dernièrement une conversation, me soumit le cas de conscience que voici : « Supposons, me dit-il, que les Américains eussent déjà « résolu d'offrir lord Cornwallis en échange de M. Laurens, « pourrais-je maintenant, que vous êtes libre, jouir du « bénéfice d'une semblable intention ? » Moi, qui aime à jouer franc jeu, je répondis sur le champ et du fond du cœur : « Sans aucun doute, mylord ; dans ce cas vous « devez être dégagé de votre parole, et vous le serez, j'en « prends sur moi la responsabilité. » Je crois que certaines formes légales forçaient à me rendre la liberté sans conditions ; mais j'avais déjà refusé de la recevoir sans retour ; et l'échange de lord Cornwallis avait été compris sous ce mot. Il n'y a pas de doute qu'en me posant la question, Sa Seigneurie n'eût en vue cet engagement.

« J'ai uniformément et explicitement déclaré aux Anglais de la première distinction, qu'on ne traiterait jamais avec nous sans l'aveu de notre indépendance, et sans le consentement préalable de nos alliés. « En un mot, ai-je dit, si vous voulez la paix, demandez qu'elle soit générale. »

---

1. Le général Burgoyne.

Cette doctrine a été mal accueillie, et surtout par ceux qui seuls, peuvent mettre la machine en mouvement, mais, depuis mon retour de Harlem, j'ai confirmé mes déclarations de la manière la plus positive, et l'entêtement de ces messieurs s'est un peu adouci. Vous en serez bientôt instruit par le digne ami que vous recommandait ma lettre du 7 ; il est parti d'ici, il y a deux jours, pour Passy et Versailles avec une commission plus durable que la première, j'ai lieu de le croire.

« Recevez, monsieur, mes remerciments pour vos offres d'argent ; je sais trop combien vous avez été harassé sur cet article, et combien le crédit américain est bas en Europe. Je ne veux ni vous tourmenter, ni ajouter à notre gêne, sinon à la dernière extrémité. Jusqu'à présent j'ai vécu sans emprunt, et je suis déterminé à vivre sur mon capital tant qu'il durera ; il est vrai que ce capital est petit ; mais je sais y conformer mes dépenses et ma manière de vivre. Je prie Dieu de vous bénir, et j'ai l'honneur, etc.

« HENRY LAURENS. »

« P. S. J'ai trouvé à propos, non-seulement d'exhiber mes pleins pouvoirs à lord Shelburne, mais de lui en laisser copie. Je crois qu'il est bon de faire voir cette commission. »

Le 4 mai M. Oswald revint à Passy, et m'apporta cette lettre de lord Shelburne.

« LORD SHELBURNE A B. FRANKLIN.

Shelburne-House 20 avril 1782.

« Cher monsieur,

« C'est avec une vive satisfaction que j'apprends de vous que la prudence et l'intégrité qui m'ont fait choisir M. Oswald, comme l'instrument le plus propre à renouer nos relations amicales, ont été appréciées par vous, et l'ont recommandé à votre estime. Puisse l'effet de cette première communication de nos sentiments mutuels amener une heureuse conclusion de tous nos différends !

« La franchise avec laquelle le comte de Vergennes exprime les sentiments et les vœux de Sa Majesté très-Chrétienne, au sujet d'une prompte pacification, est un heureux présage de l'accomplissement de notre entreprise. Sa Majesté partage les mêmes sentiments, les mêmes vœux; elle a fortifié ses ministres dans leur intention d'agir de la même façon; c'est celle qui s'accorde le mieux avec la véritable dignité d'une grande nation.

« Par suite de ces avances réciproques, M. Oswald retourne à Paris ; il débattra et réglera avec vous les préliminaires de temps et de lieu. J'ai le plaisir de vous annoncer que M. Laurens est déjà délié des engagements qu'il a dû prendre quand il a été admis à donner caution.

« Il est décidé pareillement que M. Fox, du département duquel ressort nécessairement cette communication, enverra une personne chargée de conférer avec le comte de Vergennes, et de convenir des mesures et démarches ultérieures pour la poursuite de cette affaire importante.

« En attendant M. Oswald vous communiquera mes idées sur les points principaux à régler. On prépare des transports pour conduire vos prisonniers en Amérique, où ils seront échangés. Vous apprendrez, j'en suis sûr, qu'on a pris toutes les précautions pour qu'il ne leur manque rien, et qu'ils soient bien traités. J'ai, etc.

« SHELBURNE. »

Après avoir lu cette lettre, je demandai à M. Oswald quelles étaient les idées particulières de lord Shelburne qu'il était chargé de me communiquer. Il me dit que le ministère était sincèrement disposé à faire la paix ; qu'on avait grande confiance dans la franchise et l'honnêteté de mon caractère ; qu'on croyait aussi que je conservais quelque reste de mon ancienne affection pour la vieille Angleterre, et qu'on espérait que je saisirais cette occasion pour en donner des preuves. Il me montra ensuite un extrait des minutes du Conseil ; mais ne me laissa pas le papier. En voici la substance autant que je m'en souviens.

« Dans un conseil de cabinet tenu le 27 avril 1782 ; présents lord Rockingham, le lord Chancelier, le lord Président, lord Camden, etc., au nombre de quinze ou vingt, tous ministres et grands officiers d'État ;

« Il a été proposé de représenter à Sa Majesté qu'il serait bon que M. Oswald retournât vers le docteur Franklin, pour lui faire connaître que l'on consent à traiter d'une paix générale, et à Paris ; et que le point le plus important est la reconnaissance de l'indépendance américaine, à condition que l'Angleterre se trouve replacée dans la position où l'avait laissée la paix de 1763. »

M. Oswald me dit aussi qu'il avait parlé à lord Shelburne de mes *notes* touchant la réconciliation. Il les lui avait montrées, et avait même consenti à les lui laisser un soir, Sa Seigneurie lui ayant donné sa parole d'honneur de les lui remettre ; ce qui avait été fait, car il me les rapportait. Ces notes avaient produit quelque impression sur lord Shelburne, et M. Oswald avait lieu d'espérer que cette affaire serait réglée à notre satisfaction vers la fin du traité, mais, suivant lui, il valait mieux n'en pas parler au début. Il ajouta que lord Shelburne avait dit en effet qu'il n'aurait jamais cru qu'on comptât sur une réparation, et qu'il était étonné que je ne susse pas si l'on avait, ou non, l'intention d'en demander. Finalement, M. Oswald m'apprit que, comme l'affaire qui allait bientôt nous occuper, appartenait particulièrement au département de l'autre secrétaire M. Fox, on l'avait chargé d'annoncer l'arrivée très-prochaine d'un agent venant de ce département, et que cet agent était l'honorable M. Grenville, frère de lord Temple, et fils du fameux George Grenville, naguère chancelier de l'Échiquier.

J'écrivis sur le champ au comte de Vergennes le petit mot suivant :

AU COMTE DE VERGENNES.

Passy, 4 mai 1782.

Monsieur,

J'ai l'honneur d'informer Votre Excellence que M. Oswald arrive à l'instant de Londres, et qu'il est chez moi en ce moment. Il m'a remis une lettre de lord Shelburne, que je vous envoie sous ce pli, en réponse à une lettre de moi, dont ci-joint la copie. M. Oswald me dit qu'on a décidé en Conseil de traiter à Paris et d'une *paix générale* ; que les détails de toute cette affaire, appartenant plus particulièrement au département de M. Fox, on enverra ici M. Grenville pour les régler : on l'attend d'un jour à l'autre. M. Oswald aura l'honneur de se présenter chez Votre Excellence, dès qu'il vous plaira de le recevoir. Je suis, etc., etc. B. FRANKLIN.

Je reçus, le lendemain, la réponse suivante :

LE COMTE DE VERGENNES A B. FRANKLIN.

Versailles, 5 mai 1782.

Monsieur,

J'ai reçu la lettre que vous m'avez fait l'honneur de m'écrire le 4 de ce mois, ainsi que celles qui y étaient jointes. Je vous verrai avec plaisir, ainsi que votre ami, demain matin à onze heures. J'ai l'honneur d'être, etc.

DE VERGENNES.

Le lundi matin j'allai avec M. Oswald à Versailles, et nous vîmes le ministre. M. Oswald lui fit connaître que sa Cour était disposée à traiter d'une paix générale, et à Paris même ; il lui annonça l'arrivée prochaine de M. Grenville, qui, dit-il, était parti à peu près en même temps que lui, mais qui serait quelques jours de plus en route, parce qu'il viendrait probablement par Ostende. La conversation fut générale et assez agréable, mais sans importance.

Au retour, M. Oswald me répéta qu'il croyait que l'affaire du Canada serait réglée à notre satisfaction, mais qu'il désirait qu'on n'en parlât qu'à la fin du traité. Il ajouta qu'on craignait que les plus grandes difficultés ne vinssent de l'Espagne ; mais que si elle était déraisonnable, il y avait des moyens de la mettre à la raison. La Russie était amie de l'Angleterre ; elle avait fait récemment de grandes découvertes au fond de l'Amérique septentrionale ; elle pouvait y fonder des établissements, transporter une armée du Kamschatka jusqu'à la côte du Mexique, et conquérir toutes ces contrées. Ceci me parut un peu chimérique, quant à présent, mais je n'essayai pas de le contredire.

Somme toute, ce que j'avais pu tirer de M. Oswald au sujet des sentiments de lord Shelburne était si peu de chose, que je m'étonnai qu'on eût pris la peine de me l'adresser de nouveau, alors que M. Grenville devait le suivre de si près.

Le mardi, j'allai, comme d'ordinaire, à la Cour. M. de Vergennes me demanda si M. Oswald ne s'était pas ouvert davantage avec moi. Je lui dis qu'on m'avait fait voir les minutes du Conseil et l'instruisis des expressions vagues qu'elles contenaient au sujet des négociations. Il parut surpris que M. Oswald n'eût rien apporté de plus explicite. Je supposai que M. Grenville serait mieux fourni.

Le lendemain matin j'écrivis à M. Adams la lettre suivante :

A JOHN ADAMS.

Passy, 8 mai 1782.

Monsieur,

M. Oswald, dont je vous ai parlé dans une de mes précédentes que vous avez reçue, est de retour. Il m'a apporté une nouvelle lettre de lord Shelburne, dont je vous envoie copie. Sa Seigneurie me mande que M. Oswald est chargé de me communiquer ses sentiments. Ce dernier est cependant fort économe d'ouvertures. Tout ce que j'ai tiré de lui, c'est que le ministère est décidé à reconnaître l'indépendance américaine « sous la condition que la Grande-Bretagne sera replacée dans la position où l'avait laissée la paix de 1763. » Cela veut dire, je suppose, qu'on lui rendra toutes les îles que la France lui a prises. C'est nous proposer de nous vendre ce que nous avons déjà, et de faire payer à la France le prix qu'il plaira à l'Angleterre de lui demander.

M. Grenville, que vient de dépêcher M. Fox, est attendu ici d'un jour à l'autre. M. Oswald m'assure que M. Laurens sera bientôt à Paris. Je reçois à l'instant votre lettre du 2 courant. Je vous écrirai dorénavant par les courriers de la cour, car je suis sûr que les lettres que vous m'envoyez sont ouvertes à la poste, soit ici, soit en Hollande ; et je suppose que les miennes sont traitées de la même façon. Je vous envoie l'enveloppe de votre dernière, pour que vous voyiez le cachet. Je suis avec respect, monsieur, etc.
B. F.

J'avais à peine envoyé cette lettre que M. Oswald entra, suivi de M. Grenville, qui venait d'arriver. Il me remit la lettre suivante de la part de M. Fox, secrétaire d'État :

CHARLES FOX A B. FRANKLIN.

Saint-James, 1ᵉʳ mai 1782.

Monsieur,

Quoique M. Oswald ait dû vous informer déjà de la nature de la mission dont M. Grenville est chargé, cependant je ne puis m'empêcher de saisir l'occasion que m'offre son départ, pour vous assurer de l'estime et du respect que j'ai toujours eus pour votre personne, et pour vous prier de croire qu'aucun changement dans ma position n'a pu en apporter dans mes désirs ardents pour une réconciliation que j'ai toujours souhaitée depuis le commencement de cette querelle malheureuse.

M. Grenville connaît à fond mes sentiments; il sait les espérances que j'ai conçues. Ceux avec qui nous sommes en lutte, sont trop raisonnables pour prolonger une dispute qui n'a plus d'objet ni réel ni même imaginaire.

Je connais trop la libéralité de vos opinions pour craindre que des préjugés contre le *nom* de M. Grenville[1], vous empêchent d'apprécier les excellentes qualités de son cœur et de son esprit, ou de soupçonner le moins du monde la sincérité de ses vœux pour la paix. Personne n'en forme de plus ardents dans aucun pays.

Je suis avec le plus sincère respect, etc.

C. J. Fox.

Je supposais que ces messieurs avaient été à Versailles, et que M. Grenville aurait fait une visite à M. de Vergennes avant de se présenter chez moi. Quand j'appris dans

___

1. C'est son père, le chancelier de l'Échiquier, qui avait eu le premier la malheureuse idée de taxer les colonies sans leur aveu.

la conversation que cette visite n'avait pas eu lieu, et que M. Grenville comptait sur moi pour l'introduire auprès de ce ministre, j'écrivis immédiatement à M. de Vergennes, pour lui apprendre que M. Grenville était arrivé, et qu'il désirait savoir quand il plairait à Son Excellence de lui accorder une audience. J'envoyai ma lettre par un exprès.

J'entrai alors en conversation avec M. Grenville sur le sujet de sa mission. M. Fox me renvoyait à lui comme étant parfaitement instruit de ses sentiments. M. Grenville me dit que tout le monde désirait sincèrement la paix, si on pouvait l'obtenir à des conditions raisonnables. On avait renoncé à l'idée de subjuguer l'Amérique, et, puisque la France et l'Amérique avaient atteint le but qu'elles s'étaient d'abord proposé, on espérait que rien ne s'opposerait plus à une pacification. L'Angleterre était disposée à conclure un traité de paix avec toutes les nations qui lui faisaient la guerre, et elle consentait qu'on traitât à Paris.

Je ne le poussai guère plus loin, présumant qu'il réservait ses communications pour notre entrevue avec M. de Vergennes. Ces messieurs me firent l'honneur de rester à dîner avec moi; je leur avais dit que mon exprès serait de retour avant qu'ils s'en allassent. Ceci me fournit l'occasion de causer longtemps et de façon générale avec M. Grenville, qui me parut un jeune homme sensible, judicieux, intelligent, aimable et instruit, répondant parfaitement au portrait que M. Fox m'en avait fait.

Ces messieurs me quittèrent cependant vers les six heures, et mon messager n'arriva que vers les neuf heures du soir. M. de Vergennes me répondait qu'il était charmé d'apprendre l'arrivée de M. Grenville, qu'il serait prêt à nous recevoir le lendemain entre dix et onze heures. J'envoyai aussitôt cette réponse à M. Grenville, avec un petit mot, en le priant de se trouver à Passy, chez moi, à huit heures, pour que nous eussions le temps de déjeuner avant de partir. Je n'ai pas gardé copie de ces trois billets, autrement je les eusse insérés; car, quoique assez insignifiants par eux-mêmes, ils sont bons quelquefois pour établir des dates, constater des faits, et montrer le tour d'esprit et les sentiments de leurs auteurs en certains moments.

Voici la réponse que je reçus :

M. Grenville fait ses compliments à M. Franklin; il aura certainement l'honneur de se trouver chez M. Franklin demain matin à huit heures.

Rue de Richelieu, mercredi soir.

Nous partîmes le lendemain matin dans ma voiture; nous arrivâmes à l'heure dite chez le comte de Vergennes, qui fit à M. Grenville l'accueil le plus cordial, à cause des liens d'amitié qui avaient autrefois existé entre son oncle et le comte de Vergennes, lorsqu'ils étaient tous deux ambassadeurs à Constantinople.

Après quelques moments d'une conversation agréable, M. Grenville présenta les lettres dont il était porteur de la part de M. Fox, secrétaire d'État, et je crois aussi, de la part du duc de Richmond. Une fois ces lettres lues, on entama le sujet de la paix. Tout ce que je puis me rappeler de ces discours, c'est qu'après une déclaration mutuelle de la bonne disposition des deux cours, M. Grenville déclara « qu'en cas que l'Angleterre reconnût l'indépendance américaine, elle comptait que la France rendrait les îles qu'elle avait conquises sur l'Angleterre, en échange des îles de Miquelon et de Saint-Pierre; que, puisqu'on avait obtenu l'objet primitif de la guerre, on avait tout lieu de supposer que la France se contenterait de ces conditions. » Le ministre sourit à cette proposition d'échange et remarqua que l'offre d'accorder l'indépendance à l'Amérique était peu de chose. « L'Amérique, dit-il, ne vous le demande pas; voici M. Franklin qui vous répondra sur ce point. » —

« Il est sûr, répondis-je, que nous ne croyons pas avoir besoin de marchander ce qui nous appartient, ce que nous avons acheté au prix de beaucoup de sang et de beaucoup d'argent, ce qu'enfin nous possédons. » — « Quant à être satisfaits, parce que nous avons obtenu l'objet primitif de la guerre, reprit le ministre, examinez un peu la conduite de votre nation dans les guerres passées. Par exemple, quels furent les motifs de la dernière guerre [1]? Vos prétentions à quelques terres incultes sur les bords de l'Ohio et sur les frontières de la Nouvelle-Écosse. Eh bien ! vous êtes-vous contentés de recouvrer ces terres? Non, vous avez gardé, à la paix, tout le Canada, toute la Louisiane, toute la Floride, la Grenade, et d'autres îles des Antilles, en outre la plus grande partie des pêcheries du nord, avec toutes les conquêtes que vous aviez faites en Afrique, et dans les Indes orientales. » On fit observer qu'il n'était pas juste qu'après avoir fait sans aucune provocation la guerre à ses voisins, une nation qui n'avait pas eu le dessus, pût espérer de se retrouver tout entière et de récupérer tout ce qu'elle aurait perdu par la fortune de la guerre. Sur quoi, M. Grenville prétendit, que la guerre avait été provoquée par les encouragements que la France avait donnés aux Américains pour les exciter à la révolte. Cette remarque piqua le comte de Vergennes. Il déclara d'un ton très-ferme, que la rupture était faite et l'indépendance déclarée, longtemps avant que les Américains eussent reçu le moindre encouragement de la France; il défiait le monde entier de produire la moindre preuve du contraire. « Voici M. Franklin, dit-il, il connaît les choses, il peut me contredire si je ne dis pas la vérité. »

Il répeta ensuite à M. Grenville ce qu'il avait dit à M. Oswald, que le roi avait l'intention de traiter avec loyauté, et de garder fidèlement les conventions qui seraient

1. La guerre de 1757 terminée en 1763.

faites, que, lors des négociations, Sa Majesté donnerait des preuves convaincantes de ses dispositions, par la fidelité et l'exactitude qu'il mettrait à remplir les engagements qu'il avait pris avec ses alliés; qu'enfin ce que le roi avait le plus en vue, c'était la *justice* et la *dignité*; qu'il ne s'en départirait jamais. M. de Vergennes annonça en outre à M. Grenville qu'il écrirait sans délai à l'Espagne et à la Hollande, pour communiquer à ces cours ce qui s'était passé, et leur demander une réponse; qu'en attendant, il espérait que M. Grenville trouverait d'agréables sujets de distraction en France, et qu'il serait charmé d'y contribuer; qu'enfin il instruirait le roi de cette conversation, et qu'il serait bien aise de revoir M. Grenville le lendemain.

En revenant de Versailles, M. Grenville s'exprima comme un homme qui n'était pas satisfait de certaines paroles du comte de Vergennes; il était pensif. Il me dit qu'il avait amené avec lui deux courriers, qu'après sa seconde entrevue avec le ministre, il en enverrait peut-être un à Londres. Je lui demandai la permission de profiter de cette occasion pour répondre aux lettres que j'avais reçues de lord Shelburne et de M. Fox; il me promit gracieusement de me prévenir du départ de son courrier. Il ne m'invita pas à l'accompagner le lendemain à Versailles; je ne m'y suis pas offert.

Les allées et venues de MM. Grenville et Oswald furent observées; on en parla beaucoup à Paris. Le marquis de Lafayette ayant appris du ministre quelque chose de ces entrevues, m'en parla. Suivant les ordres que j'avais reçus du Congrès, de conférer avec le marquis de Lafayette et d'accepter son aide dans nos affaires, je lui appris ce qui s'était passé. Il me dit que lorsqu'on traitait à Paris de la dernière paix, le duc de Nivernois avait été envoyé à Londres, afin que la cour de France pût, par son intermédiaire, présenter sous le meilleur jour la suite des affaires, et prévenir ainsi toute mésintelligence et tout malentendu. Qu'un tel emploi lui serait fort agréable pour plusieurs raisons; qu'il était à présent citoyen américain; qu'il parlait les deux langues; qu'il était parfaitement au courant de nos intérêts, et qu'à tous ces titres, il croyait pouvoir se rendre utile. Il ajouta que suivant toute apparence on allait faire la paix, et que son retour immédiat en Amérique n'était pas nécessaire. Cette idée me sourit, j'encourageai le marquis à en parler au ministre. Il me demanda de le présenter à MM. Oswald et Grenville; et, à cet effet, il me proposa de se trouver avec eux à un déjeuner chez moi; je promis de préparer ce rendez-vous en engageant ces messieurs pour le samedi.

Le vendredi matin, 10 mai, j'allai à Paris et fis une visite à M. Oswald. Je le trouvai dans les mêmes dispositions amicales, et fort désireux de mettre fin à cette guerre ruineuse. Mais je n'en fus pas plus instruit des conditions que voulait lord Shelburne. Je dis à M. Oswald que le marquis de Lafayette déjeunerait avec moi le lendemain; je lui proposai de me faire le même honneur, pour peu qu'il eût quelque curiosité de voir un personnage qui s'était tant distingué dans la dernière guerre. M. Oswald y consentit volontiers. Je rentrai chez moi avec l'intention d'écrire à M. Grenville, que je supposais devoir rester et dîner à Versailles, et, par conséquent, je n'allai pas le voir; mais il était de retour, car je trouvai chez moi le billet suivant :

Paris, 10 mai.

« M. Grenville présente ses compliments à M. Franklin. Il se propose d'expédier un courrier pour l'Angleterre ce soir à dix heures; il le chargera des lettres que M. Franklin voudrait envoyer par cette occasion. »

Je me mis de suite à mon bureau et j'écrivis aux secrétaires d'État les deux billets suivants :

A CHARLES J. FOX.

Passy, 10 mai 1782.

Monsieur,

J'ai reçu la lettre que vous m'avez fait l'honneur de m'écrire, par M. Grenville, qui est, à mon avis, un gentleman très-aimable et de beaucoup de sens et d'esprit. Je vous assure que son nom ne diminue pas, auprès de moi, l'estime que m'inspirent ses excellentes qualités. Je l'ai présenté aussitôt qu'il a été possible, au comte de Vergennes ; il vous rendra compte lui-même de la réception qu'on lui a faite. J'espère que sa venue avancera l'œuvre sainte de la pacification. Au nom de l'humanité ne perdons pas un instant. Comme vous le dites, il n'y a plus aucun motif raisonnable pour continuer cette guerre abominable. Soyez convaincu que je ferai tous mes efforts pour y mettre fin.

Je suis très-flatté de l'opinion favorable que s'est formée de moi une personne que j'estime depuis si longtemps ; et j'espère que ma conduite en cette affaire ne l'affaiblira point.

J'ai l'honneur d'être votre, etc., etc. B. F.

A LORD SHELBURNE.

Passy, 10 mai 1782.

Mylord,

J'ai reçu, par M. Oswald, la lettre que Votre Seigneurie m'a fait l'honneur de m'écrire, le 28 avril dernier, et par laquelle elle m'apprend que M. Oswald revient à Paris, pour fixer avec moi les préliminaires de temps et de lieu. Hier, M. Grenville et M. de Vergennes sont tombés d'accord sur le choix de Paris, ce qui m'est fort agréable. On ne peut fixer le temps avant que la cour de France n'ait reçu les réponses de Madrid et de la Haye, et que mes collègues ne soient arrivés. J'attends de jour en jour l'arrivée de MM. Jay et Laurens : M. Adams doute qu'il puisse se trouver ici ; mais son absence ne nous empêchera pas d'agir.

Je suis charmé d'apprendre que M. Laurens ait été entièrement dégagé des obligations qu'il avait contractées. Votre Seigneurie m'a fort obligé par la promptitude qu'elle a mise à accorder cette faveur. Veuillez en accepter mes remercîments.

Je suis aussi fort heureux d'apprendre par votre lettre qu'on prépare des transports pour renvoyer nos prisonniers en Amérique, et qu'on aura soin qu'ils soient à leur aise et bien traités. Ces gens seront, à leur retour, répandus sur tous les États-Unis, et ce qu'ils diront des égards que le ministère actuel aura pour eux diminuera le ressentiment qu'a fait naître, aux colonies, le récit des maux qu'ils ont endurés sous le ministère *passé*. J'ai conseillé à M. Oswald de rester ici quelque temps, car je crois que sa présence sera utile. J'ai l'honneur d'être de votre Seigneurie, etc., etc.

B. F.

J'envoyai ces deux lettres à M. Grenville avec le billet suivant :

Passy, vendredi soir 10 mai.

M. Franklin présente ses compliments à M. Grenville, et le remercie de l'avis qu'il a bien voulu lui donner du départ de son courrier, et de l'offre obligeante qui l'accompagnait. Il l'accepte, et lui envoie sous ce pli deux lettres.

Le marquis de Lafayette et M. Oswald feront à M. Franklin l'honneur de déjeuner avec lui, demain entre neuf et dix heures. M. Franklin serait heureux d'avoir la compagnie de M. Grenville, si cela pouvait lui être agréable. Il aurait fait aujourd'hui, à Paris, une visite à M. Grenville, mais il présumait que M. Grenville était à Versailles.

M. Grenville fit la réponse suivante :

Paris, vendredi 10 mai.

« M. Grenville présente ses compliments à M. Franklin; il aura l'honneur et le plaisir de déjeuner avec M. Franklin demain entre neuf et dix heures.

« M. Grenville était à Versailles aujourd'hui, et il aurait été fâché que M. Franklin se fût donné la peine de passer chez lui. Le courrier aura le plus grand soin des lettres de M. Franklin. »

Ces messieurs se réunirent à l'heure dite; ils causèrent longtemps pendant le déjeuner et ne se quittèrent qu'à une heure après midi, également satisfaits les uns des autres.

Le lundi suivant, j'allai rendre visite à M. Grenville; je trouvai chez lui M. Oswald qui me dit qu'il était sur le point de retourner à Londres. Il devait partir le lendemain matin. Je fus surpris d'une résolution si soudaine. Croyant m'apercevoir que ces messieurs étaient en affaires, je me retirai pour écrire quelques lettres, au nombre des quelles se trouva la suivante à lord Shelburne; car j'étais vraiment fâché de penser que nous allions perdre un aussi excellent homme que M. Oswald.

A LORD SHELBURNE.

Passy, 13 mars 1782.

Mylord.

J'ai eu l'honneur d'écrire à votre Seigneurie, il y a peu de jours, par le courrier de M. Grenville, pour vous accuser réception de votre lettre du 28 du mois passé, qui m'a été remise par M. Oswald.

J'espérais alors que ce gentleman resterait quelque temps ici; mais il paraît que ses affaires le rappellent plus tôt qu'il ne pensait. J'espère qu'il reviendra : plus je le connais, plus je l'estime; et je crois que sa modération, sa prudence et la bonté de son jugement peuvent contribuer beaucoup non-seulement à la prompte conclusion de la paix, mais encore à l'établissement d'une paix solide et durable. J'ai l'honneur, etc.	B. F.

Le soir, je me rendis chez M. Oswald avec mes lettres. Il me dit que son intention était de revenir au plus tôt, et qu'afin de faire plus grande diligence, aller et retour, il laisserait sa voiture à Calais, parce que le temps qu'il lui en coûterait pour l'embarquer et la débarquer, pourrait lui faire perdre une marée. Je ne lui demandai pas la cause de ce voyage. Nous causâmes peu, car M. Grenville étant survenu, je souhaitai un bon voyage à M. Oswald et je me retirai pour ne pas gêner leur conversation.

Depuis le départ de M. Oswald, M. Grenville est venu me voir. Il m'a répété les mêmes choses que M. Hartley m'avait déjà écrites; c'est-à-dire qu'on supposait que la France élèverait des prétentions sur des points tout à fait différents de ceux qui faisaient l'objet de notre alliance; et que, dans ce cas, on ne croyait pas que nous fussions tenus de continuer la guerre pour servir des intérêts français, etc. Je ne crus pas pouvoir mieux répondre à ce langage, qu'en lui lisant les deux lettres que j'avais écrites à M. Hartley. Il sourit et chercha à détourner la conversation; mais je lui fis connaître un peu plus nettement mes sentiments sur le sujet général des bienfaits, des obligations et de la reconnaissance. Je dis que, selon moi, les hommes n'avaient trop souvent que des idées imparfaites de leurs devoirs en ce point; que la reconnaissance était si pénible pour la plupart d'entre eux, qu'ils s'ingéniaient à chercher des raisons et des arguments pour se prouver qu'ils ne devaient rien et qu'ils étaient quittes et qu'en général on se payait trop aisément de pareilles raisons.

Pour exprimer clairement mes idées à ce sujet, je fis la supposition suivante : A qui est étranger à B, voit ce dernier à la veille d'être emprisonné par un créancier inexorable; il lui prête l'argent nécessaire pour conserver sa liberté. B, devenu débiteur de A, s'acquitte au bout de quelque temps. Est-il quitte? Non, il a payé la dette pécuniaire; mais l'obligation reste; il est encore débiteur envers A de la bonté que ce dernier a eu de lui prêter de l'argent si à propos. Si, par la suite, B trouve A dans la même gêne, il peut alors s'acquitter *en partie* de sa dette de reconnaissance, en lui offant pareille somme. Je dis *en partie*, mais non *entièrement;* car lorsque A prêta de l'argent à B, il n'y avait aucun bienfait reçu qui l'y engageât. C'est pourquoi je pense que si A se trouve une seconde fois dans le besoin, B est tenu, s'il le peut, de lui rendre encore le même service.

M. Grenville dit que c'était pousser bien loin mes idées de reconnaissance que de les appliquer à la France; que c'était elle qui était notre obligée, car c'était elle qui avait gagné à notre séparation de l'Angleterre, séparation qui diminuait la puissance de sa rivale et augmentait la sienne.

Je lui répondis que j'étais si touché de l'assistance que la France nous avait apportée dans notre détresse, et de la manière noble et généreuse dont elle nous l'avait accordée sans exiger ni stipuler le moindre privilége, soit pour son commerce, soit autrement, que je ne me permettrais jamais de laisser affaiblir ma reconnaissance par de semblables raisonnements. J'ajoutai que j'espérais, et qu'au fond j'étais sûr que tous mes compatriotes partageaient les mêmes sentiments.

M. Grenville ne gagna donc rien sur ce point qu'il était venu toucher. Néanmoins nous nous quittâmes bons amis. Sa conversation est toujours polie, ses manières sont gracieuses. Il m'exprima le vif désir de causer avec moi sur les moyens d'opérer une réconciliation avec l'Amérique, je lui promis d'y réfléchir, et je fixai le samedi 1er juin pour l'entrevue qu'il me demandait.

Le même jour je reçus encore une lettre de mon vieil

ami M. Hartley. J'ai mis à part la correspondance que depuis le commencement de cette année j'ai entretenue avec lui, au sujet de la paix, tant parce qu'elle est antérieure à ce journal, et qu'elle a eu lieu sous l'ancien ministère, que parce qu'elle ne consiste qu'en lettres sans mélange de conversation. Quant à celle-ci, comme elle est la première que j'aie reçue de lui sous le nouveau ministère, et qu'il est possible qu'il m'en vienne d'autres qui aient trait à nos négociations, je l'insère ici avec ma réponse, et j'en ferai de même de celles que je recevrai de lui sur le même sujet.

DAVID HARTLEY A FRANKLIN.

Londres, 3 mai 1782.

Mon cher ami,

Je vous écris deux mots, uniquement pour vous informer que notre gouvernement vient d'ordonner partout la mise en liberté de tous les prisonniers américains. Je tiens cette nouvelle de lord Shelbune, qui m'a de plus appris que l'ordre n'était ni partiel ni conditionnel, mais général et absolu. Je vous félicite de tout mon cœur de ce premier pas vers une *réconciliation amicale*. J'espère qu'on n'en restera pas là. J'ai eu avec lord Shelburne un long entretien au sujet de l'Amérique ; il s'est exprimé dans les termes les plus favorables. J'aurai l'honneur de le voir encore. Quant à présent, vous savez que certaines choses dépendent de votre côté de l'eau.

M. Laurens est en complète liberté ; je le vois très-fréquemment. Quand vous le verrez, il vous parlera d'une foule de choses qui me sont arrivées au milieu de mes minces efforts pour pousser à la paix : *Da pacem, Domine, in diebus nostris*. Votre affectionné.   D. HARTLEY.

A D. HARTLEY.

Passy, 13 mai 1782.

Mon cher ami,

Je reçois votre lettre du trois courant. Je vous remercie beaucoup de la bonne nouvelle que vous me donnez. En vertu d'un ordre de votre Gouvernement, les prisonniers américains doivent être *partout* délivrés ; et cet ordre n'est point *partiel* ou *conditionnel*, mais *général* et *absolu !* Je me réjouis comme vous de cette mesure, non-seulement à cause de ces malheureux captifs qui vont être mis en liberté et rendus à leurs amis et à leurs familles, mais encore, parce qu'elle doit amener une réconciliation qui seule peut nous donner l'espérance d'une paix durable. Votre frère m'a écrit une bonne et aimable lettre. J'aurais dû y répondre plus tôt ; mais je l'ai égarée. Je vous prie de lui faire agréer mes remerciments et mon sincère respect. Je me joins à vous cordialement dans la prière qui termine votre lettre : *Da pacem, Domine, in diebus nostris*. Je suis toujours, mon ami, votre bien affectionné.   B. F.

Nos affaires étant interrompues jusqu'au retour de M. Oswald, cela laisse dans mon journal un *blanc* que je remplis par le récit de deux ou trois circonstances qui, sans avoir une liaison directe avec le traité qui est sur le tapis, serviront à montrer quelle est la disposition des cours qui ont ou qui pourraient avoir un intérêt à ce traité.

M. Jay m'avait écrit de temps à autre pour me faire part des inconcevables retards qu'il éprouvait à la cour d'Espagne ; il n'était pas plus avancé dans la négociation dont il était chargé que le jour même de son arrivée. Au premier voyage de M. Oswald, à la première espérance d'un traité, j'écrivis à M. Jay pour le presser de venir à Paris ; et comme j'étais d'assez mauvaise humeur à l'égard de la cour d'Espagne, je lui dis : « La Cour de Madrid a pris quatre ans pour examiner si elle devait traiter avec nous, donnez-lui en quarante et faisons nos affaires. » J'envoyai cette lettre à Madrid sous le couvert d'une personne qui, j'en avais l'espoir, ouvrirait la dépêche et la lirait.

Je suis d'avis que nous avons plus d'une fois nui à notre crédit et à notre importance, en envoyant des commissaires par toute l'Europe pour mendier des alliances, et pour supplier qu'on daignât reconnaître notre indépendance. Peut-être avons-nous ainsi donné lieu de penser aux nations que notre indépendance était quelque chose qu'elles avaient à vendre, et que nous n'offrions pas assez pour l'obtenir.

M. Adams a réussi auprès des Hollandais, à cause de leur guerre avec l'Angleterre et surtout parce qu'ils ont vu que la Chambre des communes penchait vers une réconciliation; mais on m'a assuré que les ministres des autres puissances avaient refusé de lui rendre ses visites, parce que leurs Cours n'avaient pas encore reconnu notre indépendance. Par une heureuse chance, j'avais appris à Paris que plusieurs des ministres étrangers avaient résolu de ne point me rendre les visites qu'ils s'imaginaient que je leur ferais, lorsque je fus reçu ici en qualité de plénipotentiaire. Je déjouai leur projet en n'allant pas en voir un seul. Suivant moi, c'est l'ancien résident qui doit les premières civilités à l'étranger et au nouveau venu. Mon opinion ne vaut rien, puisqu'elle est contraire à l'usage, et j'y aurais obéi, si les circonstances ne m'eussent fait croire qu'il valait mieux éviter des disputes et des affronts, au risque de passer pour bizarre ou impoli.

Au moment même où j'écris ces lignes, une aventure assez ridicule vient de m'arriver à ce sujet. Le comte du Nord [1], fils de l'Impératrice de Russie, ordonna, en arri-

---

1. Plus tard l'empereur Paul Ier.

vant à Paris, qu'on portât des cartes de visite chez tous les ministres étrangers. On me remit une de ces cartes, sur laquelle était écrit : *le Comte du Nord et le Prince Bariatinski.* C'était lundi dernier. Le lendemain, me trouvant à la cour, je demandai à un vieux ministre de mes amis quelle était l'étiquette, et si M. le comte recevait des visites ? Il me répondit : « *Non : on se fait écrire; voilà tout.* » Je passai donc le mercredi suivant à l'hôtel du prince Bariatinski, ambassadeur de Russie, où le comte logeait, et j'écrivis mon nom sur les deux listes. Je ne pensais plus à cette affaire, lorsqu'aujourd'hui 24 mai, le domestique qui m'avait apporté la carte est venu dans un grand désespoir, disant qu'il était perdu pour avoir remis chez moi cette carte par erreur, et me demandant un certain certificat de je ne sais quelle teneur ; car je ne lui ai pas parlé moi-même.

Le soir, mon ami M. Le Roy, qui est aussi l'ami du prince, vint me dire combien le prince était fâché de cet accident : « Il avait, disait-il, ainsi que M. le comte, la plus haute estime pour moi et pour mon caractère ; mais notre indépendance n'étant pas encore reconnue par la cour de Russie, il ne pouvait pas se permettre de me faire une visite comme ministre. » Je dis à M. Le Roy que je n'avais pas coutume de courir après de tels honneurs, quoique j'y fusse fort sensible quand on me les rendait ; que je n'aurais pas osé faire cette visite de mon chef, et que, dans ce cas, je n'avais fait que ce que l'étiquette m'imposait. Mais que si cette démarche pouvait causer quelque désagrément au prince Bariatinski, pour qui j'avais autant d'estime que de respect, je croyais que le remède était facile ; le prince n'avait qu'à effacer mon nom de son livre de visites, et, de mon côté, je brûlerais leurs cartes.

Tous les princes du Nord ne rougissent pas de témoigner un peu de politesse à un Américain. Dans le temps que le roi de Danemark voyageait en Angleterre sous un nom supposé, il m'envoya un billet par lequel, après m'avoir témoigné, dans les termes les plus forts, toute l'estime qu'il avait pour moi, il m'invitait à dîner avec lui à Saint-James. Et il y a quelque temps l'ambassadeur du roi de Suède m'a demandé si j'avais des pouvoirs pour signer un traité de commerce avec son maître, qui, disait-il, désirait se lier avec les États-Unis, et lui avait ordonné de me faire cette demande, et d'ajouter qu'il serait infiniment flatté de traiter avec une personne dont il estimait autant le caractère, etc. De semblables compliments pourraient me rendre un peu fier, si nous autres Américains nous ne l'étions déjà naturellement autant que ce portefaix de Londres à qui l'on dit qu'il venait de heurter avec son fardeau le grand Czar Pierre qui se promenait dans la rue. « *Bon!* répondit notre homme, *nous sommes tous des Czars ici.* »

Je n'ai pas donné à M. Oswald de lettres pour M. Laurens. D'après quelques mots de la dernière lettre que M. Laurens m'avait écrite, je m'attendais à le voir ici. J'ai prié M. Oswald, en cas qu'il le trouvât encore à Londres, ou qu'il le rencontrât sur la route, de lui dire la cause de mon silence. Je me suis trompé dans mon calcul; car aujourd'hui 25 mai, je reçois de lui la lettre suivante :

HENRY LAURENS A B. FRANKLIN.

Ostende, 17 mai 1782.

Monsieur,

J'ai eu l'honneur de vous écrire le 30 du mois passé par la poste, et je vous envoie ci-joint un duplicata de ma lettre pour la remplacer en cas qu'elle soit perdue. Je m'en réfère à son contenu.

Ce ne fut que le 10 courant et non plus tôt que votre aimable lettre du 20 me parvint à Londres. Sur le point de quitter cette ville, je résolus de ne vous répondre qu'à mon arrivée sur le continent. J'arrivai ici hier, trop tard pour vous écrire, et n'ayant que le temps de jeter à la poste une petite lettre qui m'avait été remise, je crois, par le docteur Price.

Je vous remercie sincèrement et cordialement, monsieur, de votre dernière lettre ; mais après de mûres réflexions, et considérant le mauvais état de ma santé, j'ai pris le parti de décliner l'honneur que le Congrès veut me faire, en m'adjoignant à la commission qui doit traiter de la paix avec la Grande-Bretagne. J'éprouve d'autant moins de scrupules à prendre cette détermination, que mon assistance ne me paraît nullement nécessaire, et que je ne pense pas que nos commettants aient jamais entendu que toutes les personnes dénommées dans la commission y prissent une part active. Je compte me rendre auprès de M. Adams, et lui demander si je puis encore être utile pour l'objet dont j'avais d'abord été chargé, c'est-à-dire, pour emprunter de l'argent au nom des États-Unis. S'il me répond affirmativement, j'exécuterai ma mission avec diligence et fidélité, quoique à contre-cœur, ce que notre petite cour n'ignore pas. Au cas contraire, je saisirai la première occasion pour retourner en Amérique ; là-bas je rendrai compte de toute ma conduite depuis plus de deux ans ; elle s'est bornée à ne rien faire, sinon à fabriquer un grand nombre de rebelles dans le pays ennemi, et à réconcilier des milliers de gens avec la doctrine de l'indépendance absolue et illimitée. Cette doctrine je l'ai avancée et soutenue aussi librement dans la Tour de Londres que je l'ai jamais fait dans *State-House* à Philadelphie. Résigné à la perte de mes biens, toujours prêt à sacrifier ma vie pour l'intérêt de notre cause, c'est avec satisfaction que j'ai vu s'accroître journellement le nombre de nos prosélytes. Je ne terminerai pas ce chapitre sans vous assurer que, si vous avez quelques questions à me faire sur le commerce de l'Amérique ou sur les intérêts de quelques-uns des États en particulier, je vous répondrai avec franchise, et au mieux de mon jugement; mais de ce jugement je vous avoue franchement que j'ai une extrême défiance. Que Dieu fasse prospérer vos travaux pour ce grand œuvre! Vous serez béni par toutes les âmes reconnaissantes de la génération présente, et votre nom sera célébré par la postérité. J'éprouve une douce satisfaction en songeant que nos opinions coïncident si exactement sur les grandes lignes du traité que nous n'aurons aucun besoin d'être maintenus ni aidés par notre grand et bon allié. Je me réjouis aussi que vous ayez à négocier sur les préliminaires avec un aussi honnête homme que M. Oswald; je le connais; il est au-dessus de toute chicane, et je suis sûr qu'il ne se souillera jamais d'aucune bassesse.

Je vous charge, Monsieur, de présenter mes humbles respects à M. de Vergennes; de remercier Son Excellence des expressions polies dont elle s'est servie à mon égard, et de dire tout ce que vous jugerez nécessaire pour m'excuser de ne point paraître à la cour.

Lord Cornwallis est venu me voir la veille de mon départ de Londres; comme vous pouvez le penser, il était fort inquiet de savoir quand il pourrait avoir sa liberté. Veuillez me communiquer vos idées sur cette affaire, en réponse à ce que j'ai eu l'honneur de vous écrire dernièrement. Je désire que votre lettre soit satisfaisante pour Sa Seigneurie, et que vous m'autorisiez à acquitter une dette qui pèse sur moi et que l'honneur de notre patrie ne peut laisser en souffrance. Je ne crois pas, j'ose dire qu'il est impossible qu'on nous blâme d'avoir fait un acte de justice, et nous pouvons sans crainte engager notre responsabilité.

Sa Seigneurie m'a déclaré qu'il n'avait pas l'intention de retourner en Amérique; qu'il ne désirait que d'être réintégré dans sa patrie avec ses titres législatifs et militaires[1]. Je pense que, au premier titre, lord Cornwallis nous sera plus ami qu'autre chose ; mais, du reste, si la guerre continue je n'aurais aucun déplaisir à voir Sa Seigneurie retourner à la Chesapeake.

J'ai mille compliments à vous faire et mille souhaits à vous offrir de la part de vos amis d'Angleterre, hommes et femmes ; vous en avez tant que je laisse à votre mémoire le soin de vous rappeler vos vieilles connaissances.

Demain je compte partir pour Bruxelles, d'où probablement j'irai à la Haye et à Amsterdam. Je ne puis voyager que par eau. La faiblesse de mes jambes ne me laisse pas supporter les cahots du pavé dans les grossières guimbardes de ce pays, et le mauvais état de ma bourse ne me permet pas de me donner le luxe d'une voiture plus commode. Je vous prie, monsieur, de m'adresser votre réponse chez M. Édward Jennings, ou sous le couvert de quelqu'un de vos amis de cette ville, qui voudra bien se donner la peine de chercher un voyageur qui, en tout temps, en tout lieu se dira, avec la plus grande estime, et le plus grand respect, votre, etc.

HENRY LAURENS.

Je répondis ce qui suit :

A HENRY LAURENS.

Passy, 25 mai 1782.

Monsieur,

Je reçois votre lettre du 17 ; j'avais reçu précédemment celle du 7, à laquelle je n'ai pas répondu parce que la phrase dont vous vous étiez servi : « Sous peu de jours je pense arriver sur le continent » m'avait flatté du plaisir

---

1. Comme prisonnier sur parole Lord Cornwallis ne pouvait ni siéger à la chambre des Lords ni commander des troupes anglaises.

de vous voir ici. Je renonce à cette espérance puisque votre dernière lettre m'apprend que vous êtes résolu à ne point figurer dans la commission chargée de traiter de la paix avec la Grande-Bretagne. Je regrette cette résolution ; je suis persuadé que votre présence aurait été fort utile à votre pays ; j'ai, en outre, quelques raisons personnelles.

Pour m'encourager dans une tâche pénible, vous me dites aimablement que je serai *béni*, etc. Je n'ai jamais vu conclure de paix qui n'ait excité, des deux côtés, des mécontentements, des clameurs et des censures. C'est peut-être la faute des chefs et des ministres des puissances belligérantes, qui, pour soutenir le courage de leur peuple, lui représentent sa propre situation sous des couleurs plus favorables, et celle de l'ennemi sous de plus mauvaises que la vérité ne le comporte ; il résulte de là que des deux côtés la foule s'attend à de meilleures conditions qu'on n'en peut vraiment obtenir, et qu'elle attribue ce désappointement à la trahison. C'est ainsi que la paix d'Utrecht et celle d'Aix-la-Chapelle passèrent, en Angleterre, pour avoir été influencées par l'or français, et en France, par les guinées anglaises. La dernière paix [1] la plus glorieuse et la plus avantageuse que jamais l'Angleterre ait faite, fut, vous vous le rappelez, attaquée avec violence, ceux qui l'avaient signée furent grossièrement insultés. Il me paraît, d'après cela, que les bénédictions promises aux pacificateurs regardent l'autre monde, car, dans celui-ci, leur plus grande chance est d'être maudits ! Un autre texte nous dit que *dans le grand nombre des conseillers est le salut*. Ce que j'entends du salut des conseillers non moins que du salut de ceux qui reçoivent les conseils, puisque, si les conseillers commettent une faute, le reproche ne tombe pas sur un seul homme ou sur quelques-uns, mais

---

1. Celle de 1763.

qu'il se partage entre le grand nombre, et que la part de chacun en est allégée. On peut encore entendre la maxime en ce sens, que là où il y a beaucoup d'honnêtes gens réunis, le soupçon qui peut les atteindre est plus faible, parce que la séduction est moins probable, ou enfin parce que *defendit numerus.* Pour toutes ces raisons, mais surtout pour le secours dont votre haute réputation d'intégrité serait pour moi contre les attaques de mes ennemis, dans le cas où j'aurais part à ce traité, pour toutes ces raisons, dis-je, je souhaite votre présence et celle de tous les membres de la commission ; j'espère donc que vous réfléchirez encore sur votre résolution et que vous en changerez.

En attendant, comme vous avez eu occasion d'entretenir les nouveaux ministres et autres chefs de l'opinion en Angleterre, et que vous savez peut-être quelle est leur opinion au sujet des conditions de la paix, etc., je vous prie de m'écrire tout ce que vous croirez de quelque importance. Vos lettres me parviendront plus sûrement par le courrier de la cour que par la poste, et je vous prie, si vous persistez à vous récuser, de me faire part de vos idées sur les conditions qu'il serait le plus nécessaire d'obtenir ; indiquez-moi les points sur lesquels je dois insister, en ce qui touche le commerce, les pêcheries, les limites, etc. ; enfin, instruisez-moi de tout ce qui pourrait intéresser les États-Unis en général, ou chacun de ces États en particulier.

Lord Shelburne m'ayant écrit au sujet de cette paix tant désirée, je lui ai dit, dans une réponse dont j'ai chargé votre ami M. Oswald, que vous étiez un des commissaires nommés par le Congrès pour traiter avec la Grande-Bretagne ; que, par conséquent, je pensais que Sa Seigneurie trouverait à propos de vous décharger entièrement des obligations que vous avez contractées lorsque vous fûtes admis à donner caution, afin que vous puissiez agir librement dans la commission. Il me répondit qu'on vous avait immédiatement déchargé. Sa Seigneurie n'a point parlé d'échange. Je n'en honore pas moins votre délicatesse en ce point, et le désir que vous avez que l'Amérique ne se laisse pas vaincre en générosité par la Grande-Bretagne. Je me joindrai volontiers à vous pour faire tout ce que vous jugerez convenable et tout ce qui dépendra de moi pour dégager, en retour, lord Cornwallis de sa parole; mais nous n'avons pas de pouvoirs exprès, et il serait possible que, dans l'intervalle, le Congrès eût pris d'autres arrangements pour cet échange. Je crois donc que l'acte que nous passerons devra contenir une clause qui réserve au Congrès la faculté d'approuver ou de désapprouver ce que nous aurons fait. Je doute, d'ailleurs, que lord Cornwallis se trouvât lui-même suffisamment dégagé et libre de reprendre du service, en vertu de ce qu'auraient pu faire, en sa faveur, des personnes qui n'ont point d'autorité pour agir de la sorte. En somme le parti le meilleur et le plus sûr serait peut-être d'écrire sans retard au Congrès, et de lui recommander fortement cette mesure. Quoi qu'il en soit, je ferai ce que vous jugerez être le mieux.

Je désire de tout mon cœur que vous réussissiez à faire un emprunt en Hollande. Nous n'avons déjà que trop importuné la cour de France, et nous avons besoin de plus d'argent qu'elle ne peut convenablement nous en donner. Mais je regrette qu'une attention trop scrupuleuse à nos besoins et à nos embarras d'argent vous ait engagé, malgré le mauvais état de vos jambes, à vous refuser la douceur nécessaire d'une bonne voiture, plutôt que d'y employer les deniers publics, quand c'est le public qui est votre débiteur. Je vous prie de ne pas vous gêner et d'accepter de moi tout ce dont vous aurez besoin.

La lettre que vous m'avez envoyée était du fidèle ami de l'Amérique, du bon évêque de Saint-Asaph; il parle de vous dans les termes de la plus haute estime et du plus parfait respect.

M. Oswald est retourné à Londres; il ne tardera pas à revenir. M. Grenville reste ici ; il a reçu des pouvoirs pour traiter ; mais nous ne pouvons aller en avant tant que l'Espagne et la Hollande n'auront pas accrédité de ministres.

J'aurai soin de vous informer, ainsi que M. Adams (s'il ne vient pas) de tout ce qui se passera, et j'aurai recours à vos conseils s'il se présente quelques difficultés. J'espère que vous ne vous hasarderez pas à retourner en Amérique avant la paix, si nous voyons quelque probabilité qu'elle soit promptement signée. Dans le cas où votre présence deviendrait inutile en Hollande, je serais trop heureux d'avoir ici votre compagnie et vos conseils. J'ai l'honneur, etc. B. F.

Le 26 mai je reçus la lettre suivante de M. Hartley :

DAVID HARTLEY A B. FRANKLIN.

Londres, 13 mai 1782.

Mon cher ami,

Je vous ai écrit une longue lettre, en date du 1er mai 1782, par M. Laurens, qui a quitté Londres samedi passé; mais je veux ajouter aujourd'hui quelques mots, par une occasion qui peut-être le préviendra, pour vous parler de deux ou trois choses que je crains d'avoir oubliées dans ma dernière lettre. Il est possible qu'elles n'aient aucune importance ; mais comme elles regardent ma conduite personnelle, je ne serais pas fâché que vous en soyez instruit.

Après avoir eu plusieurs conférences avec l'ancien ministère, je remis, le 6 février, la pièce appelée l'*abrégé*[1]; on n'y fit aucune réponse. Les ministres se retirèrent le 20 mars ; leurs successeurs ne me parlèrent de rien et je ne les vis pas. J'ignorais si ce papier leur viendrait ou non entre les mains par succession, et je pensais qu'il valait mieux les attendre. J'étais encore dans cette incertitude, quand je reçus vos lettres, cela me décida à voir lord Shelburne. C'était au commencement de ce mois. Je lui communiquai quelques extraits de vos lettres au sujet des prisonniers, etc., ainsi que votre lettre du 13 avril en son entier; elle contenait les offres de l'ancien ministère, la réponse du roi de France, et à la fin vos réflexions sur la paix. D'après votre permission générale, je laissai à lord Shelburne une copie de cette lettre.

Pendant cette entrevue, il me dit qu'il avait fait chercher dans les bureaux ma correspondance avec l'ancien ministère, mais qu'on n'avait pu la trouver. Il exprima le regret de ne m'avoir pas vu plus tôt ; il me fit plusieurs autres honnêtetés de ce genre. En deux mots, je n'avais pas voulu m'imposer et le ministre était fâché de n'avoir pas envoyé chez moi.

Après cette ouverture de sa part, je lui communiquai en substance ce qui s'était passé entre l'ancien ministère et moi, et je lui laissai une copie de l'*abrégé*. Il m'écouta avec attention ; je saisis cette occasion pour lui faire connaître mes sentiments sur chacun des points en litige. En réponse aux regrets qu'il m'exprimait de ne m'avoir pas vu plus tôt, je lui dis que j'avais toujours été et que je serais toujours disposé à faire tout ce qui dépendrait de moi pour accélérer l'œuvre de la paix. Je vous en dis tout autant à vous-même.

Je ne crois pas qu'il y ait entre vous et moi *personnellement*

---

1. Cette pièce a été publiée par J. Sparks, dans la *Diplomatic Correspondence*, etc., t. III, p. 451.

de différence d'opinions au sujet de l'indépendance, etc.; mais nous appartenons à des nations différentes et la nation seule a le droit de juger, de consentir ou de refuser. Partagez l'indépendance en six millions de parts[1], et, depuis le commencement de la guerre, je vous aurais dit volontiers : *ma voix est à vous*. Partagez le Canada en six millions de parts, je trouverais un meilleur usage de mon vote que de l'offrir à la France pour l'engager à abandonner l'Amérique. Partagez le rocher de Gibraltar en six millions de morceaux, je ne pourrais répondre que du mien. En pareil cas, laissons la Raison et la Justice décider comme arbitres entre les parties ; ceux qui désirent une paix durable entre les hommes, ne refuseront pas de donner et de recevoir une égale justice.

Je pense comme vous que des principes avoués par la justice et la philosophie, peuvent seuls poser les fondements d'une paix durable. Tout ce qui est contraire à ces principes, quoique patronné par les nations et leurs ministres, n'est qu'un amas d'erreurs vulgaires ; mais les nations ne se laissent pas facilement convaincre par les arguments des individus. Elles sont « jalouses de l'honneur, et cherchent jusqu'à la bouche du canon cette *bulle de savon* qu'on nomme la gloire. » Cependant, jusqu'au moment où nous verrons s'établir en tous lieux un *millénium* fondé sur de plus sages principes, la *gloire* des nations ne sera pas une simple *bulle de savon*. Elle fait leur véritable sûreté.

A l'application : en deux mots faites que toutes les nations s'accordent à changer leurs épées en socs de charrues, et leurs lances en serpettes, ou laissez à l'Angleterre *ses remparts de bois*. Je n'ai plus rien à ajouter ; je n'ai d'autre but, en vous écrivant, que de vous dire à quelle occasion j'ai communiqué au ministère actuel les consé-

---

1. C'était à peu près le chiffre de la population d'Angleterre.

rences que j'avais eues, et les arguments dont je m'étais servi avec l'ancien. Je terminerai par vos propres paroles : « Que Dieu nous envoie à tous plus de sagesse ! » Je suis, etc. D. HARLEY.

P. S. 17 mai. — Depuis que je vous ai écrit cette lettre, j'ai laissé à lord Shelburne une copie des préliminaires ci-inclus.

PRÉLIMINAIRES.

Mai 1782.

1º Les troupes anglaises se retireront des treize provinces de l'Amérique du Nord ; et une trêve sera conclue entre la Grande-Bretagne et lesdites provinces pour.... (mettons dix ou vingt ans) ;

2º Une négociation pour la paix s'ouvrira *bona fide* entre la Grande-Bretagne et les alliés de l'Amérique ;

3º Si la négociation proposée entre la Grande-Bretagne et les alliés de l'Amérique n'est pas suivie de la paix, mais que la guerre continue entre les susdites parties, l'Amérique agira et sera traitée comme nation neutre ;

4º Lors de la conclusion de la paix entre la Grande-Bretagne et les alliés de l'Amérique, la trêve entre la Grande-Bretagne et l'Amérique sera convertie en une paix perpétuelle ; l'indépendance de l'Amérique sera reconnue et garantie par la Grande-Bretagne, et un traité de commerce sera conclu entre les deux pays ;

5º Ces propositions seront faites à la cour de France pour communication aux commissaires américains, et pour réponse à la cour de la Grande-Bretagne.

Le même jour M. Grenville vint me voir. Il m'apprit que son courrier était revenu, et lui avait apporté des pouvoirs en forme pour traiter de la paix *avec la France et ses alliés.* Il avait été à Versailles, où il avait montré ses pouvoirs à M. de Vergennes, et lui en avait laissé copie. Il ajouta qu'il avait aussi des lettres de créance, mais qu'il avait ordre de ne pas les remettre, jusqu'à ce que la France se décidât à envoyer à Londres un ministre du même rang que lui ; que M. de Vergennes lui avait répondu qu'il en ferait part au roi, et l'avait prié de revenir mercredi. Il m'apprit encore que M. Oswald était arrivé à Londres environ une heure avant le départ du courrier, et que M. Fox l'avait chargé, dans sa lettre, de me remercier de celle que je lui avais écrite, et de me dire qu'il espérait que je n'oublierais jamais que lui et moi nous étions du même pays.

Je répondis que je regarderais toujours comme un honneur d'être considéré comme le compatriote de M. Fox. Lors de notre dernière entrevue, M. Grenville m'avait prié, si je n'y trouvais aucun inconvénient, de lui faire voir le traité entre la France et l'Amérique. Je lui dis que ce traité était imprimé, mais que, s'il ne pouvait s'en procurer un exemplaire, je lui en ferais faire une copie. Comme il n'avait pu en trouver, je lui donnai cette copie.

Il me prêta un journal de Londres, dans lequel se trouvait le rapport de l'amiral Rodney sur la victoire qu'il avait remportée sur M. de Grasse, ainsi que le récit de plusieurs autres succès obtenus dans les Indes orientales ; M. Grenville m'assura cependant que ces événements n'altéraient en rien le vœu sincère de sa cour pour la paix.

Dans l'après-midi, je reçus la visite du marquis de Lafayette. Je lui fis part de ce que M. Grenville m'avait dit au sujet de ses lettres de créance, et comment il s'attendait à ce que la cour de France envoyât à Londres un ministre avec des pouvoirs semblables aux siens. Le marquis me dit qu'il allait à Versailles, et qu'il y verrait M. de Vergennes. Nous conclûmes que le moment était venu de faire la proposition dont nous avions précédemment parlé, c'est-à-dire, celle de le charger lui-même de cette mission.

Le lundi 27, je reçus une lettre de M. Jay, en date du 8. Il me disait qu'il avait reçu mes dépêches du 21 et du 22 du mois passé, et qu'il partirait pour Paris vers le 19; ou peut donc l'attendre dans quelques jours.

Ce jour-là je dînai avec le comte d'Estaing et plusieurs braves officiers de marine qu'il avait invités. Nous étions tous un peu abattus par les dernières nouvelles. Je rapportai, pour les encourager, la réflexion du pacha turc, qui à Lépante avait été pris, avec sa flotte, par les Vénitiens : « Des vaisseaux, dit-il, sont comme la barbe de mon maître; si vous la coupez, elle repoussera ; mais il a coupé de vos États la Morée tout entière ; c'est un membre que vous ne recouvrerez jamais. » Et ses paroles se vérifièrent.

Mardi je dînai à Versailles avec quelques amis, de sorte que je n'étais pas chez moi quand le marquis de Lafayette vint me dire qu'il avait appris, de M. de Vergennes, que les pouvoirs que M. Grenville avait reçus de Londres, ne regardaient que la France. Le marquis me laissa par écrit ce renseignement auquel je ne compris rien.

Mercredi j'allai à la cour, et je vis la copie des pouvoirs. Ils étaient en bonne forme pour traiter avec la France; mais ils ne disaient pas un mot de ses alliés. Comme, dès l'origine, M. de Vergennes avait constamment et explicitement déclaré aux divers envoyés, à M. Forth, à M. Oswald, à M. Grenville, que la France ne traiterait jamais que de concert avec ses alliés; et comme, après cela, le ministère anglais avait consenti à traiter à Paris d'une paix générale, l'envoi de ces pouvoirs particuliers me parut cacher un piége; c'était un prétexte à de nouveaux délais. Le dernier désastre de la flotte française avait probablement donné à la cour d'Angleterre un nouveau courage et d'autres vues.

M. de Vergennes dit qu'il verrait M. Grenville le jeudi, et qu'il lui dirait franchement sa façon de penser. « Ils veulent, dit-il, traiter avec nous pour vous; mais le roi n'y consentira point. Sa Majesté ne trouve point ce procédé compatible avec la dignité de votre gouvernement. Vous traiterez pour vous-mêmes ; et chacune des puissances, en guerre avec l'Angleterre, fera son propre traité. Tout ce que nous avons à observer pour la sûreté commune, c'est qu'on aille du même pas, et que les traités soient tous signés le même jour. »

Ce jour même, à la cour, le prince Bariatinski, l'ambassadeur de Russie, fut particulièrement poli envers moi ; il me fit ses excuses de ce qui s'était passé au sujet de la visite, et m'exprima combien il était sensible aux soins obligeants que j'avais pris d'étouffer cette affaire, qui aurait pu avoir pour lui des suites fâcheuses, etc. Le comte du Nord[1] arriva chez M. de Vergennes tandis que nous prenions le café après dîner. Ce prince paraît vif et actif, il a l'air aimable et intelligent. Le soir il y eut pour lui opéra à la cour. La salle est magnifique, il y a un grand luxe de sculptures et de dorures, elle était éclairée par un grand nombre de bougies ; les toilettes étaient fort riches ; les hommes avaient des habits brodés ; les dames étaient étincelantes de diamants ; cela formait le spectacle le plus splendide que mes yeux aient jamais vu.

J'eus, ce jour même, un entretien avec MM. Berkenrode, Vanderpierre et Boëris, ambassadeurs de Hollande et agents de la compagnie des Indes orientales hollandaises. Ces messieurs m'apprirent que la seconde lettre de M. Fox au ministre de la Russie, qui offrait la médiation, lettre par laquelle il offrait de conclure une paix séparée avec la Hollande, n'avait pas produit plus d'impression que la première, et qu'on ne traiterait que de concert avec la France.

Le ministre de Suède me dit qu'il attendait les ordres de sa cour à l'égard d'un traité, etc.

1. Plus tard Paul Ier, empereur de Russie.

Dans ma dernière entrevue avec M. Grenville, je lui avais donné rendez-vous pour le samedi matin : je désirais beaucoup lui parler au sujet de ses pouvoirs; mais comme j'avais divers engagements pour le jeudi et le vendredi, je n'allai point le voir et j'attendis sa visite. Le vendredi 31 mai, M. Oswald, qui venait d'arriver, m'apporta la lettre suivante de David Hartley, et deux lettres de lord Shelburne, la première desquelles avait été écrite avant l'arrivée de M. Oswald à Londres.

DAVID HARTLEY A B. FRANKLIN.

Londres, 25 mai 1782.

Mon cher ami,

J'ai reçu, par M. Oswald, votre lettre du 13 courant; je n'ai pas douté du plaisir sincère et cordial que vous donnerait la nouvelle de la délivrance générale et absolue des prisonniers américains. Lord Shelburne avait eu la bonté de m'en faire part, en réponse à cet endroit de votre lettre du 5 avril, où vous parlez si pathétiquement d'une *réconciliation amicale*. Dieu veuille que ce soit l'heureux présage d'une entière *réconciliation* et d'*une paix durable!* Je serais fort heureux d'apprendre de vous une aussi bonne nouvelle et d'y contribuer pour ma part. J'ai communiqué à lord Shelburne les *Préliminaires*, en date du mois de mai 1782; soyez assuré que je ne fais aucune réserve en ce qui concerne l'Amérique. Vous connaissez toutes mes pensées et les principes qui les dirigent; vous pouvez juger, d'après cela, qu'elles sont invariables.

Vous voir serait pour moi le plus grand de tous les plaisirs. Je pourrais vous dire bien des choses que je ne puis vous communiquer autrement et qui peut-être aplaniraient le chemin de la paix. Il me semble que je vois de toutes parts bien des moyens d'établir une paix qui fasse honneur à toutes les parties et qui soit fondée sur des principes durables. *Point de conditions avilissantes ou vexatoires qui abrégeraient la paix et rallumeraient la guerre !* Peut-être n'irais-je pas trop loin en ajoutant que si les nations suivaient tout bonnement la *raison* et corrigeaient quelques préjugés gothiques qui ne leur servent de rien, ce simple changement les récompenserait largement du sacrifice qu'elles feraient de leurs prétentions mutuelles, qui, *aux yeux de la raison*, ne sont que le triste fruit de la passion, de la jalousie et d'un orgueil mal placé. La paix ne sera jamais durable parmi les hommes tant que les principes de la *raison* et de l'équité ne seront point adoptés dans les transactions de peuple à peuple.

Ces réflexions s'adressent à toutes les nations. Quant à ce qui concerne la Grande-Bretagne et l'Amérique du Nord, la *réconciliation* est la pierre de touche à laquelle on reconnaîtra les cœurs sincères.

Si je puis vous être utile par des communications ou des explications qui conduiraient à la paix, disposez de mes services. Si mon offre parvient aux oreilles d'un ministre français, qu'il n'en soit pas jaloux. Attaché de cœur et d'affection à ma patrie et à l'Amérique, je pense néanmoins, absolument comme vous, qu'il faut observer, envers toutes les nations, les lois de la justice et de l'honneur. M. Oswald aura la complaisance de vous remettre cette lettre : je souhaite de tout cœur qu'il réussisse dans son ambassade pacifique. Je suis toujours votre tout dévoué,

D. Hartley.

LE COMTE DE SHELBURNE A B. FRANKLIN.

Whitehall, 21 mai 1782.

Monsieur,

J'ai reçu votre lettre du 10 courant. Je suis charmé de voir que la conduite que le roi m'a autorisé à tenir envers M. Laurens et les prisonniers américains, vous ait été agréable. J'ai signifié à M. Oswald que le bon plaisir de Sa Majesté, est qu'il reste à Paris jusqu'à ce qu'il reçoive l'ordre de revenir. Dans l'état présent des affaires, il ne me reste qu'à vous réitérer mes vœux sincères pour leur heureuse issue, et à vous répéter ma promesse, que je ne négligerai rien, de mon côté, pour y contribuer. J'ai l'honneur d'être avec un très-grand respect, SHELBURNE.

LE COMTE DE SHELBURNE A B. FRANKLIN.

Whitehall, 25 mai 1782.

Monsieur,

J'ai eu l'honneur de recevoir votre lettre du 13 mai par M. Oswald. J'ai été charmé de voir que votre approbation confirme l'opinion que j'avais de la modération, de la prudence et du jugement de ce gentleman. Je suis heureux de vous assurer que je pense, comme vous, que ces qualités le mettront à même de contribuer à la prompte conclusion d'une paix solide et de longue durée. C'est dans cet espoir qu'il a reçu du roi l'ordre de retourner, sans délai, à Paris, et je me flatte que vous trouverez ses instructions telles qu'il le faut pour coopérer à un objet si désirable. J'ai l'honneur, etc. SHELBURNE.

Je n'eus pas le temps de causer beaucoup avec M. Oswald ce jour-là; il me promit de venir déjeuner avec moi lundi.

Samedi 5 juin. — M. Grenville vint chez moi comme nous en étions convenus. Je commençai par lui dire que j'avais vu le comte de Vergennes, et que j'avais lu la copie de ses pouvoirs qu'il avait laissée à ce ministre. J'ajoutai qu'après ce que M. Grenville m'avait dit « que ses pouvoirs l'autorisaient à traiter avec la France *et ses Alliés,* » j'avais été un peu surpris de voir qu'il n'y fût pas question des alliés, et qu'on n'y parlât que de traiter avec le roi de

France et ses ministres. A Versailles on soupçonnait que l'Angleterre avait quelque intention de causer des délais, et que le désir d'une prompte paix qu'avait exprimé la cour d'Angleterre était peut-être diminué depuis les derniers succès. Quant à moi, je supposais que la phrase concernant les alliés avait été omise, par erreur, dans la copie, à moins que M. Grenville n'eût un pouvoir spécial et distinct pour traiter avec nous.

Il me répondit que la copie était exacte, et qu'il n'avait pas d'autre pouvoir en forme; mais que ses instructions étaient suffisantes, et qu'il était sûr que les ministres n'avaient aucun désir de retarder la signature de la paix ou de nous exclure du traité, puisque la plus grande partie de ces instructions concernaient ses négociations avec moi. Pour me convaincre de la sincérité de sa cour à notre endroit, il me dit qu'il me ferait part d'une de ses instructions, quoique peut-être cette communication fût prématurée et peu d'accord avec la prudence diplomatique ; mais il avait tant de confiance en moi, qu'il ne voulait pas hésiter de m'apprendre, en me priant cependant de garder l'avis pour moi, que ses *instructions l'autorisaient à reconnaître l'indépendance de l'Amérique, avant de commencer les négociations.* Il ne pouvait, ajouta-t-il, expliquer l'omission de l'Amérique dans les Pouvoirs, qu'en supposant qu'ils avaient été copiés sur l'ancienne formule remise à M. Stanley, lorsqu'il vint en France avant la dernière paix. M. Grenville ajouta qu'aussitôt après son entrevue avec le comte de Vergennes, il avait dépêché un courrier à Londres, et qu'il espérait que la difficulté serait écartée à son retour. Les derniers succès de l'Angleterre n'avaient changé en rien les dispositions de sa cour, et il avait encore plus de raison que le comte de Vergennes de se plaindre des délais qu'on apportait aux négociations, puisqu'il lui avait fallu attendre cinq jours avant d'obtenir un passe-port pour son courrier; et encore ce passe-port n'indiquait-il pas la route de Calais, mais bien celle d'Ostende ; ce qui ferait faire perdre cinq jours de plus.

M. Grenville me parla beaucoup de la haute opinion que les ministres actuels avaient de moi, de leur grande estime pour ma personne, du désir qu'ils témoignaient d'une parfaite réconciliation entre les deux pays, et de la croyance générale en Angleterre, que personne n'était plus capable que moi de mener à bien cette réconciliation. Il ajouta que, si les anciens ministres avaient eu autrefois trop peu d'attention pour mes conseils, les nouveaux étaient tout autrement disposés, et qu'il espérait, qu'en traitant avec eux, j'oublierais entièrement leurs prédécesseurs.

Il fut un temps où un langage si flatteur, dans la bouche d'hommes puissants, aurait pu me rendre plus vain qu'aujourd'hui, et avoir quelque influence sur ma conduite ; mais à présent je suis assez près de la fin de ma vie pour estimer fort peu ce qui touche ma personne ; je n'ai qu'un désir, c'est de maintenir jusqu'au bout et de laisser après moi la réputation d'honnête homme, dont j'ai joui jusqu'à ce jour.

M. Grenville me parla ensuite de la résolution que nous avions prise de ne pas traiter sans nos alliés. « Ceci, dit-il, ne peut véritablement regarder que la France, avec qui vous avez un traité d'alliance ; mais vous n'en avez ni avec l'Espagne ni avec la Hollande. Si l'Espagne et la Hollande, si même la France, insistaient sur des conditions déraisonnables qui ne profitassent qu'à elles, serait-il juste que l'Amérique fût entraînée à continuer la guerre pour des intérêts étrangers, après avoir obtenu tout ce qu'elle demande ? » Il me présenta cet argument sous divers points de vue, et y insista vivement.

J'avais résolu, pour plusieurs raisons, d'éviter toute discussion ; je répondis donc que, les négociations n'étant pas encore commencées, il me paraissait inutile d'entrer, quant à présent, dans des considérations de ce genre. Les préliminaires une fois signés, et le traité entamé, si quelqu'une des puissances faisait à l'Angleterre des demandes extravagantes, et insistait pour que nous continuassions la guerre jusqu'à ce qu'on lui donnât satisfaction, il serait temps alors de considérer jusqu'où s'étendaient nos obligations. La première chose nécessaire, c'était que M. Grenville se procurât des pleins pouvoirs ; c'était ensuite à nous d'assembler les plénipotentiaires de toutes les puissances belligérantes ; après quoi, des propositions pourraient être mutuellement faites, reçues, examinées, répondues ou consenties. En attendant, je voulais lui dire, que, quoique nous n'eussions encore aucune obligation envers l'Espagne par traité, nous n'avions pas moins contracté une obligation de reconnaissance pour le secours qu'elle nous avait accordé ; que M. Adams ayant, depuis quelques semaines, commencé avec la Hollande un traité, dont les conditions ne m'étaient pas encore connues, il serait possible que nous eussions aussi de ce côté une alliance et des obligations. Que, dans tous les cas, nous avions des mesures à garder avec la Hollande, puisque si l'Angleterre lui avait déclaré la guerre, c'était pour se venger des dispositions favorables qu'une partie de cette nation avait montrées à faire un traité de commerce avec nous.

M. Grenville dit qu'il serait dur pour l'Angleterre, après avoir satisfait raisonnablement un ou deux de ses ennemis, de ne pouvoir pas avoir la paix avec eux, jusqu'à ce qu'elle eût consenti à ce que les autres exigeraient, quelque déraisonnables que fussent leurs demandes. De cette façon, l'Angleterre pourrait être forcée de payer quatre fois chaque article. Je lui fis observer que plus les propositions que ferait l'Angleterre seraient avantageuses à chacune des parties, plus chacune d'elles aurait intérêt à engager les autres à accepter celles qu'on leur offrirait. Nous parlâmes alors de la réconciliation, mais ses pleins pouvoirs n'étant pas encore arrivés, je ne voulus pas m'étendre sur ce point. Je lui dis que j'avais eu l'idée de mettre par écrit les moyens les plus sûrs pour amener la réconciliation, et d'y ajouter mes réflexions; que cela demandait un peu de temps, et que j'avais été empêché par divers accidents, ce qui était vrai, car j'avais déjà commencé d'écrire, mais j'avais cessé, en voyant le défaut de ses pouvoirs. Je lui promis d'achever mon travail le plus tôt possible. Il m'en pressa, en se servant d'une expression que j'avais employée dans une de nos conversations précédentes : « Qu'il restait en Amérique *des racines de bon vouloir* pour l'Angleterre, qui, bien cultivées, pouvaient produire une réconciliation. » Ces mots avaient fait, disait-il, une grande impression sur son esprit et lui avaient donné infiniment de plaisir, il espérait que je ne négligerais pas de lui indiquer les moyens les plus propres à nourrir ces *racines*, et il pouvait m'assurer que mes avis seraient pris en grande considération.

A notre dernière entrevue, M. Grenville m'avait montré une lettre que le duc de Richmond lui avait écrite pour me prier de rendre sa parole à M. Macleod, capitaine d'artillerie. Lord George Lenox, frère du duc, nommé gouverneur de Portsmouth, désirait avoir le capitaine Macleod pour aide de camp. J'avais promis de songer à cette affaire; ce matin j'ai envoyé à M. Grenville la lettre suivante :

A M. GRENVILLE.

Passy, 31 mai 1782.

Monsieur,

« Je ne vois pas que j'aie des pouvoirs suffisants pour dégager la parole donnée par un officier anglais en Amérique; mais désireux de plaire au duc de Richmond autant qu'il est en mon pouvoir, et certain que le Congrès sera satisfait de tout ce que je pourrai faire pour obliger un personnage qu'il respecte infiniment, je consens que le capitaine Macleod serve dans son grade, mais seulement en Angleterre, jusqu'à ce que la volonté du Congrès soit connue. J'écris de suite au Congrès, je ne doute pas que la réponse ne m'autorise à décharger entièrement le capitaine. J'ai l'honneur d'être, etc. B. F.

Le duc de Richmond avait constamment pris les intérêts de l'Amérique dans le Parlement; je pensai donc que le Congrès ne serait pas fâché que j'eusse saisi cette occasion d'obliger le duc, et qu'il suppléerait, par son approbation, à l'insuffisance de mes pouvoirs. D'ailleurs, il m'eût été difficile de refuser, après ce qui s'était passé entre M. Laurens et moi, et après ce que j'avais promis de faire pour lui.

Dimanche 2 juin. Le marquis de Lafayette est venu me voir et a dîné avec moi. Il est inquiet de ces retards; il ne peut partir pour l'Amérique jusqu'à ce qu'il sache, avec quelque certitude, s'il y aura ou non un traité. J'écrivis ce jour-là même à M. Adams la lettre suivante :

A JOHN ADAMS.

Passy, 2 juin 1782.

Monsieur,

Depuis ma lettre du 8 mai, je n'ai rien eu d'important à communiquer à Votre Excellence. M. Grenville est arrivé au moment où je venais d'expédier cette lettre; je l'ai présenté à M. de Vergennes; mais sa mission n'a paru qu'une répétition de celle de M. Oswald; c'est la même déclaration, de la part du roi d'Angleterre, de son désir sincère de la paix, de son consentement à traiter à Paris, laquelle déclaration a reçu, pour réponse, de nouvelles assurances des bonnes dispositions de la Cour de France, et de sa résolution de ne traiter que de concert avec ses alliés. C'est pourquoi j'ai différé de vous écrire jusqu'à ce qu'il sortît quelque chose d'une espèce de convention passée entre ces messieurs, d'après laquelle M. de Vergennes devait faire part de ces ouvertures à l'Espagne et à la Hollande, et M. Grenville devait écrire à sa Cour pour demander des pleins pouvoirs à l'effet de traiter et de faire des propositions; aucune transaction d'importance ne pouvant avoir lieu dans l'intervalle.

M. Grenville dépêcha à Londres un courrier, qui revint au bout de douze jours. M. Grenville vint me voir après avoir été à Versailles. Il m'apprit qu'il avait reçu les pouvoirs, et qu'il en avait laissé une copie chez M. de Vergennes; que ces pouvoirs l'autorisaient à traiter avec la France et *ses alliés*. La première fois que j'allai à Versailles, je demandai à voir cette copie, je fus surpris de n'y trouver aucune mention des alliés de la France en général, ni d'aucun d'eux en particulier. En causant avec M. de Vergennes, je vis qu'il commençait à regarder tout ceci comme un artifice pour nous amuser et gagner du temps, puisqu'il avait uniformément déclaré à chacun des agents qui s'étaient présentés ici : à Forth, à Oswald et à Grenville, que le roi ne traiterait pas sans le concours de ses alliés; et malgré cela, l'Angleterre avait donné des pouvoirs pour traiter avec la France seulement; ce qui prouvait qu'elle n'avait aucune intention de traiter, mais qu'elle voulait continuer la guerre.

Ce ne fut qu'hier que j'eus occasion de causer sur ce sujet avec M. Grenville. Lui ayant exprimé ma surprise qu'après tout ce qu'il m'avait dit, ses pouvoirs ne parlassent pas de nos États, il ne put me donner une explication satisfaisante; il me dit que la cause de l'omission était sans doute qu'on avait copié d'anciens pouvoirs conférés à M. Stanley lors du dernier traité de paix, mais qu'il était sûr qu'on avait l'intention de traiter avec nous, ses instructions le prouvant clairement. Je lui dis qu'un pouvoir spécial me paraissait nécessaire; que, sans cela, nous ne pourrions pas traiter avec lui. Je pense que leur roi répugne à faire le premier pas ; donner ces pouvoirs, ce serait une espèce de reconnaissance de notre indépendance. Les derniers succès obtenus sur le comte de Grasse peuvent aussi leur avoir donné l'espoir que, par des délais et par de nouvelles victoires, cette reconnaissance et la paix elle-même deviendront moins nécessaires.

M. Grenville a écrit à sa Cour pour demander de nouvelles instructions. Nous verrons ce que produira le retour de son courrier. S'il ne rapporte pas de pleins pouvoirs pour traiter avec chacune des puissances en guerre avec l'Angleterre, je pense que la négociation sera rompue.

Dans le cours de la conversation, M. Grenville a beaucoup insisté sur ce que nous n'avions aucun engagement qui nous empêchât de faire la paix sans la Hollande. J'ai répondu qu'il n'était pas impossible que vous en eussiez pris un, et que, quand même il n'en existerait pas, une pacification générale, faite en même temps, serait ce qu'il y aurait de mieux pour toutes les parties. J'ajoutai que je pensais que ni la Hollande ni les États-Unis ne se laisseraient persuader d'abandonner leurs amis. Je vous ferai part immédiatement de tout ce qui se passera.

Veuillez présenter mes respects à M. Laurens, à qui j'ai écrit l y a quelques jours. M. Jay doit être en route pour se rendre ici.

J'ai l'honneur, etc. B. F.

Le lundi 3, M. Oswald vint me voir, ainsi qu'il me l'avait promis. Il me dit qu'il avait parlé à lord Shelburne, à lord Rockingham et à M. Fox. Qu'ils avaient toujours même désir de faire la paix ; mais que quelques-uns de ces messieurs lui avaient paru un peu trop enflés de la dernière victoire des Antilles[1], et qu'observant sa froideur, ils lui

---

1. La flotte française commandée par l'amiral de Grasse, avait

avaient demandé s'il ne regardait pas ce succès comme une très-bonne chose. « Oui, répondit-il, si vous ne l'estimez pas trop haut. » Il continua à me dire avec la plus entière franchise, que la paix leur était absolument nécessaire. La Nation avait été follement engagée dans quatre guerres; elle ne pouvait plus fournir d'argent pour les soutenir. Si le Gouvernement persistait à les continuer, il deviendrait absolument nécessaire de suspendre le payement de l'intérêt des fonds publics; ce qui ruinerait le crédit. Il me dit qu'il était question de suspendre tout payement au-dessus de mille livres sterling en continuant de payer les chiffres inférieurs, parce que les grosses sommes appartenaient aux gens riches, qui pouvaient mieux supporter un retard d'intérêt, tandis que les petites étaient la propriété de personnes moins à leur aise, qui en souffriraient davantage, et qui feraient plus de bruit; que d'ailleurs on apaiserait les riches, en leur promettant l'intérêt de leurs intérêts. Tout ceci était dit comme si on y avait sérieusement pensé.

M. Osward a un air de grande simplicité et de parfaite honnêteté; cependant j'ai peine à prendre ses discours pour le simple aveu de l'état déplorable de l'Angleterre; je crois qu'ils devaient servir aussi à m'intimider, en me montrant qu'on avait encore cette ressource, qui pouvait produire, à ce qu'il m'assura, cinq millions sterling par an. « Quoi qu'il en soit, ajouta-t-il, nos ennemis peuvent faire maintenant de nous ce qu'ils veulent, *ils ont pied à boule* (telle fut son expression), et nous espérons qu'ils nous feront voir leur modération et leur magnanimité. » Il me réitéra l'assurance de la haute estime que les ministres avaient pour moi, en ajoutant, qu'avec tous les hommes d'État de l'Angleterre, ils ne comptaient que sur

---

été battue aux Antilles par l'amiral Rodney. M. de Grasse avait été obligé de se rendre aux Anglais.

moi pour retirer la nation de la position désespérée où elle se trouve ; que jamais particulier n'avait peut-être eu dans les mains l'occasion de faire autant de bien que moi. Il me répéta beaucoup d'autres choses semblables, et enfin me montra une lettre que lord Shelburne lui avait écrite, en partie, je suppose, afin que je pusse voir l'opinion que Sa Seigneurie avait de moi. Comme cette lettre a quelque rapport avec la négociation, je l'insère ici. M. Oswald me l'a laissée en me priant de la communiquer à M. Walpole.

LE COMTE DE SHELBURNE A RICHARD OSWALD.

Whitehall, 21 mai 1782.

Monsieur,

J'ai entendu dire que M. Walpole se tient pour offensé de votre envoi à Paris ; il suppose que c'est une mesure que j'ai prise pour retirer de ses mains les négociations avec la Cour de France, que M. Fox, dit-il, avait fait commencer par lui. Ayez la bonté de voir M. Walpole, et de lui expliquer clairement que cet injuste soupçon n'a pas le moindre fondement, puisque je ne connaissais rien de cette affaire. M. Fox déclare qu'il regardait ce qui s'était passé entre lui et M. Walpole comme d'une nature tout à fait privée et qu'il ne l'avait jamais cru assez important pour en faire part au roi ou au Cabinet ; il m'a promis d'écrire à M. Walpole pour lui expliquer tout ceci.

Si le moindre soupçon de cette espèce avait gagné le docteur Franklin ou le comte de Vergennes, je désire que vous vous en expliquiez avec eux. J'ai trop d'amitié pour le docteur Franklin, et trop de respect pour le comte de Vergennes, que j'ai l'honneur de connaître parfaitement, pour être indifférent à leur bonne opinion, et pour souffrir qu'ils me croient capable d'intrigues, tandis que j'ai toujours défendu et soutenu une ligne de conduite toute contraire. En vérité, j'ai un tel mépris pour l'intrigue, que, si fier que je sois de servir le roi dans la place que j'occupe ou dans toute autre, et si désireux que je sois de servir mon pays, je n'hésiterais pas un moment à quitter une place qui exigerait de pareils services. Mais je dois au roi la justice de dire que Sa Majesté abhorre de pareils moyens; et je n'ai pas besoin de vous dire que j'ai pour principe invariable qu'aucun pays ne peut, dans aucune occasion, en user avec avantage. Je suis, etc.

SHELBURNE.

En me parlant des grands services que dans l'opinion des ministres j'étais appelé à rendre, M. Oswald me dit que, dans une des conversations qu'il avait eues avec eux, il leur avait dit qu'on ne devait rien attendre de moi que de la consistence; je ne ferais rien qui fût indigne de mon caractère, ou incompatible avec mes devoirs envers ma patrie. Je ne lui demandai pas à quelle occasion il avait parlé ainsi; mais il me parut qu'il avait dû être question de quelque chose qui ne s'accordait pas avec mon devoir.

M. Oswald me donna aussi une copie d'un *memorandum* écrit par lord Shelburne, dans les termes suivants :

1º Je suis prêt à correspondre plus particulièrement avec le docteur Franklin, si on le désire;

2º On va voter l'*acte d'autorisation* (*Enabling act*); on y insérera le nom des commissaires recommandés par M. Oswald; de notre côté, des commissaires seront nommés, ou bien, l'on donnera à M. Oswald tel caractère diplomatique que le docteur Franklin et lui jugeront convenable, pour conduire à un arrangement définitif entre la Grande-Bretagne et l'Amérique. Le docteur Franklin a raison de dire, que cet arrangement doit se faire autrement que la paix entre la Grande-Bretagne et la France, qui ont toujours été ennemies.

3º Une indemnité pour les Loyalistes[1] doit toujours être présente à l'esprit de M. Oswald, comme tenant la première place dans celui de lord Shelburne. En outre on doit tâcher d'engager les différents États d'Amérique à rendre leurs biens aux Loyalistes, ou du moins à les dédommager des confiscations faites sur eux.

4º Remettre la lettre de lord Shelburne, concernant M. Walpole, au docteur Franklin.

A la lecture de ce papier, je me rappelai qu'on avait proposé, quelque temps auparavant, dans le Parlement, un bill *à l'effet d'autoriser Sa Majesté à conclure une paix ou une trêve avec les provinces révoltées d'Amérique;* je supposai que c'était là ce qu'on entendait par le bill d'*autorisation*. On l'avait laissé dormir, et comme il n'avait pas été voté, c'était peut-être la vraie raison pour laquelle il n'était point question des colonies dans les pouvoirs de M. Grenville. M. Oswald le pensa comme moi, et dit que les mots « où l'on insérera les noms des commissaires recommandés par M. Oswald » se rapportaient au conseil qu'il avait donné de faire, dans le bill, une mention expresse des commissaires nommés par le Congrès pour traiter de la paix, au lieu de la dénomination vague de *toute personne* ou *personnes*, qui était dans la première rédaction.

Quant aux Loyalistes, je lui répétai ce que je lui avais déjà dit à son premier voyage, « que leurs biens ayant été confisqués par les lois particulières des États où les délinquants avaient résidé, et non par aucune loi du Congrès, qui n'avait aucun pouvoir d'en faire de semblables ou de les abroger, le Congrès ne pouvait, par conséquent, donner à ses commissaires aucun pouvoir pour traiter de la restitution à faire à ces personnes; cela regardait chaque État

---

[1]. Ce sont les Américains qui durant la guerre, avaient pris le parti de l'Angleterre.

en particulier. S'il était juste de les indemniser, c'était l'Angleterre plutôt que l'Amérique que ce devoir regardait ; mais que, selon moi, l'Angleterre ne leur avait pas de grandes obligations, puisque c'est par leur faux rapports, et par leur mauvais conseils, qu'elle s'était laissé entraîner dans cette misérable guerre. Et s'il fallait porter à notre compte les pertes de Loyalistes, nous pourrions plus que les balancer, par le compte des déprédations qu'ils ont commises sur les côtes d'Amérique. »

M. Oswald convint que tout ceci étaient raisonnable, et me dit, qu'avant de partir, il avait répété aux Ministres que, selon lui, il ne fallait pas s'attendre à ce que nous fissions quelque chose pour ces gens-là ; qu'en conséquence d'une de nos conversations, il avait aussi été d'avis qu'il fallait abandonner le Canada aux États-Unis, pour éviter toute occasion de querelle à l'avenir ; le gouvernement de ce pays n'ayant, d'ailleurs, aucun avantage et aucune importance, si les Anglais pouvaient y avoir un libre commerce. Le marquis de Rockingham et lord Shelburne, quoiqu'ils eussent répondu avec réserve, n'avaient pas paru très-contraires à cette idée ; mais M. Fox avait paru fort surpris de la proposition. M. Oswald me dit pourtant qu'il n'était pas sans espoir de réussir.

Nous en vinmes alors à un autre article du *memorandum* : « Et que de notre côté des Commissaires seront nommés, ou bien que l'on donnera à M. Oswald tel caractère diplomatique que le docteur Franklin et lui jugeront convenable pour conduire à un arrangement définitif entre la Grande-Bretagne et l'Amérique. »

Ceci, me dit M. Oswald ne regarde que vous ; je n'ai point de volonté dans cette affaire ; mon seul désir est de la voir *en train* ; je n'y ai aucune vue personnelle d'honneur ou de profit. M. Oswald ajouta qu'il avait vu et entretenu M. Grenville ; c'était, selon lui, un jeune homme intelligent, très-capable de terminer cette affaire ;

il ne voyait donc pas de quelle utilité il pouvait être, lui, Oswald; mais si je pensais autrement et si je le croyais bon à quelque chose, il donnerait avec plaisir son temps et ses services, sous quelque titre et de quelque manière que je le jugerais à propos. Je lui dis qu'ayant demeuré en Amérique, et connaissant à fond notre commerce et notre situation, il me paraissait plus en état d'engager les Ministres à faire ce qui serait raisonnable, et qu'il pouvait parler ou écrire avec plus de poids que M. Grenville; et que, pour ces raisons, je désirerais qu'il continuât ses services. Je lui demandai s'il aimerait à faire partie d'une Commission générale pour traiter avec toutes les puissances en guerre avec l'Angleterre, ou s'il préférerait avoir des pouvoirs spéciaux pour traiter avec l'Amérique seulement. Il répondit qu'il ne désirait pas se mêler du traité avec les puissances étrangères, parce qu'il n'était pas assez instruit de leurs affaires, ni assez versé dans la langue française, qui serait probablement celle dont on se servirait; que, par conséquent, s'il acceptait une commission, ce serait de traiter avec l'Amérique. Je luis dis que j'écrirais à lord Shelburne à ce sujet; mais que M. Grenville ayant envoyé depuis peu un courrier à Londres à cause des pouvoirs, et que ce courrier n'étant pas encore revenu, je pensais qu'il était convenable d'attendre quelques jours pour voir quelle réponse il apporterait, ou quelles mesures on prendrait. Il approuva mon idée.

A dire la vérité, M. Oswald me paraît un homme si bon et si raisonnable, que je serais fâché de le perdre, quoique je n'aie aucune objection contre M. Grenville. M. Oswald me semble n'avoir à cœur que le bien de l'humanité et le désir de mettre fin à tous nos maux; M. Grenville, au contraire, est un jeune politique, qui doit naturellement avoir l'ambition de se faire valoir comme habile négociateur.

Dans l'après-midi, M. Boeris, le Hollandais, vint me voir; il m'apprit qu'aucune réponse n'avait encore été faite au dernier mémoire de la Russie concernant la médiation ; mais on pensait que cette réponse contiendrait des remerciments respectueux à Sa Majesté impériale pour ses offres obligeantes, et qu'on lui représenterait en même temps qu'il était nécessaire de se joindre à la France pour obtenir une paix générale, et qu'il serait encore plus glorieux pour Sa Majesté d'employer son influence à procurer une paix générale que d'obtenir un traité particulier. M. Boëris m'apprit encore que les Hollandais n'étaient pas contents de la conduite de la cour de Russie, ils lui soupçonnaient l'intention de prolonger la guerre dans un intérêt particulier.

Mercredi 5 *juin.* M. Oswald revint me voir, pour m'apprendre que lord Cornwallis, impatient de se voir déchargé de sa parole le plus tôt possible, m'avait envoyé un certain major Ross pour solliciter cette décharge, supposant que M. Laurens pourrait se trouver auprès de moi. M. Oswald me dit, ce que j'ignorais, que, tandis que M. Laurens était en prison à la Tour, il avait offert la décharge de lord Cornwallis en échange de la sienne, et avait promis de faire tous ses efforts pour l'obtenir aussitôt qu'il serait mis en liberté, assurant qu'il ne doutait pas du succès. Je fis part à M. Oswald de ce qui s'était déjà passé entre M. Laurens et moi, au sujet de lord Cornwallis ; je lui dis que j'aurais fait moins de difficulté pour dégager lord Cornwallis de sa parole, si M. Laurens m'avait informé qu'il eût été mis en liberté, par suite d'une pareille offre et d'une pareille promesse. Je priai donc M. Oswald de me certifier tout cela dans une lettre, dont je pusse me servir pour justifier ce que M. Laurens et moi pourrions faire à ce sujet ; je l'engageai aussi à demander au major Ross une copie de la parole donnée, afin que j'en connusse mieux l'objet. Par suite de cet entretien, il m'envoya, dans l'après-midi, la lettre suivante :

RICHARD OSWALD A B. FRANKLIN.

Paris, 5 juin 1782.

Monsieur,

Alors que M. Henri Laurens était en prison en Angleterre, il promit, si l'on voulait le délivrer sur parole, de vous demander un cartel d'échange en faveur de lord Cornwallis, qui déchargeât Sa Seigneurie de la parole qu'elle avait donnée en capitulant, avec sa garnison, au village d'York, en Virginie ; et, dans le cas où vous auriez quelque scrupule à faire cet échange, M. Laurens s'engagea à écrire au Congrès, ne doutant pas d'obtenir au plus tôt une réponse favorable.

Je portai aux secrétaires d'État de Sa Majesté cette proposition, signée de la main de M. Laurens. C'était, si je ne me trompe, au mois de décembre dernier. On y eut égard, et, en conséquence, M. Laurens fut, peu de temps après, remis en pleine liberté. Quoiqu'il ne soit pas prisonnier sur parole, on espère qu'une légère différence dans le mode de la délivrance ne sera pas regardée comme un point essentiel.

A l'égard de M. Laurens, je suis certain qu'il prendra autant d'intérêt au succès de sa demande que si sa propre décharge avait été obtenue suivant les formes qu'il avait proposées dans l'écrit que j'ai transmis de sa part aux secrétaires d'État, et je ne doute pas qu'il ne se joigne à mylord Cornwallis, pour vous remercier de la faveur que vous ferez à Sa Seigneurie en lui accordant une entière décharge de sa parole. J'ai, etc.

RICHARD OSWALD.

P. S. Le major Ross ne possède point de copie de la parole donnée par lord Cornwallis. Il dit qu'elle a été donnée dans la forme générale, usitée en cas semblable.

Depuis que j'ai écrit ce qui précède, je me suis rappelé

que j'ai commis une erreur, en disant que la proposition d'échange était venue de M. Laurens. Ce furent les secrétaires d'État de Sa Majesté qui me chargèrent de dire à M. Laurens qu'on lui rendrait la liberté, à condition qu'il s'efforcerait d'obtenir l'échange de lord Cornwallis. Je portai cette proposition à M. Laurens, qui alors signa l'engagement dont j'ai parlé, après quoi la mise en liberté fut ordonnée. R. O.

Je fis la réponse suivante :

A RICHARD OSWALD.

Passy, 6 juin 1782.

Monsieur,

« J'ai reçu la lettre que vous m'avez fait l'honneur de m'écrire au sujet de la parole donnée par lord Cornwallis. Vous savez ce que j'ai écrit, il y a quelque temps, à M. Laurens. C'est demain jour du courrier de Hollande ; il est possible que je reçoive une réponse, avec une formule dressée par M. Laurens, et que nous signerons tous deux, afin de décharger mylord de sa parole. Je ne pense pas que le major Ross soit fort gêné de rester un jour de plus à Paris ; si je ne reçois pas demain des nouvelles de M. Laurens, je ferai immédiatement, pour vous contenter, tout ce que je pourrai pour libérer lord Cornwallis.

« J'ai l'honneur, etc. B. F.

Vendredi 7 juin. Le major Ross est venu me voir, pour me remercier des dispositions favorables que j'avais montrées à l'égard de lord Cornwallis, dans ma lettre à M. Oswald, et pour m'assurer que Sa Seigneurie s'en souviendrait toujours avec reconnaissance, etc. Je luis dis qu'il était de notre devoir d'alléger, autant que nous pouvions, les calamités de la guerre ; que j'attendais des lettres de

M. Laurens sur cette affaire; qu'après les avoir reçues, j'y mettrais de suite la dernière main; que, si M. Laurens ne m'écrivait pas, je parlerais au marquis de Lafayette, je lui demanderais son approbation [1], et je terminerais, sans plus attendre.

Samedi 8 juin. J'ai reçu quelques journaux d'Angleterre, dans un desquels je trouve l'article suivant :

Extrait du *London Evening Post* du 30 mai 1782 :

« Si nos nouvelles de France disent vrai, M. Grenville a obtenu, dans sa première visite au docteur Franklin, un renseignement des plus considérables : l'Amérique s'est réservé le droit de traiter *séparément* avec la Grande-Bretagne, dans les cas où ses demandes seraient accordées.

« Le traité du 6 février 1778 a servi de base à cette conversation, et il est certain que, d'après l'esprit et le sens de ce traité, l'Amérique n'est en aucune manière obligée de ne point traiter séparément de la paix, une fois qu'elle sera assurée que l'Angleterre lui accorde l'indépendance et un libre commerce avec le monde entier.

« Le premier article de ce traité unit l'Amérique à la France pour aussi longtemps que les *circonstances* l'exigeront. Accorder à l'Amérique tout ce qu'elle demande, c'est rompre le lien de *circonstance* qui unit l'Amérique à la France.

« Le second article dit que l'intention et le but de l'alliance est d'assurer la liberté et l'indépendance de l'Amérique. Il est donc évident qu'aussitôt que la Grande-Bretagne accorde cette liberté et cette indépendance, l'Amérique, possédant tout ce qu'elle désire, peut, si elle le veut, mettre fin à la guerre qui existe entre elle et l'Angleterre, et laisser la France guerroyer à la poursuite du projet insensé

---

1. M. de la Fayette avait joué un grand rôle au siège de York-Town, et était en quelque sorte partie dans la capitulation.

qu'elle a formé de réduire la puissance et la grandeur de l'Angleterre.

« Par le huitième article du traité, ni la France, ni l'Amérique ne peuvent conclure de paix sans le consentement l'une de l'autre, et elles s'engagent à ne point poser les armes jusqu'à ce que l'indépendance de l'Amérique ait été reconnue; mais cet article n'empêche pas l'Amérique de faire un traité distinct pour conclure la paix avec l'Angleterre, et il prouve encore plus fortement que les précédents articles que l'Amérique peut traiter séparément avec l'Angleterre, dès qu'elle sera convaincue que l'Angleterre lui assure *tout ce qu'elle peut raisonnablement exiger.* »

Je suppose que cet article est extrait d'une lettre de M. Grenville. Mais il donne à entendre que je serais convenu, dans cette conversation imaginaire, que l'Amérique est libre de faire la paix sans la France, tandis que j'ai toujours déclaré, dans les termes les plus forts, que nous avions pris une résolution tout à fait opposée, et qu'il nous était impossible d'agir d'une façon contraire, non-seulement au traité, mais au devoir de reconnaissance et d'honneur, dont cet article ne parle pas. Ce jeune diplomate semble se faire honneur d'avoir obtenu de moi une copie du traité. Je la lui donnai à sa première demande. Ce traité n'est pas aussi secret qu'il le pense; il a d'abord été imprimé dans tous les journaux américains, peu de temps après sa signature; ensuite à Londres, dans le *Remembrancer* d'Almon, que M. Grenville aurait dû connaître; et enfin dans une collection de *Constitutions* américaines publiée par ordre du Congrès. Comme ces rapports inexacts de nos conversations paraissent dans les journaux anglais, il faudra que je parle à M. Grenville de cette inconvenance.

Dimanche 9 juin. Le docteur Bancroft connaissant intimement M. Walpole, je lui ai remis aujourd'hui la lettre de lord Shelburne à M. Oswald, en le priant de la communiquer à ce gentleman. Le docteur Bancroft m'a dit que la Russie et l'Empereur désirent la continuation de la guerre, et cherchent à faire la paix entre l'Angleterre et la Hollande, afin que l'Angleterre soit mieux en état de continuer la guerre contre l'Espagne et la France.

Le marquis de Lafayette ayant promis de me venir voir aujourd'hui, je n'envoyai pas la décharge de lord Cornwallis, qui était toute prête. Je désirais avoir l'approbation du marquis, qui, dans une précédente conversation, m'avait conseillé cette mesure. Il ne vint pas; mais, sur la fin de la soirée, je reçus un billet de lui, où il me dit qu'il avait été retenu à une revue à laquelle il avait accompagné le Grand-Duc, mais qu'il viendrait déjeuner avec moi demain matin.

Aujourd'hui j'ai reçu une lettre de M. Dana, datée de Saint-Pétersbourg le 29 avril, dans laquelle se trouve le passage suivant : « Nous reçûmes hier la nouvelle que les États-Généraux avaient, le 19 de ce mois (nouveau style), reconnu l'indépendance des États-Unis. Cet événement a fait sensation ici et n'est pas vu d'un bon œil. On avait l'air de se flatter que la médiation y mettrait obstacle et ferait naître une paix particulière entre la Grande-Bretagne et la Hollande. Je ne crois pas, néanmoins, que ce mécontentement amène aucun mauvais effet pour la république Batave. » Il est vrai que tant que la guerre continue, la Russie reçoit une demande plus considérable de fournitures navales, et que peut-être elle les vend à un prix élevé. Mais est-il possible que, pour un si minime intérêt, des hommes puissent désirer de voir leurs voisins s'entre-détruire? ou bien y aurait-il quelque fondement dans le projet dont on a parlé en dernier lieu : que la Russie et l'Empereur s'entendent pour chasser les Turcs de l'Europe, et qu'ils désirent, par conséquent, affaiblir assez la

France et l'Angleterre pour les empêcher de venir au secours de ce peuple?

Lundi 10 *juin.* Le marquis de Lafayette ne vint chez moi qu'entre onze heures et midi. Il amena avec lui le major Ross. Après déjeuner, comme le major venait de passer dans une autre pièce, il me dit qu'il avait vu depuis peu M. Grenville, qui lui avait demandé quand il comptait partir pour l'Amérique, et qu'il avait répondu : « Je suis resté ici plus longtemps que je ne l'aurais fait afin de voir si nous aurions la paix ou la guerre; mais comme je vois que cette espérance de paix n'est qu'un jeu, et que vous ne faites que nous amuser sans avoir aucune intention de traiter, je ne compte pas demeurer plus longtemps; je partirai sous peu de jours. » Sur quoi M. Grenville lui avait répondu que ce n'était point un jeu; qu'ils étaient sincères dans leur intention de traiter, et que le marquis en serait convaincu sous quatre ou cinq jours.

Le marquis me parla ensuite d'une demande du major Ross, tant pour lui-même que pour lord Chewton, lieutenant-colonel, et pour le lieutenant Haldane. Ils étaient tous trois aides de camps de lord Cornwallis, et demandaient à être mis en liberté avec lui. Je dis au marquis qu'il devait mieux connaître que moi l'usage en semblable cas; qu'étant lui-même un des généraux à qui ces messieurs avaient engagé leur parole, il avait, plus que moi, le droit de les en décharger, et que si la chose était juste, je désirais qu'il la fît. Là-dessus, il passa à mon bureau, pour écrire, et me rapporta un papier qui n'était pas, comme je l'avais espéré, une décharge signée de lui, mais une décharge que je devais signer moi-même. Et le major n'ayant pas été content de celle que j'avais faite pour lord Cornwallis, parce que j'y avais inséré une clause réservant au Congrès le droit d'approuver ou désapprouver ma conduite, se retira sans la prendre; sur quoi j'écrivis le lendemain matin à M. Oswald la lettre suivante :

A RICHARD OSWALD.

Passy, 11 juin 1782.

Monsieur,

« J'avais l'intention d'aller vous voir ce matin, pour m'informer de votre santé et pour vous remettre la pièce ci-incluse, concernant la parole de lord Cornwallis; mais, obligé d'aller à Versailles, je dois remettre ma visite à demain.

Le poste que j'occupe ici ne me donne, en aucune manière, le droit de dégager cette parole ; c'est pourquoi j'ai cherché à m'appuyer, du mieux que j'ai pu, sur le pouvoir exprès que le Congrès m'avait donné, d'échanger le général Burgoyne contre M. Laurens. Si j'ai fait la réserve de la confirmation ou de la désapprobation du Congrès, ce n'est pas que j'aie le moindre désir de restreindre la liberté du général, c'est parce que j'ai cru qu'il était de mon devoir de faire cette réserve, afin qu'on ne m'accusât pas de m'être arrogé un pouvoir qu'on ne m'a pas donné, en dégageant pleinement et sans autorisation une parole donnée au Congrès. Je suis, etc. B. F.

J'ai peine à comprendre la conduite du major, en refusant cette pièce. Il était venu tout exprès de Londres pour solliciter le dégagement de la parole de lord Cornwallis. Il m'avait dit que Sa Seigneurie était fort impatiente de l'obtenir, parce qu'elle se trouvait malheureuse dans sa situation. Une des objections qu'il me fit, c'est que, avec cette décharge limitée, Sa Seigneurie ne pouvait prendre du service au dehors. Il me déclara que l'intention de Sa Seigneurie n'était point de retourner en Amérique. Et cependant, il ne voulut pas accepter la pièce, si je n'en effaçais la réserve. Je ne trouvai pas convenable d'y faire ce changement, et il me quitta, peu content de moi.

Aujourd'hui *jeudi* 11 *juin*, j'allai à Versailles, où j'eus une longue conférence avec M. de Rayneval, secrétaire du Conseil. Je lui montrai les lettres que M. Oswald m'avait remises de la part de lord Shelburne, et je lui rendis compte de l'entretien que j'avais eu avec M. Oswald. Je lui fis part aussi de ma conversation avec M. Grenville. Nous conclûmes que le retard de son courrier pouvait être attribué aux formalités nécessaires pour faire passer le bill *d'autorisation*.

Je descendis avec lui dans le cabinet du comte de Vergennes, où je répétai et expliquai tout ce que je venais de dire. Ce ministre me parut convaincu que la Cour d'Angleterre était sincère, en déclarant qu'elle désirait la paix. Nous parlâmes des tentatives qu'elle avait faites pour nous séparer, de la nécessité de rester unis, et de traiter de concert. Je fis la remarque que, puisque les Anglais avaient montré un si grand désir de nous diviser, en faisant des offres considérables à chaque puissance en particulier, évidemment en vue de traiter plus favorablement avec les autres, et que, puisqu'ils avaient consenti avec tant de répugnance à conclure une paix générale, il était possible, qu'après avoir fait la paix avec nous tous, ils choisissent un d'entre nous pour lui faire la guerre séparément. Pour contrarier ce projet, je crus qu'il ne serait peut-être pas inutile que, avant de signer le traité de paix générale toutes les puissances en guerre avec l'Angleterre fissent un nouvau traité entre elles, s'engageant, en ce cas, à faire de nouveau cause commune, et à renouveler la guerre générale. Le ministre parut approuver mon idée. Il lut la lettre de lord Shelburne concernant M. Walpole, dit que ce dernier avait essayé d'ouvrir des négociations avec le marquis de Castries[1], qui lui avait dit qu'il s'était mal adressé, et qu'il fallait voir le comte de Vergennes ; M. Walpole ne s'était jamais présenté. Le ministre ajouta

---

1. M. de Castries était ministre de la marine.

que c'était un intrigant qui connaissait beaucoup de personnes à la Cour, et qui avait l'habitude de traiter ses affaires par des voies obliques et cachées : « Mais, ajouta-t-il, quand on a quelque chose à proposer, qui soit de mon ressort, il me semble qu'on doit s'adresser directement à moi : c'est dans mon cabinet que ces affaires se traitent. » Au résumé, le ministre ne parut pas fâché que M. Walpole ne fût pas venu le voir, car il ne lui plaisait pas.

J'appris que M. Jay avait pris congé, le 7, des ministres espagnols afin de se rendre ici ; je l'attends d'un jour à l'autre. Je n'entends parler ni de M. Laurens ni de M. Adams.

Mercredi 12 juin. J'ai été voir M. Oswald ce matin. Il me dit qu'il avait reçu la pièce que je lui avais envoyée concernant la parole de lord Cornwallis ; qu'en causant avec le major Ross, il lui avait prouvé qu'il avait eu tort de la refuser ; que j'avais fait tout ce qu'on pouvait raisonnablement exiger de moi, et que j'avais dit, dans cette pièce, tout ce qui pouvait donner du poids à cette décharge temporaire, et engager le Congrès à la confirmer et à la compléter. Le major Ross survint ; il me fit ses excuses de n'avoir pas tout d'abord accepté cette décharge ; il me déclara qu'il en était parfaitement satisfait, et me dit que lord Cornwallis serait fort sensible à cette faveur. Il ajouta que c'était la coutume parmi les militaires, qu'en dégageant la parole d'un général, on rendît aussi celles des aides de camp. Je répondis que j'étais étranger aux usages de l'armée ; que j'avais poussé mon pouvoir au dernier point, en faisant servir à l'échange de lord Cornwallis le mandat que j'avais pour l'échange du général Burgoyne ; que je n'avais pas même une ombre d'autorité pour en faire davantage ; que le marquis de Lafayette avait été présent quand la parole s'était donnée ; qu'il était un des généraux qui l'avait reçue, et qu'il me paraissait plus compétent que moi pour la dégager ; enfin, que je ne pouvais rien. Le major alla alors voir le marquis ; ce dernier m'envoya, dans la soirée, un projet de décharge limitée qu'il offrait de signer, mais il demandait mon approbation ; je ne fis aucune difficulté de la donner, quoiqu'il eût inséré dans cette pièce qu'il avait agi d'après mes conseils. Il paraît très prudent, et ne veut rien faire qui lui donne l'air de s'attribuer un pouvoir qu'on ne lui a pas conféré.

Vendredi 14. M. Boeris est revenu me voir pour savoir si le courrier de M. Grenville était de retour, et s'il y avait quelque chance que le traité marchât. Je n'ai pu lui donner aucun renseignement. Il me dit que l'intention de la Hollande était de répondre au dernier mémoire de la Russie, pour lui dire qu'on ne pouvait entrer dans aucun traité particulier avec l'Angleterre ; qu'il serait plus glorieux pour Sa Majesté Impériale de devenir la médiatrice d'un traité général, et qu'elle devrait fixer le lieu des négociations. Je lui répondis : « Puisque vous me dites que Leurs Hautes Puissances ne sont pas très- satisfaites de la conduite de la Russie, et désirent éviter sa médiation, ne vaudrait-il pas mieux omettre cette dernière proposition du lieu à choisir, surtout quand la France, l'Angleterre et l'Amérique sont déjà convenues de traiter à Paris ? » — « Cela pourrait être mieux en effet, répondit-il, mais nous n'avons pas de politiques parmi nous. » Je l'engageai à écrire afin qu'on supprimât la proposition, car on avait encore une semaine devant soi, avant que la réponse ne fût arrêtée. Il ne parut pas croire que sa lettre produirait beaucoup d'effet. J'ai observé que son collègue, M. Vanderpierre, avait une plus haute opinion de son crédit et de son importance.

Samedi 15 *juin.* M. Oswald est venu déjeuner avec moi. Nous avons fait ensuite un tour de jardin ; il me dit alors que le courrier de M. Grenville était revenu la veille au soir. Il lui avait apporté une lettre de mistriss Oswald, mais pas un mot du ministère. Depuis son arrivée à Paris il n'en avait pas reçu une ligne et ne savait rien de ce que le courrier apportait. Il ajouta qu'il aurait été voir M. Grenville ce matin, s'il ne s'était rappelé que ce gentleman était sujet à des migraines du matin qui l'empêchaient de se lever de bonne heure. Je lui dis que, selon toute apparence M. Grenville irait à Versailles, et viendrait me voir à son retour. Il n'y eut guère d'autre conversation entre nous, car nous n'avions aucun nouveau sujet d'entretien.

M. Oswald me quitta vers midi ; presque aussitôt arriva M. Grenville. Il m'apprit le retour de son courrier; et me dit qu'il avait reçu les pleins-pouvoirs. Il avait été à Versailles et avait laissé copie de ses pouvoirs au comte de Vergennes. Il ajouta que l'instrument était conçu dans les mêmes termes que le précédent, sinon qu'après le pouvoir de traiter avec le roi de France ou ses ministres on avait mis : « et avec les ministres de tout autre prince ou *État* intéressé au traité. » Le comte de Vergennes avait, me dit-il, fait d'abord quelques difficultés, parce que ces expressions étaient trop générales ; mais il avait dit qu'il mettrait la pièce sous les yeux du roi, et qu'il la communiquerait aux ministres des puissances belligérantes, et qu'il ferait réponse à M. Grenville lundi prochain. M. Grenville ajouta qu'il avait de plus informé M. de Vergennes que ses instructions l'autorisaient à proposer, pour base du traité, la paix de 1763 ; mais que la proposition qu'il avait faite en premier lieu, n'ayant pas été accueillie, elle avait été changée ; que l'Angleterre, au lieu de proposer de reconnaître l'indépendance de l'Amérique, sous la condition qu'on la replacerait dans la situation où elle se trouvait à la paix de 1763, l'avait maintenant autorisé à *déclarer l'indépendance de l'Amérique, avant d'entamer les négociations*, et à proposer ensuite, séparément, la paix de 1763 comme base du nouveau traité. Le comte de Vergennes s'était aussi engagé à mettre cette proposition sous les yeux du roi et à me la communiquer.

M. Grenville me dit alors qu'il espérait que toute difficulté était maintenant écartée, et que nous pouvions procéder au grand œuvre. Je lui demandai si le bill *d'autorisation* était voté. Il me dit que non ; le bill avait passé à la Chambre des communes, et avait été lu une première fois à la Chambre des lords, mais n'était pas encore voté. Je remarquai que l'époque ordinaire de la prorogation du Parlement approchait, et qu'on laisserait peut-être cette affaire de côté. Il me dit qu'il n'y avait point de danger, parce que le Parlement ne se séparerait pas cette année avant la mi-juillet ; les affaires des Indes ayant retardé tout le reste, on serait obligé de prolonger la session jusque-là. Je lui fis alors observer, que, nous autres Américains, nous nous considérions comme une Puissance ou un État indépendant, mais que le gouvernement Britannique avait jusqu'à présent affecté de ne nous regarder que comme des sujets rebelles. Tant que le bill *d'autorisation* ne serait point passé, pouvait-on supposer que la Cour d'Angleterre, en faisant usage des mots généraux *de tout autre Prince ou État*, eût l'intention d'y comprendre un peuple qu'elle ne regardait pas encore comme un État ? Je craignais donc que les pouvoirs de M. Grenville, bons pour l'Espagne et la Hollande, ne fussent pas suffisants pour traiter avec l'Amérique. Il me répondit qu'il n'avait aucun doute de la suffisance de ses pouvoirs, et qu'il était prêt à agir d'après eux ; je lui en demandai une copie, qu'il me promit.

Il voulut alors entamer une conversation sur le sujet de la réconciliation ; mais je crus à propos de l'éluder, jusqu'à ce que les négociations fussent plus certainement ouvertes. Je lui montrai le journal anglais, contenant l'article que j'ai transcrit plus haut, pour lui faire voir que nos entretiens étaient mal rendus, et qu'il y aurait du danger pour moi de faire des propositions dans le moment actuel. Il traita fort légèrement les journaux, comme choses sans conséquences ; mais j'observai, qu'avant d'avoir achevé la lecture de l'article, il regarda en haut du journal pour en voir la date ; ce qui me fit soupçonner qu'il se demandait si cet article n'avait pas été extrait d'une de ses lettres.

Quand il m'eut quitté, j'allai dîner chez M. de Chaumont, qui m'avait invité pour me réunir avec M. Walpole, sur la demande de ce dernier. Nous nous serrâmes la main et M. Walpole remarqua qu'il y avait près de deux ans que nous ne nous étions vus. Puis me prenant à part, il me remercia de lui avoir communiqué la lettre de lord Shelburne à M. Oswald ; mais il trouva singulier que M. Oswald ne lui en eût pas parlé directement : il me dit qu'il avait reçu une lettre de M. Fox sur l'affaire de Saint-Eustache, dans laquelle M. Fox exprimait, en termes généraux, le désir de la paix ; qu'il en avait parlé à M. de Castries, et que celui-ci l'avait renvoyé au comte de Vergennes, mais qu'il ne s'était pas cru suffisamment autorisé pour aller voir ce ministre. On savait qu'il avait affaire au ministère de la marine, et par conséquent on ne devait faire aucune attention à ses visites ; mais s'il avait été chez le comte de Vergennes, ministre des affaires étrangères, on en aurait parlé. Il avait reculé cette visite jusqu'à ce qu'il fût autorisé, et avait écrit en conséquence, à M. Fox. Mais, dans l'intervalle on avait fait choix de M. Oswald, parce qu'on avait supposé que lui, Walpole et moi, nous n'étions pas d'accord. Il parla de M. Oswald comme d'un original, mais en ajoutant, qu'à la vérité sa nation était pleine d'originaux, etc. Nous dînâmes agréablement en famille, et nous nous quittâmes avec amitié, sans entrer dans aucun détail d'affaires. Le comte d'Estaing était de ce dîner, je le rencontrai de nouveau le soir chez Mme Brillon. Dans le peuple on blâme beaucoup la conduite du comte de Grasse, et l'on désire que le comte d'Estaing ait le commandement en Amérique. Quoique j'estime beaucoup cet officier, j'évite de me mêler de cette affaire, et même d'en parler ; de ma part, ce ne serait pas convenable.

Dimanche 16. Point de nouvelles de Versailles. J'ai reçu une lettre de M. Adams ; il m'annonce qu'il a tiré sur moi pour un quartier de ses appointements. Il espère que ce sera la dernière fois, parce qu'il est parvenu à trouver quelque peu d'argent en Hollande. Mais M. Adams ne répond rien à ce que je lui ai écrit sur les affaires publiques, et je n'ai pas reçu un mot de M. Laurens ; ce qui m'étonne. J'ai reçu aussi une lettre de M. Carmichaël, datée de Madrid, le 5 juin ; il me dit que M. Jay est en route, et qu'il suppose que je l'aurai vu avant de recevoir sa lettre. Je l'attends donc d'un jour à l'autre. Nous avons pris un appartement pour lui à Paris.

Lundi 17. J'ai reçu une lettre de M. Hodgson ; il me dit que les prisonniers américains à Portsmouth, ont été embarqués, au nombre de trois cents, sur des transports ; que chacun d'eux a reçu, aux frais du Gouvernement, des provisions pour la valeur de vingt shillings, et s'est embarqué de bonne humeur. Les vents contraires ont empêché les transports d'arriver à temps à Plymouth ; mais tous les prisonniers qui sont dans cette ville, joints à ceux qui arrivent d'Irlande, formant en tout sept cents hommes, seront bientôt en route pour retourner dans leur patrie.

Le soir, le marquis de Lafayette est venu chez moi ; il m'a dit qu'il avait vu le comte de Vergennes, et que le ministre était content des pouvoirs de M. Grenville. Il me demanda ce que j'en pensais, je lui répétai ce que j'avais dit à M. Grenville, au sujet de leur imperfection à notre égard. Il fut de mon avis. Je lui dis que demain je comptais voir le comte de Vergennes.

Le marquis me dit qu'il avait signé la pièce concernant la parole du major Ross, et qu'il espérait que le Congrès ne le prendrait pas mal ; il ajouta que dans sa conversation avec le major, il lui avait demandé pourquoi l'Angleterre était si lente à faire des propositions : « Nous avons peur, dit le major, de vous offrir plus que vous n'attendez ou ne désirez. »

J'éprouve un peu d'embarras entre mes deux négociateurs. M. Oswald est le choix de lord Shelburne, M Grenville celui de M. Fox. Lord Shelburne, à ce qu'on dit, a beaucoup avancé, depuis peu, dans la confiance du roi. M. Fox s'appelle lui-même le ministre du peuple, et il est certain que sa popularité s'est beaucoup accrue depuis quelque temps. Lord Shelburne semble désireux de conduire les négociations. M. Fox paraît croire qu'elles appartiennent à son département. On m'assure qu'il n'existe pas entre ces ministres une parfaite intelligence. M. Grenville est fin, il entend raison aussi bien que M. Oswald, mais il ne l'avoue pas aussi promptement. Je crois M. Oswald franc et sincère ; j'ai quelquefois des doutes sur M. Grenville. M. Oswald, un vieillard, semble n'avoir d'autre désir que de se rendre utile en faisant du bien; M. Grenville, qui est un jeune homme, désire, naturellement, se faire une réputation, et vise à celle d'habile négociateur. M. Oswald ne recherche aucune part dans l'affaire ; il soumet tout à lord Shelburne et à moi, ne montrant que de la bonne volonté pour nous servir s'il peut nous être utile, et prêt à se retirer si nous ne jugeons pas sa présence nécessaire ; M. Grenville paraît croire que toute la négociation lui est confiée, il n'a aucune idée que M. Oswald puisse y avoir part ; c'est pourquoi il cherche à étendre les expressions de ses pouvoirs, jusqu'à y comprendre l'Amérique ; et je ne crois pas qu'ils puissent aller jusque-là. J'imagine néanmoins que nous pourrions également bien traiter avec l'un ou l'autre, quoique je préférasse Oswald ; mais je crains qu'il ne survienne quelques difficultés, si nous les employons tous deux, surtout s'il existe quelque mésintelligence entre leurs chefs. Il faut pourtant que j'écrive à lord Shelburne pour lui envoyer une proposition quelconque, en réponse à l'offre qu'il m'a faite d'investir M. Oswald de tous les pouvoirs que ce gentleman et moi jugerions convenables.

Mardi 18. Je me suis senti fort indisposé d'un rhume violent, et soudain, accompagné d'un peu de fièvre et de migraine ; je l'attribue à l'*influenza*, maladie qui règne maintenant dans plusieurs pays de l'Europe. Cette indisposition m'a empêché d'aller à Versailles.

Jeudi 20. Chaleur excessive, mon indisposition continue, mais elle a diminué, je n'ai plus mal à la tête ; je ne suis cependant pas encore en état d'aller à Versailles.

Vendredi 21. Je reçois le billet suivant du marquis de Lafayette :

LE MARQUIS DE LAFAYETTE A B. FRANKLIN.

Versailles, jeudi matin, 20 juin 1782.

Mon cher monsieur,

Suivant votre désir, je me suis présenté chez le comte de Vergennes ; je lui ai dit ce dont Votre Excellence m'avait chargé. Il compte prendre ce matin les ordres du roi, et croit qu'il pourra proposer à M. Grenville une entrevue pour demain, afin de s'expliquer à l'égard de la France et de ses alliés et de faire une communication officielle tant au roi qu'aux ministres alliés. Si Votre Excellence est en état de venir à Versailles, le comte de Vergennes lui fera part de ce qui se passera dans cette entrevue ; au cas contraire, j'aurai l'honneur de vous voir demain soir pour vous donner tous les renseignements que j'aurai obtenus. J'ai l'honneur, etc. LAFAYETTE.

Dans la soirée, le marquis vint chez moi et m'apprit

que M. Grenville avait vu le comte de Vergennes, mais il ne put me dire ce qui s'était passé.

Samedi 22. MM. Oswald et Whitefoord sont venus déjeuner chez moi; M. Oswald n'avait reçu ni lettres ni instructions. Je lui dis que j'écrivais à lord Shelburne à son sujet, et que j'irais déjeuner avec lui lundi matin pour lui montrer le brouillon de ma lettre, afin qu'il pût y faire les changements qu'il jugerait convenables.

Dimanche 23. M. Jay est arrivé dans l'après-midi, à ma grande satisfaction. Je lui ai proposé de le mener le lendemain matin à Versailles, et de le présenter à M. de Vergennes. Il m'apprit que le ministère espagnol avait été extrêmement frappé des nouvelles d'Angleterre, et des résolutions que le parlement avait prises d'arrêter la guerre en Amérique, etc.; que depuis lors on avait été fort poli avec lui, et qu'il était question d'envoyer des instructions à l'ambassadeur d'Espagne près de la cour de France, pour faire avec lui ce traité dont on parlait depuis si longtemps.

Lundi 24. J'écris une lettre d'excuse à M. Oswald. Je lui promets de le voir mercredi, et je pars avec M. Jay pour Versailles. Le comte de Vergennes nous dit qu'il avait remis à M. Grenville une réponse à ses propositions, et que ce dernier l'avait aussitôt envoyée à sa cour. Le ministre nous en fit lecture, je tâcherai d'en avoir copie. Le comte de Vergennes nous apprit qu'une frégate allait être expédiée pour l'Amérique, et que, si nous voulions écrire, le courrier qui devait porter les dépêches partirait mercredi matin. Nous résolûmes donc de ne pas aller à la cour, mardi, pour avoir le temps de préparer nos lettres. Le comte de Vergennes paraît avoir quelques doutes sur la sincérité de la cour d'Angleterre et sur la *bonne foi* de M. Grenville; mais il dit que le retour du courrier lui donnera quelques lumières.

J'écrivis les lettres suivantes à M. le secrétaire Livingston et à M. Morris :

A ROBERT R. LIVINGSTON.

Passy, 25 juin 1782.

Monsieur,

J'ai reçu vos lettres des 26 janvier et 13 février. La première était accompagnée d'un modèle de convention pour l'établissement de consuls. M. Barclay est retenu en Hollande depuis six mois, comptant toujours revenir ; je n'ai donc rien fait, car je pense que la présence de M. Barclay serait utile pour régler cette affaire. Dès qu'il sera venu je m'occuperai de la terminer.

La seconde lettre appuie sur certaines résolutions du Congrès que vous m'adressez, et qui me chargent de demander à la France un emprunt de douze millions de livres pour l'année courante. J'ai déjà reçu une promesse de six millions, avec la déclaration la plus claire et la plus positive que c'était tout que le roi pouvait faire pour nous, que nous ne pouvions compter sur rien de plus, que s'il m'arrivait des traites et des demandes par delà cette somme, c'était à moi de voir si je les accepterais, ou comment j'y ferais face, car certainement je n'aurais pas un sou de plus du trésor royal. Après cette déclaration, de quel front pourrais-je demander six autres millions? Ne serait-ce pas dire au roi : « On ne vous croit pas ; vous pouvez faire davantage ; vous pouvez me prêter le double de cette somme, si vous voulez. » Lisez ma lettre d'aujourd'hui à M. Morris, vous serez convaincu de l'inconvenance qu'il y aurait à tenir à un pareil ami un langage qu'on peut interpréter de cette façon. J'espère, toutefois, que l'emprunt de trois millions de florins que M. Adam a ouvert en Hollande, et qui, dit-on, réussit, pourra combler ce déficit.

Par les journaux que je vous adresse, vous verrez que

les dispositions de la nation anglaise, à notre égard, sont changées. Les nouveaux ministres ont envoyé ici deux personnes pour traiter de la paix. Je tiens un journal détaillé de tout ce qui se passe à ce sujet, je le fais transcrire pour vous l'expédier. Je ne vous dirai donc rien de plus à ce sujet, sinon que je crois bien qu'au début les Anglais désiraient sincèrement la paix, mais depuis leurs succès aux Antilles, il me semble voir chez eux un certain désir de traîner les négociations en longueur, pour profiter des chances que peut leur donner cette campagne; et comme il y a tant d'intérêts à ajuster, nous ferons bien de supposer qu'il peut se passer encore une autre campagne, avant que tout le monde soit d'accord. Quelque accident peut aussi rompre les négociations, et nous devons être préparés à tout.

Je comptais sur l'assistance de M. Adams et de M. Laurens. Le premier est trop engagé en Hollande pour venir ici; le second décline ce service, mais j'ai maintenant la satisfaction d'avoir avec moi M. Jay qui est heureusement arrivé d'Espagne, dimanche dernier. Le marquis de Lafayette nous est d'une grande utilité, et comme il est probable que la campagne ne sera pas très-active dans l'Amérique du Nord, je désire le retenir ici quelques semaines encore. C'est par lui que vous recevrez le journal en question, il est déjà assez volumineux, et cependant on ne peut pas dire que les négociations soient ouvertes.

Vous verrez que l'Irlande a obtenu toutes ses demandes triomphalement. Je ne vois pas un Irlandais qui ne se reconnaisse obligé de ce succès à l'Amérique.

Avant d'avoir reçu vos justes observations, j'avais déjà tiré des ministres anglais la promesse d'échanger tous nos prisonniers. Ils se sont crus obligés d'avoir un acte du parlement qui autorisât le roi à faire cet échange, parce que cette guerre ne ressemble pas aux autres, ayant été faite par un acte de parlement qui nous déclare rebelles, et nos prisonniers étant chargés du crime de haute trahison. J'ai donné pouvoir à M. Hodgson de traiter et de conclure pour la délivrance de nos hommes. M. Hodgson était le président du comité qui a recueilli en Angleterre et distribué les souscriptions charitables pour les prisonniers américains. J'ai approuvé le projet de convention que M. Hodgson m'a adressé, j'espère que le Congrès voudra bien en ordonner l'exécution ponctuelle. J'ai longtemps souffert pour ces pauvres et braves gens qui pendant quatre ou cinq ans ont souffert avec tant de patriotisme un dur emprisonnement, plutôt que de servir contre leur pays. J'ai fait tout ce que j'ai pu pour adoucir leur situation, mais le nombre de ces malheureux était si grand que je n'ai pu faire que peu de chose pour chacun d'eux, et ce grand coquin de Digges les a volés de trois à quatre cents livres sterling qu'il a tirées sur moi pour leur compte [1]. Il m'a dernièrement écrit pour me dire qu'il venait régler avec moi, afin de me prouver que je me trompais fort à son égard, mais il n'a jamais paru, et il est parti pour l'Amérique. Prenez garde à lui, il est fort habile, et il en est plus d'un qu'il a filouté. Chaque jour j'apprends de nouvelles coquineries commises par lui en Angleterre.

L'ambassadeur de Suède à la cour de France est venu me voir pour me demander si j'avais des pouvoirs qui m'autorisassent à faire un traité avec son maître au nom des États-Unis. J'ai répondu affirmativement. Il a eu l'air charmé et m'a dit que son roi lui avait ordonné de me faire cette question, et le chargeait de me dire qu'il avait une si grande estime pour moi que ce serait pour lui une satisfaction particulière de traiter avec moi. Il y a peut-être quelque vanité à répéter ceci; mais je pense qu'il est bon que le Congrès le sache, et juge si l'on peut se servir de la réputation d'un citoyen dans l'intérêt public. Si l'on

---

1. V. Sup. p. 133.

trouve à propos de m'employer en cette affaire, il sera bon de m'envoyer un pouvoir spécial et des instructions. L'ambassadeur a ajouté que c'était pour lui un plaisir de penser que la Suède était la première puissance qui, en Europe, eût offert volontairement son amitié aux États-Unis, avant toute sollicitation, et qu'il espérait qu'on s'en souviendrait. Il faut parler aussi peu que possible de cette affaire jusqu'à ce qu'elle soit terminée.

Veuillez présenter mes respects au Congrès, et croyez-moi, etc.
B. F.

A ROBERT MORRIS.

Passy, 25 juin 1782

Monsieur,

Pour ce qui touche à la paix et à la guerre, je vous renvoie à M. Livingston, à qui j'écris en détail. Je vous dirai seulement qu'il y a quelques mois, les Anglais désiraient cette paix, mais qu'aujourd'hui, je les soupçonne de tirer les négociations en longueur jusqu'à ce qu'ils aient vu ce que la campagne produira. J'espère que notre peuple ne se laissera pas séduire par de belles paroles, mais qu'il se tiendra sur ses gardes, prêt à repousser toute entreprise de ces perfides ennemis. Je suis, etc.
B. F.

Mercredi 26. J'expédiai mes lettres, et j'allai voir M. Oswald. Je lui montrai le brouillon d'une lettre que j'avais résolu de lui adresser, plutôt qu'à lord Shelburne, au sujet de la commission ou du caractère public qu'on pourrait lui donner par la suite. Cette lettre répondait au *memorandum* de lord Shelburne, que M. Oswald m'avait montré, elle était faite pour être communiquée à Sa Seigneurie. M. Oswald approuva le moyen que j'avais choisi, mais il désira que je ne parlasse point du *memorandum* de lord Shelburne, quoiqu'il ne doutât pas qu'on le lui eût remis pour me le faire voir. J'effaçai donc ce passage et je refis de la manière suivante la lettre que je lui envoyai le lendemain :

A RICHARD OSWALD.

Passy, 27 juin 1782.

Monsieur,

La bonne opinion que j'ai de votre franchise, de votre probité, de votre bon jugement et de votre bon vouloir pour les deux pays, m'avait fait espérer que vous seriez investi du caractère de plénipotentiaire pour traiter avec ceux de l'Amérique. Quand M. Grenville produisit sa première commission, qui ne portait que le pouvoir de traiter avec la France, je m'imaginai que celui de traiter avec nous vous était réservé, et qu'on ne le retenait que jusqu'à ce que le bill d'*autorisation* fût voté. M. Grenville a reçu de nouveaux pouvoirs, qui contiennent, à ce qu'il me dit, l'autorisation de traiter avec les ministres de tout autre *prince* ou *État*, et il semble croire que les États-Unis de l'Amérique sont compris sous ces termes généraux. Il n'est pas douteux qu'ils ne puissent comprendre l'Espagne et la Hollande ; mais comme il existe plusieurs actes publics par lesquels le gouvernement de la Grande-Bretagne nous refuse le rang d'États, et qu'il n'y en a aucun où il nous l'accorde, il est difficile de croire qu'on ait pensé à nous au moment où les pouvoirs ont été donnés, puisque l'acte d'*autorisation* n'était pas encore voté. Je n'ai aucune objection à faire contre M. Grenville, ni aucun droit d'en faire ; mais comme votre long séjour en Amérique vous a donné une connaissance du pays, du peuple, de sa position, de son commerce, etc., qui, jointe à votre expérience en affaires, pourrait être utile aux deux parties, en facilitant et en accélérant la négociation, je ne puis m'empêcher d'espérer qu'on n'a pas encore

renoncé à l'idée de vous investir du caractère dont j'ai parlé, pour traiter avec l'Amérique, soit seul, soit conjointement avec M. Grenville, selon que la sagesse de vos ministres en décidera. Quelle que soit leur décision, je vous prie de regarder cette lettre comme un témoignage de la sincère estime et du respect avec lesquels j'ai l'honneur, etc.
B. F.

Vendredi 28 juin. M. de Rayneval est venu me voir : il m'a dit que les ministres avaient reçu des nouvelles d'Angleterre. Sans parler des ordres donnés au général Carleton de proposer à l'Amérique des conditions de réunion, des émissaires adroits ont été envoyés par tout le pays pour exciter le peuple à demander au Congrès d'accepter ces conditions, qui sont semblables à celles que l'on accorde à l'Irlande. On pense donc que M. Jay et moi nous ferions bien d'écrire au Congrès, pour le mettre en garde contre ces menées. M. Rayneval m'a dit que le comte de Vergennes désirait savoir ce que j'avais écrit au sujet de la négociation, parce qu'il était à propos pour nous tous de tenir à peu près le même langage. Je lui dis que je ne craignais aucunement que de pareils émissaires obtinssent le moindre succès, ni que le Congrès voulût faire aucun traité avec le général Carleton ; que néanmoins j'écrirais comme il le désirait. M. Jay étant survenu, fit la même promesse. M. Rayneval nous dit que le courrier partirait demain ; j'écrivis en conséquence à M. le secrétaire Livingston et à mon ami le docteur Cooper, ce qui suit :

A ROBERT R. LIVINGSTON.

Passy, 28 juin 1782.

Monsieur,

Dans ma lettre du 25 courant, j'ai omis de vous dire que sur les pressantes et vives instances de M. Laurens, qui avait promis au ministère anglais qu'il ne se considérait pas comme libre d'agir dans des affaires publiques, tant que la parole de Lord Cornwallis ne serait pas rendue par moi à Sa Seigneurie, j'avais envoyé au général la pièce dont ci-joint copie. Je vois, par les journaux anglais, que Sa Seigneurie aussitôt après la réception de cette pièce, a paru à la cour; qu'elle a repris sa place à la Chambre des pairs; ce qu'auparavant elle ne se croyait pas permis de faire. Mon droit d'en agir ainsi m'a paru douteux à moi-même; mais M. Laurens a jugé que le mandat qu'on m'avait donné au sujet du général Burgoyne m'y autorisait, et, dans ses lettres, M. Laurens m'a paru si malheureux jusqu'au moment où cet échange s'est accompli, que j'ai hasardé de le faire, en réservant néanmoins au Congrès l'approbation ou le désaveu.

L'acte d'*autorisation* est, dit-on, voté; mais il n'en a pas encore été reçu de copie; et comme le bill présenté a été modifié en passant au parlement, et que nous ne savons en quoi ces changements consistent, les négociations ne sont pas encore commencées. M. Grenville attend son courrier dans quelques jours, avec une réponse de sa cour à un mémoire que lui a été donné par la cour de France. Cette réponse nous fera probablement connaître plus clairement les intentions du ministre anglais, qui, depuis quelque temps, ont paru équivoques et incertaines. Il semblerait que, depuis leur succès aux Antilles, les Anglais regrettent un peu les avances qu'ils ont faites, en déclarant qu'ils reconnaissaient notre indépendance; et nous savons d'assez bonne part que quelques membres du ministère flattent encore le roi de l'espoir de recouvrer sa souveraineté sur nous, aux mêmes conditions que l'on fait maintenant à l'Irlande. Quelque disposés que nous eussions été, au commencement de la lutte, à accepter de pareilles conditions, soyez assuré que nous ne pouvons nous y confier aujourd'hui. Le roi nous hait cordialement. Qu'on lui accorde le moindre degré de pouvoir ou d'autorité sur nous, quelque limité que soit ce pouvoir, l'étendra bientôt par la corruption, l'artifice et la force jusqu'à ce que nous soyons réduits à une sujétion absolue; il en viendra d'autant plus aisément à bout, qu'en le reprenant pour notre roi, nous attirerons sur nous le mépris de toute l'Europe, qui aujourd'hui nous admire et nous respecte, et que nous ne trouverons plus jamais un seul ami qui veuille nous aider.

Il y a, dit-on, dans le ministère de grandes divisions sur d'autres points aussi bien que sur celui-ci; ceux qui visent à s'emparer du pouvoir, flattent le roi de ce projet de réunion, et, à ce qu'on dit, comptent beaucoup sur les machinations d'agents privés, envoyés en Amérique pour y disposer les esprits en faveur de la réunion, et amener un traité séparé avec le général Carleton. Je n'ai pas la moindre crainte que le Congrès donne dans ce projet, aussi contraire à nos traités qu'à notre intérêt; mais je crois qu'on fera bien d'épier ces émissaires, et de faire arrêter et bannir sur-le-champ quiconque sera trouvé gagnant le peuple et le poussant à la réunion.

La résolution ferme et inébranlable de la France, de l'Espagne et de la Hollande, se joint à la nôtre pour ne traiter que d'une paix générale, malgré les offres séduisantes faites à chacune d'elles séparément; cette résolution finira par nous mettre à même de commander la paix. Chacune des autres puissances voit clairement son intérêt à en agir ainsi, et persistera dans sa résolution. Le Congrès, j'en suis convaincu, est aussi clair-voyant qu'aucune d'elles; il ne se départira pas d'un système qui a obtenu tant de succès, et qui promet de rendre bientôt l'Amérique aussi grande qu'heureuse.

Je viens de recevoir sous la date de Lyon, une lettre de M. Laurens, qui voyage dans le midi de la France pour sa santé. M. Jay saisira aussi cette occasion pour écrire.

J'ai l'honneur, etc. B. F.

A SAMUEL COOPER.

Passy, 28 juin 1782.

Nos affaires publiques sont ici dans une bonne situation. Après avoir en vain essayé de faire une paix séparée avec chacune des puissances en guerre, l'Angleterre s'est enfin décidée à traiter d'une paix générale avec elles toutes, et à Paris. Si nous persistons fermement dans la résolution de ne pas nous séparer, nous dicterons les conditions de la paix. Je ne doute nullement de cette fermeté, quant à la cour de France; et, quoiqu'on nous dise que, de votre côté de l'eau, on fait des efforts pour pousser l'Amérique à une réunion, aux conditions qu'on accorde à l'Irlande, et qu'on a envoyé au général Carleton des pouvoirs à cet effet, je suis convaincu que le danger de ce projet paraîtra si évident, que, si on vous fait cette proposition, elle sera immédiatement rejetée. Nous n'avons de salut que dans notre indépendance; avec elle, nous serons respectés et nous deviendrons bientôt grands et heureux. Sans elle, nous serons méprisés, nous perdrons tous nos amis, et alors, ou nous serons cruellement opprimés par le roi, qui nous hait et qui est incapable de nous pardonner, ou ayant contre nous tous les ennemis de l'Angleterre, nous coulerons avec elle. Je suis toujours, etc.   B. F.

M. de Rayneval, qui est secrétaire du conseil d'État, est revenu me voir dans la soirée. Je lui ai donné copie des trois lettres précédentes pour qu'il les lût et les montrât au comte de Vergennes, afin de le convaincre que nous n'agissons pas ici en dessous-main. J'avoue qu'en même temps, j'avais un autre objet en vue; c'était de leur faire voir à tous deux que j'avais reçu l'ordre de demander de nouveaux subsides, et que je m'étais abstenu de le faire, en exposant mes propres raisons. J'espérais que s'ils étaient en état de nous donner un peu plus d'argent, la lecture de ces lettres pourrait les y décider.

Je n'avais jamais fait de visite au comte d'Aranda, ambassadeur d'Espagne, par les motifs ci-dessus mentionnés. M. de Rayneval dit à M. Jay ainsi qu'à moi ce matin, que nous ferions bien de l'aller voir, et qu'il était autorisé à nous donner l'assurance que nous serions bien reçus. Nous résolûmes en conséquence de nous rendre le lendemain chez Son Excellence.

Samedi 20 *juin*. Nous avons fait visite à l'ambassadeur d'Espagne, qui nous a reçus avec beaucoup de civilités et de politesses. Il a parlé à M. Jay du traité qu'ils doivent faire ensemble, il pose comme principe que les deux puissances doivent considérer leurs convenances respectives, s'accommoder et se dédommager l'une l'autre du mieux qu'elles pourront. Une compensation exacte ne sera peut-être pas possible, mais il faudra s'en rapprocher autant que la nature des choses le permettra. « Ainsi, ajouta-t-il, s'il se trouve, quelque objet qui nous convienne à tous les deux, mais qui soit plus à la convenance de l'un que de l'autre, on le donnera à celui auquel il conviendra le mieux, et, on donnera à l'autre une compensation de même genre. » Je suppose qu'il avait en vue quelque chose de relatif aux frontières ou aux territoires, car il ajouta: « Nous siégerons avec des cartes à la main, et, par ce moyen, nous verrons notre chemin plus facilement. » J'appris de lui que l'expédition contre Providence avait mis à la voile, mais qu'on n'avait pas encore reçu de nouvelles. A notre sortie, il prit la peine d'ouvrir lui-même les deux battants de la porte; ce qui, dans ce pays, est une grande politesse, et il dit qu'il viendrait nous *rendre ses devoirs* et fixer un jour pour nous avoir à dîner. J'ai dîné à son hôtel avec M. Jay et une société d'Américains.

Dimanche 1er *juillet*. M. Grenville est venu chez moi

Ici s'arrête le journal de Franklin. Sa mauvaise santé fut la cause de cette interruption. Nous reprenons la correspondance, nous y trouverons heureusement l'histoire du traité.

A JAMES HUTTON.

Les Indiens moraves.

Passy, 7 juillet 1782.

Mon vieil et cher ami,

La lettre que vous avez écrite à M. Bertin, *ministre d'État*, et qui contient un récit des abominables assassinats commis par quelques habitants de la frontière sur les pauvres Indiens moraves, m'a fait beaucoup de peine. Les dispensations de Providence en ce bas monde, troublent ma faible raison ; je ne puis comprendre comment il peut être permis à des hommes cruels d'égorger leurs semblables. On supposera bien que quelques Indiens avaient commis des péchés ; mais de petits enfants avaient-ils pu commettre une faute qui méritât la mort? Comment cette Providence a-t-elle permis à un seul homme en Angleterre [1], parce qu'il abhorre les Américains, de satisfaire ses mauvais penchants, en salariant des assassins allemands pour massacrer, de concert avec les siens et pendant une longue suite d'années sanglantes, près de cent mille créatures humaines qui, pour la plupart, se rendaient utiles par leurs talents, leurs vertus, leur capacité, toutes qualités auxquelles cet homme n'a aucun droit? C'est lui qui arma les sauvages de haches et de couteaux à scalper, lui qui les excita à fondre sur nos planteurs sans défense, à les égorger avec leurs femmes et leurs enfants, lui qui paya jus-

1. Le roi Georges III, qui n'était pas un méchant homme, mais un sot entêté.

qu'aux chevelures des victimes, chevelures dont le nombre, compté en Amérique, s'élève déjà, m'a-t-on dit, à *deux mille* au moins.

Peut-être les habitants des frontières, exaspérés par les cruautés des Indiens, ont-ils été excités à tuer sans distinction tous les Indiens qui leur tombent dans les mains ; de sorte que ces horribles meurtres de nos pauvres Moraves sont encore à la charge de cet homme. Et cependant il vit ; il jouit de toutes les douceurs que ce monde peut offrir ; il est entouré de flatteurs qui endorment sa conscience, en lui disant qu'il est le meilleur des princes! Cela m'étonne ; mais je ne puis cependant me détacher de la foi consolante qu'il existe une Providence divine ; et plus le nombre et l'atrocité des crimes me montre l'impossibilité de punir, en cette vie, un scélérat d'une manière proportionnée à ses forfaits, plus je suis convaincu qu'il est une autre vie où toutes les injustices de ce monde se réparent, où tous les torts sont redressés. En gardant cette foi, consolons-nous donc ensemble, mon cher ami, c'est la seule consolation qui soit permise sur cette scène d'horreurs où nous sommes jetés.

Je ne manquerai pas d'écrire au gouvernement d'Amérique et d'insister pour que l'on s'occupe activement de protéger et de sauver le reste de ces malheureux.

Depuis que je vous ai écrit cette lettre, j'ai reçu de Philadelphie un récit un peu différent ; quelques circonstances sont alléguées comme excuses ou palliatifs ; mais tout cela est faible et insuffisant. Je vous envoie ci-inclus ce récit. Avec une grande et sincère estime, etc.

B. Franklin.

A DAVID HARTLEY.

Le paysan philosophe.

Passy, 10 juillet 1782.

Cher monsieur,

J'ai reçu votre lettre du 26 juin, par M. Young, et je vous dois encore une réponse pour vos précédentes. Je ne sais pas pourquoi la bonne œuvre de la paix avance si lentement de votre côté. Les uns pensent que, depuis les succès de Rodney, vos ministres veulent encore tenter la fortune, avant de terminer la guerre ; les autres croient qu'ils ne s'accordent pas bien entre eux. Ce que je viens d'apprendre semble confirmer cette dernière supposition. On dit que M. Fox se retire. Nous sommes prêts, du côté de l'Amérique, à traiter avec vous, de concert avec nos alliés ; et nous sommes disposés à être très-raisonnables ; mais si, à chaque proposition, votre *plénipotentiaire*, qui paraît n'en avoir que le nom, est obligé d'envoyer un courrier et d'attendre une réponse, nous ne verrons pas de sitôt l'heureuse conclusion. On soupçonne aussi que vous attendez l'effet de certaines ouvertures que vous avez fait faire, par le général Carleton pour conclure une paix séparée avec l'Amérique. Un vaisseau qui arrive du Maryland, nous apporte la résolution unanime de l'assemblée de continuer la guerre, à tout hasard, plutôt que de violer la foi donnée à la France. Voilà un échantillon du succès que vous pouvez attendre de pareilles mesures, si en effet vous les avez prises ; ce que j'ai peine à croire.

Il est un point qu'on a, ce me semble, trop peu considéré dans les traités ; c'est le moyen de les rendre durables. Un honnête paysan des montagnes de Provence m'a apporté, l'autre jour, le manuscrit d'un ouvrage qu'il a fait sur ce sujet, et qu'on ne lui permet pas d'imprimer. J'ai cru y voir beaucoup de bon sens ; j'en ai donc fait tirer quelques copies pour qu'il pût les distribuer; je vous en envoie un exemplaire. Cet homme ne cherche point à retirer de l'argent de sa brochure ou de son projet; il ne demande rien, n'attend rien, et ne désire pas même être connu. Il m'a dit qu'il avait acquis une fortune de cent cinquante écus de rente, qui lui suffisait. Vous jugez bien que cette richesse ne lui a pas permis de venir à Paris en voiture : il a donc fait le voyage à pied. Tel est son zèle pour la paix, et son espoir d'y contribuer et de l'assurer, en communiquant ses idées aux hommes d'État de ce pays. Sa rustique et chétive apparence l'empêche de parvenir jusqu'à eux, ou d'obtenir leur attention; mais il ne semble pas découragé. J'honore beaucoup le caractère de ce *véritable philosophe*.

Je vous remercie beaucoup de vos dernières lettres et des *Préliminaires* que vous proposez. J'aime à voir combien nos sentiments s'accordent sur des points d'importance. Cela rend toute discussion entre nous aussi inutile qu'intempestive. Je suis, mon cher monsieur, etc.　　B. F.

A RICHARD OSWALD.

Démission de M. Fox.

Passy, 12 juillet 1782.

Monsieur,

Je vous envoie une lettre de lord Shelburne, avec quelques autres que je confie aux soins de votre courrier. On peut les jeter à la petite poste. J'ai reçu une note où l'on m'apprend que « l'opposition de Sa Seigneurie au *plan* qu'avait formé M. Fox de *reconnaître, sans équivoque, l'indépendance de l'Amérique*, a été une des causes de la démission donnée par ce ministre; » d'après ce que vous m'avez dit, ceci paraît peu probable. On ajoute encore que « selon M. Grenville, la retraite de M. Fox sera fatale aux négociations. »

Cette nouvelle n'est peut-être pas plus fondée que l'autre. Le retour du courrier de M. Grenville ne peut manquer d'éclaircir la chose. J'avais compris, par les discours de M. Grenville, qu'on avait résolu de reconnaître notre indépendance, avant d'entamer les négociations. Jusqu'à ce qu'on l'ait fait, et que les négociations soient formellement entamées, toutes propositions et discussions paraissent prématurées. Il m'est d'ailleurs impossible d'entrer dans aucun détail avant le rétablissement de M. Jay, qui est malade de l'*influenza*. Ma lettre à Sa Seigneurie ne contient donc que des compliments sur sa nouvelle dignité[1]. Je souhaite que vous continuiez à jouir d'une bonne santé dans cette ville de malades. Je suis votre, etc.

P. S. Je vous envoie ci-inclus, les dernières résolutions de l'État de Maryland; vous jugerez par là quelles seraient les dispositions du peuple de l'Amérique au sujet de tout traité proposé par le général Carleton, si par hasard il y en a un, ce que je ne crois pas. B. F.

AU COMTE DE SHELBURNE.

Passy, 12 juillet 1782.

Mylord,

M. Oswald m'ayant appris qu'il allait dépêcher un courrier, je saisis cette occasion de féliciter Votre Seigneurie sur sa nomination à la trésorerie. Elle augmente pour vous le pouvoir de faire le bien ; et, à ce seul point de vue, sans parler des autres, elle doit accroître votre bonheur, que je souhaite sincèrement. J'ai l'honneur, etc. B. F.

1. Lord Shelburne venait d'être nommé premier lord de la trésorerie, c'est-à-dire chef du ministère, après la mort de lord Rockingham.

A ROBERT R. LIVINGSTON.

La France et les États-Unis. — Changement du plénipotentiaire anglais. — M. Laurens.

Passy, 12 août 1782.

Monsieur,

L'ordre du Congrès de liquider nos comptes avec la cour de France a été exécuté avant d'être reçu. Tous les comptes du gouvernement français pour argent prêté, magasins, armes, munitions, draps, etc., ont été fournis et examinés, et un solde a été encaissé ; la dette monte au chiffre exact de dix-huit millions, sans parler de l'emprunt hollandais que le roi a garanti. J'envoie à M. Morris une copie de cet acte. En la lisant, vous y verrez de nouvelles marques de la bonté du roi à notre endroit ; cela monte à près de deux millions. Si vous ajoutez cette somme aux dons que le roi nous a faits en différentes fois, cela fait un objet de douze millions au moins, en retour duquel on n'attend de nous que de la reconnaissance et de l'amitié. J'espère que toutes deux seront éternelles. La bonne intelligence qui a constamment duré entre la France et les cantons suisses, la solide bienveillance de la couronne envers eux, nous donne le ferme espoir que notre alliance sera aussi heureuse et aussi durable pour nos deux nations ; il y a de fortes raisons pour notre union ; il n'y a pas d'intérêts qui nous divisent. J'écris fort au long à M. Morris sur nos affaires d'argent ; il vous communiquera sans doute ma lettre, je n'ai donc pas besoin de vous en dire davantage à ce sujet.

La lettre au roi a été bien reçue ; le récit de vos fêtes à la nouvelle de la naissance du Dauphin a fait plaisir ; j'en dirai autant de la conduite du Congrès refusant de traiter avec le général Carleton, et des résolutions unanimes prises à cette occasion par les assemblées des États particuliers. En France tout le monde nous aime, notre réputation grandit dans toute l'Europe. J'apprends de l'ambassadeur suédois qu'il traitera avec nous aussitôt que nous aurons fini avec la Hollande; on prendra pour base notre traité avec la France, en y joignant les améliorations que suggérera le traité avec la Hollande.

Le nouveau changement du ministère en Angleterre a donné lieu, ou du moins a fourni un prétexte, à des retards dans les négociations. M. Grenville a reçu par deux fois des pouvoirs imparfaits. Il a été enfin rappelé, et M. Fitzherbert[1] est arrivé pour le remplacer, muni de pleins pouvoirs en règle, à l'effet de traiter avec la France, l'Espagne et la Hollande. M. Oswald, qui est ici, a reçu du nouveau secrétaire d'État l'avis qu'un pouvoir l'autorisant à négocier avec les commissaires du Congrès, doit passer au grand sceau, et lui parvenir sous peu de jours. La cour de France ne veut pas continuer les négociations, jusqu'à ce que ce pouvoir soit arrivé. Je vous envoie ce qu'on appelle l'*acte d'autorisation*. M. Jay vous dira ce qui se passe entre lui et l'ambassadeur d'Espagne, au sujet du traité avec la cour de Madrid. Je me bornerai à vous dire que rien ne paraît plus clair que le dessein de cette cour, de nous claquemurer entre les monts Alleghanies. J'espère que le Congrès insistera pour avoir le Mississipi comme frontière, et pour jouir en même temps de la libre navigation du fleuve, dont on voudrait nous exclure entièrement[2].

1. Alleyne Fitzherbert, créé plus tard lord Saint-Hélène.
2. Franklin qui voyait plus clairement que personne l'avenir des États-Unis, attachait une importance extrême à la libre navigation du Mississipi. « Nous sommes pauvres, écrivait-il, mais je sais que nous serons riches; aussi j'aimerais mieux acheter aux Espagnols, et à prix d'or leur droit sur le Mississipi, que de leur vendre une seule goutte de ses eaux. Autant vaudrait qu'un voisin me demandât de lui vendre la porte de ma maison. » Parton, t. II, p. 389.

On a mis entre mes mains un récit du terrible massacre des Indiens moraves. Je vous l'envoie afin que vous voyiez comment le fait est représenté en Europe. J'espère qu'on prendra des mesures pour sauver ce qui reste de ce malheureux peuple.

M. Laurens est à Nantes, où il attend une occasion pour passer en Amérique avec sa famille. Sa santé est malheureusement très-mauvaise. Peut-être l'air de la mer le guérira-t-il et le rendra-t-il bien portant à sa patrie? Je le souhaite de tout cœur. Il a beaucoup souffert de sa prison. Ayez la bonté, monsieur, de présenter mes respects au Congrès, et de l'assurer de mon fidèle service. Avec une grande estime, etc. B. F.

A SIR JOSEPH BANKS[1].

Passy, 9 septembre 1782.

Cher monsieur,

Je viens de recevoir l'obligeante et aimable lettre que vous avez eu la bonté de remettre au docteur Broussonnet. Soyez sûr que je soupire après le retour de ce temps paisible, où je reprendrais ma place au milieu de mes bons amis les physiciens anglais, où nous pourrions nous communiquer mutuellement nos nouvelles découvertes et perfectionner les anciennes; sans autre ambition que d'accroître le pouvoir de l'homme sur la matière, de prévenir ou de diminuer les maux auxquels il est exposé et d'augmenter le nombre de ses jouissances. Que je serais plus heureux, ainsi occupé dans votre chère compagnie, que je ne le suis dans celle de tous les grands de la terre, qui pour arriver au plus grand bien sont toujours occupés à projeter le mal.

Je suis charmé d'apprendre, par le docteur, que vous

1. Président de la Société royale de Londres.

continuez votre grand ouvrage ; j'admire le courage avec lequel vous l'avez entrepris et la persévérance avec laquelle vous le poursuivez.

Je partage de tout mon cœur le noble vœu que vous exprimez « de voir les deux parties adopter des mesures qui tendent plutôt à leur agrandissement mutuel qu'à la destruction de l'une ou de l'autre. » Si l'une d'elles s'est trouvée en danger, j'ai la consolation d'avoir cherché à prévenir ce péril ; j'ai donné des avis honnêtes et loyaux ; si on les avait suivis, ils auraient été efficaces. Même aujourd'hui, si l'on avisait aux véritables moyens de faire non-seulement la paix, mais ce qui est bien plus intéressant encore, d'opérer une parfaite réconciliation, peu d'années suffiraient pour cicatriser tant de blessures, et nous élever à un degré de prospérité, dont nous ne pouvons en ce moment nous former une idée.

Je suis, avec le plus profond respect, votre, etc.

B. F.

A ROBERT R. LIVINGSTON.

Progrès des négociations.

Paris, 14 octobre 1782.

Monsieur,

Je reçois à l'instant l'avis qu'il s'offre une occasion d'écrire ; je n'ai que le temps de vous adresser quelques lignes.

Dans ma dernière lettre du 26 septembre je vous mandais que les négociations avaient été arrêtées par un défaut de formes dans les pouvoirs des Plénipotentiaires anglais. Dans ceux qu'on leur avait délivrés pour traiter avec nous, on avait évité de désigner nos États par leur titre public ; sur notre réclamation on remplaça ces pouvoirs par d'autres, dont j'envoie une copie ci-jointe. Nous venons maintenant de faire plusieurs propositions préliminaires, qui ont été approuvées par le ministre anglais, M. Oswald, et qu'il a expédiées à sa Cour. Il pense qu'elles seront approuvées, mais je n'en suis pas sûr. Dans quelques jours, du reste, nous aurons la réponse décisive. Par le premier de ces articles, le roi de la Grande-Bretagne renonce pour lui et ses successeurs, à tous droits et prétentions au domaine ou territoire des treize États-Unis; les limites seront fixées conformément à nos instructions, sauf la ligne entre la Nouvelle-Écosse et la Nouvelle-Angleterre qui sera déterminée par des Commissaires après la paix. Par un autre article, la pêche, dans les mers de l'Amérique, sera libre, pour les Américains, sur tous les points où ils avaient le droit de l'exercer, pendant qu'ils étaient réunis à la Grande Bretagne. Par un autre, les citoyens et sujets de chaque nation, jouiront, dans les ports et contrées de l'autre nation, de la même protection et des mêmes priviléges que les sujets natifs. Ces articles ont été rédigés en détail par M. Jay. Je pense qu'il vous en envoie une copie, sinon vous la recevrez par la prochaine occasion. Si l'on consent à ces articles, je ne crois pas que le reste éprouve de grandes difficultés. On a dit un mot des réfugiés et des dettes anglaises, mais on n'a pas insisté sur ce point, parce que nous avons déclaré du premier coup que toutes les confiscations faites en Amérique, avaient eu lieu en vertu des lois particulières des États; que le Congrès n'avait aucun pouvoir pour les abroger, et ne pouvait, par conséquent, nous en donner aucun pour stipuler cette abrogation.

Les différents récits qu'on fait du caractère et de la sincérité de lord Shelburne, ont décidé les ministres français à envoyer à Londres M. de Rayneval, secrétaire du conseil, pour voir lord Shelburne, et pour tâcher, par ce moyen, de se faire une plus juste idée de ce que l'on peut espérer des négociations. M. de Rayneval est resté cinq ou six jours en Angleterre où il a vu tous les ministres; il en est revenu, bien convaincu qu'ils ont le désir sincère de faire la paix ; de sorte que maintenant, les négociations marchent avec quelque apparence de succès. Mais la cour et le peuple d'Angleterre sont très-inconstants ; un retour de fortune leur tourne souvent la tête ; aussi ne compterai-je sur une prompte paix que quand je verrai les traités signés. Je suis obligé de finir. J'ai l'honneur d'être, etc.

B. F.

A RICHARD OSWALD.

Refus d'une indemnité aux loyalistes américains.

Passy, 26 novembre 1782.

Monsieur,

Vous n'avez pas oublié qu'au commencement de nos conférences, avant l'arrivée des autres Commissaires, vous m'avez parlé d'une indemnité pour les royalistes, dont les biens ont été confisqués. Je vous ai répondu qu'il nous était impossible de rien stipuler sur ce point, les confiscations ayant été faites en vertu des lois particulières des divers États, lois que le Congrès ne peut ni abroger ni suspendre. Le Congrès ne peut donc nous donner aucune autorité à cet égard. Je vous ai donné en même temps mon opinion personnelle; je vous ai dit honnêtement et cordialement que si l'on désirait une réconciliation, il ne fallait pas qu'il fût question de ces gens-là dans nos négociations. Ils ont fait un mal infini à nos propriétés, en brûlant et détruisant, pour le seul plaisir de nuire, fermes, villages et villes; et, si l'on exige une indemnité pour les pertes qu'ils ont souffertes, nous présenterons à notre tour un compte des ravages qu'ils ont commis, et ce compte, qui rappellera nécessairement des scènes de barbarie, ne servira qu'à enflammer les esprits au lieu de les réconcilier, et perpétuera des haines que nous cherchons tous à éteindre. Néanmoins, sachant de vous que vos ministres avaient à cœur d'obtenir cette indemnité, j'ai écrit à ce sujet au Congrès, voici la réponse que j'en ai reçue depuis peu.

PAR LES ÉTATS-UNIS ASSEMBLÉS EN CONGRÈS.

10 septembre 1782.

« Il a été résolu que le secrétaire des affaires étrangères recevra l'ordre de se procurer, le plus promptement possible, l'état authentique des esclaves et autres propriétés qui ont été enlevés ou détruits par l'ennemi, dans le cours de la guerre, et qu'il transmettra ledit état aux ministres plénipotentiaires chargés des négociations de la paix.

« En attendant, le secrétaire des affaires étrangères informe lesdits ministres, que plusieurs milliers d'esclaves, et une immense quantité d'autres propriétés, ont été soit enlevés, soit détruits par l'ennemi; le Congrès pense, d'après cela, que l'énorme perte que les citoyens des États-Unis ont soufferte de la part de l'ennemi, sera regardée, par les différents États, comme une barrière insurmontable qui s'oppose à toute restitution ou indemnité en faveur des propriétaires de biens confisqués par lesdits États[1]. »

Si, dans chacun de nos États, on dresse le compte de la guerre, les énormités commises par les royalistes sous la direction des généraux anglais, et par les troupes anglaises elles-mêmes, feront une histoire qui rendra le nom

---

1. Franklin donne ensuite une longue résolution de l'assemblée de Pensylvanie qui, dans les termes les plus vifs, ordonne de dresser l'état de tout ce que les citoyens américains ont perdu par les barbaries de la guerre.

anglais odieux en Amérique, jusqu'aux dernières générations. Dans ce recueil authentique, on trouvera l'incendie de la belle ville de Charlestown, près de Boston ; de Falmouth, à l'entrée de l'hiver, ce qui a privé de tout abri les malades, les vieillards, les femmes et les enfants ; celui de Norfolk, au milieu de l'hiver ; de la Nouvelle-Londres, de Fairfield, d'Ésopus, etc., sans compter le ravage de près de cent cinquante milles de pays cultivé, toutes les fermes et les granges brûlées, et des centaines de cultivateurs avec leurs femmes et leurs enfants, massacrés et scalpés.

Si les ministres actuels de la Grande-Bretagne daignent y réfléchir, ils seront sans doute trop équitables pour supposer que leur nation ait eu le droit de faire une guerre injuste (ils ont toujours reconnu que celle-ci n'était pas fondée en justice); qu'elle ait eu le droit de commettre mille cruautés inutiles, sans exemple parmi les peuples civilisés; et que cependant il nous faille souffrir ces maux sans en demander satisfaction; tandis que, si un Anglais ou l'un de ses adhérents a souffert quelque perte, il doit obtenir une restitution ou une indemnité ! Jamais les troupes anglaises ne se justifieront de leur barbarie : on ne les avait point provoquées. Les loyalistes peuvent se justifier en disant qu'ils étaient exaspérés par la perte de leurs biens, et qu'ils voulaient en tirer vengeance. Cette vengeance, ils l'ont obtenue. *Est-il juste qu'ils aient à la fois leur vengeance et leurs biens?*

Quelques-uns d'entre eux peuvent avoir bien mérité de l'Angleterre. C'est aux Anglais à récompenser ceux qui, par attachement, ont embrassé la cause anglaise; mais il en est un plus grand nombre qui, longtemps indécis, ne s'y sont engagés que par circonstance ou par occasion. Ceux-ci n'ont ni grand mérite ni grand démérite. Il en est d'autres enfin qui se sont rendus vraiment coupables envers votre pays, en fomentant et encourageant la guerre par leurs faussetés et leurs mensonges. Ceux-là, loin d'être récompensés, devraient être punis.

Il est d'usage, parmi les nations chrétiennes, lorsqu'elles se font la guerre, de protester toujours qu'elles désirent la paix. Mais si les ministres d'une des parties insistent sur un point en sachant d'avance que l'autre partie ne l'accordera pas et ne peut pas l'accorder, quelle foi doit-on ajouter à leurs protestations?

Vos ministres demandent que nous recevions de nouveau, dans notre sein, ceux qui ont été nos plus cruels ennemis, et que nous rendions leurs biens à ceux qui ont détruit les nôtres, et cela quand les blessures qu'ils nous ont faites saignent encore! Bien des années se sont écoulées depuis que vous avez chassé les Stuarts et confisqué les biens de leurs adhérents. Votre ressentiment doit être aujourd'hui calmé; cependant, si nous insistions, dans un traité, sur le rappel de cette famille et sur la restitution des biens confisqués, nous croiriez-vous sincères quand nous déclarerions que nous désirons sérieusement la paix?

Je ne puis que répéter mon opinion; il vaut mieux pour vous ne pas parler des réfugiés. Nous n'avons proposé que ce qui nous a paru le plus convenable pour vous et pour nous. Mais si vous voulez absolument qu'il soit question des loyalistes, faisons un article dans lequel il sera dit qu'on nommera des commissaires auxquels les réfugiés soumettront un état de leurs pertes, et qui examineront en même temps les états qu'on prépare actuellement en Amérique des ravages qu'ils ont commis. S'il se trouve un solde en leur faveur, nous vous le payerons, et vous le partagerez entre eux comme vous le jugerez convenable; si, au contraire, le solde est en notre faveur, ce sera vous qui payerez.

Permettez cependant que je vous conseille d'éviter une si terrible discussion, en renonçant à cet article, afin que nous puissions écrire en Amérique, et qu'on fasse cesser l'enquête. J'ai l'honneur, etc. B. F.

A. ROBERT. R. LIVINGSTON.

Difficultés des communications avec l'Amérique. — Subsides donnés par la France. — Histoire des négociations. — Préliminaires de la paix.

Passy, 5 décembre 1782.

Monsieur,

J'ai reçu vos différentes lettres des 5, 13, 15 et 18 septembre.

Je crois que les plaintes que vous faites de ce que je n'écris pas n'ont jamais été moins fondées; vous avez dû recevoir plusieurs de mes lettres écrites avant ces reproches. Je vous signalerai seulement quelques-unes des difficultés qui empêchent vos ministres d'avoir une correspondance régulière et ponctuelle.

Nous sommes loin des ports, nous ne sommes pas bien informés, et quelquefois même nous sommes mal informés du départ des vaisseaux. Souvent on nous dit que le navire partira dans une semaine ou deux, et il reste des mois entiers dans le port avec nos lettres, soit qu'il attende un convoi, soit par d'autres raisons. La poste est ici un canal peu sûr; beaucoup de lettres que nous recevons ont été évidemment ouvertes, et il n'est pas douteux qu'on en fasse autant de celles que nous envoyons; d'un autre côté, en ce moment il y a chez tout le monde une si vive curiosité de connaître quelque chose des négociations, et de savoir si on aura la paix ou si la guerre continuera, que nous ne pouvons confier nos dépêches jusqu'aux ports qu'à bien peu de voyageurs particuliers; j'imagine qu'elles sont souvent ouvertes, et qu'on les détruit parce qu'on ne peut pas les recacheter.

Quant à l'observation que vous faites, que les ministres du Congrès en Europe semblent former une espèce de conseil privé qui décide des affaires sans le concours du souverain, peut-être est-elle juste sous certains rapports. Mais il faut considérer que si nous n'écrivons pas aussi souvent que les ministres des autres cours, ou si nos lettres arrivent moins régulièrement, la faute en est à la distance où nous sommes du siége de la guerre, et à l'extrême irrégularité des communications, et non pas à un désir d'agir à l'insu ou sans l'ordre de nos constituants. Il n'y a pas de cour d'Europe à qui on ne puisse envoyer de Paris ou de qui on ne puisse recevoir un courrier en dix ou quinze jours. Je pense qu'il n'est aucun ministre qui ne croie plus sûr d'agir par ordre que suivant sa propre discrétion; mais si vous ne laissez pas à vos ministres en Europe plus de liberté que ne font les cours européennes, vos affaires souffriront singulièrement de la distance; en temps de guerre, notamment, il faudra quelquefois cinq ou six mois pour recevoir une réponse. Je suppose que le ministre de France informera le Congrès des sentiments du roi au sujet du beau vaisseau de ligne dont le Congrès lui a fait présent. Ici, tout le monde en est charmé.

A mon mémoire pour demander un nouveau subside, j'ai joint chacun des paragraphes de vos dernières lettres qui insistent si fortement sur la nécessité de ce secours. Je n'ai pas cessé un moment de solliciter, soit directement, soit par l'intermédiaire du marquis de Lafayette, qui s'est employé activement et chaudement dans cette affaire. Les négociations de la paix sont, je suppose, la grande cause du retard et de l'indécision qui règne en cette affaire, puisque la somme qu'on nous accordera sera différente, suivant que les négociations réussiront ou non. Nous ne savons pas encore sur quoi compter. On nous a dit qu'on nous aiderait, mais non pas jusqu'au chiffre demandé; on a parlé de six millions, mais non pas comme d'une somme fixe. Le ministre me dit qu'il s'occupe de cette question, mais qu'il ne peut pas encore me donner une réponse décisive. Je connais sa bonne volonté, il fera pour nous du mieux qu'il pourra.

Il est inutile que je répète ce que j'ai si souvent écrit, et ce à quoi on fait si peu d'attention : il y a des limites à toutes choses, les ressources de la France sont bornées comme le sont celles de toutes les autres nations. Il y a en Amérique des gens qui ont établi en principe que la France a assez d'argent pour tous ses besoins, et pour tous les nôtres par-dessus le marché, et que si elle ne nous fournit pas tout ce que nous lui demandons, c'est faute de bonne volonté chez elle, ou effet de ma négligence. La première supposition est fausse, j'en suis sûr; quant à la seconde, je puis dire que je serais aussi heureux que personne d'obtenir davantage, et que je serai fort heureux si mon successeur a plus de succès.

Vous désirez connaître « chaque pas qui mène aux négociations. » J'ose donc vous envoyer la première partie d'un *Journal* que des accidents divers et une longue et cruelle maladie ont interrompu. Si on le juge à propos, je pourrai le continuer avec les notes que j'ai gardées. Tel qu'il est, il n'est point fait pour être mis sous les yeux du Congrès, encore moins sous ceux du public. Je le confie donc à votre prudence,

L'arrivée de M. Jay, de M. Adams et de M. Laurens m'a soulagé d'une grande inquiétude, qui aurait continué si j'étais resté seul à finir le traité; leur présence m'a donné d'autant plus de satisfaction, que je suis sûr que l'affaire a gagné à leur concours.

Une grande partie de l'été s'est passée à faire des objections aux pouvoirs donnés par la Grande-Bretagne et à répondre à ces objections. Au début, on faisait exprès d'éviter toute expression qui impliquerait la reconnaissance de notre indépendance. Mais, sur notre refus de traiter sans cette reconnaissance, les Anglais ont passé par-dessus cette difficulté, et alors on en est venu à faire des propositions. Dans la note A qui a été envoyée à Londres par le plénipotentiaire anglais, pour être mise sous les yeux du roi, vous trouverez les propositions que nous avons faites, M. Jay et moi, avant l'arrivée de nos collègues. Quelques semaines plus tard est arrivé M. Strachey, sous-secrétaire d'État, avec lequel nous avons eu de grandes contestations sur l'article des frontières, et sur d'autres articles qu'il a proposés et que nous avons réglés. Nous avons passé plusieurs jours à disputer, et enfin nous sommes tombés d'accord et nous avons signé les préliminaires que vous recevrez par cet envoi. Le ministre anglais a lutté vivement pour emporter deux points : étendre les faveurs accordées aux loyalistes, restreindre nos pêcheries. Sur le premier point, nous avons imposé silence aux Anglais, en les menaçant de produire le compte des dommages faits par les loyalistes; sur le second point, nous les avons amenés à nous accorder ce que nous demandions.

.... Ils voulaient porter leurs frontières jusqu'à l'Ohio et établir leurs loyalistes dans le pays des Illinois. Nous n'avons pas voulu de pareils voisins.

Nous avons communiqué au comte de Vergennes tous les articles aussitôt signés (à l'exception de l'article séparé [1]). Le comte de Vergennes pense que nous avons bien mené l'affaire, et m'a dit qu'en obtenant la déclaration de notre indépendance, nous avions réglé la question qu'on redoutait le plus, comme devant faire obstacle au grand œuvre de la paix générale.

1. Cet article séparé, qu'on ne voulait pas communiquer à la France, établissait la limite des frontières américaines au Sud, pour le cas où la Floride orientale serait cédée à l'Angleterre dans son traité avec l'Espagne.

Décembre 14. J'ai appris ce matin que les principaux préliminaires entre la France et l'Angleterre sont arrêtés.

.... J'ai signé aujourd'hui une lettre commune que vous adressent mes collègues ; vous la recevrez avec celle-ci. Nous avons retenu ce vaisseau[1] pour deux raisons ; nous attendions un passe-port d'Angleterre, et nous avions une somme à vous envoyer ; mais il partira sans ces deux choses, car nous sommes tous impatients de faire au plus tôt connaître au Congrès ce que nous avons fait. Pour l'argent, nous pourrons sans doute emprunter une frégate.

J'entre dans ma soixante-dix-huitième année. Les affaires publiques en ont pris cinquante ; je souhaite maintenant être mon maître pour le peu de temps qui me reste. Si je vis assez pour voir la paix conclue, je rappellerai au Congrès la promesse qu'il m'a faite de me congédier. Je serai heureux de chanter avec le vieillard Siméon : *Laisse maintenant ton serviteur partir en paix, car mes yeux ont vu ton salut.* Avec une grande estime, etc.

B. F.

1. *Le Washington.*

CHAPITRE XIV.

Traité signé à l'insu de la cour de France. — Plaintes de M. de Vergennes. — Réponse de Franklin. — Traité définitif. — Franklin nommé par Louis XVI pour examiner la question du magnétisme. — Il obtient son rappel en Amérique et est remplacé par Jefferson. — Journal de son voyage de Passy au Havre de Grâce. — Il part de Southampton et arrive en Amérique. — (1783-1784.)

Les commissaires américains avaient reçu du Congrès l'instruction formelle, « de faire les communications les plus franches et les plus confidentielles sur tout sujet aux ministres de notre généreux allié le roi de France, et de ne rien faire sans leur concours dans les négociations de la paix. » Le traité d'alliance entre les deux pays portait également, « qu'aucune des deux parties ne concluerait ni paix ni trêve avec la Grande-Bretagne sans avoir d'abord obtenu le consentement formel de l'autre partie. » Et cependant, malgré cet article et les instructions du Congrès, les plénipotentiaires américains signèrent le 30 novembre 1782, un traité avec l'Angleterre, sans consulter M. de Vergennes, sans savoir où en étaient les négociations avec la cour de France. L'impatience et la défiance de John Adams et de John Jay furent la cause de cette conduite étrange, de ce manque de procédés. L'excuse de Franklin, c'est que ce traité était provisoire ; mais c'est là une pauvre excuse ; et la conduite de Franklin en cette circonstance peut être mise parmi ce qu'il appelle les *errata* de sa vie.

LE COMTE DE VERGENNES A B. FRANKLIN.

Versailles, 15 décembre 1782.

Je suis surpris, monsieur, après l'explication que j'ai eue avec vous, et la promesse que vous m'avez faite de ne point presser l'obtention d'un passe-port anglais pour l'expédition du paquebot *le Washington*, que vous me fassiez part que vous avez reçu ce passe-port, et que demain à dix heures du matin votre courrier partira pour porter vos dépêches. Je suis embarrassé, monsieur, d'expliquer votre conduite et celle de vos collègues en cette occasion. Vous avez arrêté vos articles préliminaires sans nous en faire part, quoique les instructions du Congrès vous prescrivissent de ne rien faire sans la participation du roi. Vous allez faire luire un espoir de paix en Amérique, sans même vous informer de l'état de notre négociation.

Vous êtes sage et prudent, monsieur ; vous connaissez les bienséances ; vous avez rempli toute votre vie vos devoirs. Croyez-vous satisfaire à ce que vous devez au roi ? Je ne veux pas pousser plus loin ces réflexions ; je les abandonne à votre honnêteté. Quand vous aurez bien voulu dissiper mes doutes, je prierai le roi de me mettre en état de répondre à vos demandes.

J'ai l'honneur d'être, monsieur, votre, etc.

DE VERGENNES.

A M. LE COMTE DE VERGENNES.

Passy, 17 décembre 1782.

Monsieur,

J'ai reçu la lettre que Votre Excellence m'a fait l'honneur de m'écrire le 15 de ce mois. J'ai accepté d'autant plus volontiers la proposition qu'on m'a faite de me procurer un passe-port de l'Angleterre, que j'avais l'espoir d'obtenir quelque argent à expédier en Amérique par *le Washington*, et que le passe-port en aurait rendu le transport beaucoup plus sûr, ainsi que celui de nos dépêches et des vôtres, si vous eussiez jugé à propos de profiter de cette occasion. Votre Exellence a paru craindre que les ministres anglais, dans leurs lettres expédiées par le même bâtiment, ne transmissent en Amérique des espérances peu fondées. C'est pourquoi je ne proposai pas de presser l'obstention d'un passe-port avant que vos préliminaires ne fussent consentis. Les Anglais m'ont expédié le passe-port sans que je l'aie sollicité ; ils ne m'ont adressé aucune lettre pour qu'il les couvrît ; vos dépêches et les nôtres préviendront l'inconvénient redouté. Dans une conversation subséquente, Votre Excellence m'a parlé de l'intention où vous étiez d'envoyer quelques cutters de la marine royale. J'en ai conclu qu'il était inutile de retenir *le Washington* plus longtemps ; et certainement notre devoir nous obligeait de donner, le plus tôt possible, un détail de nos transactions au Congrès, auquel il eût paru fort étrange d'en être instruit par une autre voie, sans recevoir un mot de nous. Je fis néanmoins part à Votre

Excellence de l'intention que nous avions d'expédier ce navire, pour le cas où vous pourriez avoir quelques dépêches à envoyer par cette occasion.

Rien dans les préliminaires n'a été convenu de contraire aux intérêts de la France ; aucune paix ne se fera entre nous et l'Angleterre sans que la vôtre ne soit conclue. Votre observation néanmoins, qu'en ne vous consultant pas avant de signer, nous nous sommes rendus coupables de négliger un point *de bienséance* est juste en apparence. Mais comme cette négligence ne vient pas d'un manque de respect pour le roi, que nous aimons et honorons tous, nous espérons qu'elle sera excusée, que le grand œuvre qui a jusqu'ici été conduit si heureusement, et porté si près de sa perfection, qui est enfin si glorieux pour son règne, ne sera pas détruit par une indiscrétion de notre part. Et certainement le grand édifice croulerait immédiatement, si, à cause de cela, vous nous refusiez tout secours ultérieur.

Nous n'avons pas encore expédié le vaisseau, et je vous demande la permission de vous présenter mes hommages vendredi pour recevoir votre réponse.

Il n'est personne qui sente plus vivement que moi ce que tout Américain doit au roi, ce que je lui dois moi-même pour les nombreux bienfaits et les faveurs insignes dont il nous a comblés. Toutes les lettres que j'ai écrites en Amérique en sont la preuve ; toutes tendent à laisser dans l'âme de mes compatriotes les mêmes impressions que je ressens. Je crois que jamais prince n'a été plus aimé par ses propres sujets que le roi ne l'est par le peuple des États-Unis. *Les Anglais, à ce que j'apprends à l'instant même, se flattent de nous voir divisés.* J'espère que ce petit malentendu demeurera secret et que leurs espérances seront totalement déçues, je suis, etc. B. F.

En même temps qu'il écrivait à Franklin, le comte

de Vergennes adressait au ministre français en Amérique, une lettre où se trouvait le passage suivant :

« Tel est l'état des choses ; je crois que bientôt il sera meilleur ; mais quel que soit le résultat, je crois à propos d'informer les membres les plus influents du Congrès de la conduite très-irrégulière que leurs commissaires ont tenue envers nous. Vous n'en parlerez pas sur le ton de la plainte. Je n'accuse personne, je ne blâme personne, non pas même le docteur Franklin. Il a cédé trop aisément à l'influence de ses collègues[1], qui ne daignent pas observer avec nous les règles de la courtoisie. Toutes leurs attentions ont été pour les Anglais qu'ils ont rencontré à Paris. Si nous devons juger de l'avenir par ce qui s'est passé sous nos yeux, nous serons assez mal payés de tout ce que nous avons fait pour assurer aux États-Unis une existence nationale. »

Malgré ce manque d'égards le bon roi Louis XVI accorda un nouveau prêt de six millions aux Américains et persista dans sa fidélité à la cause américaine. « Dans l'histoire de la révolution américaine, a dit noblement le biographe de Franklin, M. Jared Sparks, rien n'est plus facile à démontrer que la bonne foi de la France dans ses rapports avec les États-Unis durant la guerre et au moment de la paix. La France tint avec honneur tous ses engagements ; son rôle a été toujours généreux et souvent magnanime[2]. »

---

[1]. C'est la vérité. M. Jay s'était inquiété du voyage de M. de Rayneval à Londres, et avait supposé plus que gratuitement que la France ne soutenait plus l'intérêt des États-Unis.
[2]. *Life of Franklin*, p. 495.

A SAMUEL COOPER.

Préliminaires du traité. — Importance de l'alliance avec la France.

Passy, 26 décembre 1782.

Cher monsieur,

Nous avons fait de grands pas vers la paix. Notre indépendance est reconnue, nos frontières aussi bonnes et aussi étendues que nous le demandions, et nos pêcheries mieux traitées que le Congrès ne s'y attendait. J'espère que l'ensemble des préliminaires sera approuvé, et que le traité définitif donnera entière satisfaction à notre pays. Mais il y a tant d'intérêts à ménager entre cinq nations, et tant de réclamations à ajuster, que je n'ose me flatter de voir la paix bientôt conclue, quoique je la souhaite, que je prie pour elle, et que j'emploie tout mon zèle pour la favoriser.

Je suis extrêmement chagriné du langage que certains Américains tiennent de ce côté-ci de l'eau et du vôtre ; on compromettra ainsi la bonne intelligence qui a jusqu'à présent subsisté si heureusement entre la cour de France et notre pays. Il semble qu'il y a chez nous un parti qui souhaite de la détruire. S'il y réussissait, il nous ferait un mal irréparable. C'est notre ferme union avec la France qui nous donne du poids en Angleterre et qui nous vaut le respect de l'Europe. Si nous rompions avec la France, *sous quelque prétexte que ce soit*, l'Angleterre recommencerait à nous fouler aux pieds, et tous les peuples nous mépriseraient. Nous ne pouvons donc être trop sur nos gardes et ne pas permettre à des *ressentiments particuliers* d'entrer dans nos conseils publics. Vous entendrez beaucoup parler d'une lettre interceptée que nous a communiquée le ministère anglais[1]. Le canal est suspect. On a pu al-

1. C'était une lettre de M. Barbé Marbois, secrétaire de l'am-

térer la lettre ou y ajouter; mais supposons-la vraie, on ne peut imputer le zèle téméraire ou l'erreur d'un secrétaire de légation à un roi qui, de tant de manières s'est toujours montré notre fidèle et ferme allié.

A mon avis, le véritable intérêt politique de l'Amérique consiste à observer et à remplir avec la plus grande exactitude les engagements de notre alliance avec la France, et en même temps, à nous conduire avec l'Angleterre de façon à ne pas éteindre tout espoir d'une réconciliation.

J'ai grande envie de vous voir et de revoir mon pays une fois encore avant de mourir, car je suis toujours, mon cher ami, votre bien affectionné. B. F.

A MISTRISS MARY HEWSON

Sur la mort de sa mère.

Passy, 27 janvier 1783.

J'apprends par votre dernière lettre la mort de ma meilleure amie [1], j'en suis profondément affecté. La revoir encore une fois dans ce monde était un des principaux motifs qui m'engageaient à revisiter l'Angleterre avant de retourner en Amérique. L'année dernière m'a enlevé mes amis, le docteur Pringle, le docteur Fothergill, lord Kames et lord Le Despencer. Celle-ci commence par me ravir ce qui me reste, et me porte le coup le plus rude. Ainsi se dénouent l'un après l'autre les liens qui m'attachaient à l'Angleterre et au monde; bientôt je n'aurai plus rien qui m'ôte le désir de suivre mes amis.

Je devais vous écrire en vous envoyant les onze volumes

bassade française en Amérique. Cette lettre ne contenait qu'une opinion particulière au sujet des pêcheries américaines, et M. de Vergennes n'en tint aucun compte.

1. Mistriss Stevenson, la mère de mistriss Hewson.

mais j'ai perdu mon temps à attendre le douzième. Je vous ai écrit en vous l'expédiant. Avez-vous reçu ma lettre ? Je vous demandais votre avis sur mon voyage en Angleterre. A la réflexion, je crois connaître assez votre prudence pour prévoir que vous me direz de ne pas venir trop tôt, de peur que ma présence ne soit regardée comme une bravade et un outrage pour des personnes qu'il faut respecter. Je retarderai donc ce voyage jusqu'au moment de mon départ pour l'Amérique. Je ne resterai en Angleterre que le temps qu'il faudra pour prendre congé de mes amis et passer quelques jours avec vous. J'emmènerai Ben[1], et peut-être le laisserai-je sous votre garde.

Enfin, nous avons la paix, Dieu merci[2]! Puisse-t-elle durer longtemps, bien longtemps. Toutes les guerres sont des folies, folies ruineuses, folies malfaisantes. Quand donc les hommes seront-ils convaincus de cette vérité, et soumettront-ils à un arbitrage leurs querelles politiques ? Dût-on en décider par un coup de dés, cela vaudrait mieux que de se battre et de s'égorger mutuellement.

Le printemps aproche, et dans cette saison voyager est délicieux. Ne pourriez-vous point, tandis que vos enfants sont tous en pension, faire une promenade jusqu'ici ? J'ai maintenant une grande maison dans une situation délicieuse. Je puis vous y recevoir avec deux ou trois amis, et en voiture il ne faut qu'une demi-heure pour y venir de Paris.

Quand on regarde devant soi, vingt-cinq ans semblent un terme bien long, mais quand on regarde en arrière, qu'il est court ! Pourrez-vous croire qu'il y a un quart de siècle que nous nous sommes vus pour la première fois ? C'était en 1757. Durant la plus grande partie de ce temps,

---

1. Benjamin Franklin Bache.
2. Les préliminaires de la paix générale avaient été signés entre toutes les parties, le 20 janvier 1783.

j'ai vécu sous le même toit que votre mère, cette chère amie que nous pleurons, et naturellement vous et moi nous causions ensemble souvent et beaucoup. Disons-le à notre honneur commun, jamais il n'y a eu entre nous la moindre mésintelligence. Notre amitié a été un beau jour, l n'y a jamais eu de nuages dans notre ciel. En finissant, laissez-moi vous dire ce que je n'ai eu que trop d'occasion de répéter aux anciens amis qui me restent : *Moins nous restons, plus il faut nous aimer les uns les autres.* Adieu, croyez-moi toujours votre bien affectionné, B. F.

A JOHN SARGENT.

Passy, 27 janvier 1783.

Mon cher ami,

J'ai reçu et lu avec grand plaisir la lettre que vous avez eu la bonté de m'écrire le 3 courant; elle me donnait de bonnes nouvelles d'une famille que j'ai si longtemps estimée et aimée, et à laquelle j'ai des obligations que je n'oublierai jamais. Notre correspondance a été interrompue par cette abominable guerre. Je n'attendais point de lettres de vous, et je ne voulais pas vous exposer en vous écrivant. Maintenant les communications sont libres, et après le plaisir de vous revoir et de vous embrasser tous à Halstead, je n'en connais pas de plus doux que d'avoir souvent des nouvelles de votre santé et de votre bonheur.

Mistriss Sargent et son excellente mère sont trop bonnes de me souhaiter d'heureuses années. Je dois être satisfait de celles que la Providence a déjà daigné m'accorder. Je suis dans mes soixante-dix-huit ans; j'ai passé cette longue vie sans infortunes extraordinaires, gardant presque toujours ma santé, ma vigueur d'esprit et de corps. Pendant près de cinquante ans j'ai eu la confiance de mon pays dans des emplois publics, et dans tous les pays où j'ai résidé, j'ai joui de l'estime, de l'affection, de l'amitié de beaucoup d'hommes sages, de beaucoup d'excellentes femmes. Pour ces grâces et ces bénédictions, je remercie Dieu, dont j'ai eu la protection jusqu'à présent, j'espère qu'il me la conservera jusqu'à la fin, qui ne peut pas être fort éloignée.

Ce que vous me dites de votre famille est charmant; mais pourquoi votre fils aîné reste-t-il si longtemps sans se marier? J'espère qu'il n'entend pas vivre et mourir garçon. La roue de la vie, qui depuis Adam jusqu'à lui a tourné sans interruption, ne doit pas s'arrêter avec lui. Dans l'arbre généalogique des Sargent, je ne voudrais pas qu'il y eût une branche morte et stérile. Malgré toutes nos plaisanteries le mariage est l'état le plus heureux; il répond à notre nature. L'homme et la femme ont chacun des qualités qui manquent à l'autre; réunies elles contribuent à la félicité commune. Seuls et séparés, ce n'est plus l'être humain complet; c'est une branche de ciseaux; ils ne répondent plus à la fin pour laquelle ils ont été faits.

Je suis affligé des pertes que la guerre vous a fait souffrir; vous êtes encore assez actif et assez jeune pour les réparer, et la paix, je l'espère, vous en offrira l'occasion.

Présentez mes respects à mistriss Sargent que j'aime beaucoup, et croyez moi, etc.   B. F.

AU COMTE DE BUCHAN.

Émigration en Amérique.

Passy, 17 mars 1783.

Milord,

J'ai reçu la lettre que Votre Seigneurie m'a fait l'honneur de m'écrire; je la remercie des félicitations qu'elle m'adresse sur le retour de la paix, j'espère qu'elle sera durable.

Quant aux conditions auxquelles les terres se vendent en Amérique, et à la manière d'y fonder un établissement, je ne saurais vous donner de meilleurs renseignements que ceux qui se trouvent dans un livre intitulé : « *Lettres d'un fermier de Pensylvanie*, par Hector Saint-John. » Les seuls encouragements que nous offrons aux étrangers sont un beau climat, des terres fertiles, un air pur, de l'eau saine, des vivres en abondance, beaucoup de bois, de bons salaires ; bons voisins, bonnes lois, liberté et bon accueil. Le reste dépend de l'industrie et des vertus de chacun. Les terres sont à bon marché ; mais encore faut-il les acheter. Tout établissement, quel qu'il soit, est aux frais des particuliers ; le public ne contribue à rien qu'aux frais de défense et de justice. Je ne compte pas, néanmoins, sur une grande émigration dans un pays aussi épuisé d'hommes que doit l'être le vôtre [1], depuis la dernière guerre. Plus il y a de gens partis, plus il y a de place et d'avantages pour ceux qui sont demeurés au logis. Mais vous êtes le meilleur juge en cette affaire ; et j'ai depuis longtemps observé que les Écossais, grâce à leur sobriété, à leur industrie, à leur probité, ne manquaient guère de réussir en Amérique, et d'y faire de bons établissements.

Je ne me rappelle point la circonstance dont vous avez la bonté de m'entretenir : j'ignorais avoir sauvé la vie d'une personne à Saint-André, en donnant à sa maladie une autre direction [2]. Je serais curieux de savoir quelle était cette maladie, et en même temps quel est cet avis si salutaire que je donnai.

J'ai l'honneur d'être, avec grande considération, etc.

B. F.

1. L'Écosse.
2. Il est ici question d'une fièvre dont le marquis de Buchan, lord Cadross alors, fut attaqué à Saint-André. L'avis donné fut de ne pas lui poser de vésicatoires, suivant l'ancienne méthode et l'opinion du savant docteur Simson.

A JONATHAN SHIPLEY.

La paix avec l'Amérique.

Passy, 17 mars 1783.

Les clameurs de votre Parlement me donneraient des alarmes sur la durée de la paix, si je ne pensais comme vous que l'attaque est plutôt dirigée contre le ministère. Je crois qu'à sa place aucun membre de l'opposition n'eût obtenu des conditions meilleures ; du moins je suis sûr que lord Stormont, qui crie le plus fort n'est pas celui qui aurait réussi ; je vous donnerai mes raisons lorsque j'aurai, comme je l'espère, le grand bonheur de vous revoir et de converser avec vous.

On ne cesse de dire qu'il n'y a point de *réciprocité* dans notre traité. On compte donc pour rien notre silence sur les atrocités commises par les troupes anglaises, et notre renonciation à toute indemnité pour l'incendie et la dévastation de nos villes et de nos campagnes. On avoue que la guerre a été injuste ; n'est-il pas évident que les maux causés par une guerre injuste doivent être réparés. Les Anglais peuvent-ils être assez égoïstes pour s'imaginer qu'ils ont droit de piller et de tuer à leur gré, et de faire ensuite la paix à des conditions égales, sans réparer le mal qu'ils ont fait ? Nous avons été très-coulants, nous n'avons pas demandé une entière justice. Nos commettants nous en feront le reproche, et je persiste à penser qu'il serait de l'intérêt de l'Angleterre de réparer volontairement ces dommages autant qu'il est en son pouvoir. Mais c'est un intérêt qu'elle ne verra jamais.

Maintenant pardonnons et oublions. Que chaque pays cherche son avantage dans le progrès des arts et de l'agriculture et non en retardant ou en empêchant la prospérité de l'autre. Avec la bénédiction de Dieu, l'Amérique deviendra un grand et heureux pays, et l'Angleterre, si elle a enfin trouvé la sagesse, aura gagné quelque chose de plus précieux, de plus essentiel à sa prospérité que tout ce qu'elle a perdu ; elle continuera d'être une grande et respectable nation. Sa maladie actuelle c'est le nombre des emplois, l'énormité des traitements et des bénéfices. La cupidité et l'ambition sont de fortes passions ; isolées, elles agissent avec énergie sur le cœur humain ; mais sont-elles réunies, peuvent-elles être satisfaites par le même objet, leur violence est irrésistible ; elles jettent les hommes, tête baissée, au milieu de factions et de querelles subversives de tout bon gouvernement. Aussi longtemps que ces gros traitements subsisteront, votre Parlement sera une mer orageuse, l'intérêt particulier troublera vos conseils publics. Mais il faut beaucoup d'esprit public et beaucoup de vertu pour abolir ces abus, peut-être en faut-il plus qu'on n'en peut trouver chez une nation depuis si longtemps corrompue. Je suis, etc.

B. F.

AU COMTE DE VERGENNES.

Traduction française des Constitutions des États-Unis.

Passy, 24 mars 1783.

Monsieur,

Je désire imprimer une traduction des Constitutions des États-Unis d'Amérique, publiées à Philadelphie en 1781, par ordre du Congrès. Plusieurs de ces Constitutions ont déjà paru dans les journaux anglais et américains ; d'autres ont paru autre part ; mais il n'y en a jamais eu de traduction complète. Celle dont j'ai l'honneur de parler à Votre Excellence forme un volume *in-octavo*, qui contient les différentes Constitutions des États-Unis et le traité avec la France, rien de plus. J'ai fait un arrangement avec M. Pierres, qui est prêt à commencer l'impression, j'espère que votre Excellence voudra bien nous donner son approbation.

M. Pierres aura besoin d'une permission du Garde des Sceaux pour imprimer et vendre ce livre, après qu'il m'aura fourni le nombre d'exemplaires convenu entre nous. Comme je désire vivement que cette traduction paraisse bientôt, je serais fort obligé à Votre Excellence si elle veut avoir la bonté de prier le Garde des Sceaux d'envoyer cet ordre sans délai. Si les formalités requises demandaient un temps considérable, priez-le d'autoriser par écrit M. Pierres à commencer l'impression. J'ai l'honneur, etc.

B. F.

LE COMTE DE VERGENNES A B. FRANKLIN.

La Presse en France.

Versailles, 5 avril 1783.

Monsieur,

J'ai communiqué au Garde des Sceaux la demande que vous faites de publier une traduction du livre des *Constitutions des États-Unis*. Le Garde des Sceaux m'a répondu qu'il autorisait l'imprimeur, M. Pierres, à commencer l'impression de cet ouvrage, à la condition d'en envoyer les feuilles, au fur et mesure de l'impression, à M. de Néville, directeur général de la Presse, afin qu'il puisse les confier à l'examen d'un censeur. Les règlements de la Presse rendent cette dernière formalité indispensable. J'ai l'honneur, etc.

DE VERGENNES.

A DAVID HARTLEY.

Abolition de la Course.

Passy, 8 mai 1783.

Cher ami,

Suivant votre désir, je vous envoie sous ce pli les morceaux que je vous ai lus hier[1]. Je serais heureux si, avant que de mourir, je voyais établir l'amélioration qu'on propose de faire au droit des gens. Les misères du genre humain en seraient diminuées, le bonheur de millions d'hommes assuré et augmenté. Si la course peut être profitable à une nation civilisée, assurément ce sera nous Américains qui en aurons l'avantage. Nous sommes situés sur le globe de manière que le riche commerce de l'Europe avec les Antilles, objets manufacturés, sucre, etc., passe forcément devant nos portes; nos croisières seraient faciles et courtes, tandis que notre propre commerce consiste en articles si volumineux et de si peu de valeur, que dix de nos vaisseaux pris par vous ne vaudraient pas un des vôtres; et il faudrait que vous fissiez de longs trajets et de grandes dépenses pour courir après eux. J'espère donc que cette proposition, si nous la faisons, sera vue sous son vrai jour; elle n'a d'autre motif qu'un sentiment d'humanité.

Je ne désire pas voir une seconde Barbarie s'élever en Amérique, et la longue étendue de nos côtes occupée par un peuple de pirates. Je crains que le succès de nos corsaires, pendant les deux dernières guerres, n'ait déjà inspiré à notre peuple un goût trop vif pour cette loterie mêlée de sang. Si l'on n'arrête pas aujourd'hui cette pratique, le monde sera à l'avenir plus tourmenté par les cor-

1. Voyez les *Observations sur la guerre* dans les *Essais de morale et d'économie politique*.

saires américains qu'il ne l'a été ou ne l'est aujourd'hui par les corsaires turcs. Faites, mon ami, tout ce qui dépendra de vous pour procurer à votre nation cette gloire que la première des puissances navales soit aussi la première à abdiquer volontairement l'avantage que cette puissance semble lui donner de piller autrui, d'arrêter la communication mutuelle des dons de la Providence, de réduire à la misère, avec toute leur famille, des milliers de marchands, d'artisans, et de cultivateurs, qui sont la partie la plus paisible et la plus innocente du genre humain.

Je suis, avec estime et affection, etc. B. F.

A M. PIERRES.

Passy, 10 juin 1783.

Monsieur,

J'ai reçu *l'exemplaire* des Constitutions. Je voulais me présenter hier, à Versailles, chez le Garde des Sceaux; j'en ai été empêché. Je lui écrirai aujourd'hui. La ratification du traité avec la Suède est arrivée; ainsi, il n'y a plus rien qui empêche la publication. Je désire avoir cinquante exemplaires in-8°, reliés en veau et dorés sur tranche, et cinquante en demi-reliure, c'est-à-dire avec un dos en basane et dorés, mais non rognés. Je veux aussi six exemplaires in-4° reliés en maroquin. Je suis, avec une grande estime, etc. B. F.

A ROBERT R. LIVINGSTON.

La conduite de la France. — La liberté commerciale. Les Constitutions d'Amérique, etc.

Passy, 22 juillet 1783.

Monsieur,

Vous vous êtes plaint, quelquefois avec raison, de ne

point recevoir de lettres de vos ministres à l'étranger. Nous avons quelque droit de faire la même plainte : six grands mois se sont écoulés entre la date de vos dernières dépêches et la remise de celle que nous apporte le capitaine Barney. Pendant tout ce temps, nous sommes restés dans l'ignorance sur l'accueil qu'a reçu le traité provisoire et sur ce qu'en pense le Congrès. Si nous avions été renseignés plus tôt, nous aurions avancé les négociations du traité définitif, et nous l'aurions peut-être terminé dans des circonstances plus favorables que celles d'aujourd'hui. Il est vrai que ces interruptions de correspondance sont l'inévitable résultat de la guerre et de l'éloignement.

Je réponds maintenant à vos dépêches des 26 mars, 9 et 31 mai.

J'ai appris, avec un grand plaisir, par la première, que la nouvelle de la paix avait causé une satisfaction générale. Je ne prendrai pas sur moi de justifier la réserve apparente que nous avons gardée en face de la cour de France, au moment de la signature, réserve que vous désapprouvez. Nous en avons touché quelque chose dans notre dépêche officielle. Je ne vois pas cependant que la cour de France ait grande raison de se plaindre de nous en cette affaire. Rien n'avait été stipulé à son préjudice, aucune des stipulations n'avait de force que par son adhésion. Je suppose qu'on ne s'est pas plaint, autrement vous m'auriez envoyé une copie de la plainte, afin que nous puissions y répondre. Il y a longtemps que j'ai donné là-dessus des explications satisfaisantes au comte de Vergennes. Nous avons fait de notre mieux; si nous avons eu tort, le Congrès fera bien de nous censurer, mais après nous avoir entendus. Puisqu'on a nommé cinq commissaires, c'est une preuve qu'on avait quelque confiance dans notre jugement commun; car autrement, pour négocier sous la direction du Ministère français, un seul Plénipotentiaire aurait valu tout autant qu'une vingtaine.

J'ajouterai, en ce qui me concerne, que, ni la lettre de M. Marbois, qui nous a été transmise par le canal suspect des négociateurs anglais, ni les conversations relatives aux pêcheries, aux frontières, aux royalistes, etc., dans lesquelles on nous a recommandé la modération, n'ont eu assez de poids dans mon esprit pour me persuader que la cour de France aurait voulu réduire les avantages que nous pouvions obtenir de nos ennemis. Tous ces discours s'expliquent fort bien par la crainte très-naturelle qu'aurait la France qu'on ne comptât trop sur elle et sur ses subsides pour faire la guerre ; et que l'Angleterre, refusant de céder à des conditions onéreuses, on ne perdît l'occasion de faire la paix, si nécessaire à tous nos amis. . . . . . . ,.

Je ne connais pas assez à fond notre commerce pour savoir s'il est bon de rendre à l'Angleterre prohibitions pour prohibitions, et il ne m'appartient pas de donner un avis. Cependant, j'ai toujours vu tant d'embarras et si peu d'avantage dans tous les systèmes de protection et de prohibition que j'incline fortement à croire que l'État qui ouvre ses ports à toutes les nations du monde, aux mêmes conditions, achètera à meilleur marché les productions étrangères, vendra les siennes plus cher, et, en somme, sera plus prospère. J'ai entendu des marchands dire qu'il y a dix pour cent de différence entre : *voulez-vous acheter?* ou *voulez-vous vendre?* Lorsque des étrangers nous apportent leurs marchandises, ils ont besoin de s'en débarrasser promptement, afin de compléter leur cargaison, et de réexpédier leurs navires, qui sont en charge dans nos ports. C'est alors que nous profitons de leur : *Voulez-vous acheter?* Et quand ils nous demandent nos produits, nous profitons de leur : *Voulez-vous vendre?* La concurrence des acheteurs contribue aussi à élever nos prix. Ainsi, les deux questions sont à notre avantage chez nous, tandis qu'à l'étranger elles sont contre nous.

J'avoue cependant que l'emploi de nos vaisseaux, moins profitable peut-être pour les particuliers, qu'on l'imagine, est cependant d'une haute importance politique, et a beaucoup de poids sur la solution de la question, puisque on a ainsi une pépinière de marins.

Le jugement que vous portez sur la conduite de la France me paraît parfaitement juste. Sa modération lui est plus glorieuse que sa victoire. Le caractère de cette cour et de cette nation est bien changé depuis ces dernières années. Les idées de conquête sont passées de mode : celles qu'on se fait du commerce sont plus éclairées et plus élevées qu'autrefois. Nous en verrons bientôt quelque chose, lorsqu'il nous sera permis de commercer plus librement avec les îles françaises. Les gens sages de ce pays estiment que la France est assez grande, que toute son ambition doit être la justice et la magnanimité envers les autres nations, la fidélité et l'utilité envers ses alliés.

...... Je n'ai point reçu de réponse du Congrès à la demande que j'ai faite d'être déchargé de mes fonctions. Il devrait toutefois considérer qu'en me laissant en ce pays, si je viens à errer par suite des infirmités de mon âge, ce sera plutôt sa faute que la mienne.

Je suis charmé que la lecture de mon journal vous ait fait plaisir; je le continuerai donc......

Pourquoi songez-vous à vous retirer? Il ne serait pas facile de remplir votre place. Vous dites qu'un arrangement tout nouveau des affaires étrangères est en ce moment à l'étude. Je voudrais savoir si l'on songera à mon petit-fils. Il a fait maintenant un apprentissage de sept années dans les fonctions diplomatiques, et il est capable de servir les États-Unis par ses connaissances, son zèle, son activité, sa connaissance des langues et son adresse. Il est très-aimé ici, le comte de Vergennes m'a exprimé chaudement la bonne idée qu'il en a. Le dernier ambassadeur de Suède, le comte de Creutz, qui est retourné dans son pays pour y devenir premier ministre, voulait que je tâchasse de faire envoyer mon petit-fils en Suède. M. de Creutz m'a assuré qu'il serait charmé de le recevoir comme ministre des États-Unis, et que, de plus, ce serait chose agréable à son souverain. Le nouvel ambassadeur de Suède m'a fait la même proposition, ainsi que vous le verrez par sa lettre ci-incluse. Un des ministres danois, M. Waltersdorff (qui sera probablement envoyé près du Congrès), m'a également exprimé le désir que mon fils eût le poste du Danemark. Mais je n'ai pas l'habitude de solliciter pour moi ou pour les miens, et je n'y dérogerai pas en cette occasion. J'espère seulement que, s'il ne peut être employé dans votre nouvel arrangement, vous m'en donnerez avis le plus tôt possible. S'il me reste des forces, je veux accompagner mon petit-fils en Italie, et revenir par l'Allemagne. Le voyage sera plus utile pour lui que s'il était seul; je le lui ai promis depuis longtemps, en récompense de ses fidèles services et de sa tendresse filiale.

Je sais de bonne main que l'Empereur est désireux d'établir des relations avec nous, de Trieste aussi bien que des Flandres; il ferait un traité si on le lui proposait. Depuis que notre commerce est ouvert, et n'est plus un monopole pour l'Angleterre, toute l'Europe désire y avoir part, et pour cela veut cultiver notre amitié. Pour qu'on sache mieux quel peuple nous sommes et avec quel gouvernement on traitera, j'ai décidé notre ami le duc de Larochefoucauld à traduire nos Constitutions en français, et j'en ai offert des exemplaires à tous les ministres étrangers. Je vous en envoie un. Les hommes politiques de ce pays admirent beaucoup nos Constitutions; on pense qu'en toute l'Europe elles amèneront une émigration considérable de gens aisés. On s'étonne surtout qu'au milieu d'une guerre cruelle qui déchirait les entrailles de notre patrie, nos sages aient eu assez de fermeté d'âme pour rédiger tranquillement ces plans complets du gouvernement. Nos Constitutions ajoutent beaucoup à la réputation des États-Unis.

Nos prisonniers d'Angleterre sont tous en liberté. Durant toute la guerre, ceux qui étaient détenus dans la prison de Forton, près de Portsmouth, ont reçu les soins charitables de M. Wren, ministre presbytérien. Il n'a rien épargné pour les secourir dans leurs maladies et dans leur détresse, il leur a procuré et distribué les aumônes des bons chrétiens ; il leur a sagement réparti les sommes que je lui ai fait tenir. Tout cela lui a donné beaucoup de peine, mais il ne s'est jamais découragé. Je pense qu'il serait bon d'accorder publiquement une marque de satisfaction à cet homme de bien. Je voudrais que le Congrès m'autorisât à lui envoyer un présent, et que quelqu'une de nos Universités lui conférât le diplôme de docteur[1].

Le duc de Manchester, qui a toujours été notre ami dans la Chambre des lords, vient d'être nommé ambassadeur d'Angleterre près la cour de France. Je dîne avec lui aujourd'hui 26, et s'il se passe quelque chose d'important, j'ajouterai un *post-scriptum* à cette lettre.

Veuillez présenter mes humbles respects au Congrès, et l'assurer de tout mon zèle à le servir.   B. F.

A SIR JOSEPH BANKS

Sur le retour de la paix.

Passy, 27 juillet 1783.

Cher monsieur,

J'ai reçu votre bonne lettre par le docteur Blagden ; je

---

[1]. Le Congrès vota des remerciements à M. Wren ; et le collège de Princeton, dans la Nouvelle Jersey, le nomma docteur en théologie.

me tiens fort honoré de votre aimable souvenir. J'ai été trop souvent et trop sérieusement occupé d'affaires publiques, depuis que le docteur est ici pour avoir pu jouir de sa conversation. J'espère que bientôt j'aurai plus de loisir, et que je pourrai en consacrer une partie à des études qui sont beaucoup plus agréables pour moi que les affaires politiques.

Je me joins à vous pour me réjouir cordialement du retour de la paix. J'espère qu'elle sera durable et que les hommes, qui s'intitulent des créatures raisonnables, auront enfin assez de raison et de bon sens pour terminer leurs différends sans se couper la gorge, car, à mon avis, *il n'y a jamais eu de bonne guerre ni de mauvaise paix.* Si l'on avait employé à des travaux d'utilité publique l'argent qu'on a dépensé en guerres, combien les hommes n'auraient-ils pas ajouté aux douceurs et aux jouissances de la vie! L'agriculture se serait étendue jusqu'aux sommets de nos montagnes. Combien de rivières rendues navigables ou réunies par des canaux! Combien de ponts, d'aqueducs, de routes, d'édifices! Combien d'améliorations qui feraient de l'Angleterre un paradis. Et tout cela on aurait pu l'obtenir en dépensant à faire du bien tous ces millions que dans la dernière guerre on a dépensés à faire du mal. On a réduit à la misère des milliers de famille; on a tué des millions d'ouvriers qui auraient fait cet utile labeur.

Je suis charmé des découvertes astronomiques que vient de faire notre société [1]. Aujourd'hui que l'Europe est fournie d'Académies des sciences, avec de bons instruments et le goût des expériences, le progrès des connaissances humaines va devenir rapide; on fera des découvertes dont à présent nous n'avons pas même l'idée. Je commence presqu'à m'affliger d'être né sitôt, puisque je ne puis avoir le bonheur de savoir ce qu'on saura dans cent ans d'ici.

1. La Société royale de Londres.

Je souhaite aux travaux de la Société Royale une continuation de succès, et je vous souhaite d'en honorer longtemps le fauteuil présidentiel; je suis avec la plus haute estime, etc. B. F.

P. S. Le docteur Blagden vous informera de l'ascension d'un vaste ballon; ici on parle beaucoup de cette expérience; si on la continue, elle pourra nous fournir les moyens d'obtenir des connaissances nouvelles.

A CHARLES J. FOX.

Passy, 5 septembre 1783.

Monsieur,

J'ai reçu en son temps des mains de M. Hartley la lettre que vous m'avez fait l'honneur de m'écrire; je ne puis la laisser partir sans vous exprimer ma satisfaction de la conduite qu'il a tenue envers nous et sans applaudir à la sagesse de celui qui nous a envoyé un homme animé de l'esprit de conciliation et rempli de cette franchise, de cette sincérité, de cette simplicité qui produisent la confiance et facilitent ainsi les négociations les plus difficiles. Aujourd'hui, heureusement nos deux pays sont en paix; je vous en fais mon compliment sincère, et je vous prie de croire qu'aussi longtemps que je serai mêlé aux affaires publiques, je serai toujours prêt à m'unir à vous pour favoriser toute mesure qui puisse servir au bonheur commun des deux nations. Avec une grande estime, etc. B. F.

A DAVID HARTLEY.

Les Américains.

Passy, 6 septembre 1783.

Mon cher ami,

Sous ce pli, vous trouverez ma lettre à M. Fox. Je vous prie de l'assurer que l'estime que je lui témoigne n'est pas un vain mot. Je crois vraiment que M. Fox est un *grand homme*, et je n'aurais pas cette idée, si je ne croyais pas qu'au fond il est un homme *de bien*, et qu'il le prouvera. Gardez qu'il ne reçoive de fausses notions sur le peuple américain. Vous vous êtes abusés trop longtemps en espérant tirer avantage de nos petits mécontentements intérieurs. En ce qui touche nos intérêts politiques, nous sommes peut-être plus éclairés qu'aucun autre peuple sous la voûte du ciel. Chez nous chacun lit, chacun a assez d'aisance pour avoir le loisir de s'instruire et de s'éclairer en causant. Nos malentendus domestiques, quand il y en a, sont peu de chose, quoique vos journaux *microscopes* les grossissent d'une façon monstrueuse. Conclure de ces journaux, que nous sommes sur le point de tomber dans l'anarchie ou de retourner sous l'obéissance de la Grande-Bretagne, c'est à peu près aussi raisonnable que si à la vue des taches du soleil on allait s'imaginer que le disque entier de l'astre en sera bientôt couvert, et qu'il n'y aura plus de jour. La masse d'intelligence que possède notre peuple absorbe nos petites dissensions, comme la masse enflammée du soleil en absorbe et en détruit les taches. Ne retardez donc pas l'évacuation de New-York dans la vaine espérance d'une nouvelle révolution en votre faveur, si jamais pareille espérance a été la cause de ce délai. Voici neuf mois que vous avez promis d'évacuer le pays. Vous comptez, et avec raison, que le peuple de New-York fera justice à vos marchands, et leur payera les vieilles dettes. Considérez l'injustice que vous faites à ce peuple en l'empêchant de rentrer dans ses foyers et de reprendre les affaires qui lui permettraient de vous payer.

Pour moi, il n'y a pas de vérité plus claire que celle-ci : c'est qu'une réconciliation complète est le grand intérêt de nos deux pays. Des restrictions à la liberté de commerce et de navigation ne donneront jamais un avantage équivalent au mal qu'elles feront, en entretenant la mauvaise humeur, en poussant à un éloignement complet. Mon cher ami, faisons de notre mieux, vous et moi, pour favoriser et assurer cette réconciliation. Nous ne pouvons rien faire qui nous apporte une satisfaction plus solide à l'heure de la mort.

Je vous souhaite un bon voyage et un heureux retour auprès de vos amis. Présentez mes respects à votre bon frère, à votre bonne sœur, et croyez-moi toujours, etc.

B. F.

A MISTRISS MARY HEWSON.

Passy, 7 septembre 1783.

Ma chère amie,

J'ai reçu votre bonne lettre du 9 août. Je suis charmé que les petits livres vous plaisent ainsi qu'à vos enfants, et que les enfants en profitent.

Mon petit-fils Bache est resté quatre ans en pension à Genève ; il ne fait que rentrer chez moi. Je suis satisfait de ses progrès ; il traduit facilement du latin en français ; mais son anglais a souffert du défaut d'exercice. Je crois qu'il le retrouverait vite s'il était quelque temps à l'école de Cheam, tout en continuant son latin et son grec. Naguères vous avez été assez bonne pour m'offrir de le prendre sous votre aile ; le pourriez-vous faire encore ? Il est docile et aimable, disposé à recevoir et à suivre de bons conseils; il ne donnera pas de mauvais exemples à vos *autres* enfants. Il gagne chaque jour dans mon affection.

J'ai grande envie de vous voir, vous et les vôtres, et mes autres amis d'Angleterre; mais je n'ai pas encore décidé mon voyage. Notre traité définitif est signé; je suis moins tenu à la maison, et je pourrais faire une petite excursion sans grand inconvénient; mais voici les courtes journées et l'hiver qui arrivent, je ne pense pas que je puisse entreprendre une telle expédition avant le printemps prochain.

Vous me demandez mon avis sur l'établissement futur de vos enfants; je suis toujours d'avis que l'Amérique vous offre de plus belles chances que l'Angleterre. Les moyens d'éducation y sont abondants, les mœurs simples et pures, les tentations moins nombreuses, les profits du travail aussi grands et aussi sûrs qu'en Angleterre. Il y a un autre avantage que votre fortune vous donnera en Amérique, c'est de pouvoir placer une partie de votre argent en terres nouvelles, qu'on peut avoir à très-bas prix, et qui, par le rapide peuplement de ce pays, auront énormément gagné de valeur avant que vos enfants soient majeurs. Si vous venez là-bas de mon vivant, vous savez que vous pouvez compter sur tous les services en mon pouvoir, et je crois que mes enfants seront heureux d'obliger l'amie de leur père. Je n'ajoute pas que vous serez là-bas très-estimée et très-respectée, vous l'êtes en Angleterre, et vous le serez partout; mais laissez-moi me flatter que vous trouverez peut-être un attrait dans l'idée de me rendre plus heureux dans mes derniers jours, grâce à votre voisinage et à votre société.

Temple est toujours avec moi, comme secrétaire. Il vous présente ses respects. J'ai été dernièrement malade d'un accès de goutte, si la goutte peut s'appeler une maladie. Je supposerais plutôt que c'est un remède, car, l'accès passé, je me trouve toujours plus dispos de corps et d'esprit. Je suis, etc. B. F.

P. S. Vous avez peur que notre pays ne soit ravagé. Dans le voisinage de la mer, il y a des parties qui ont souffert de la guerre, mais le gros du pays n'a pas été touché ; et, maintenant que le commerce du monde nous est ouvert, la fertilité du sol, jointe au travail des habitants, réparera bientôt tous ces dommages, et amènera cette prospérité que la Providence nous destine sans doute, puisqu'elle a si visiblement favorisé notre révolution.

A JOSIAH QUINCY.

Papier-Monnaie. — Calomnies contre Franklin.

Passy, 11 septembre 1783.

Mon cher ami,

M. Storer m'a dit, il n'y a pas longtemps, que vous vous plaigniez que je ne vous écrivisse pas. Vous avez raison : je trouve deux de vos lettres auxquelles je n'ai pas répondu. La vérité est que j'ai trop d'affaires pour le compte du public, et qu'on m'accorde trop peu d'assistance, si bien qu'il m'est impossible de tenir au courant ma correspondance particulière. Je me promettais un peu plus de loisir quand le traité de paix serait conclu. Mais il paraît qu'il va être suivi d'un traité de commerce, ce qui prendra beaucoup de temps, et demandera beaucoup d'attention. Je saisis ce petit intérim pour me mettre à mon bureau et bavarder un peu avec mes amis d'Amérique.

Comme vous, je déplore les malheurs, les injustices, la corruption des mœurs, etc., qui ont suivi la dépréciation du papier-monnaie. Ce qui me console un peu, c'est que je me suis lavé les mains de ce mal en le prédisant au Congrès, et en proposant des moyens qui, si on les avait adoptés l'auraient prévenu. Des opérations subséquentes que j'ai faites, démontrent que mon plan était praticable, mais malheureusement on l'a rejeté. En considérant toutes nos méprises et toutes nos maladresses, il est prodigieux que nous ayions fini nos affaires sitôt et si bien. J'ai tort de dire ces mots « *Nous* avons bien fini nos affaires. » Nos fautes ont été nombreuses ; elles ont servi à rendre plus visible la main de la Providence qui nous a protégés ; nous pouvons dire : « Ce sont *tes* actes, ô Seigneur ; ils sont merveilleux à nos yeux. »

L'épitaphe de mon jeune et cher ami [1] est trop bien écrite pour que j'aie rien à y corriger. On y voit votre modération ; l'affection paternelle elle-même ne vous fait pas exagérer les vertus d'un fils. Je pleurerai toujours avec vous cette perte ; elle est grande pour le pays.

Combien cette âme noble et généreuse était-elle autrement forte que celle des misérables calomniateurs dont vous me parlez. Rempli de mérite, Josiah n'était point jaloux de l'apparence du mérite chez les autres ; il aimait à rendre justice autant que certaines gens aiment à injurier. Voici près de deux ans que votre amitié vous a engagé à me faire connaître les imputations de ces gens. J'ai bientôt deviné d'où elles partaient [2]. Mais fort de mon innocence, et ne voulant pas troubler des intérêts publics par des ressentiments ou des différends particuliers, j'ai passé ces accusations sous silence ; et jusqu'à ces jours derniers, je n'ai point fait un pas pour me justifier. Informé que ces outrages continuent, qu'on accuse ma conduite à propos du traité, et que ces accusations, écrites de Paris, ont été répandues parmi vous, j'ai demandé à mes collègues [3] de me rendre justice, je ne doute pas de leur

1. Josiah Quincy, le fils.
2. C'est à Arthur Lee que pense Franklin.
3. John Jay, John Adams, qui tous deux écrivirent à Franklin pour lui rendre justice.

réponse. Je n'ai pas jugé qu'il fût nécessaire de me justifier devant vous, en répondant aux calomnies dont vous me parlez. Je sais que vous n'y croyez pas.

Il était peu probable qu'à la distance où je suis, je pusse m'entendre avec personne pour faire racheter du papier-monnaie à vil prix. Quel intérêt avais-je à ce rachat? Il était impossible que j'eusse trafiqué avec l'argent public, puisque depuis mon arrivée en·France, je n'ai fait aucune affaire d'argent, soit séparément, soit en société, soit directement, soit indirectement, ne fût-ce que pour la valeur d'un shilling. Les pêcheries, qu'on me reproche d'avoir abandonnées, n'avaient pas encore été mises en discussion au moment où l'on m'accusait; je n'en avais pas dit une syllabe ni par parole ni par écrit; tout au contraire, j'ai toujours été à cheval sur ce principe qu'ayant eu avec les Anglais un droit égal aux pêcheries quand nous étions unis, et ayant également contribué de notre sang et de notre argent à les conquérir sur la France, nous avions droit à une juste part, quand notre association se rompait. Quant aux deux accusations de vieillesse et de faiblesse, je passe condamnation sur le premier point; mais pour le second, il ne me paraît pas que la chose soit aussi claire; et peut-être mes adversaires trouveront-ils qu'ils ont un peu trop présumé d'eux-mêmes, en se hasardant à m'attaquer.

Assez de ces misérables personnalités. Je les quitte pour me réjouir avec vous de la *paix* que Dieu nous a donnée dans sa bonté et de la prospérité qu'il nous fait entrevoir. Le traité définitif a été signé le 3 courant. Nous sommes maintenant amis avec l'Angleterre et avec le genre humain tout entier. Puissions-nous ne jamais revoir une autre guerre, car, à mon sens, *il n'y a jamais eu de bonne guerre, ni de mauvaise paix.* Adieu, et croyez-moi toujours, mon cher ami, votre bien affectionné.

B. F.

A THOMAS BRAND HOLLIS.

Éloge de Thomas Hollis.

Passy, 5 octobre 1783.

Monsieur,

Je viens seulement de recevoir (quoique vous me les ayez envoyés au mois de juin) les *Mémoires de Thomas Hollis*, que vous avez eu la bonté de m'offrir. Vous avez bien raison de le qualifier d'*excellent citoyen du monde et de fidèle ami de l'Amérique*. L'Amérique est extrêmement sensible à sa bienveillance et à ses bienfaits; elle ne cessera de révérer sa mémoire. Ces volumes sont la preuve de ce que j'ai dit quelquefois en encourageant certaines personnes à entreprendre quelque service public difficile; c'est chose prodigieuse que la quantité de bien que peut faire un seul homme, *s'il en fait son métier*. On ne saurait non plus concevoir à combien peu se réduit tout ce que font certaines gens; car telle est en général la frivolité des occupations et des amusements de ceux que nous appelons des *gentlemen*, que, dans l'espace d'un siècle, on a pu voir, en chaque royaume d'Europe, trois générations composées chacune de plus d'un millier d'individus (tous gentilshommes de nom et de fortune), et que, parmi ces trois générations, il n'en est pas une seule qui, avec son millier d'individus, ait fait autant de bien que M. Hollis en a fait à lui seul. Non-seulement son pays et ses contemporains, mais les contrées lointaines, et la postérité la plus reculée profiteront de sa bienfaisance : car tel est l'effet du soin qu'il a pris de multiplier et de distribuer les œuvres de nos meilleurs écrivains anglais, sur les objets les plus essentiels au bien-être de la société.

Je l'ai personnellement peu connu; quelquefois je l'ai

rencontré à la Société Royale et à la Société des Arts. Il paraissait peu rechercher mon intimité, quoique souvent il m'ait envoyé de beaux présents, tels que les Œuvres de Milton, de Sydney, etc., qui figurent au nombre des plus précieux ornements de ma bibliothèque. Si nous avions été plus intimes, nous aurions pu concerter quelques opérations utiles; mais il aimait à faire le bien seul et en secret, et je crois voir dans ses Mémoires qu'il n'appréciait pas bien mon caractère. Son erreur ne diminue pas mon respect et je remercie les éditeurs de m'avoir rendu justice.

Je vois que M. Hollis possédait une collection de médailles curieuses. S'il vivait encore je lui enverrais certainement une des médailles que j'ai fait frapper ici; je crois que l'attitude de ma *Liberté* lui aurait plu. Je suppose que vous possédez sa collection et que vous avez le même goût. Je vous prie donc d'accepter une de ces médailles comme marque de mon respect, et de me croire avec une sincère estime, etc. B. F.

A DAVID HARTLEY.

Passy, 16 octobre 1783.

Mon cher ami,

Je n'ai rien d'essentiel à vous mander sur les affaires publiques; mais je ne puis laisser partir M. Adams, qui ira vous voir, sans lui remettre quelque lignes pour m'informer de votre santé, vous faire part de la mienne, et vous assurer de mon respect et de mon attachement.

Que penseriez-vous de la proposition que je ferais d'une alliance entre l'Angleterre, la France et l'Amérique? L'Amérique serait aussi heureuse que les Sabines, si elle servait à réunir dans une paix perpétuelle son père et son mari! Quelle folie répétée que toutes ces guerres répé-

tées ! Qu'avez-vous besoin de vous conquérir et de vous
gouverner l'un l'autre ? Pourquoi donc vous outrager sans
cesse et vous tuer les uns les autres ? Avec l'argent et les
hommes qui depuis sept siècles ont été prodigués dans des
guerres insensées, pour se faire un mal mutuel, que de choses excellentes on aurait pu faire pour le bien de chaque
pays ! Combien de ponts, de routes, de canaux, combien
d'œuvres et d'institutions qui auraient servi à la félicité
commune ! Anglais, Français ! vous êtes proches voisins,
et vous avez chacun de grandes qualités. Apprenez à
rester tranquilles et à respecter vos droits réciproques.
Vous êtes tous Chrétiens ; l'un est *le Roi Très-Chrétien ;*
l'autre est *le Défenseur de la Foi.* Justifiez ces titres par
votre conduite à venir. *Les hommes,* dit le Christ, *connaîtront que vous êtes mes disciples, si vous vous aimez les uns
les autres. Cherchez la paix et gardez-la.* » Adieu, etc.

B. F.

A DAVID HARTLEY.

Passy, 22 octobre 1783.

J'ai reçu l'aimable lettre de mon cher ami, datée de Bath
le 4 du courant, avec le projet de convention temporaire
que vous me priez de montrer à mes collègues. Ils sont en
ce moment tous deux à Londres, vous les verrez certainement, et pourrez vous entretenir avec eux sur ce sujet.
La crainte que vous témoignez de voir se détruire le ciment de la confédération, etc., n'a, suivant moi, aucun
fondement. L'Amérique a assez de bon sens pour prendre
soin de son *vase de porcelaine*[1]. Vos journaux sont remplis
du récit de nos troubles et de nos divisions ; mais les nouvelles d'Amérique ne disent rien de semblable. Je sais que

1. C'était un mot favori de Franklin. V. *sup.*, p. 18.

la plupart des lettres, soi-disant écrites des États-Unis, sont fabriquées à Londres.

Je me réjouis d'apprendre que votre chère sœur est en voie de guérison, et que votre frère va bien. Présentez-leur mes affectueux respects, et croyez, etc.

B. F.

A ROBERT MORRIS.

Impôt. — Propriété.

Passy, 25 décembre 1783.

Monsieur,

La négligence que notre peuple met à payer les impôts est très-blâmable, la résistance l'est bien davantage. Je vois que dans plusieurs réunions, on a fait des remontrances pour refuser au Congrès le droit, comme on dit, *de prendre de l'argent dans la poche du peuple.* Cependant ces impôts n'ont d'autre objet que de payer l'intérêt et le capital de dettes légitimes. Il y a là une erreur. L'argent qu'un peuple doit justement, appartient à ses créanciers, et non plus à lui. S'il refuse de payer, il faut faire quelque loi qui l'y force.

Toute espèce de propriété, à l'exception de la hutte temporaire du sauvage, de son arc, de sa natte et autres petits objets absolument nécessaires à sa subsistance, toute propriété, dis-je, me semble créée par une convention sociale[1]. Le public a donc le droit de régler les successions ainsi que toutes les autres transmissions de la propriété ; il peut

---

1. C'était l'opinion régnante au XVIII° siècle, et Franklin partage l'erreur de son temps ; erreur aussi fâcheuse en politique qu'en économie politique, car elle mène au socialisme, et en détruisant l'intérêt du propriétaire et du travailleur, elle affaiblit la propriété et la société. Qui d'ailleurs a jamais pu distinguer où finit le nécessaire, où commence le superflu?

même en limiter la quantité et l'usage. Toute propriété nécessaire à l'homme pour la conservation de l'individu et la propagation de l'espèce, est son droit naturel, il n'y aurait aucune justice à l'en priver ; mais tout le superflu est le domaine de la société qui l'a créé par la loi, et qui par conséquent peut en disposer par d'autres lois, si l'utilité publique le requiert. Si la société civile ne vous plaît pas à ces conditions, retirez-vous, et allez vivre parmi les sauvages. Celui-là n'a aucun droit aux bienfaits de la société, qui refuse de payer son écot pour la défrayer.

Le marquis de Lafayette, qui aime à être employé dans nos affaires, et nous a souvent rendu de grands services, vient d'avoir des conversations avec les ministres et les personnes qui s'occupent de régler le commerce entre les deux pays. Ces règlements ne sont pas encore arrêtés. J'ai donc cru bien faire de lui communiquer la copie de la lettre où vous présentez des observations si justes et si frappantes sur cet objet. Il en tirera bon parti ; ces observations auront peut-être plus de poids en paraissant venir d'un Français, que si l'on savait qu'elles viennent d'un Américain. Je suis parfaitement d'accord avec vous dans toutes les idées que vous avez exprimées à cette occasion.

Je suis fâché pour le public que vous soyez sur le point de quitter votre emploi ; mais personnellement je vous en félicite. Je ne puis concevoir d'homme plus heureux que celui qui, ayant été longtemps chargé de soucis publics, s'en trouve soulagé et jouit du repos dans le sein de ses amis et de sa famille. Je suis votre, etc.   B. F.

A JOHN JAY.

Les ennemis de Franklin.

Passy, 6 janvier 1784.

Cher monsieur,

J'ai reçu votre bonne lettre du 26 décembre, et j'ai envoyé immédiatement l'incluse à Mme Jay, que j'ai vue il a quelques jours avec ses enfants ; tous étaient en parfaite santé. Il est fort heureux que ces petits se soient si bien tirés de la petite vérole ; je vous en félicite cordialement.

Il est vrai, comme on vous l'a dit, que j'ai la pierre ; mais il ne l'est pas que je songe à me faire tailler. Jusqu'à présent le mal est très-supportable. Je n'en souffre qu'en voiture sur le pavé, ou lorsque je fais quelque mouvement brusque. Si je puis empêcher la pierre de grossir, ce que j'espère obtenir par le régime et l'exercice, je pourrai, sans trop souffrir, finir avec elle mon voyage, dont le terme ne peut être fort loin. Je suis gai, je jouis de la société de mes amis, je dors bien, j'ai assez d'appétit, et mon estomac fait bien ses fonctions. Ce dernier point est essentiel pour la conservation de la santé. De peur de gâter mon estomac je fuis donc les drogues ; vous pouvez juger que mon état n'est pas très-grave, puisque je crains plus les remèdes que la maladie.

J'ai grand plaisir à apprendre de vous que mes amis songent encore à moi. Je brûle de les revoir, mais je doute que ce désir s'accomplisse. Si nos pouvoirs pour le traité de commerce arrivaient, et que nous eussions la liberté d'aller négocier en Angleterre, j'irais vous voir, pourvu toutefois que le ministère anglais fût disposé à conclure un pareil traité.

J'ai, comme vous le dites, des ennemis en Angleterre, mais ils ne me détestent que comme *Américain*. J'ai aussi

en Amérique deux ou trois ennemis qui m'abhorrent
comme *ministre*; mais, grâce à Dieu, je n'ai pas dans
le monde entier un seul ennemi, comme *homme*. Avec
l'aide de Dieu, je me suis conduit de telle sorte, dans
une longue vie, qu'il n'existe personne qui puisse dire justement : « Benjamin Franklin m'a fait du tort. » Voilà,
mon ami, une réflexion consolante dans la vieillesse. Vous
aussi, vous avez ou vous pouvez avoir des ennemis, mais
que cela ne vous rende pas malheureux. Tirez-en bon parti,
ils vous feront plus de bien que de mal. Des ennemis
nous indiquent nos fautes, ils nous tiennent sur nos gardes,
et nous aident à vivre plus correctement.

Mes petits-fils sont sensibles à l'honneur de votre souvenir; ils vous font leurs respectueux compliments, et se
joignent aux vœux de votre très-affectionné et très-humble
serviteur.   B. F.

A WILLIAM STRAHAN.

Désordres politiques en Angleterre.

Passy, 16 février 1784.

Cher monsieur,

J'ai reçu et lu avec plaisir votre bonne lettre du 1er courant, elle m'apprend que vous allez bien, vous et les vôtres.
Je suis charmé que vous ayez reçu de bonnes nouvelles
de votre parente de Philadelphie. Je serais heureux que
mes recommandations puissent être de quelque utilité au
docteur Ross ou à quelque autre de vos amis qui partirait pour l'Amérique.

Les raisons que vous me donnez pour m'engager à venir
encore une fois en Angleterre sont d'un grand poids.
Certes, j'ai grand désir de revoir des amis que j'aime
tendrement; mais il y a des difficultés et des objections

de plus d'une espèce, et pour le moment je ne vois pas comment les surmonter.

Les désordres politiques dont souffre l'Angleterre, m'affligent autant que vous. Vos journaux sont pleins de récits étranges sur l'anarchie et la confusion qui troublent l'Amérique, anarchie dont nous n'avons aucune connaissance, tandis que vos propres affaires sont vraiment dans un état déplorable. Dans mon humble opinion, la racine du mal est moins dans la trop longue durée de votre Parlement, ou dans le choix trop inégal de ceux qui le composent, que dans les traitements énormes, les émoluments excessifs et le patronage de vos grandes fonctions. Vous ne serez jamais tranquilles tant que tous ces abus n'auront point été abolis, tant que chaque place d'honneur, cessant d'être lucrative, ne sera point devenue une dépense et un fardeau.

L'ambition et la cupidité sont isolément deux passions violentes, mais quand elles se trouvent réunies chez la même personne, qu'elles ont un même objet en vue, ni l'esprit public, ni l'amour de la patrie, ne sauraient plus les arrêter; elles enfantent les factions et les querelles les plus violentes. Il faut donc les isoler et les opposer l'une à l'autre. Ces places (pour parler notre vieux langage, frère Guttemberg) peuvent être fort avantageuses pour *la chapelle* [1], mais elles nuisent aux intérêts du *maître*, elles font naître des contestations continuelles, et la besogne en souffre. Par exemple, voici deux mois entiers que votre Gouvernement s'occupe à *mettre sa forme sous presse*, et rien n'est *prêt* encore; toute la *composition* est brouillée et menace de tomber *en pâte*. Il faut aussi que la fonte soit bien courte, ou que vous manquiez *de sortes*, puisque vos *compositeurs* ne peuvent trouver dans *leurs casses d'en*

---

1. C'est le nom qu'on donne à l'ensemble des ouvriers d'une imprimerie.

haut ou *d'en bas* assez de *lettres* pour composer le mot AD-
MINISTRATION. Cependant pour en revenir au langage ordinaire (quoique peut-être un peu leste), ne vous désespérez
pas; il vous reste encore une assez bonne ressource, puisqu'elle peut réunir l'empire. Nous avons quelque reste
d'amitié pour vous; et nous serons toujours prêts à vous
recevoir et à prendre soin de vous en cas d'accident. Si
donc vous n'avez pas assez de sens et de vertu pour vous
gouverner vous-mêmes, débarrassez-vous de votre vieille
constitution maladive, et envoyez-nous des membres au
Congrès.

Vous me direz que mon avis sent le *madère*; vous avez
raison. Cette lettre folle, n'est qu'un bavardage *entre nous
et après la seconde bouteille.* Si donc vous la montrez à
personne (j'excepte nos indulgents amis Dagge et lady
Strahan), *gare à vous!*

Votre très-affectionné, B. F.

A HENRI LAURENS.

Passy, 12 mars 1784.

Cher monsieur,

Je vous écris, souffrant beaucoup de la goutte aux deux
pieds; mais mon jeune ami, votre fils, m'ayant donné avis
qu'il partait demain pour Londres, je ne pouvais pas laisser
échapper cette occasion sûre; c'est peut-être la seule qui
se présentera avant votre départ pour l'Amérique. Je désirerais que le mien fût aussi prochain. Il m'est permis,
je crois, de me plaindre de ce que le Congrès reste aussi
longtemps sans répondre à ma demande de rappel. J'aimerais mieux mourir dans mon pays qu'ici; et, quoique
la partie supérieure du bâtiment paraisse encore assez
solide, comme il est miné en dessous par la pierre et la
goutte réunies, sa chute ne peut pas être très-éloignée.

Vous avez la bonté de m'offrir vos services. Vous ne pouvez m'en rendre, en ce moment, qui me soit plus agréable que de faire accepter ma démission. A cet égard ainsi qu'à tous les autres, je regarderai toujours votre amitié comme un honneur pour moi, étant avec une estime bien sincère, mon cher monsieur, votre, etc.

B. F.

A MISTRISS MARY HEWSON.

Passy, 19 mars 1784.

Vous finirez par m'oublier, ma chère et vieille amie, si je ne vous écris point par-ci, par-là.

Je vis encore, et trouve encore quelque plaisir à vivre, quoique je sois dans ma soixante-dix-neuvième année. Mais je sens que les infirmités de l'âge viennent si vite, et que l'édifice a besoin de tant de réparations, qu'avant peu, le propriétaire trouvera meilleur marché de le jeter à terre et d'en bâtir un nouveau. Je voudrais bien vous voir avant, mais je commence à douter que la chose soit possible. Mes enfants se joignent à votre ami pour assurer de leur amour et vous et les vôtres.

B. F.

A M. DE LA CONDAMINE.

Du magnétisme animal.

Passy, 19 mars 1784.

Monsieur,

Vous désirez connaître mon sentiment sur les cures opérées par Camus et Mesmer. Je crois qu'en général les maladies causées par des obstructions peuvent être avantageusement traitées par l'électricité. Quant au magnétisme animal, dont on parle tant, je douterai de son existence tant que je n'en aurai pas vu ou senti les effets. Je n'ai pu observer aucune des guérisons qu'on lui attribue. Il y a tant de maladies qui se guérissent toutes seules, il y a chez les hommes tant de disposition à se tromper eux-mêmes ou à tromper les autres en pareil cas, et une longue vie m'a donné l'occasion de voir tant de remèdes qui, disait-on, guérissaient toutes les maladies, et qui, bientôt, ne servaient plus à rien, que je ne puis m'empêcher de craindre que cette nouvelle méthode dont on attend monts et merveilles, ne se trouve être à la fin qu'une illusion. Cette illusion toutefois, tant qu'elle durera, peut avoir son bon côté en certains cas. Dans toute grande ville il y a un certain nombre de personnes qui ne sont jamais bien portantes, parce qu'elles ont la manie des remèdes, et qu'à force d'en prendre elles dérangent leurs fonctions naturelles et altèrent leur constitution. Si on peut persuader à ces personnes de laisser leurs drogues, en leur promettant de les guérir avec le doigt du médecin ou une simple tige de fer, elles en pourront retirer de bons effets, tout en se trompant sur la cause. J'ai l'honneur d'être, etc. B. F.

Au moment où Franklin écrivait cette lettre, Louis XVI demandait à l'Académie des sciences de nommer une commicsion pour examiner la doctrine de Mesmer. L'Académie nomma cinq de ses membres : Franklin, Le Roy, Bailly, de Bory et Lavoisier, auxquels la Faculté de médecine adjoignit Majault, Sallin, d'Arcet et Guillotin. Après un examen attentif, les commissaires firent un long rapport, qui fut présenté le 11 août 1784. Franklin, qui n'en croyait que ses yeux, ne vit dans le magnétisme et le somnambulisme qu'une folie ; mais une folie qui produisait un argent énorme à Mesmer et à ses amis.

A BENJAMIN WEBB.

Nouvelle manière de payer ses dettes.

Passy, 22 avril 1784.

Cher monsieur,

J'ai reçu votre lettre du 15 courant avec le mémoire qu'elle renfermait. Le récit que vous me faites de votre situation m'afflige. Je vous envoie, sous ce pli, un bon de dix louis d'or. Je ne prétends pas vous *donner* cette somme; je vous la *prête* seulement. En retournant dans votre pays, avec une bonne réputation, vous ne manquerez pas de trouver quelque emploi qui vous mette par la suite en état de payer toutes vos dettes. En ce cas, si vous rencontrez un autre honnête homme qui soit aussi dans la gêne, payez-moi en lui prêtant pareille somme; mais recommandez-lui en même temps de s'acquitter à son tour de la même manière, dès que ses moyens le lui permettront, et qu'il en trouvera l'occasion. J'espère que mes dix louis passeront ainsi en beaucoup de mains, avant de rencontrer un coquin qui les arrête au passage. Voilà mon petit stratagème pour faire beaucoup de bien avec peu d'argent. Je ne suis point assez riche pour dépenser *beaucoup* en bonnes œuvres ; je suis donc obligé d'user de finesse et de faire beaucoup avec *peu*. Je fais des vœux pour le succès de votre mémoire et pour votre prospérité future. Je suis, monsieur, votre très-obéissant serviteur[1].   B. F.

1. Voyez une lettre semblable, *sup.*, p. 141.

A SAMUEL MATHER.

Cotton Mather. — Anecdotes biographiques.

Passy, 12 mai 1784.

Mon révérend,

J'ai reçu votre bonne lettre, avec vos excellents conseils au peuple des États-Unis ; je les lis avec grand plaisir, j'espère qu'on les écoutera. Quoique des écrits tels que les vôtres soient parcourus légèrement par beaucoup de lecteurs, il suffit qu'ils frappent fortement un bon esprit sur cent, pour que l'effet en soit considérable. A l'appui de mon assertion, permettez-moi de vous citer un trait qui, peut-être, ne laissera pas de vous intéresser, quoiqu'il me soit personnel. Quand j'étais enfant, je trouvai sous ma main un ouvrage intitulé : *Essais sur la manière de faire le bien*, que je crois écrit par votre père. On avait eu si peu de soin de ce livre que plusieurs de ses feuilles étaient arrachées ; mais, ce que j'en pus lire fit naître en moi des idées qui influèrent sur ma conduite pour tout le reste de ma vie, car j'ai toujours plus estimé le titre *d'homme de bien*, que toute autre espèce de réputation ; et si, comme vous paraissez le croire, je fus jamais un citoyen utile, le public doit cet avantage au livre de mon enfance.

Vous êtes, dites-vous, dans votre soixante-dix-huitième année ; moi, je suis dans ma soixante-dix-neuvième ; nous avons vieilli ensemble. Il y a maintenant plus de soixante ans que j'ai quitté Boston, mais je me souviens bien de votre père et de votre grand-père ; je les ai entendus prêcher l'un et l'autre, et les ai vus chez eux. Ce fut au commencement de 1724, que je vis pour la dernière fois votre père, en lui faisant visite, après mon premier voyage en Pensylvanie. Il me reçut dans sa bibliothèque ; au moment où j'allais prendre congé de lui, il m'indiqua un chemin plus court : c'était un corridor étroit que traversait une poutre. Tout en me retirant, nous causions ensemble, il était derrière moi, et je me tournais vers lui, lorsqu'il me cria tout à coup : « *Baissez-vous ! Baissez-vous !* » Je ne le compris qu'après m'être cogné la tête contre la poutre. Votre père était de ces gens qui ne laissent jamais échapper l'occasion de donner une leçon. A l'instant, il me dit : « *Vous êtes jeune, et vous avez le monde devant vous :* BAISSEZ-VOUS *donc, chemin faisant : c'est le moyen d'éviter plus d'un bon coup.* » Cet avis, qui m'était entré dans la tête, m'a été utile plus d'une fois, j'y pense souvent, quand je vois l'orgueil mortifié, et le malheur tombant sur des gens qui portent la tête trop haute.

Il me tarde bien de revoir ma ville natale et d'y déposer mes os. Je l'ai quittée en 1723 ; j'y retournai en 1733, 1743, 1753 et 1763. En 1773, j'étais en Angleterre. En 1775, j'ai vu de loin Boston, mais il était au pouvoir de l'ennemi, je ne pus y entrer[1]. Je comptais m'y rendre en 1783 ; mais je ne pus obtenir ma démission de la place que j'occupe ici, et je crains maintenant de n'avoir plus ce bonheur. Tous mes vœux, cependant, sont pour ma chère patrie : *Esto perpetua !* Elle jouit maintenant d'une excellente Constitution : puisse-t-elle la conserver toujours !

Cette puissante monarchie continue d'être l'amie des États-Unis. Cette amitié est du plus grand prix pour notre sûreté : il faut la cultiver avec soin. La Grande-Bretagne ne peut se consoler d'avoir perdu l'empire qu'elle exerçait sur nous ; elle se flatte quelquefois encore de le recouvrer un jour. Les événements peuvent accroître ses espérances, et encourager quelque dangereuse tentative. Une rupture entre la France et nous ramènerait in-

1. En 1775, Franklin était au camp de Cambridge en vue de Boston. V. *sup.*, p. 6.

failliblement les Anglais sur notre dos, et cependant il est parmi nos compatriotes quelques fanatiques qui s'efforcent d'affaiblir les liens qui nous unissent à la France ! Gardons notre réputation, en faisant honneur à nos engagements, notre crédit, en exécutant nos contrats, nos amis, en leur témoignant reconnaissance et amitié, car nous ne savons pas si bientôt nous n'aurons pas besoin de toutes ces ressources. Avec une grande et sincère estime, j'ai l'honneur d'être, etc.
B. F.

A CHARLES THOMSON [1]. SECRÉTAIRE DU CONGRÈS.

Ratification du traité définitif.

Passy, 13 mai 1784.

Cher monsieur,

Hier soir, M. Hartley s'est réuni avec M. Jay et moi; les ratifications du traité définitif ont été échangées. J'envoie au Président une copie de la ratification anglaise.

Ainsi, grâce à Dieu, se trouve heureusement achevée la grande et hasardeuse entreprise dans laquelle nous étions engagés; je n'osais espérer que je vivrais assez longtemps pour voir cet événement. Quelques années de paix, bien employées, rétabliront, augmenteront nos forces; mais notre salut futur dépend de notre union et de notre vertu. La Grande-Bretagne épiera, pendant longtemps, l'occasion de recouvrer ce qu'elle a perdu. Si nous ne parvenons à convaincre le monde, que l'on peut compter sur notre Nation pour sa fidélité à observer les traités; si nous montrons de la négligence à payer nos dettes, de l'ingratitude pour ceux qui nous ont servis et traités avec amitié, c'en sera fait de notre réputation et de la force qu'elle nous donne. On nous attaquera avec la perspective d'un meilleur succès. Ne nous endormons donc pas dans une sé-

---

1. Secrétaire du Congrès pendant toute la révolution.

curité dangereuse. Ne nous laissons pas énerver et appauvrir par le luxe, ni affaiblir par des querelles et des divisions intestines. N'ayons pas la honteuse extravagance de contracter des dettes privées, tant que nous serons en retard d'acquitter honorablement les dettes publiques. Ne négligeons pas les exercices et la discipline militaire; enfin ménageons-nous des magasins d'armes et des munitions de guerre, pour être prêts à l'occasion. Toute autre conduite enhardirait nos ennemis et découragerait nos amis. Les dépenses qui suffisent à prévenir une guerre, sont fort au-dessous de celles qui sont absolument nécessaires pour la soutenir, lorsque l'on n'a pas su l'eviter.

Je suis toujours en suspens sur la décision du Congrès, relativement à l'offre que j'ai faite de ma démission, et à la demande de quelque emploi pour William Temple Franklin. Si on me tient en ce pays un autre hiver, et s'il m'affaiblit autant que le dernier, je ferais aussi bien de me résoudre à finir mes jours en France, car je ne serai plus en état de supporter la fatigue du retour. Pendant ma longue absence d'Amérique, la mort n'a cessé de diminuer le nombre de mes amis, l'attrait du retour s'est affaibli en proportion de ces pertes. Cependant je ne puis faire de dispositions, soit pour un retour commode, soit pour un établissement en ce pays, ni m'occuper de mon petit-fils, tant qu'on me laissera dans l'attente. Ayez la bonté, mon cher ami, de me donner sur ce point quelques renseignements particuliers.

Je suis, etc. B. F.

AU COMTE DE CAMPOMANES [1].

Des substitutions.

Passy, 5 juin 1784.

Monsieur,

La lecture de vos excellents écrits m'a donné beaucoup d'instruction et beaucoup de plaisir. Je voudrais qu'il fût en mon pouvoir de vous payer de retour. Je saisis l'occasion que m'offre mon excellent ami M. Carmichael, et je vous envoie une collection récente de mes écrits de circonstance; si je vis assez longtemps pour retourner chez moi, j'espère que j'en publierai une édition plus complète, plus correcte, et moins indigne de vous être offerte.

Vous avez entrepris une grande œuvre : réformer les anciennes habitudes, dissiper les préjugés, développer l'industrie de votre nation. Dans le peuple espagnol vous avez un bon fonds à travailler, et par une ferme persévérance vous obtiendrez peut-être un succès qui dépassera votre attente. Car, il est incroyable quelle quantité de bien un individu peut faire, *s'il en fait son métier*, et s'il ne se laisse point distraire par d'autres occupations, l'étude ou les plaisirs.

Il y a en Europe deux opinions dominantes qui ont le mauvais effet de diminuer la félicité publique; l'une est que travailler déshonore, l'autre, c'est qu'on perpétue les familles en immobilisant les biens. En Amérique nous n'avons aucun de ces préjugés, ce qui est pour nous un grand avantage. Sur le premier point vous verrez nos idées dans une petite pièce que je vous envoie et qui est intitulée : *Conseils à ceux qui veulent s'établir en Amérique* [2].

[1]. Le comte de Campomanes, président du conseil de Castille et ministre d'État, a été un des réformateurs de l'Espagne, au siècle dernier. Il a beaucoup écrit sur l'éducation, le commerce, l'agriculture, les impôts, etc.

[2]. Voy. les *Essais de morale et d'économie politique*.

Quant au second, on peut démontrer mathématiquement que sous l'empire des lois actuelles, c'est une impossibilité. Le bien reste entier, mais la famille se divise continuellement. Le fils d'un homme n'appartient à la famille paternelle que pour moitié, le petit-fils n'y a plus qu'un quart, l'arrière-petit-fils qu'un huitième, le suivant qu'un seizième. Par l'effet de cette progression il suffit de neuf générations, pour que le dernier propriétaire n'ait plus qu'un cinq cent douzième du sang du premier possesseur ; encore faut-il supposer que dans ces neuf générations la fidélité chez les femmes a été aussi certaine qu'elle l'est chez les dames d'aujourd'hui. Franchement la part est trop petite pour qu'on doive s'en inquiéter, au point d'empêcher de détruire les substitutions et de partager les terres, deux choses qui serviraient beaucoup à la prospérité du pays [1].

Avec une grande et sincère estime, et mes meilleurs vœux pour le succès de votre entreprise patriotique, j'ai l'honneur d'être, monsieur, etc.   B. F.

A MM. WEEMS ET GANT, CITOYENS DES ÉTATS-UNIS,

A LONDRES.

Ordination des Anglicans en Amérique.

Passy, 18 juillet 1784.

Messieurs,

Au reçu de la lettre par laquelle vous m'annoncez que l'archevêque de Cantorbéry [2] ne permettra pas votre ordi-

---

1. Le comte de Campomanes répondit à cette lettre en faisant nommer Franklin membre de la célèbre académie d'histoire de Madrid.
2. Le docteur Moore.

nation, à moins que vous ne prêtiez serment d'allégeance[1], je me suis adressé ici à un ecclésiastique de ma connaissance, pour savoir si vous pourriez vous faire ordonner en France. Son opinion est que vous ne le pouvez pas, et que dans la supposition même où vous le pourriez, il vous faudrait promettre obédience à l'archevêque de Paris. J'ai demandé ensuite au nonce du pape si vous ne pourriez pas être ordonné par un évêque catholique américain, à qui on expédierait les pouvoirs nécessaires. Le nonce a répondu : « La chose est impossible, à moins que ces messieurs ne se fassent catholiques. »

Ceci est une affaire où je ne connais pas grand'chose, il se peut donc que je vous fasse des questions déplacées, ou que je vous propose des moyens impraticables. Mais où donc est pour vous la nécessité de vous rattacher à l'Église anglicane? Ne serait-il pas aussi bien de vous rattacher à l'Église d'Irlande? La religion est la même, quoiqu'il y ait une autre corps d'évêques et d'archevêques. Par exemple, si vous vous adressiez à l'évêque de Derry, qui est un homme de sentiments libéraux, peut-être vous conférerait-il les ordres de son Église. Enfin, que faire si l'Angleterre et l'Irlande vous refusent? Je ne suis pas sûr qu'à leur tour les évêques de Danemark et de Suède voulussent vous ordonner, à moins que vous ne vous fissiez luthériens. A moins de se faire presbytérien, le clergé épiscopal d'Amérique ne peut mieux faire, dans mon humble opinion, que de suivre l'exemple du premier clergé d'Écosse, aussitôt après la conversion de ce pays au christianisme. Lorsque le roi d'Écosse eut bâti la cathédrale de Saint-André, il demanda au roi de Northumberland de lui prêter ses évêques pour en sacrer un chez lui, afin que son clergé ne fût plus obligé, comme par le passé, d'aller en Northumber-

---

1. Le serment d'allégeance était un serment de fidélité au roi d'Angleterre, chef et protecteur de l'Église anglicane.

land pour recevoir l'ordre de la prêtrise. La requête fut refusée ; le clergé s'assembla dans la cathédrale, et, après avoir placé sur l'autel la mitre, la crosse et les habits d'évêque, il pria le ciel de le diriger dans son choix, et nomma pour évêque un de ses membres. Aussitôt le roi dit à l'élu : « *Levez-vous, allez à l'autel, et recevez votre mission de la main de Dieu.* » Ses frères en Jésus-Christ le conduisirent à l'autel, l'habillèrent, lui mirent la crosse à la main, la mitre sur la tête, et il fut le premier évêque d'Écosse.

Si les îles britanniques venaient à s'engloutir dans la mer (et assurément la surface de ce globe a souffert de plus grandes révolutions), vous adopteriez probablement la méthode du clergé d'Écosse ; si l'on persiste à vous refuser l'ordination, n'est-ce pas la même chose ? Dans une centaine d'années, quand on sera plus éclairé, on s'étonnera que des Américains, appelés par leur savoir et leur piété à instruire leur prochain et à prier pour lui, n'aient pu le faire sans avoir d'abord fait un voyage de six mille milles, aller et retour, pour en obtenir, à Cantorbéry, la permission d'un vieux fantasque qui, si je dois vous en croire, paraît avoir aussi peu d'égards pour les âmes des habitants de Maryland, qu'en avait pour celles des Virginiens, Seymour, attorney général du roi Guillaume. Le révérend commissaire Blair, ayant formé le projet d'établir un collège dans sa province, s'était rendu en Angleterre pour solliciter des fonds et une charte d'établissement. Blair raconte qu'en l'absence du roi, la reine donna ordre à Seymour de dresser la charte qu'elle voulait accompagner d'une somme de 2000 livres sterling. Seymour s'y opposa, en disant que la nation était engagée dans une guerre ruineuse, qu'on avait besoin d'argent pour faire face à des dépenses plus utiles, et qu'il ne voyait pas la moindre nécessité de fonder un collège en Virginie. Blair lui représenta que son intention était d'élever des jeunes gens, pour en faire des ministres de l'Évangile, et que la colonie en avait grand besoin ; il pria M. l'attorney général de considérer que les habitants de la Virginie avaient des âmes à sauver aussi bien que le peuple d'Angleterre. *Des âmes!* reprit Seymour. *Que le diable emporte vos âmes!!! Plantez du tabac.*

J'ai l'honneur d'être, messieurs, votre, etc.   B. F.

A WILLIAM FRANKLIN.

Passy, 16 août 1784.

Cher fils,

J'ai reçu votre lettre du 22 juillet; je suis charmé de voir que vous désirez ranimer le commerce d'affection, qui autrefois existait entre nous. Cela me sera fort agréable; rien ne m'a plus blessé, rien ne m'a fait éprouver des sensations plus pénibles, que de me voir abandonné dans ma vieillesse par mon seul fils. Et non-seulement il m'abandonnait, mais je le trouvais en face de moi, portant les armes contre une cause où ma réputation, ma fortune et ma vie étaient en jeu. Vous avez cru, dites-vous, que votre devoir envers le roi, et votre amour pour la patrie vous commandaient d'en agir ainsi[1]. Je n'ai point le droit de vous blâmer parce que vous n'avez point partagé mes sentiments politiques. Hommes, nous sommes tous sujets à l'erreur. Nos opinions ne sont pas en notre puissance; inspirées et gouvernées par les circonstances, elles sont souvent aussi inexplicables qu'elles sont irrésistibles. Votre situation était telle que peu de gens vous auraient blâmé de rester neutre, quoiqu'il y ait des devoirs naturels qui précèdent les devoirs politiques, et que ces derniers ne peuvent anéantir.

---

1. On se rappelle que William Franklin, gouverneur de la Nouvelle-Jersey, avait pris le parti des *tories* ou royalistes en Amérique et avait été obligé de se retirer en Angleterre.

Ce sujet est pénible. Je le quitte. Comme vous le proposez, nous essayerons tous deux d'oublier ce passé, du mieux que nous pourrons. Je vous envoie votre fils pour vous rendre ses devoirs. Vous le trouverez fort changé à son avantage. Il est fort estimé et fort aimé en France, et fera son chemin partout. Mon désir est qu'il étudie le droit; c'est une science nécessaire pour un homme public, et profitable si l'on a occasion de la mettre en pratique. Je vous prie donc de mettre entre les mains de Temple les livres de droit que vous avez : Blakstone, Coke, Bacon, Viner, etc. Temple vous dira qu'il a reçu en bon état la lettre que lui envoyait M. Galloway, et le papier qu'elle contenait.

En quittant l'Amérique j'ai déposé pour vous, chez M. Galloway, une caisse de papiers, parmi lesquels il y avait un manuscrit en neuf ou dix volumes, concernant les manufactures, le commerce et les finances; il m'avait coûté près de soixante-dix guinées en Angleterre. Il y avait aussi huit cahiers contenant le brouillon de toutes les lettres que j'ai écrites durant mon séjour à Londres. Ces objets manquent; j'espère qu'ils sont entre vos mains, sinon ils sont perdus. M. Vaughan a publié à Londres un volume de ce qu'il appelle mes œuvres politiques. Il se propose d'en faire une seconde édition; mais, comme la première était fort incomplète, et que vous avez beaucoup de choses qui ne sont pas dans cette édition (car j'avais l'habitude de vous envoyer les brouillons et quelquefois même un exemplaire de tout ce que j'ai publié à Londres), j'ai dit à M. Vaughan de vous demander ce que vous pourrez lui fournir, ou de différer sa publication jusqu'à ce que je sois de retour au logis, si je dois jamais y revenir.

Je comptais retourner cette année; mais au lieu de m'en donner la permission, le Congrès m'a envoyé un nouveau mandat qui me retiendra ici au moins un an encore, et peut-être alors serai-je trop vieux et trop faible pour supporter le voyage. Je suis ici chez un peuple qui m'aime et me respecte, nation charmante pour y vivre, et peut-être me déciderai-je à y mourir ; car mes amis d'Amérique s'en vont l'un après l'autre, et j'ai été si longtemps absent, que maintenant je serai presque un étranger dans ma patrie.

Je serai charmé de vous voir quand cela vous conviendra ; mais je ne voudrais pas que vous vinssiez à présent. Vous pouvez confier à votre fils les affaires de famille dont vous désirez m'entretenir ; il est discret. Je compte que vous aurez la prudence de ne pas l'introduire dans des compagnies où il ne serait pas convenable qu'on le vit. Il me donnera de vos nouvelles. Après son départ vous pouvez m'écrire en toute sûreté sous le couvert de M. Ferdinand Grand, banquier à Paris. Je vous souhaite la santé et plus de bonheur que vous n'en avez eu, ce semble, dans ces derniers temps. Je suis toujours votre père affectionné.

B. F.

A RICHARD PRICE.

Les Ballons. — La Constitution anglaise.

Passy, 16 août 1784.

Cher ami,

Il y a quelque temps déjà que j'ai répondu à votre aimable lettre du 12 juillet, en vous renvoyant l'épreuve de la lettre de M. Turgot, avec une permission de ses amis pour la faire imprimer[1] ; j'espère qu'elle vous sera parvenue. J'avais reçu auparavant votre lettre du 12 avril qui m'a fait grand plaisir en me donnant de bonnes nouvelles de vous et du docteur Priestley.

La découverte de l'art de voler dans les airs fera certainement époque : on perfectionne chaque jour la construc-

---

1. Cette lettre se trouve dans les *Œuvres* de Turgot. C'est une critique des constitutions d'Amérique.

tion et le gonflement des ballons. Quelques-uns de ces artistes sont partis dernièrement pour l'Angleterre ; vos savants feraient bien de leur demander leurs procédés, ou sinon vous resterez en arrière : ce qui, en fait d'opérations mécaniques, n'est pas habituel aux Anglais[1].

J'espère que les petits différends de notre Société Royale sont apaisés. Personne ne gagne à se quereller, et des discussions sur de simples bagatelles engendrent quelquefois des querelles, quand on ne sait point discuter avec décence : art que personne, dit-on, ne possède mieux que vous et le docteur Priestley.

J'avais l'idée de visiter encore une fois l'Angleterre, pour avoir le grand plaisir d'y revoir mes amis ; mais ma maladie, supportable du reste, s'irrite par le mouvement de la voiture, et je crains les suites d'un semblable voyage ; cependant, je ne suis point encore décidé à y renoncer. Je songe souvent aux soirées agréables que je passais parmi cette excellente collection de braves gens, au *London*, et je voudrais me retrouver encore au milieu d'eux. Qui sait ! peut-être tomberai-je parmi eux, quelque jeudi soir, au moment où l'on m'attendra le moins ? Vous pouvez bien croire quel plaisir j'éprouve à voir le docteur Priestley associé comme moi de l'Académie des sciences, en qualité de membre étranger. J'avais parlé de lui à chaque vacance qui est survenue depuis ma résidence en France : la place n'aura jamais été mieux donnée.

Au moment où vous m'écriviez la lettre à laquelle je réponds aujourd'hui, votre pays était engagé dans la confusion de vos nouvelles élections. Plus je pense à votre constitution, à ses maladies, à sa caducité, plus je crois que

[1]. « A quoi sert cette nouvelle invention des ballons ? dit un dédaigneux personnage. — A quoi sert un nouveau-né, » répondit Franklin.

les énormes émoluments attachés aux places sont un de ses plus grands vices ; tant qu'il durera, je doute que la réforme même de votre représentation puisse guérir les maux que vos factions continuelles ne cessent d'enfanter. Aujourd'hui c'est un point décidé que le ministère doit gouverner le Parlement, et que le Parlement doit faire tout ce que désire le ministère. Il faut donc le corrompre pour acheter son obéissance, et c'est le peuple qui fait les frais de la corruption. Dans un pareil régime, le Parlement me paraît une machine de gouvernement fort coûteuse ; je crains que le peuple, persuadé qu'un autre parlement ne vaudrait pas mieux que celui-ci, ne trouve enfin qu'il pourrait être gouverné par le ministère seul, tout aussi bien et à meilleur marché.

Vos journaux sont remplis de rapports imaginaires sur les troubles d'Amérique ; nous ne savons rien ici de semblable. M. Jefferson, qui arrive à l'instant[1], après avoir traversé tous les États-Unis depuis la Virginie jusqu'à Boston, m'assure que tout y est paisible ; la tranquillité est générale, et le peuple, sauf quelques exceptions insignifiantes, est très-content de son nouveau gouvernement. Ces contes sont, je suppose, inventés pour consoler l'Angleterre et décourager l'émigration. Je pense comme vous que notre révolution est un grand événement qui tournera à l'avantage de l'humanité tout entière. On peut espérer que les lumières dont nous jouissons, lumières qui manquaient aux anciens gouvernements, lors de leur établissement primitif, nous préserveront de leurs erreurs. En ce point les conseils de sages amis peuvent nous faire beaucoup de bien, et ceux que vous avez eu la bonté de nous offrir nous seront, j'en suis sûr, d'une grande utilité.

M. Jay est parti pour l'Amérique, M. Adams arrive à

---

1. Il venait remplacer Franklin, comme ministre plénipotentiaire.

l'instant; je lui dirai votre bon souvenir. Mille remerciments des vœux que vous formez pour ma santé et mon bonheur; je vous les retourne au quadruple, et je suis, etc.

B. F.

A LORD HOWE.

En recevant un exemplaire des Voyages du capitaine Cook envoyé par ordre du roi.

Passy, 18 août 1784.

Mylord,

Je viens de recevoir le très-précieux *Voyage* du capitaine Cook, que votre seigneurie a bien voulu m'envoyer pour me remercier de mon bon vouloir, lorsque je donnai des ordres afin que ce célèbre voyageur fût, lors de son retour en Angleterre, protégé contre toute gêne de nos croiseurs américains. La récompense excède de beaucoup le faible mérite de l'action, je n'ai fait que remplir un devoir envers le genre humain. Je suis très-sensible aux bontés de Sa Majesté; je désire qu'elle daigne accepter l'hommage de ma reconnaissance.

Je suis, mylord, avec le plus grand respect, de votre seigneurie le très-obéissant et très-humble serviteur.

B. F.

A WILLIAM STRAHAN.

Invitation à venir à Passy. — Corruption anglaise. — Congrès américain. — Parlement d'Angleterre. — Général Clarke.

Passy, 19 août 1784.

Cher ami,

J'ai reçu votre bonne lettre du 17 avril. Vous voudrez bien n'attribuer le retard que j'ai mis à y répondre, qu'à ma mauvaise santé et aux affaires, et vous m'excuserez.

J'ai cette lettre sous les yeux; et mon petit-fils, que vous avez vu petit écolier chez M. Elphinston, comptant partir dans un jour ou deux pour Londres, où il va voir son père, je profite de l'occasion pour vous écrire et pour vous demander vos bontés et vos conseils en faveur de ce digne jeune homme.

Vous me pressez beaucoup de venir en Angleterre. Bien des choses m'y engagent; et les communications que vous promettez de me faire ajoutent beaucoup à mon désir. En ce moment cela est impossible; mais quand mon petit-fils reviendra, venez avec lui. Nous traiterons cet article ensemble, et peut-être m'emmènerez-vous avec vous. J'ai un lit à votre service, et je ferai mon possible pour que votre séjour parmi nous vous soit aussi agréable que je suis sûr qu'il le sera pour moi.

Vous n'approuvez pas *la suppression des places salariées, car vous ne voyez pas pourquoi un homme d'État, qui fait bien son devoir, ne serait pas payé de son travail comme tout autre ouvrier.* Accordé : mais pourquoi serait-il plus payé que tout autre ouvrier? Plus faible est le salaire, plus grand est l'honneur. Chez une nation aussi grande, il y a bien des gens assez riches pour pouvoir donner leur temps au public, et je ne doute pas qu'il ne s'y trouve beaucoup d'hommes sages et capables qui prendraient autant de plaisir à gouverner pour rien, qu'ils en prennent à jouer aux échecs pour rien. Ce serait un des plus nobles amusements. Que cette opinion ne soit pas chimérique, le pays où je vis en fournit la preuve; la justice civile et criminelle y est administrée pour rien, et même pour moins que rien, puisque les membres des Parlements achètent leurs charges et ne retirent pas plus de *trois pour cent* de leur argent, par leurs épices et leurs émoluments, tandis que l'intérêt légal est *à cinq*. En fait donc ils donnent deux pour cent pour qu'on leur permette de gouverner, et tout leur temps et leur peine par-dessus le marché.

Ainsi l'*intérêt*, un des motifs qui font désirer les places, n'existant plus, il ne reste que l'*ambition*; et celle-ci étant en quelque façon contrebalancée *par la perte*, vous pouvez facilement imaginer qu'il n'y aura ni factions, ni brigues violentes pour obtenir de semblables places, et qu'on évitera une grande partie des maux que vos factions causent à la patrie, qu'elles ont souvent entraînée dans des guerres et surchargée de dettes qu'on ne peut pas payer.

Je reconnais toute la force de votre plaisanterie sur la vie errante de notre Congrès. Il a le droit de s'assembler *où bon lui semble*, et il en a peut-être abusé. Mais il a deux autres droits qui lui donnent, à mon avis, l'avantage sur votre Parlement; ce sont ceux de s'assembler *quand* et *aussi longtemps* qu'il lui plaît. Il ne peut être dissous au moindre caprice d'un ministre, ou obligé de faire ses paquets, comme cela vous est arrivé l'autre jour, au moment où votre vœu le plus ardent était de rester réunis.

Vous avouez franchement *que la dernière guerre s'est terminée d'une manière tout opposée à votre attente.* Votre attente était mal fondée, car vous ne vouliez pas croire votre vieil ami qui vous répétait qu'avec ces mesures l'Angleterre perdrait ses colonies : c'est ainsi qu'Épictète avertissait en vain son maître qu'il lui casserait la jambe. Vous ajoutiez plutôt foi aux contes qu'on vous débitait sur notre poltronnerie, sur notre faiblesse de corps et d'esprit. Vous souvenez-vous de l'histoire que vous me répétiez, du sergent écossais qui seul avait désarmé et fait prisonniers quarante soldats américains? Elle ressemblait un peu à celle de cet Irlandais qui prétendait avoir pris, à lui seul, cinq ennemis, en les *entourant.* Et cependant, mon ami, malgré votre esprit et votre jugement, vous paraissiez croire à ces folies, parce que vous partagiez l'infatuation générale.

Le mot *général* me rappelle votre général Clarke qui eut l'impudence de dire, chez sir John Pringle et en ma présence, qu'avec mille grenadiers anglais, il irait d'un bout de l'Amérique à l'autre et y châtrerait tous les mâles, partie par force et partie avec un peu de flatterie. Il est clair qu'il nous prenait pour des espèces d'animaux peu supérieurs aux brutes. Le Parlement crut aussi les histoires de je ne sais plus quel autre général, qui dit sottement qu'un Yankee ne *se sentait jamais de courage* [1]. On pensait qu'un Yankee était une sorte de Yahoo [2]. Aussi le Parlement ne jugea-t-il pas convenable de recevoir et de lire dans une assemblée aussi sage les pétitions de pareilles créatures. Quel a été le résultat de cet orgueil monstrueux et de cette insolence? Vous avez d'abord envoyé contre nous de petites armées, les croyant plus que suffisantes pour nous subjuguer, mais vous avez été bientôt forcés d'en envoyer de plus considérables. Partout où celles-ci se sont aventurées à pénétrer dans notre pays, au delà de la protection de leurs vaisseaux, elles ont été ou repoussées et mises en fuite, ou entourées, battues et faites prisonnières. Un planteur américain, qui n'avait jamais vu l'Europe [3], fut choisi par nous pour commander nos troupes, et il l'a fait pendant toute la guerre. Cet homme vous a renvoyé, l'un après l'autre, cinq de vos meilleurs généraux, bafoués, vaincus et perdus, même dans l'esprit de ceux qui les avaient employés.

Le mépris que vous faisiez de notre intelligence, en la comparant à la vôtre, n'a pas semblé beaucoup mieux fondé que l'opinion que vous aviez de notre courage, si

1. *Yankie* est le mot *anglais* ou *english* mal prononcé par les sauvages; il est resté le sobriquet des Américains de la nouvelle Angleterre.
2. Le *Yahoo*, dans les voyages de Gulliver, est un animal impur, qui est esclave du cheval, et qui n'a aucune des qualités de ce noble animal. C'est notre espèce que Swift a peinte sous ces traits odieux.
3. Washington.

l'on en doit juger par ce fait, que dans quelque cour de l'Europe que parût un négociateur Yankee, le sage envoyé anglais, dérouté et furieux, finissait par chercher querelle à vos amis, et s'en retournait chez lui la puce à l'oreille.

Ne croyez pas cependant, mon cher ami, que je sois assez vain pour attribuer nos succès à notre supériorité. Je connais trop les ressorts et les leviers de notre machine, pour ne pas voir que nos moyens humains étaient hors de proportion avec notre entreprise, et que sans la justice de notre cause, et par conséquent sans le secours de la Providence, en qui nous avions foi, nous étions perdus. Si j'avais été jamais un athée, je serais maintenant convaincu de l'existence et du gouvernement d'un Dieu. C'est lui qui abaisse les superbes et qui favorise les humbles. Puissions-nous ne jamais oublier sa bonté pour nous, et lui prouver notre gratitude par notre conduite future.

Laissons ces réflexions sérieuses, et causons en riant, comme de coutume. Je me rappelle qu'un jour que nous nous trouvions ensemble à la Chambre des communes, vous me dîtes que vous ne pensiez pas que deux ouvriers imprimeurs eussent jamais obtenu dans le monde autant de succès que nous en avions eus tous les deux. Vous étiez alors à la tête de votre profession et devîntes bientôt après membre du Parlement. J'étais agent d'un petit nombre de provinces, et j'agis maintenant au nom de toutes. Mais nous nous sommes élevés par des moyens différents. Moi, comme imprimeur républicain, j'ai toujours aimé une *forme bien plane*, ne pouvant souffrir ces lettres qui *dépassent* les autres, et qui portent la tête si haut qu'elles empêchent leurs voisines de paraître. Vous, comme monarchiste, vous avez travaillé sur du papier *couronne* et vous vous en êtes bien trouvé, tandis que je travaillais avec non moins d'avantage sur du *pro patriâ* (un papier, hélas! que souvent on appelle une *marotte*). Nos deux *paquets tiennent bien*, et il me semble que nous ferons chacun une bonne journée.

Quant aux affaires publiques (pour continuer dans le même style), il me semble que les compositeurs de votre *chapelle* ne *comptent pas bien les lignes* de leur copie, et ne s'entendent pas bien en *impositions ;* leurs *formes* sont continuellement dérangées à cause des *bourdons* [1] et des *doublons* qu'il n'est pas facile de corriger. Et je crois qu'ils ont eu tort de laisser de côté quelques *vignettes*, et particulièrement quelques *en-têtes* qui auraient été un ornement et une utilité. Mais courage ! avec une bonne administration, la besogne peut refleurir, et le patron devenir aussi riche qu'aucun de la compagnie.

Pour le dire en passant, l'accroissement rapide et l'extension de la langue anglaise en Amérique doivent devenir très-avantageux aux libraires et aux éditeurs d'Angleterre. Notre population double tous les vingt ans ; c'est là un vaste auditoire qui s'assemble pour les auteurs anglais, anciens, présents et futurs ; ce qui amènera de nombreuses et lucratives éditions de vos meilleurs livres. Je voudrais donc, si j'avais le privilége de quelques-uns de ces ouvrages, et que la chose fût possible, substituer mes droits à ma postérité, car ils augmenteront sans cesse de valeur. Ceci pourrait bien ressembler à un conseil, et cependant je n'ai pas bu de *madère* depuis six mois.

Ce sujet me mène à une autre idée ; vous avez tort de décourager l'émigration des Anglais en Amérique. Dans mon écrit sur la population, je crois avoir prouvé que, loin de diminuer une nation, l'émigration la multiplie. Vous n'aurez pas moins de monde chez vous, parce qu'on ira s'établir au dehors. Comme tout homme arrivant parmi nous, et qui y prend une pièce de terre, devient citoyen, et que, suivant notre constitution, il a une voix dans les élec-

---

[1]. *Bourdon* se dit *out* en anglais, et c'est le nom qu'on donne à ceux qui sont hors du pouvoir ; les *doublons* ou *doubles* font aussi allusion à ceux qui voudraient prendre un rôle déjà occupé.

tions, une part dans le gouvernement du pays, pourquoi rejeteriez-vous ce moyen honorable d'en reprendre possession? Pourquoi abandonner l'Amérique à des étrangers de toute nation et de tout langage, qui, par leur nombre, pourront noyer et étouffer l'anglais, tandis qu'autrement, il sera dans deux siècles le langage le plus répandu du monde, l'espagnol excepté? Il est de fait que les émigrés irlandais et leurs enfants sont maintenant en possession d'une grande partie du territoire, et de tout le gouvernement de la Pensylvanie, puisqu'ils composent la majorité de l'assemblée. Cependant je me rappelle parfaitement avoir vu le premier bâtiment qui amena des Irlandais en Amérique.

Je suis toujours, mon cher ami, votre très-affectionné,

B. F.

A GEORGE WHATLEY.

Principes du commerce. — Enfants trouvés. Lunettes doubles.

Passy, 21 août 1784.

Mon cher et vieil ami,

Je suis honteux d'être resté si longtemps sans répondre à votre aimable lettre du 3 mai 1783. L'indolence de la vieillesse, de fréquentes indispositions et trop d'affaires, voilà mes seules excuses.

Votre excellent petit ouvrage, « les *Principes du commerce,* » est trop peu connu [1]. Auriez-vous la bonté de m'en envoyer un exemplaire par le retour de mon petit-fils, et secrétaire, que je prends la liberté de vous recommander. Je voudrais faire traduire et imprimer ici cet ouvrage. Si votre libraire en a encore des exemplaires en nombre, je

[1]. Franklin avait eu part à cet ouvrage.

serais bien aise qu'il les envoyât en Amérique. Les idées commerciales de notre peuple, quoiqu'elles soient meilleures que celles qui règnent en Europe, ne sont cependant pas aussi bonnes qu'elles devraient être, votre livre peut nous être utile.

Je suis fâché que votre établissement de charité favori[1] n'aille pas aussi bien que vous le désirez. Il tombe en effet, parce que vous n'y pouvez recevoir que soixante enfants dans une année. Ce que vous avez dit à vos confrères au sujet de l'Amérique est très-vrai. Si en Angleterre vous avez tant de peine à placer vos enfants, il semble que votre population est trop forte. Et cependant vous craignez l'émigration. On a fait dernièrement ici une souscription pour encourager et assister les mères qui nourriront leurs enfants, l'usage de les envoyer aux *Enfants-Trouvés* est monté à un excès si monstrueux que, suivant le rapport annuel, cet établissement reçoit presque le tiers des enfants nés à Paris ! La souscription semble réussir; elle fera beaucoup de bien, quoiqu'elle ne puisse remplacer un hospice d'enfants trouvés.

Votre vue doit être encore très-bonne, puisque vous écrivez aussi fin sans lunettes. Pour moi je ne puis distinguer une lettre même d'un gros caractère; mais j'ai été assez heureux pour inventer des lunettes doubles qui, me servant pour les objets éloignés aussi bien que pour ceux qui sont rapprochés, font que mes yeux me rendent autant de service que jamais. S'il était possible de remédier aussi aisément et à aussi bon marché à tous les défauts et à toutes les infirmités, cela vaudrait la peine pour des amis de vivre beaucoup plus longtemps, mais je regarde la mort comme aussi nécessaire à notre consti-

---

1. Un Hospice d'Enfants-Trouvés.

lution que le sommeil. Nous nous leverons plus frais le lendemain.

Adieu, croyez-moi toujours votre affectionné B. F.

A BENJAMIN VAUGHAN.

Recommandation de Mirabeau.

Passy, 7 septembre 1784.

Mon cher ami,

Cette lettre vous sera remise par le comte de Mirabeau, fils du marquis de ce nom, auteur de *l'Ami des Hommes*. Ce gentilhomme est estimé dans son pays ; je le recommande à votre obligeance, et je vous prie de lui accorder vos conseils, pour l'impression d'un travail qu'il a fait sur la *Noblesse héréditaire*, à l'occasion de l'ordre des Cincinnati que l'on a récemment tenté d'établir en Amérique. Cet écrit ne peut pas s'imprimer en France. Les meilleurs juges en cette matière trouvent cet ouvrage écrit avec beaucoup de clarté, de force et d'élégance ; si vous pouviez recommander le comte de Mirabeau à un éditeur honnête et raisonnable, vous rendriez service à l'auteur et peut-être à l'espèce humaine qui, en beaucoup de pays, ne donne que trop dans ce charlatanisme.

J'avais résolu de ne plus vous fatiguer de recommandations, mais vous trouverez, je crois, que ce gentilhomme possède des talents qui rendent sa connaissance agréable. Avec une sincère estime, etc. B. F.

A THOMAS JEFFERSON.

Les Solliciteurs en France.

Passy, 23 novembre 1784.

Cher monsieur,

Les gens de ce pays sont tellement habitués à voir que tout se fait par sollicitation, ou, comme ils disent, par protection, et que rien ne se fait autrement, qu'ils ont peine à comprendre qu'on puisse obtenir le payement même d'une juste dette, sans avoir l'appui des gens qu'ils supposent assez influents pour soutenir et fortifier leurs prétentions. Nous supposerions naturellement que le moment de demander cet appui ne peut venir qu'après une demande régulière, suivie d'un déni de justice; mais ici on court après vous avec des notes et des mémoires avant même d'avoir présenté un compte au débiteur. C'est ainsi que les créanciers non-seulement d'un État d'Amérique, mais d'un simple marchand fatiguent de leurs pétitions les ministres de France, aussi bien que ceux d'Amérique, requiérant assistance et protection pour qu'on fasse attention à leurs affaires, quand il n'est pas démontré que leur demande ait été rejetée, ni même qu'elle ait été présentée là où elle doit l'être.

Je prends la liberté de vous soumettre les papiers ci-inclus; si vous connaissez l'affaire, si vous pouviez donner au pauvre homme quelque espoir ou quelque conseil, soyez assez bon pour m'en instruire, afin que je puisse mettre votre réponse dans la mienne. Avec une grande et sincère estime, etc. B. F.

A JOHN JAY.

Passy, 8 février 1785.

Cher monsieur,

J'ai reçu, par le marquis de La Fayette, votre bonne lettre du 13 décembre. Elle m'a fait plaisir, sous deux rapports, elle m'informe et de l'état des affaires publiques, et de la santé de votre, j'allais presque dire de notre petite famille; car, depuis que j'ai eu le plaisir de l'avoir près de moi dans la même maison, je n'ai cessé de ressentir pour elle une affection qui ne le céderait pas à celle de plus d'un père.

J'espérais apprendre, par le dernier paquebot, que vous aviez accepté le Secrétariat des affaires étrangères : mais j'ai été désappointé. Je vous écris donc seulement comme à un ami particulier. Cependant, à l'égard des affaires publiques, je crois pouvoir dire (autant qu'il m'est possible de m'en apercevoir) que la Cour de France a toujours le même bon vouloir pour nous. Je désirerais en dire autant des autres Cours de l'Europe. Je crois que leur désir de se lier avec nous par des traités, a fort diminué depuis quelque temps; j'attribue ce refroidissement aux peines que prend l'Angleterre pour nous présenter partout comme déchirés par des divisions, et mécontents de ceux qui nous gouvernent; le peuple refusant de payer les taxes; le Congrès incapable de les lever; et beaucoup de gens désirant la restauration de l'ancien Gouvernement. Les papiers anglais sont remplis de ces contes que les Ministres font insérer dans les journaux étrangers. Les allées et venues perpétuelles du Congrès d'un lieu dans un autre produisent aussi un mauvais effet, en accréditant le bruit que le Congrès craint le peuple. J'espère qu'il se fixera bientôt quelque part, et que par la fermeté et la sagesse de ses mesures, il dissipera tous ces nuages élevés par la rancune et la malice de nos anciens ennemis, et qu'il établira notre réputation de justice et de prudence, comme il l'a déjà fait pour notre courage et notre persévérance.

Je suis fâché que nous n'ayons pas été en état de payer à la France notre première année d'intérêts, échue au commencement du mois dernier. J'espère que cela n'arrivera plus, et qu'on prendra des mesures effectives pour être d'une exactitude ponctuelle. *Le bon payeur*, dit le proverbe, *est de la bourse d'autrui seigneur*. Si le mauvais payeur a jamais un nouveau besoin d'emprunter, il paie cher sa négligence et son injustice.

Vous êtes heureux d'être revenu sain et sauf dans votre pays. Je serais moins malheureux, si je croyais que le retard de mon congé fût utile, ou le moins du monde nécessaire aux États-Unis. Mais ils ne manquent pas de gens capables de faire tout ce que je fais ici. Les traités nouvellement proposés sont ce qu'il y a de plus important; mais deux négociateurs s'en tireront aussi bien que trois, si toutefois on conclut quelque chose; et c'est ce dont je commence à douter; les nouveaux traités font peu de progrès, et les anciens, auxquels il ne manquait plus que le *fiat* du Congrès, paraissent maintenant reculer: je parle de ceux que j'ai projetés avec le Danemark et le Portugal.

Mes petits-fils sont sensibles à l'honneur de votre souvenir; ils vous présentent leurs respects, ainsi qu'à Mme Jay. Je joins mes souhaits aux leurs, et suis, avec estime et affection, cher monsieur, votre, etc.   B. F.

A RICHARD PRICE.

Achat de livres pour la ville de Franklin.

Passy. 18 mars 1785.

Cher ami,

Mon neveu, M. Williams aura l'honneur de vous remettre ces quelques mots. C'est pour vous demander la liste d'un petit nombre de bons livres, les mieux faits pour inculquer les principes d'une saine religion et d'un juste gouvernement. Le prix ne doit pas dépasser vingt-cinq livres sterling. Une nouvelle ville de l'état de Massachusetts m'a fait l'honneur de prendre mon nom[1]; elle avait l'intention de construire un clocher sur la maison commune, si je voulais fournir la cloche; j'ai conseillé aux habitants de faire l'économie du clocher, quant à présent, et de vouloir bien accepter des livres au lieu d'une cloche, le sens valant mieux que le son. Ces livres feront le premier fonds d'une petite bibliothèque paroissiale, à l'usage d'une société de cultivateurs intelligents et respectables, tels que sont en général nos gens de campagne. Sans parler de vos livres qui doivent figurer dans le nombre, je vous prierai d'y joindre sur la recommandation de ma sœur, le discours de Stennett *sur la Religion personnelle*, si toutefois vous le connaissez et si vous l'approuvez.

Avec la plus grande estime, etc. B. F.

1. Il y a aujourd'hui en Amérique cent trente-six comtés. villes ou communes qui portent le nom de Franklin. Sur la carte d'Amérique il n'y a que le nom de Washington et celui de Jackson qui reviennent plus souvent. Parton. t. II, p. 527.

A BENJAMIN VAUGHAN.

Manufactures. — Livres.

Passy, 21 avril 1785.

Cher ami,

J'ai reçu par M. Perry votre bonne lettre du 23 mars, ainsi que la seconde bouteille de *Blackrie*[1]. Je vous remercie des soins que vous avez donnés à cet envoi. J'aurais été charmé de pouvoir rendre service à M. Perry, mais il avait déjà placé ses enfants quand il est venu me voir, et il n'est resté que quelques minutes avec moi.

Les débats du Parlement, les journaux et les brochures retentissent du tort que causeront aux *manufacturiers* anglais les concessions faites à l'Irlande ; on ne parle pas plus du *peuple* anglais que s'il était tout à fait étranger à la question. Mais si les Irlandais peuvent fabriquer des étoffes de coton et de soie, des toiles, de la coutellerie, des jouets d'enfants, des livres, etc., etc., de manière à les vendre meilleur marché en Angleterre que ne le font les *manufacturiers* anglais, est-ce que ce ne sera pas un avantage pour le *peuple* d'Angleterre qui ne fabrique pas ? Les manufacturiers eux-mêmes n'auront-ils pas leur part dans ce bénéfice ? Si le prix des étoffes de coton diminue, tous les autres manufacturiers qui portent du coton profiteront de cette diminution, et ainsi des autres articles. Si l'on peut tirer d'Irlande des livres à beaucoup meilleur compte (ce que je crois, car j'y ai acheté un Blackstone pour vingt-quatre shillings, tandis qu'on le vendait quatre guinées en Angleterre), ne sera-ce point là un avantage, non pas à la vérité pour les libraires anglais, mais pour les lecteurs anglais et pour l'instruction ?

---

1. Voyez la lettre suivante.

Au reste, de tous les gens qui se plaignent, les libraires sont peut-être les moins dignes de pitié. Le catalogue que vous m'avez envoyé m'étonne par le haut prix de chaque article (prix que l'on prétend être le plus bas); on ne peut ouvrir un nouveau livre sans remarquer l'artifice excessif avec lequel on gonfle une pièce de vers pour en faire une brochure, une brochure pour en faire un *in-octavo*, un *in-octavo* pour en faire un *in-quarto*. Encadrements, lignes de blanc, titres de chapitres, marges énormes, tout cela est employé de telle façon, qu'il semble que la vente du papier soit maintenant l'objet principal, l'impression n'est plus qu'un prétexte. Je vous envoie une page prise dans une comédie nouvelle; de deux en deux lignes il s'en trouve une de blanc. Vous avez, je crois, une loi contre les bouchers qui soufflent le veau pour le faire paraître plus gras; pourquoi n'en ferait-on pas une contre les libraires qui soufflent les livres pour les grossir? Tout ceci *pour vous seul;* vous en devinerez facilement la raison.

Mon petit-fils est un peu indisposé; il vous envoie deux brochures, *Figaro* et *le Roi voyageur*. La première est une comédie de Beaumarchais, qui a eu un grand succès ici; l'autre est un tableau de toutes les fautes attribuées au gouvernement de ce pays; quelques-unes sont probablement exagérées. On ne la vend pas publiquement; nous vous en enverrons bientôt d'autres exemplaires.

Veuillez me rappeler respectueusement et affectueusement au souvenir du bon docteur Price. Je suis charmé qu'il ait fait imprimer une traduction du Nouveau-Testament; cela peut faire du bien. Je suis toujours à vous, mon cher ami, et bien sincèrement. B. F.

A JOHN INGENHOUSZ.

Invitation à venir en Amérique. — Calomnies répandues contre les États-Unis.

Passy, 29 avril 1785.

Cher monsieur,

Je vous remercie beaucoup de votre post-scriptum relatif à ma maladie : la pierre. J'ai déjà pris et je prends encore le remède dont vous me parlez, et que l'on nomme *Dissolvant de Blackrie.* C'est un composé de savon noir et d'eau de chaux qui peut, je crois, diminuer les accidents et empêcher la pierre de grossir : c'est tout ce que j'en attends. Ce remède ne trouble pas mon appétit; je dors bien, et je jouis gaiement, à mon ordinaire, de la société de mes amis. Mais comme je ne puis pas faire grand exercice, je mange moins qu'autrefois et je ne bois pas de vin.

Je m'étonne que vous craigniez tant de demander à votre bon maître impérial la permission de faire un voyage pour visiter un ami. Je suis convaincu que vous réussiriez, et j'espère que la proposition que je vous en renouvelle vous donnera le courage de solliciter et d'obtenir cette permission. Si vous veniez bientôt, vous pourriez, pendant votre séjour ici, terminer votre livre, et vous trouver prêt à partir avec moi pour l'Amérique. Au moment où je vous écris, je viens de recevoir du Congrès l'autorisation de retourner, je crois que je serai prêt à m'embarquer vers le milieu de juillet, au plus tard. Je vais être délivré des affaires politiques pour le reste de mes jours. Salut, ô mes chers délassements philosophiques!

Une grande page de votre lettre me fait voir que vous êtes imbu d'étranges idées sur l'Amérique; vous croyez qu'il n'y a ni justice à espérer, ni payement à obtenir dans ce pays; qu'il y existe des projets d'insurrection pour renverser le gouvernement, etc.; qu'un colonel de Virginie, neveu du gouverneur, a escroqué 100 000 livres sterlings à un étranger; et qu'un individu a été emprisonné, seulement pour avoir tenu quelques propos à ce sujet. Autant d'inventions ou de faits présentés sous un faux jour. Si ces choses étaient vraies, tous les étrangers fuiraient un pareil pays, et les négociants aimeraient autant porter leurs marchandises à Newgate[1] qu'en Amérique. Songez un peu aux sommes que l'Angleterre a dépensées pour garder le monopole du commerce de ce peuple qu'elle connaissait bien, et le désir que montre aujourd'hui toute l'Europe d'avoir une part de ce commerce. Nos ports sont remplis de ses vaisseaux; ses marchands vendent et achètent continuellement dans nos rues et s'en retournent avec nos produits. Cela aurait-il lieu, continuerait-on à commercer avec nous, si nous n'étions qu'une troupe de coquins et de misérables, ainsi qu'on vous l'a dit? Quant aux insurrections contre nos gouvernants, elles sont non-seulement invraisemblables, puisqu'ils ont été choisis par le peuple, mais inutiles, puisque, s'ils ne conviennent pas, on peut les changer chaque année par de nouvelles élections.

Je conviens que vous avez de grandes raisons de vous plaindre de X., mais vous avez tort de condamner tout un peuple pour la faute d'un individu. J'ai vu bien des pays, je n'en connais pas un au monde où la justice soit mieux administrée, où la protection et la faveur aient aussi peu d'influence, où les dettes soient recouvrées avec plus de facilité. Si ma patrie ressemblait au portrait qu'on vous en a fait, assurément je n'y retournerais jamais. La vérité est, je crois, qu'on a importé en Amérique, de toutes les parties de l'Europe, plus de marchandises que le pays

---

1. La prison des voleurs à Londres.

ne peut en consommer, et il est naturel que quelques spéculateurs cherchent à décourager ceux qui seraient tentés de les suivre, dans la crainte que les prix ne baissent encore par l'arrivée de nouvelles cargaisons. Il n'est pas non plus improbable que quelques facteurs négligents ou infidèles, envoyés là-bas, auront fait de semblables rapports pour s'excuser de ne pas envoyer de remises. Les Anglais amplifient tout cela, et ils répandent ces faux bruits au dehors par la voie de leurs journaux, afin de dissuader les étrangers d'entrer en concurrence avec eux et de leur disputer notre commerce.

La bienveillante conversation que l'empereur a eue avec vous à mon sujet m'a fait plaisir. Je respecte beaucoup le caractère de ce monarque ; et si j'étais un de ses sujets, je crois qu'il serait content de moi. Je suis bien aise d'apprendre que ses différends avec votre pays semblent devoir s'arranger sans effusion de sang. Le *Courrier de l'Europe* et quelques autres journaux ont imprimé à ce sujet une lettre que l'on m'attribue. Croyez, mon ami, que je ne l'ai point écrite, et que je n'ai jamais eu la présomption de me mêler d'une affaire qui m'est si complétement étrangère.

Votre, etc.   B. F.

AU COMTE DE VERGENNES.

Passy, 3 mai 1785.

Monsieur,

J'ai l'honneur d'informer Votre Excellence que j'ai enfin obtenu et reçu depuis hier la permission du Congrès pour retourner en Amérique. Comme ma maladie me met hors d'état de me présenter à Versailles pour y rendre mes devoirs, oserai-je vous prier, monsieur, d'exprimer respectueusement en mon nom à Sa Majesté le profond sentiment que je garde des bienfaits inestimables que sa bonté a conférés à ma patrie. Imprimer ce sentiment dans l'âme de tous mes compatriotes, ce sera désormais l'affaire du peu qui me reste de vie. Je prie Dieu sincèrement qu'il verse ses bénédictions sur le roi, la reine, leurs enfants et toute la famille royale, jusqu'à la dernière génération !

Permettez-moi en même temps de vous offrir mes remerciments pour la protection et le soutien que vous m'avez donnés à mon arrivée, et pour toutes les faveurs dont vous m'avez comblé durant mon séjour en France; j'en conserverai toujours le souvenir le plus reconnaissant. Mon petit-fils voulait avoir l'honneur de vous présenter cette lettre; mais il est depuis quelque temps malade de la fièvre.

Avec la plus grande estime et le plus grand respect, avec les vœux les plus ardents pour votre bonheur et celui de toute votre aimable famille, je suis, monsieur, de Votre Excellence, le très-obéissant et très-humble serviteur,

B. F.

A MISTRISS MARY HEWSON [1].

Passy, 5 mai 1785.

Ma chère, chère amie,

J'ai reçu votre petit mot de Douvres; il m'a fait grand plaisir en m'apprenant votre heureux retour en Angleterre; j'espère que le reste de votre voyage n'aura pas été moins favorisé.

Vous me parlez d'obligations, quand en fait je suis l'obligé. J'ai passé un long hiver qui m'a paru le plus court de tous ceux que j'ai passés. Tel est l'effet d'une agréable société avec des amis qu'on aime.

J'ai reçu ma permission de retour, et je fais mes prépa-

1. Elle était venue passer l'hiver à Passy, chez Franklin.

ratifs. J'espère partir en juin. Je me promets, ou plutôt je me flatte d'être heureux quand je serai dans mes foyers. Mais quelque bonheur que ce retour puisse me donner, je serais certainement plus heureux si vous veniez me rejoindre, pourvu toutefois que ce changement de pays fût à l'avantage de votre chère petite famille. Quand vous aurez pris votre parti, écrivez-moi un mot afin que je vous prépare une maison aussi près de moi et aussi commode que possible.

Mes voisins commencent à quitter Paris et à s'installer dans leurs maisons de Passy. Ils demandent après vous et sont fâchés que vous soyez partie avant qu'ils aient pu faire votre connaissance. M. le Veillard [1] en particulier m'a dit plusieurs fois, ce que du reste je savais depuis longtemps : *C'est une bien digne femme, cette Mme Hewson, une très-aimable femme.* Je ne vous répéterais pas ces mots s'ils pouvaient vous donner de la vanité ; mais c'est chose impossible, vous avez trop de bon sens.

Souhaitez-moi donc un bon voyage, et quand vous prierez à l'église pour ceux qui voyagent par terre ou par mer, pensez à votre ami toujours dévoué,   B. F.

P. S. Mes tendresses à William, à Thomas, à Éliza ; dites-leur que leur gai bavardage me manque beaucoup. Temple est malade, Benjamin est à Paris ; j'ai trouvé bien *triste* de déjeuner seul, de rester seul, et sans une tasse de thé, le soir.

A JONATHAN WILLIAMS.

Passy, 19 mai 1785.

Les propos sur l'Amérique que vous me rapportez ne

[1]. Un grand ami de Franklin, celui auquel il remit ses mémoires.

m'étonnent point. Les Anglais disent de nous ce qu'ils souhaitent être vrai, mais certainement l'Amérique n'a jamais été dans une situation plus heureuse. Les Anglais nous en veulent et disent de nous toute sorte de mal: mais, malgré tout, nous prospérons. Ceci me rappelle l'histoire d'un facteur, anglican fanatique, qui résidait à Boston quand j'étais enfant. Il avait fait une spéculation sur les oignons du Connecticut et en avait acheté une cargaison, se flattant qu'il la revendrait avec un gros bénéfice ; mais les prix baissèrent, et la marchandise lui resta sur les bras. Il fut singulièrement vexé de son marché, surtout quand il s'aperçut que ses oignons commençaient à *pousser* dans le magasin qu'il en avait rempli. Il les montra un jour à un ami. « Les voilà, dit-il, et ils *poussent!* Chaque matin je les donne au diable ; mais je crois qu'ils sont comme les presbytériens, plus je les maudis, plus ils poussent. » Tout à vous, B. F.

DU COMTE DE VERGENNES A FRANKLIN.

Versailles, 22 mai 1785.

Monsieur,

J'ai appris avec beaucoup de regrets votre retraite et votre prochain départ pour l'Amérique. Vous ne devez pas douter que les regrets que vous laissez seront égaux à la considération dont vous jouissez si justement.

Je puis vous assurer, monsieur, que l'estime que le roi a pour vous ne laisse rien à désirer, et que Sa Majesté apprendra avec une satisfaction réelle que vos concitoyens ont récompensé d'une manière digne de vous les services importants que vous leur avez rendus.

Je vous prie, monsieur, de me garder une place dans votre souvenir, et de ne jamais douter de l'intérêt sincère que je prends à votre bonheur. Cet intérêt est fondé sur les sentiments d'attachement dont je vous ai assuré, et avec lesquels j'ai l'honneur d'être, etc.

De Vergennes.

A GEORGE WHATLEY.

Réflexions morales et philosophiques. — Hospice des enfants-trouvés de Paris. — Les Cincinnati. — Constitution des États-Unis. — Lunettes doubles. — Histoire des trois Groënlandais.

Passy, 23 mai 1785.

Cher vieil ami,

Je vous ai envoyé, il y a quelques jours, mon médaillon. avec quelques lignes seulement, je voulais vous écrire plus au long, j'en ai été empêché par l'arrivée d'un *bavard* qui m'a ennuyé jusqu'au soir : je l'ai supporté : et maintenant c'est votre tour de me supporter : car je *bavarderai* probablement en répondant à votre lettre.

Je ne connais pas le mot d'Alphonse auquel vous faites allusion pour sanctifier la rigidité avec laquelle vous me refusez d'alléguer mon grand âge, comme une excuse de mon peu d'exactitude dans ma correspondance. Quel est ce mot? Vous ne paraissez pas avoir besoin d'une semblable excuse, quoique vous montiez, comme vous dites, vers vos soixante-quinze ans. Mais moi je monte, ou plutôt je tombe sur quatre-vingts ; laissons cette excuse jusqu'à ce que vous ayez atteint cet âge ; peut-être alors en sentirez-vous mieux la force, et jugerez-vous à propos de l'employer pour vous-même.

Je conviens avec vous que la goutte est mauvaise, et que la pierre est pire. Je suis heureux de ne les pas avoir toutes deux en même temps, et je me joins à vous pour demander à Dieu que vous ne connaissiez jamais ni l'une ni l'autre. Mais je crois que l'auteur de l'épitaphe[1] que vous m'avez envoyée s'est un peu trompé quand il dit, en parlant du monde, que, pour lui, *il ne s'inquiéta jamais de ce qu'on dirait, ou pourrait dire du mortel enfermé dans le tombeau.* Il est si naturel à l'homme de désirer que l'on parle bien de lui, vivant ou mort, que je ne suppose pas que l'auteur en question fût tout à fait exempt de ce désir, tout au moins voulait-il passer pour un bel esprit, sans quoi il n'aurait pas pris la peine de laisser après lui une aussi belle épitaphe. N'eût-il pas valu tout autant que le monde eût dit de lui que c'était un honnête homme, et un homme de bien?

J'aime mieux le sentiment qui termine la vieille chanson intitulée « *le Souhait du Vieillard* ». Après avoir désiré une maison bien chaude dans une ville de province, un bon cheval, quelques auteurs choisis, des amis aimables et joyeux, un *pudding* le dimanche, avec de l'ale forte, et une bouteille de Bourgogne, etc., etc., dans des stances séparées qui finissent toutes par ce refrain :

May I govern my passions with absolute sway,
Grow wiser and better as my strength wears away,
Without gout or stone, by a gentle decay[2].

Notre vieillard ajoute :

With a courage undaunted, may I face my last day ;
And when I am gone, may the better sort say :

1. Attribuée à Pope :
        He never cared a pin
What they said or may say of the mortal within.

2. « Puissé-je gouverner mes passions avec un pouvoir absolu, devenir meilleur et plus sage à mesure que je perds mes forces, n'avoir ni goutte ni la pierre, et finir doucement. »

In the morning when sober, in the evening when mellow
He's gone, and has not left behind him his fellow.
For he governed his passions, etc. [1]

Mais à quoi servent nos désirs? Les choses n'en arrivent pas moins comme elles doivent arriver. J'ai chanté mille fois cette *chanson de Souhaits* dans ma jeunesse, et je vois à 80 ans, que les trois choses que je repoussais sont tombées sur moi. J'ai la goutte et la pierre, et je ne suis pas encore maître de toutes mes passions. Je ressemble à la fille dédaigneuse, qui avait juré de n'épouser ni un Ministre, ni un Presbytérien, ni un Irlandais, et qui finit par se marier à un ministre presbytérien et irlandais.

Vous voyez que j'ai quelque raison de souhaiter d'être dans l'autre vie, non pas seulement *aussi bien*, mais un peu mieux que dans celle-ci. Et je l'espère, car, ainsi que votre poëte, *je me fie en Dieu*. J'admire dans ses œuvres l'économie non moins que la sagesse, car il est évident qu'il a épargné le travail et la matière. Par de merveilleux moyens de propagation, il a pourvu à ce que la terre fût continuellement peuplée de plantes et d'animaux sans qu'il eût besoin de recourir à de nouvelles créations. Et par la réduction naturelle des substances composées à leurs éléments originels, éléments qui sont de nouveau employés à former d'autres compositions, il a prévenu la nécessité de créer une nouvelle matière. C'est ainsi que la terre, l'eau, l'air et peut-être le feu, qui réunis forment le bois, redeviennent après sa dissolution, de l'air, de la terre, du feu et de l'eau. Quand je considère que rien n'est

---

1. « Puissé-je avec un courage indompté affronter mon dernier jour; et quand je serai parti, puissent les honnêtes gens répéter: Il est parti; et qu'il fût à jeun le matin, ou un peu humide le soir, il n'a pas laissé son pareil après lui! car il gouvernait ses passions avec un pouvoir absolu, etc. »

anéanti, qu'une goutte d'eau même ne se perd pas, je dis que je ne puis croire à l'annihilation des âmes, ni m'imaginer que Dieu laisse perdre chaque jour des millions d'âmes, toutes faites et qui existent, et se donne la peine continuelle d'en créer de nouvelles. Et comme j'existe en ce moment dans le monde, je crois que sous une forme ou sous une autre, j'existerai toujours ; et malgré tous les inconvénients attachés à la vie humaine, je ne m'opposerai pas à une nouvelle édition de la mienne, en espérant toutefois que les *errata* de la dernière pourront être corrigés.

Je vous renvoie votre état des enfants reçus à l'hospice des Enfants-Trouvés de Paris, depuis 1741 jusqu'à 1755 inclusivement; j'y ai ajouté les années suivantes, jusqu'à 1770. Je n'ai pu obtenir celles qui ont suivi cette époque. J'ai noté en marge l'accroissement progressif, c'est-à-dire comment d'un enfant sur dix, jeté à la charge du public, on en est arrivé à un enfant sur trois! Quinze ans se sont écoulés depuis le dernier compte rendu, et probablement le nombre des enfants-trouvés s'élève aujourd'hui à la moitié des naissances. Est-il bien d'encourager ce défaut monstrueux d'affection naturelle? Un chirurgien, que j'ai rencontré, excusait les femmes de Paris, en disant sérieusement qu'elles ne *pouvaient* pas nourrir, *car*, disait-il, *elles n'ont point de tétons*. Il m'assura que c'était un fait, et m'engagea à observer combien leur poitrine était plate. « Il n'y en a pas plus, disait-il, que sur le dessus de ma main. » J'ai réfléchi, depuis, qu'il y avait peut-être quelque vérité dans son observation, et qu'il était possible que la nature, voyant que les Parisiennes ne faisaient pas usage de leurs seins, ait cessé de leur en donner. Cependant, depuis que Rousseau a défendu avec une admirable éloquence, le droit que les enfants ont au lait de leur mère, la mode a un peu changé, et quelques dames de qualité nourrissent leurs enfants et ont du lait. Puisse cette mode descendre jusqu'aux classes inférieures, et faire cesser l'abus d'envoyer *aux Enfants trouvés*, les enfants aussitôt qu'ils sont nés, en remarquant simplement que le Roi est plus en état que leurs parents d'en prendre soin.

Je tiens de bonne source que les neuf dixièmes de ces malheureux meurent bientôt dans cet établissement, et l'on dit que c'est un grand soulagement pour l'hospice, parce qu'autrement ses ressources ne seraient pas suffisantes. A l'exception de quelques personnes de qualité dont je viens de parler et de la foule qui a recours aux Enfants-Trouvés, l'usage est ici de prendre des nourrices à la campagne, où elles emmènent et élèvent les enfants. Il y a à Paris un bureau pour examiner la santé des nourrices, et pour leur donner des permis. A certains jours de la semaine, elles viennent par troupes, à Paris, pour y prendre les enfants, et, nous en rencontrons souvent sur la route, des bandes qui s'en retournent dans les villages voisins, chacune d'elles portant un nourrisson dans les bras. Mais les parents qui sont assez humains pour prendre ce parti, ne sont pas toujours en état d'en supporter les frais : les prisons de Paris sont pleines de malheureux pères et de malheureuses mères, détenus pour *mois de nourrice*, quoique ce soit une charité favorite, et qu'on ne saurait trop louer de payer pour ces pauvres prisonniers et de les rendre à la liberté. Je souhaite un bon succès au nouveau projet de secourir les pauvres qui garderont leurs enfants chez eux, parce que je crois qu'il n'y a que peu ou point de nourrices qui vaillent une mère, et que si les parents n'éloignaient pas immédiatement leurs enfants, ils commenceraient à les aimer au bout de quelques jours, ce qui les éperonnerait à travailler davantage pour élever ces petits. C'est au reste un sujet que vous entendez mieux que moi, et je m'arrête, craignant d'en avoir trop dit. Je joins seulement à mes notes une remarque tirée de *l'histoire de* l'*Académie des Sciences*, et qui est très-favorable à l'institution des Enfants-Trouvés.

La banque de Philadelphie marche très-bien. Ce que vous appelez l'institution des Cincinnati n'est pas une institution de notre Gouvernement, c'est une association particulière entre les officiers de notre armée ; le peuple l'a prise en tel dégoût qu'on croit qu'elle tombera. On l'a considérée comme un essai afin d'établir quelque chose de semblable à une noblesse ou une classe héréditaire. Je conviens avec vous qu'on a eu tort ; puis-je ajouter que tous les honneurs *descendants* sont injustes et absurdes ; la gloire des belles actions n'appartient qu'à celui qui les a faites, et de sa nature elle est incommunicable. Si l'on pouvait la transmettre par héritage, elle devrait aussi se partager entre tous les descendants, de sorte que plus la famille serait ancienne et moins il resterait de gloire dans chacune de ses branches, sans parler des chances plus grandes encore d'interruptions malheureuses[1].

Vous ne paraissez pas vous faire une juste idée de notre Constitution. Si le Congrès était un corps permanent, il y aurait plus de raison de craindre de lui accorder du pouvoir. Mais ses membres sont élus annuellement, ils ne peuvent être réélus plus de trois ans de suite, ni plus de trois ans sur sept ; et même chacun d'eux peut être révoqué, dès que ses commettants ne sont plus satisfaits de sa conduite[2]. Ils sont du peuple et rentrent se mêler au peuple, n'ayant pas de prééminence plus durable que les différents grains de sable dans un sablier. Une assemblée de ce genre ne peut pas devenir dangereuse pour la liberté. Ce sont des serviteurs du peuple, chargés de

1. V. la lettre à mistriss Bache, du 26 janvier 1784, dans les *Essais de Morale*, etc.
2. Ces dispositions de la confédération étaient mauvaises, et n'ont point passé dans la Constitution de 1787 qui a fondé l'Union.

faire les affaires du peuple, et d'assurer la prospérité publique ; il leur faut des pouvoirs suffisants, sans quoi ils ne seraient pas à même de remplir leurs devoirs. Ils n'ont pas de forts appointements, mais une simple indemnité journalière à peine égale à leur dépense : aussi comme ils n'ont pas chance d'obtenir de grandes places, d'énormes traitements, ni de grosses pensions, il n'y a chez nous ni intrigue, ni corruption dans les élections.

Je souhaiterais que la Vieille Angleterre fût aussi heureuse dans son gouvernement ; mais c'est ce dont je ne m'aperçois pas. Votre peuple cependant pense que sa Constitution est la meilleure du monde, et il affecte de mépriser la nôtre. Il est toujours agréable d'avoir bonne opinion de soi-même et de tout ce qu'on possède, de croire que sa religion, son roi, sa femme sont les meilleurs des rois, des femmes et des religions. Je me rappelle l'histoire de trois Groënlandais qui avaient voyagé pendant deux ans en Allemagne, en Danemark, en Hollande et en Angleterre, sous la conduite de quelques missionnaires Moraves. Je les vis à Philadelphie en route pour rentrer dans leur pays, et je leur demandai si, après avoir vu combien grâce aux arts la vie des hommes blancs était plus commode, ils ne désiraient pas demeurer avec nous ? Leur réponse fut qu'ils étaient charmés d'avoir vu tant de belles choses, *mais qu'ils préféraient VIVRE dans leur pays ;* lequel pays, pour le dire en passant, n'est composé que de rochers : car les Moraves, qui désiraient y former un jardin pour planter des choux, furent obligés de faire charger de la terre sur leur bâtiment à New-York.

M. Dollond n'a pas été bien informé de la construction de mes lunettes doubles, s'il a dit qu'elles ne pouvaient servir que pour certaines vues. Je crois que l'on reconnaîtra généralement que la convexité d'un verre, à travers lequel une personne voit le plus clair à une distance convenable pour lire, n'est pas celle qui convient pour de grandes distances. J'avais donc autrefois deux paires de lunettes que je changeais au besoin. Par exemple, lorsque je voyage, je lis quelquefois, et j'ai souvent occasion de regarder le paysage. Trouvant ce changement incommode, et souvent trop lent, j'ai fait couper des verres et je les ai réunis par moitié dans le même cercle, de cette façon :

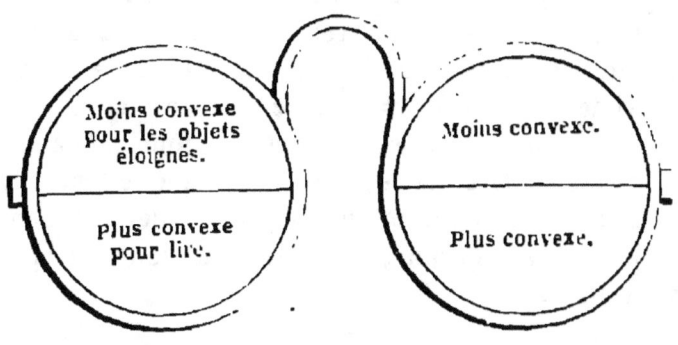

Par ce moyen, comme je porte constamment mes lunettes, je n'ai qu'à lever ou baisser les yeux, suivant que je veux voir de près ou de loin, les verres dont j'ai besoin sont toujours prêts. Cet arrangement me semble encore plus commode depuis que je suis en France, car les verres qui me servent le mieux à table pour voir ce que je mange, n'étant pas les meilleurs pour voir la figure des personnes qui sont vis-à-vis de moi et qui m'adressent la parole, je puis, au moyen des autres, saisir les traits des gens qui me parlent ; ce qui aide beaucoup à comprendre, quand l'oreille n'est pas habituée aux sons d'une langue étrangère ; si bien que j'entends mieux le français grâce à mes lunettes.

Le traducteur que j'avais en vue pour votre écrit, et qui est le seul qui entende le *sujet* aussi bien que les deux langues (ce qu'un traducteur doit être en état de faire pour que sa traduction soit bonne), est à présent occupé d'une affaire qui l'empêche d'entreprendre celle-ci, mais ce sera bientôt terminé. Je vous remercie des notes ; je serais bien aise d'avoir un second exemplaire des brochures.

Nous serons toujours prêts à recevoir vos enfants, quand vous nous les enverrez. Une chose m'étonne. Puisque Londres attire et consomme un si grand nombre de gens de la campagne, pourquoi la campagne ne recevrait-elle pas les enfants dont vous pouvez disposer, afin de réparer ses pertes? Ce fait, ainsi que la multitude d'hommes qui échangent volontairement leur liberté contre un peu d'argent, pour servir, soit à temps comme laquais, soit à vie comme soldats, me semble prouver que votre île est trop peuplée. Et pourtant elle a peur de l'émigration !

Adieu, mon cher ami ; croyez-moi toujours, avec affection, votre, etc. B. F.

A M....

Pour le dissuader de passer la Manche en ballon.

Passy, 20 juin 1785.

Cher monsieur,

Je viens de recevoir la seule de vos lettres qui m'ait fait de la peine. Elle m'annonce votre projet de passer en Angleterre dans la nacelle d'un ballon. Dans l'état imparfait de cette invention, je crois qu'il est beaucoup trop tôt pour hasarder un voyage aussi long. Ici, ceux qui ont quelque expérience disent qu'ils n'ont pas encore trouvé le moyen de maintenir un ballon en l'air plus de deux heures. En lâchant de l'air pour empêcher le ballon de s'élever trop haut et de crever, en jetant du lest pour ne pas descendre trop bas, on a bientôt épuisé les moyens de régler la marche du ballon. En outre l'action et le jeu des soupapes, etc., n'est pas encore bien connu, et il est difficile d'éviter un danger imprévu. Car, mercredi dernier, M. Pilâtre du Rozier qui a étudié le sujet autant que personne, a perdu son support en l'air, par la rupture de son ballon, ou par quelque autre cause qu'on ne connait pas; et il est tombé avec son compagnon[1] d'une hauteur de mille toises sur les roches de la côte; on les a trouvés tous deux écrasés en morceaux.

Vous avez vécu une bonne vie, vous ne craignez pas la mort. Mais pardonnez à l'inquiète liberté d'un ami, s'il vous dit que la durée de votre vie importe à votre famille et à votre pays; il serait beau de la risquer dans leur intérêt, mais vous n'avez pas le droit de la risquer pour une fantaisie. Je prie Dieu que cette lettre vous parvienne à temps, et contribue à changer votre dessein; étant toujours, mon cher ami, votre affectionné. B. F.

A FRANCIS MAZÈRES.

*Situation de l'Amérique. — Les loyalistes. —
La Confiscation.*

Passy, 26 juin 1785.

Monsieur,

Je viens de recevoir votre lettre amicale du 20 courant. Je partage entièrement votre opinion. Quoique la querelle entre nos deux pays leur ait fait beaucoup de mal à tous deux, cependant je crois que la séparation qui l'a suivie est plus avantageuse, même pour l'Angleterre, que ne l'eût été un succès. Pour nous réduire et nous tenir asservis au moyen d'une force armée, il vous en aurait plus coûté que n'eût valu cette domination; et notre esclavage aurait amené le vôtre. L'ancien système de l'Empire britannique était excellent: on permettait aux colonies de se

---

1. Le marquis d'Arlandes.

gouverner et de se taxer elles-mêmes. Si l'on eût continué cette sage politique, il est difficile d'imaginer à quel degré de puissance et d'importance dans le monde cet empire se serait élevé. Territoire, agriculture, commerce, arts, population, tous ces éléments d'une grandeur toujours croissante, se trouvaient en lui, et par conséquent à sa disposition.

Je regardais ce système comme un grand et magnifique vase de porcelaine; j'ai déploré les mesures qui menaçaient de le briser; j'ai lutté pour les prévenir, car, une fois brisé je ne voyais aucune chance de le réparer jamais. Mes efforts n'ont pas réussi; nous sommes brisés, chaque partie de l'empire doit maintenant se tirer d'affaire elle-même et du mieux qu'elle pourra. Quoique séparés, nous pouvons encore prospérer. J'ai de grandes espérances pour nous, et des vœux sincères pour vous. L'anarchie et la confusion dont vous parlez, et que l'on prétend régner parmi nous, n'existe que dans vos gazettes. J'ai des rapports certains qui m'assurent qu'aucun peuple n'a jamais été mieux gouverné, ni plus content de sa Constitution et de son gouvernement particulier, que ne le sont aujourd'hui les treize États d'Amérique.

Un peu de réflexion doit convaincre tout homme sensé qu'un gouvernement, dont les membres sont choisis chaque année par le libre vote des gouvernés, et peuvent être révoqués du moment que leur conduite déplaît à ces commettants, ne saurait être tyrannique, comme le disent vos *Loyalistes,* eux qui en même temps, par une inconséquence extrême, désirent retourner et vivre sous nos lois. Chez un peuple intelligent et éclairé, comme est le nôtre, il y aura toujours pour soutenir un bon gouvernement et les lois, un parti trop nombreux et trop fort pour souffrir ce qu'on nomme l'anarchie. Ces détails sur notre situation doivent plaire à votre philanthropie; c'est pourquoi je vous les donne.

Mais nos sentiments diffèrent un peu en ce qui touche les *loyalistes* (comme ils s'appellent eux-mêmes) et la conduite que l'Amérique tient envers eux. Cette conduite *vous paraît dictée par un esprit de vengeance, tandis qu'il aurait été plus conforme à la politique et à la justice de leur rendre leurs biens, après qu'ils auraient prêté serment de fidélité au nouveau Gouvernement.* » Il ne serait pas étonnant que ceux qui ont vu, il y a si peu de temps, détruire leurs maisons, leurs fermes et leurs villes, qui ont vu scalper leurs parents, sous la conduite de ces loyalistes, conservassent encore quelque ressentiment dans le fond du cœur; mais je crois que l'opposition que beaucoup de gens font au retour des Loyalistes parmi nous, tient à la ferme persuasion où ils sont que l'on ne pourrait se fier aux serments de ces hommes, et qu'en les recevant, on ouvrirait la porte à cette anarchie et à cette confusion qu'ils nous reprochent faussement. L'exemple même que vous nous citez de la République d'Angleterre restituant les biens des royalistes, après la victoire, est bien plutôt fait pour nous porter à en agir différemment : car, si la puissance que donne toujours la propriété, n'avait pas été rendue aux royalistes, si la confiscation de leurs biens et le bannissement de leurs personnes avaient été maintenus, ils n'auraient pu contribuer. autant qu'ils l'ont fait, à la restauration de la royauté, et la république aurait peut-être été plus durable[1].

Le plus grand nombre des exemples qu'offre votre histoire sont en faveur de mon opinion. Tous les biens-fonds de l'Angleterre et du midi de l'Écosse, et la plupart

---

1. On trouvera dans les écrits de Washington la même sévérité à l'endroit des loyalistes, et la même justification de la confiscation; mais, quels que soit notre admiration et notre respect pour des hommes tels que Washington et Franklin, nous ne craindrons pas de dire qu'en défendant la confiscation, ils ont été aveuglés par les préjugés de leur siècle et par la passion du moment. L'abolition de la confiscation est la gloire des temps modernes.

de ceux que possèdent les descendants des Anglais en Irlande, proviennent d'anciennes confiscations faites sur les Calédoniens et les Bretons, premiers propriétaires de votre île, ou sur les naturels Irlandais, dans le dernier siècle seulement[1]. Il n'y a que peu de mois que votre Parlement a annulé un petit nombre des confiscations prononcées à la suite d'une rébellion, étouffée il y a quarante ans. La guerre que vous nous avez faite a commencé par un acte du Parlement, qui déclara tous nos biens confisqués; et probablement un des grands motifs de la *loyauté* des royalistes a été l'espoir de prendre part à ces confiscations. Ils ont engagé une forte partie, et joué leurs biens contre les nôtres; ils ont perdu: mais leur jeu était plus sûr, puisqu'en cas de perte, ils avaient la promesse d'être indemnisés par votre Gouvernement, et je vois que votre Parlement est sur le point de remplir cette promesse. A cela je n'ai point d'objection; les loyalistes sont nos ennemis, mais ce sont des hommes; ils sont dans le besoin, et je pense qu'un assassin gagé a droit, lui-même, à l'argent que lui a promis celui qui l'emploie. Il semble donc plus naturel que le payement de ceux-ci tombe à la charge du gouvernement qui les a encouragés à faire le mal, plutôt que sur nous qui en avons souffert; les biens confisqués ne pouvant nous offrir qu'une faible compensation du mal qu'on nous a fait. Il n'est donc pas évident qu'il soit injuste à nous de retenir ces propriétés.

J'ai indiqué plus haut que le nom des *loyalistes* avait été

---

c'est elle qui a ôté aux révolutions leur aiguillon. Si la confiscation avait été repoussée par l'opinion en 1793, on n'eût pas dressé l'échafaud dans Paris, on n'eût pas *battu monnaie* sur la place de la Révolution. C'est la Restauration à qui nous devons ce bienfait. L'empereur, même en 1815, ne voulut pas renoncer à la confiscation.

1. De pareils exemples auraient dû faire trembler Franklin au lieu de le fortifier dans son erreur.

pris assez improprement par ces hommes. Ils pourraient peut être s'appeler *royalistes;* mais les vrais *loyalistes* sont ces Américains, contre lesquels ils ont combattu. Aucun peuple n'a jamais été plus véritablement et plus unanimement *loyal* envers son souverain. La succession protestante dans la maison de Hanovre, c'était son idolâtrie. On n'aurait pas trouvé un *jacobite* d'un bout à l'autre des colonies. Les Américains aimaient le peuple d'Angleterre, ils s'empressaient à le soutenir dans ses guerres, par des contributions volontaires d'hommes et d'argent, au delà même de ce qu'ils devaient. Le Roi et le Parlement l'ont souvent avoué dans des messages, des résolutions et des bills de remboursement. Mais les Américains n'étaient pas moins jaloux de ce qu'ils estimaient leurs droits; s'ils ont résisté, quand on a voulu y porter atteinte, c'était pour défendre une Constitution britannique, dont tout Anglais pouvait partager les bienfaits, en venant vivre parmi eux. Résister à des impôts arbitraires qui blessaient le droit commun, leurs constitutions fondamentales, l'ancien et constant usage, c'était combattre en faveur des libertés de l'Angleterre; elles étaient compromises si l'on réussissait à détruire les nôtres. Aussi, un grand homme[1] n'a-t-il pas craint de déclarer dans votre Parlement qu'*il se réjouissait que l'Amérique eût résisté.* Et moi, par la même raison, je puis ajouter cette résistance aux autres preuves qu'ils ont données de leur loyauté. J'ai déjà dit que je croyais juste que les Américains qui ont fait la guerre dans vos rangs contre leur propre pays fussent récompensés par vous; mais si jamais l'honnêteté pouvait se trouver en opposition avec la politique, ce serait dans ce cas.

Je suis, etc. B. F.

1. Le premier Lord Chatham.

A MISTRISS MARY HEWSON.

Passy, 4 juillet 1785.

Chère amie,

Par ce courrier j'ai donné l'ordre de retenir un beau navire, qui est en ce moment à Londres, et qui va me mener à Philadelphie, moi et les miens. Mon bagage est déjà sur la Seine, en route pour le Havre ; là si le capitaine ne peut nous prendre, nous traverserons le canal, et nous irons rejoindre le vaisseau à Cowes, dans l'île de Wight. Le navire a une cabine large et commode avec de bonnes chambres. Tout est à ma disposition, et il y a abondance de place pour vous et les vôtres. Si votre intention est de passer en Amérique, vous n'aurez jamais de plus belle occasion. Pensez-y, et prenez votre parti, en me croyant toujours votre ami dévoué. B. F.

P. S. Amitié aux chers enfants. Si M. Williams est à Londres, il vous donnera des détails. Sinon adressez-vous à Wallace, Johnson et Muir marchands à Londres ; on vous donnera leur adresse au Pensylvania Coffee House, Birchin Lane. Le vaisseau sera à Cowes le 1er août.

A GRANVILLE SHARP.

Droit de Gavelkind. — Élection des évêques. — Abrégé de la Liturgie.

Passy, 5 juillet 1785.

Cher monsieur,

J'ai reçu les livres que vous avez eu la bonté de m'envoyer par M. Drown. Veuillez recevoir tous mes remerciments. Je lis toujours avec plaisir vos écrits qui ont toujours pour objet le bien public. Je suis tout à fait de votre opinion sur le droit salutaire de *Gavelkind*[1] et j'espère qu'avec le temps il sera établi dans toute l'Amérique. Déjà dans six États les biens des intestats sont partagés également entre tous les enfants, si ce sont des filles ; mais l'on accorde double part au fils aîné : pourquoi ? Je n'en vois pas la raison ; on pourrait la donner aussi bien à la fille aînée : quant à moi, je n'approuve aucune de ces distinctions. Pendant mon séjour en France, j'ai vu plusieurs de nos aînés dissiper follement leur fortune en Europe, et négliger leur propre pays. Ces jeunes gens sortent du sud. Ceux du nord restent chez eux, et sont des citoyens aussi industrieux qu'utiles ; un partage plus égal de la fortune paternelle ne leur permet pas de courir les pays étrangers et d'y dépenser leurs biens : ce qui vaut beaucoup mieux pour leur patrie.

J'aime votre morceau sur l'élection des évêques. On trouve dans les *Chroniques* d'Holinshed, dont la dernière partie regarde l'Écosse, un fait qui prouve (si ma mémoire ne me trompe) que le premier évêque de ce pays fut nommé par le clergé. J'ai cité ce fait, il y a quelque temps, en écrivant à deux jeunes gens[2] qui me demandaient conseil à propos de l'ordination que les évêques d'Angleterre leur refusaient, à moins qu'ils ne prêtassent serment d'allégeance au roi. Je leur ai dit, je crois, que que si on ne nous envoyait un évêque avec pouvoir d'en consacrer d'autres, de façon à ce que nous n'ayions plus besoin de nous adresser à l'Angleterre pour l'ordination, nous pourrions bien, après la lecture de votre écrit, nous décider à faire nous-même l'élection.

La liturgie, dont vous me parlez, était un abrégé fait

1. Le *Gavelkind* qui existe dans le pays de Galles et quelques comtés d'Angleterre établit le partage égal des biens entre les enfants.
2. Voyez la lettre à MM. Weems et Gant, en date du 19 juillet 1784.

par un noble lord de ma connaissance, qui me pria de l'aider, en me chargeant du reste de l'ouvrage, c'est-à-dire du Catéchisme et des Psaumes[1]. J'abrégeai le premier que je réduisis aux deux seules questions : *Quels sont vos devoirs envers Dieu? Quels sont vos devoirs envers votre prochain?* avec les réponses. J'abrégeai aussi beaucoup les Psaumes par la suppression des répétitions (j'en trouvai beaucoup plus que je n'aurais pu l'imaginer), et aussi par le retranchement des imprécations qui me parurent peu conformes à la doctrine chrétienne, qui ordonne de pardonner les injures et de faire du bien à ses ennemis. Le livre fut imprimé par Wilkie, Saint-Paul's Church-Yard, mais on y fit peu d'attention. On en donna quelques exemplaires, on en vendit un très-petit nombre, et je suppose que la masse de l'édition a été mise au vieux papier. On avait tellement réduit les prières qu'il était difficile d'espérer une approbation; mais je pense avec vous qu'un abrégé modéré serait non-seulement utile, mais généralement agréable.

Je suis sur le point de partir pour l'Amérique, où je serai charmé de recevoir quelquefois de vos nouvelles. Croyez, cher monsieur, à la sincère estime de votre, etc.

B. F.

A DAVID HARTLEY.

Passy, 5 juillet 1785.

Je ne puis quitter les côtes d'Europe sans prendre congé de mon ami toujours cher, M. Hartley. Nous avons longtemps travaillé ensemble à la meilleure de toutes les œuvres, l'œuvre de la paix. Je vous laisse encore à la beso-

1. Le livre parut en 1773 sous le titre de *Abridgement of the Book of Common prayer*, etc. Le noble lord auquel il est fait allusion est Lord le Despencer.

gne, mais, pour moi, j'ai fini ma journée, et je m'en retourne au logis *pour me coucher*. Souhaitez-moi une bonne nuit comme je vous souhaite un bon soir. Adieu, et croyez-moi toujours votre bien dévoué,

B. FRANKLIN,
Dans sa quatre-vingtième année.

A MATHON DE LA COUR.

Passy, 9 juillet 1785.

Monsieur,

J'ai reçu la lettre que vous m'avez fait l'honneur de m'écrire au nom de l'Académie de Lyon. J'accepte avec reconnaissance le titre [1] dont cette savante société a la bonté de m'honorer. Il y longtemps que je connais ses utiles travaux; j'aurais été heureux de vivre et de m'instruire auprès d'elle. Mais, à la veille de mon départ pour l'Amérique, il me faut ajouter ce nouveau regret à tous ceux que la bonté des Français éveille dans mon cœur. Je n'oublierai jamais ce que je leur dois, et encore moins ce que je dois à votre Académie, aux membres de laquelle je vous prie de faire agréer l'hommage de ma reconnaissance.

Je vous remercie de votre Dissertation sur les lois de Lycurgue et de votre *Testament de Fortuné Ricard*. Je connaissais déjà ce dernier ouvrage. Je l'ai lu avec plaisir; il m'a donné une haute idée de son auteur. Je viens de lire votre Dissertation. Si mon approbation pouvait ajouter quelque chose à celle de la célèbre Académie qui vous a décerné le prix, je vous dirais que cette lecture m'a fort intéressé, et que je regrette de n'avoir d'autre prix à

---

1. Franklin avait été nommé à l'unanimité associé de l'Académie des Sciences, Belles-Lettres et Arts de Lyon.

vous offrir que les sentiments d'estime et de respect avec lesquels, monsieur, je suis, etc., B. F.

LE COMTE DE CASTRIES A B. FRANKLIN.

Versailles, 10 juillet 1785.

Monsieur,

Je ne sais que depuis quelques heures les arrangements que vous avez faits pour votre départ. Si j'en avais été informé plus tôt, j'aurais proposé au roi d'ordonner à une frégate de vous reconduire dans votre patrie, d'une façon qui eût répondu à l'importance de vos services, à l'estime que vous avez acquise en France, et à l'estime particulière que Sa Majesté a pour vous.

Je vous prie, monsieur, d'accepter mes regrets, et la nouvelle assurance de la parfaite considération avec laquelle j'ai l'honneur d'être, monsieur, votre très-humble et très-obéissant serviteur, DE CASTRIES.

Cette lettre était accompagnée du portrait du roi encadré dans un double cercle de diamants. Il n'y en avait pas moins de quatre cent huit, d'une valeur de cinquante mille francs[1].

JOURNAL DE VOYAGE.
1785.

Après avoir passé en France près de huit ans et demi, j'ai pris congé de la cour et de mes amis, et me suis mis en route pour retourner dans mon pays le 12 juillet 1785. J'ai quitté Passy avec mes deux petits-fils à quatre heures après midi. Nous sommes arrivés vers huit heures à Saint-

---

1. Parton, t. II, p. 530.

Germain. M. de Chaumont avec sa fille Sophie nous ont accompagnés jusqu'à Nanterre. M. Le Veillard vient avec nous jusqu'au Havre. Nous avons trouvé à Saint-Germain les demoiselles Alexander, avec mistriss Williams, notre cousine, qui m'avait retenu un logement chez M. Benoît. J'ai trouvé que le mouvement de la litière que le duc de Coigny m'avait prêtée ne m'incommodait pas beaucoup. C'est une des litières de la reine, elle est traînée par deux belles mules, avec une autre pour le muletier. M. Le Veillard et mes enfants sont dans une voiture. Nous prenons le thé chez M. Benoît, et nous nous couchons de bonne heure.

Mercredi 13 juillet. Déjeuné avec nos amis; nous prenons congé d'eux et continuons notre voyage. Nous dînons dans une bonne auberge, à Meulan, et arrivons dans la soirée à Mantes. Un messager du cardinal de la Rochefoucauld vient nous y trouver, avec l'invitation de nous arrêter le lendemain à Gaillon. Le cardinal nous avertit qu'il n'acceptera aucune excuse, et qu'étant tout-puissant dans son archevêché, il nous fera rester chez lui bon gré mal gré, et ne souffrira pas que nous logions ailleurs. Nous acceptons. Nous couchons à Mantes. Je me suis trouvé très-peu fatigué de la journée, les mules n'allant qu'au pas.

14 juillet. Nous partons de bonne heure et déjeunons à Vernon. J'y ai reçu la visite du vicomte et de la vicomtesse de Tilly. Nous sommes arrivés chez le cardinal à six heures du soir sans avoir dîné. Le château est ancien et superbe; bâti il y a environ trois cent cinquante ans, mais bien conservé. Il est situé sur une hauteur; la vue y est belle et s'étend au loin sur un pays bien cultivé. Le cardinal est archevêque de Rouen. Une longue galerie contient les portraits de ses prédécesseurs. La chapelle est élégante, dans le vieux style, avec des vitraux bien peints. La terrasse est magnifique. Nous avons soupé de bonne heure.

La réception était aimable et gaie. On nous a permis de nous coucher de bonne heure, notre intention étant de partir le lendemain de grand matin. Le cardinal nous a pressés de passer encore un jour avec lui, et nous a offert de nous donner le plaisir de la chasse dans son parc ; mais la nécessité d'arriver à temps au Havre ne nous a pas permis d'accepter. Nous lui avons donc fait nos adieux et nous nous sommes retirés. Le cardinal est fort respecté et fort aimé par le peuple de ce pays, et jouit, sous tous les rapports, d'une excellente réputation.

15 *juillet*. Partis à cinq heures du matin, nous avons voyagé jusqu'à dix, et, nous arrêtant alors pour déjeuner, nous sommes restés dans l'auberge durant la chaleur du jour. Nous avions appris chez le cardinal que notre ami M. Holker, de Rouen, avait été ce jour-là au-devant de nous jusqu'à Port-Saint-Antoine. Il nous attendait d'après une lettre de M. de Chaumont. Nous avons trouvé un de ses domestiques qui venait s'informer s'il ne nous était pas arrivé quelque accident sur la route, avec ordre de marcher jusqu'à ce qu'il eût des nouvelles. Il a sur-le-champ rebroussé chemin, et nous avons continué notre route. Nous avons traversé une chaîne de montagnes de craie très-hautes, avec des couches de cailloux. L'eau a rongé un des côtés de la montagne, laissant des précipices de plus de trois cents pieds, ce qui donne l'idée d'une extrême antiquité. On dirait que ces lieux ont été battus par la mer. Nous sommes arrivés à Rouen vers cinq heures, et nous avons reçu l'accueil le plus affectueux de M. et de Mme Holker. Il y avait beaucoup de monde au souper qui était notre dîner. Le premier président du Parlement et sa femme nous ont invités à dîner pour le lendemain ; mais étant déjà engagés par M. Holker, nous avons transigé en promettant d'aller prendre le thé. Nous logeons tous chez M. Holker.

16 *juillet*. Une députation de l'Académie de Rouen est

venue me faire ses compliments en cérémonie, un des directeurs m'a fait présent d'un *carré magique*, où il m'a dit, je crois, qu'était mon nom. Je l'ai examiné ensuite, mais je n'y ai rien compris. Le fils du duc de Chabot, qui a récemment épousé une Montmorency, et qui est colonel d'un régiment en garnison à Rouen, s'est trouvé présent à la réception; il était venu me faire visite. J'oublie de dire que j'avais vu avec plaisir, dans le cabinet du cardinal, le portrait de la grand'mère de ce jeune homme, Mme la duchesse d'Enville, qui avait toujours été notre amie, et qui nous avait comblés de politesses à Paris. C'est une dame d'un esprit et d'un mérite peu communs.

J'ai aussi reçu en cadeau du docteur *** trois volumes in-4°, avec une lettre très-polie à laquelle j'ai répondu.

Nous avons eu grande compagnie à dîner; et à six heures je suis allé en chaise à porteur chez le président, où nous avons trouvé une réunion de gens de robe. Nous y avons pris du thé fort mal fait, faute d'habitude, cette boisson est peu en usage en France. Je suis allé me coucher de bonne heure; mais ma compagnie est restée à souper avec un grand nombre d'invités. On les a régalés d'excellente musique.

17 *juillet*. Nous partons de bonne heure. M. Holker nous a accompagnés quelques milles, et nous nous sommes fait très-affectueusement nos adieux. Dîner à Ivetot, grande ville. Nous sommes arrivés à Bolbec après la plus forte journée que nous ayons faite encore. C'est une grosse ville de marché, qui semble prospérer. Le peuple y est bien vêtu et paraît mieux nourri que celui des pays vignobles. Un imprimeur sur étoffes m'a proposé de se rendre en Amérique. Je ne l'y ai point encouragé.

18 *juillet*. Nous avons quitté Bolbec à dix heures et sommes arrivés au Havre à cinq heures après midi, après nous être arrêtés en route dans une méchante auberge pour nous rafraîchir. Nous avons été aimablement reçus par M. et Mme Ruellan. Le gouverneur et quelques autres personnes nous ont fait visite.

19 *juillet*. Nous recevons des visites en forme de l'intendant, du gouverneur ou commandant, des officiers des régiments de Poitou et de Picardie, du corps des ingénieurs, et de M. Limosin.

M. Limosin nous propose plusieurs navires, tous très-chers. Nous attendons le paquebot de Southampton. Dîner chez M. Ruellan, où nous logeons. Je reçois l'affiliation de la loge de Rouen.

20 *juillet*. Je rends les visites. J'en reçois une du *corps de marine*, et une du *corps d'artillerie*. M. Houdon[1] arrive et m'apporte des lettres. Dîner chez M. Limosin. Étaient présents M. et Mme le Mesurier et leurs sœurs, aimables gens d'Aurigny. Je suis fort bien traité par M. Limosin et sa fille. Je rends les dernières visites que j'ai reçues.

Le paquebot arrive. Le capitaine Jennings vient nous voir, nous convenons de notre transport à *Cowes* avec tout notre bagage, pour dix guinées. Nous partirons demain soir.

21 *juillet*. Autre visite du commandant, M. de Villeneuve, qui nous invite à dîner pour demain. Devant partir ce soir, nous ne pouvons pas accepter cet honneur.

Nous dînons avec nos excellents hôtes. Mme Feinès, Mme de Clerval et deux autres dames, ainsi que plusieurs messieurs, font visite à M. Le Veillard.

Le soir, à l'instant où nous comptions nous embarquer, le capitaine du paquebot vient nous dire que le vent est tout à fait contraire, et si violent, qu'il est impossible de sortir. Nous remettons notre départ à demain.

22 *juillet*. Déjeuner. Nous prenons congé de nos amis et

---

1. Houdon, le célèbre sculpteur, partait avec Franklin pour faire la statue de Washington.

nous nous rendons à bord du paquebot à dix heures et demie. Le vent n'est pas très-bon.

23 *juillet*. Lutté toute la nuit contre le vent de nord-ouest, qui nous souffle aux dents. Il a duré jusqu'à deux heures aujourd'hui, puis il est devenu favorable, et nous faisons route. A sept heures du soir nous apercevons la terre; c'est l'*île de Wight*.

24 *juillet*. Bon vent toute la nuit. Ce matin à sept heures, étant à la hauteur de Cowes, le capitaine m'a représenté qu'il serait difficile d'y aborder contre marée; il me propose de gouverner sur *Southampton*. Nous l'avons fait, et nous avons pris terre entre huit et neuf heures du matin. J'y ai trouvé mon fils, qui était arrivé de Londres la veille au soir, avec M. Williams et M. J. Alexander. J'ai écrit à l'évêque de Saint-Asaph pour l'informer de mon arrivée; il est venu nous voir après dîner avec sa femme et miss Kitty, sa fille; ils parlent de demeurer ici avec nous tout le temps que nous y resterons. Notre réunion a été très-affectueuse. J'écris à Londres à MM. W. J. M. et Cie pour leur apprendre notre arrivée; je désire savoir quand le vaisseau mettra à la voile. Écrit aussi à M. B. Vaughan.

25 *juillet*. L'évêque et sa famille logent dans la même auberge que nous, l'*Étoile*; nous déjeunons et dînons tous ensemble. Je suis allé, à midi, prendre un bain chaud d'eau de mer chez Martin. Flottant sur le dos, je me suis laissé aller au sommeil, et j'ai dormi près d'une heure à ma montre, sans m'enfoncer ni me retourner! chose que je n'avais jamais faite, et que j'aurais à peine crue possible. L'eau est le lit le plus doux qu'on puisse avoir. Je prends lecture des actes par lesquels mon fils fait cession à mon petit-fils de ses terres du New-Jersey et de New-York. Écrit à M. Ruellan, M. Limosin, M. Holker et M. Grand. Southampton est un fort joli endroit. Nos deux amis français s'y plaisent fort. L'évêque me donne un livre in-4° écrit par le docteur Paley, la famille dîne avec nous.

plusieurs amis viennent me voir de Londres; l'un d'eux m'apporte, au nom du docteur Lettsom, les œuvres de mon ami le docteur Fothergill, et un livre de M. Gale sur les finances. M. Williams me dit que le navire est descendu à Gravesend le 22; il a pu être dans les Dunes le 24; demain il peut être ici, c'est-à-dire près du Mother-Bank que nous apercevons de Southampton. M. Williams m'apporte une lettre adressée par M. Nepean, secrétaire de lord Townshend, à M. Vaughan, pour l'informer qu'on enverra aux officiers des douanes à Cowes l'ordre de ne pas toucher à nos bagages, etc. Ils sont encore à bord du paquebot qui nous a amenés. M. Alexander nous quitte pour retourner à Londres; je lui remets des lettres pour M. Jackson, les docteurs Jeffries et Lettsom, et pour mon gendre Bache; cette dernière sera expédiée par le paquebot.

26 juillet. Signature des actes entre William Franklin et William-Temple Franklin.

M. Williams, qui m'a apporté diverses choses dont j'ai besoin, les emporte à Cowes pour les embarquer. Le capitaine Jennings descend nos bagages qu'il a apportés du Havre. Mon cher ami, M. Le Veillard, prend congé de moi et part avec le capitaine. M. Vaughan arrive de Londres pour me voir.

27 juillet. J'ai donné à mon fils un pouvoir pour toucher ce qui peut m'être dû par le gouvernement anglais. J. Williams nous annonce l'arrivée du navire.

Nous dînons tous encore une fois avec l'évêque et sa famille, qui acceptent notre invitation de venir avec nous à bord. Nous nous rendons au navire dans une chaloupe. Le capitaine nous donne à souper. Toute notre société passe la nuit à bord.

28 juillet. Quand je me suis éveillé ce matin, ma compagnie était partie, et le bâtiment marchait à pleines voiles.

Pendant la traversée Franklin s'occupa, comme en d'autres voyages, à étudier la température de l'eau de la mer. Il écrivit un essai intitulé : *Quelques vues pour l'amélioration de la navigation*, qu'il adressa à M. Alphonse Le Roy, à Paris, et un autre sur *les cheminées qui fument*, qu'il adressa au docteur Ingenhousz ; il les lut tous deux, un peu plus tard, à la Société philosophique américaine, qui les a insérés dans ses *Transactions*.

Le journal se termine ainsi :

Mardi, 13 septembre. Après un calme, il a venté frais hier soir et ce matin ; au lever du soleil, nous nous sommes trouvés par le travers du phare, entre les caps May et Henlopen. Nous entrons sans peine dans la baie ; l'eau est calme, l'air froid, le jour clair et beau.

Vers le coucher du soleil, nous avons passé Newcastle et nous nous sommes approchés du Red-Bank avant que le flot et le vent ne nous aient manqué ; nous avons alors jeté l'ancre.

Mercredi, 14 septembre. Avec la marée de ce matin s'est élevée une légère brise qui nous a portés au-dessus de la pointe de *Gloucester*, en pleine vue de notre chère *Philadelphie !* Nous avons de nouveau jeté l'ancre pour attendre l'officier de santé, qui, ayant fait sa visite, et n'ayant pas trouvé de malades, nous a permis de descendre à terre. Mon gendre est venu nous chercher avec un bateau, nous avons débarqué sur le quai de Market-street, où nous avons été reçus avec des *hurras* par une foule de peuple, qui nous a accompagnés de ses acclamations jusqu'à ma porte. J'ai trouvé ma famille en bonne santé.

Dieu soit loué et remercié pour toutes ses bontés !

CHAPITRE XV.

Réception de Franklin. — Il est élu président de Pensylvanie, et occupe cet office pendant trois ans. — Il est délégué à la Convention fédérale, pour doter d'une constitution les États-Unis. — Ses discours à la Convention. — Ses comptes. — Sa maladie. — Sa mort. — Hommages rendus à sa mémoire.

Aussitôt que Franklin eut débarqué à Philadelphie, après neuf années d'absence consacrées au service de la patrie, il écrivit les lettres suivantes à M. Jay, ministre des affaires étrangères, et au général Washington.

A JOHN JAY.

Annonce de son retour. — La cour de France.

Philadelphie, 19 septembre 1785.

Monsieur,

J'ai l'honneur de vous informer que j'ai quitté Paris le 12 juillet, et qu'avec la permission du Congrès, je suis revenu dans ma patrie. M. Jefferson avait recouvré la santé; il jouissait en France de l'estime et de la considération générales. Nos lettres officielles vous ont fait connaître nos dernières opérations. Je n'ai rien à y ajouter, si ce n'est que le dernier acte que j'aie fait, comme ministre plénipotentiaire, a été de signer, deux jours avant mon départ, le traité d'amitié et de commerce avec la Prusse, lequel a été porté à la Haye par M. Short, pour être signé en cette ville par le baron Thulemeier, de la part du roi. Ce prince n'a nullement hésité à souscrire aux nombreux articles que l'humanité a dictés au Congrès[1]. M. Short devait aller ensuite à Londres pour y faire signer ce traité à M. Adams, qui a été bien accueilli de la cour d'Angleterre, ainsi que je l'ai appris à Southampton.

Une lettre de vous à M. Adams nous annonçait que le capitaine Lamb apporterait des instructions au sujet de Maroc. Nous ne l'avons pas vu, et nous n'avons pas entendu parler de lui; il n'y a donc eu rien de fait à ce sujet.

J'ai laissé la cour de France dans les dispositions amicales qu'elle n'a cessé de montrer aux États-Unis; cependant elle voit avec peine que nous soutenions si mal notre crédit, en ce qui touche le payement de l'intérêt de nos emprunts; elle pense que cette négligence nous serait extrêmement préjudiciable dans le cas d'une nouvelle guerre, et qu'elle peut même en faire naître une, en offrant à nos ennemis la perspective encourageante qu'un peuple qui paye si mal ses dettes, ne trouvera plus à emprunter. A mon départ, le roi m'a fait présent de son portrait enrichi de diamants; c'est le cadeau d'usage pour les ministres plénipotentiaires qui ont signé des traités avec cette cour; il est à la disposition du Congrès[2], à qui je vous prie de présenter mes respects. Je suis, etc.

---

1. Ces articles réglaient le droit des neutres, et ordonnaient de ménager en pays ennemi, ceux qui ne portent pas les armes.
2. En Amérique l'usage est que tous les cadeaux diplomatiques

P. S. Ne me souciant pas de confier ces cadeaux à un messager ordinaire, je vous les envoie par mon ancien secrétaire (W. Temple Franklin), qui aura l'honneur de vous remettre en même temps les originaux de tous les traités auxquels j'ai pris part, et que j'ai pu conclure. Les traités avec le Portugal et le Danemark sont toujours en suspens.

B. F.

A GEORGE WASHINGTON.

Houdon le sculpteur.

Philadelphie, 20 septembre 1785.

Cher monsieur,

J'arrive d'un pays où la réputation du général Washington est immense, où chacun désire le voir en personne; mais comme on dit aux Français qu'il est peu probable que jamais ils reçoivent sa visite, ils espèrent au moins obtenir une vivante image de sa personne par M. Houdon, leur plus habile statuaire. M. Houdon est convenu avec M. Jefferson et moi, de venir en Amérique, faire un buste pour exécuter ensuite la statue destinée à l'État de Virginie. M. Houdon est ici avec moi; mais les matériaux et les instruments qu'il faisait venir de Paris, par la Seine, n'étant point encore arrivés au Havre quand nous mîmes à la voile, il s'est vu forcé de les laisser en France : il est maintenant occupé à se fournir ici de ce qu'il lui faut. Dès qu'il aura fini, il se propose d'aller vous saluer en Virginie, sachant qu'il n'est pas probable que vous veniez à Philadelphie; j'eusse été cependant bien heureux de trouver cette occasion de vous féliciter de vive voix du succès qui a

---

soient remis au Congrès par les ministres qui les ont reçus. En Europe ces cadeaux sont la propriété du ministre. Franklin garda néanmoins ce portrait, puisqu'il en disposa dans son testament.

couronné les longs et pénibles services que vous avez rendus à votre patrie, et qui nous ont imposé à tous des obligations éternelles.

Je suis avec le respect le plus profond et l'estime la plus sincère, cher monsieur, votre, etc. B. F.

A M. ET MADAME JAY.

Philadelphie, 21 septembre 1785.

Chers amis,

J'ai reçu votre aimable lettre du 16, qui contient des félicitations sur mon heureuse arrivée avec mes petits-fils; cet événement me rend vraiment heureux, car c'est ce que j'ai longtemps et ardemment désiré, ce dont je commençais à désespérer, en voyant augmenter les infirmités de l'âge. Je suis maintenant au sein de ma famille, et j'y trouve quatre nouveaux petits babillards qui grimpent après les genoux de leur grand-papa et me donnent un grand plaisir. L'accueil affectueux que j'ai reçu de mes concitoyens a surpassé de beaucoup mon attente.

J'ai très-bien supporté mon voyage, je trouve même qu'il m'a fait du bien; j'ai donc toute raison de m'applaudir de l'avoir entrepris et achevé. Quand j'étais à Passy, je ne pouvais supporter la voiture; les difficultés et l'ennui de la navigation sur la Seine, pendant une saison aussi sèche, m'ayant détourné de mon projet de la descendre en bateau, j'ai accepté l'offre qu'on m'a faite d'une des litières du roi, portée par de fortes mules, qui malgré la lenteur de leur pas, m'ont fort bien mené jusqu'au Havre. De là j'ai passé en paquebot à Southampton, où j'ai attendu quatre jours que le bâtiment vînt me prendre à Spithead. Plusieurs de mes amis de Londres sont venus me voir, et, entre autres, le bon évêque de Saint-Asaph et sa famille, qui sont restés avec moi jusqu'au dernier moment. Enfin je me porte maintenant assez bien pour croire que je pourrai avoir le plaisir de vous voir encore une fois tous les deux à New-York, ainsi que mes chers jeunes amis (qui, j'espère, ne m'auront pas entièrement oublié). Je présume que je pourrai supporter une voiture douce, sur la route sablonneuse de Burlington à Amboy; le reste du chemin se fait par eau.

Je me réjouis d'apprendre que vous continuez à vous bien porter, et je suis avec une véritable affection, votre, etc. B. F.

GEORGE WASHINGTON A B. FRANKLIN.

Mont-Vernon, 26 septembre 1785.

Cher monsieur,

J'allais remettre à M. Taylor, employé au département des affaires étrangères, la lettre ci-jointe[1], quand j'ai eu l'honneur de recevoir votre lettre du 20 de ce mois. Je suis reconnaissant de la bienveillance que la nation française veut bien me témoigner, et très-sensible aux expressions indulgentes de votre lettre, qui m'honore infiniment.

---

1. Cette lettre est ainsi conçue:

Mont-Vernon, 25 septembre 1785.

Cher monsieur,

Au milieu des félicitations publiques qui accueillent votre heureux retour en Amérique, après une longue absence et les nombreux et éminents services que vous avez rendus à votre pays, services qui pour ma part me font votre obligé, permettez à un particulier de se joindre à la voix publique pour vous exprimer sa reconnaissance, et pour vous assurer que personne n'a plus de respect pour votre caractère, et que personne ne peut vous saluer plus sincèrement, ni avec un plus grand plaisir que je le fais en cette occasion. Avec la plus grande estime, etc.
GEORGE WASHINGTON.

Quand il conviendra à M. Houdon de venir ici, je l'accueillerai de mon mieux, et je m'efforcerai de rendre son séjour aussi agréable que je pourrai le faire. J'aurais un plaisir infini à vous voir. Cependant je n'ose espérer vous voir ici, quoiqu'il me serait doublement agréable de vous entretenir sous mon propre toit. J'ignore quand j'aurai, ou même si j'aurai jamais le plaisir de vous voir à Philadelphie, car ma sortie de la vie publique ne m'a pas procuré tout le loisir et toute la tranquillité qu'on pouvait espérer.

Je suis avec estime, cher monsieur, votre très-obéissant, etc.

G. WASHINGTON.

A DAVID HARTLEY.

Situation de l'Amérique.

Philadelphie, 27 octobre 1785.

Cher monsieur,

J'ai reçu au Havre-de-Grâce six épreuves de votre portrait : je les ai apportées ici avec moi : j'en ferai encadrer une pour la garder dans ma plus belle chambre; j'en enverrai une à M. Jay ; quant aux quatre autres, je les distribuerai à quelques amis qui vous estiment et vous respectent autant que nous le faisons.

Vos journaux sont remplis du récit des infortunes et de la misère dans lesquelles nos États sont plongés depuis leur séparation de la Grande-Bretagne. Vous pouvez m'en croire, quand je vous dis que dans tous ces rapports il n'y a pas la moindre vérité. Je vois, au contraire, que nos biens-fonds ont énormément augmenté de valeur, le prix des maisons de nos villes a tout au moins quadruplé. Les récoltes ont été abondantes, et néanmoins on les vend fort cher, au grand profit du propriétaire. D'un autre côté.

toutes les marchandises importées se vendent à bas prix, quelques-unes même au-dessous du prix de revient. Il y a pour les ouvriers abondance de travail et on les paie fort cher.

Voilà, pour moi, des signes certains de la prospérité publique. Il est vrai que quelques négociants se plaignent que le commerce est mort ; mais ce prétendu mal ne tient pas à ce qu'on ne peut acheter, payer ni consommer les articles ordinaires, il tient seulement à ce qu'il y a trop de marchands qui sont venus en foule de toutes les parties de l'Europe, avec plus de marchandises que la demande naturelle du pays n'en réclame. Ce qu'on appelle en Europe la dette de l'Amérique est surtout la dette que ces spéculateurs et subrécargues ont contractée envers leurs armateurs ; le peuple d'Amérique, qui n'a jamais mieux payé ce dont il a besoin et ce qu'il achète, n'a rien à faire avec ces dettes-là. Quant au contentement que donne aux habitants le changement de gouvernement, il me semble qu'on n'en peut désirer une preuve plus forte que la réception qu'ils m'ont faite. Vous savez la part que j'ai eue à ce changement, et vous voyez dans les journaux les adresses qui de toutes parts ont salué le retour de votre ami dans son pays. Les sentiments qu'expriment ces adresses ont été confirmés hier par le choix qu'ils ont fait de votre ami pour président. Il a été élu à l'unanimité par le conseil et la nouvelle assemblée ; il ne lui a manqué qu'une voix sur soixante dix-sept.

Je me rappelle que vous aimiez à voir les journaux américains. Je vous en envoie quelques-uns ; vous en recevrez régulièrement si vous pouvez m'indiquer un moyen de vous les adresser, sans que vous soyez obligé de payer les frais de port. Avec une estime et un respect inaltérables, je suis, mon cher ami, votre tout dévoué.   B. F.

A MATHON DE LA COUR.

Philadelphie, 16 novembre 1785.

Monsieur,

J'ai reçu la lettre que vous m'avez fait l'honneur de m'écrire le 25 juin passé, ainsi que la collection que vous avez faite des *Comptes rendus de vos contrôleurs généraux*, et votre *Discours sur les moyens d'encourager le patriotisme dans les monarchies*. Le premier ouvrage est précieux, il contient un grand nombre de renseignements utiles. Mais le second m'a particulièrement charmé. Les sentiments en sont délicieusement justes, et ils sont exprimés avec tant de force et de clarté que je suis convaincu que cet écrit, si petit qu'il soit, doit faire grande impression sur l'esprit des princes et des peuples, et par là il fera beaucoup de bien à l'humanité! Veuillez recevoir mes sincères remercîments pour ce double envoi.

Il faut semer le bon grain toutes les fois que nous en avons l'occasion; il y aura toujours quelque grain qui levera. Je vous en donnerai un exemple qui vous fera plaisir. La lecture du *Testament de Fortuné Ricard* a mis dans la tête et dans le cœur d'un citoyen l'idée de laisser deux mille livres sterling à deux villes d'Amérique, afin qu'elles prêtent cet argent, par petites sommes, et à cinq pour cent d'intérêt aux jeunes gens qui commencent les affaires. Les revenus seront accumulés, et au bout de cent ans seront employés en travaux publics, au bénéfice de ces deux villes [1]. Avec grande estime, j'ai l'honneur d'être, monsieur, etc.

B. F.

---

1. Ce citoyen est Franklin. Voyez son testament, dans les *Essais de morale et de politique*.

A ÉDOUARD BANCROFT.

Nouvelle édition des écrits de Francklin.

Philadelphie, 26 novembre 1785.

Cher monsieur,

J'ai reçu votre bonne lettre du 5 septembre, qui m'apprend que M. Dilly a l'intention d'imprimer une nouvelle édition de mes écrits, et qu'il désire que je lui fournisse toutes les additions que je jugerai convenables. En ce moment tous mes papiers et tous mes manuscrits sont tellement mêlés avec d'autres choses, par suite des déménagements soudains, qui ont eu lieu pendant la révolution, que je ne retrouve rien. Mais, comme je viens d'agrandir ma maison, ce qui me donne de la place pour mettre tout en ordre, j'espère que je pourrai bientôt faire ce que demande M. Dilly; mais j'espère aussi que M. Dilly voudra bien s'entendre avec Henry et Johnson. Ces messieurs, qui ont fait la dernière édition, peuvent se croire quelques droits sur mes écrits. Quant à la *Vie* qu'on propose d'écrire, si elle est de la main qui a fourni au docteur Lettsom l'esquisse qu'il m'a envoyée, j'ai peur qu'il s'y trouve plus d'erreurs que vous et moi n'en voulions corriger. D'un autre côté mes amis, MM. Vaughan, M. Le Veillard, M. James de Philadelphie et quelques autres, m'ayant persuadé que cette *Vie*, écrite par moi-même, pourrait servir aux générations à venir, j'ai commencé à l'écrire, et j'espère finir cet hiver; je désire donc qu'on ne donne pas suite aux projets du biographe que propose M. Dilly. Je ne vous en suis pas moins obligé de l'offre aimable que vous me faites de corriger cette biographie.

Quant aux affaires publiques, il y a longtemps que j'ai abandonné tout espoir de faire un traité de commerce avec la Grande-Bretagne ; je crois que sans un traité nous

nous tirerons d'affaire, tout aussi bien, sinon mieux qu'elle. Nos moissons sont abondantes, nos produits obtiennent un prix élevé en argent comptant; il y a de toutes parts des signes incontestables de prospérité publique. Il est vrai que nous découvrons quelques erreurs dans notre constitution générale et dans nos constitutions particulières; cela n'est pas étonnant si l'on considère en quel temps elles ont été faites. Mais nous les corrigerons bientôt. Les petits désordres que quelques têtes folles ont excités dans certains États, s'apaisent et seront bientôt étouffés. Mes meilleurs vœux vous suivent ainsi que ceux de ma famille. Nous serons heureux de vous voir ici, quand il vous conviendra de nous faire visite ; je suis, etc.   B. F.

A JAMES BOWDOIN.

Passage en ballon d'Angleterre en France par le docteur Jeffries.

Philadelphie, 1ᵉʳ janvier 1786.

Mon cher ami,

J'ai eu grand plaisir à recevoir votre bonne lettre de félicitations; elle m'a prouvé que tous mes vieux amis de Boston ne s'étaient pas éloignés de moi malgré les calomnies qu'on a répandues sur ma conduite ; un des plus estimés m'a gardé son affection. Vous êtes maintenant presque le seul ami que m'ait laissé la nature ; car depuis que nous nous sommes vus, la mort m'a enlevé mes chers amis Cooper, Winthrop, et Quincy.

Il y a quelques semaines je vous ai envoyé par M. Gerry, le récit que le docteur Jeffries a fait de son voyage aérien d'Angleterre en France. Je l'ai reçu au moment de mon départ. Dans la lettre qui accompagnait cet envoi, Jeffries me priait de ne point laisser imprimer ce récit, parce qu'il en avait remis une copie à sir Joseph Banks, pour la lire en novembre à la Société royale. Si la Société ne le publie pas, ce qui pourra bien être, car jusqu'à présent elle a évité de se mêler de la question des ballons, je vous serais obligé de me renvoyer l'original. En attendant, ce récit pourra vous amuser, vous et votre société. Ma connaissance avec le docteur Jeffries a commencé par la visite qu'il m'a faite en m'apportant la première lettre, qui d'Angleterre en France soit venue en l'air.

Je vous souhaite ainsi qu'à la bonne Mme Bowdoin un heureux nouvel an, accompagné de beaucoup d'autres, et j'ai l'honneur d'être, cher monsieur, etc.   B. F.

A JANE MECOM.

Philadelphie 24 janvier 1786.

Votre lettre à M. V.... me semble convenable et bien écrite ; je crois qu'il avait tort de retenir les cinq dollars. Mais en considérant que la loi ne l'obligeait point de payer une dette contractée par son fils, nous devons être heureux de ce que nous avons reçu. Songez en outre qu'il vous a payé en silence, tandis que l'usage commun est de payer l'intérêt des vieilles dettes en l'accompagnant de méchants propos. C'est une famille avec laquelle j'ai été autrefois lié d'amitié, je ne voudrais pas que vous l'importunassiez de nouvelles demandes.

Je ne m'étonne pas que vous me blâmiez d'accepter le gouvernement de mon pays. Nous avons tous assez de sagesse pour juger de ce que les autres devraient ou ne devraient pas faire ; et il est possible que je ne vous blâmasse pas moins si vous acceptiez la main d'un jeune mari[1]. Mon exemple doit vous apprendre à ne pas trop vous fier à votre

---

1. Jane Mecom avait soixante quinze ans.

propre sagesse, comme il m'enseigne à ne pas être surpris d'un tel événement, si jamais il vous arrive. B. F.

A JONATHAN SHIPLEY.

Progrès du gouvernement américain. — Franklin en famille.

Philadelphie, 24 février 1786.

Cher ami,

J'ai reçu dernièrement votre bonne lettre du 27 novembre. Comme on vous l'a dit, la réception qu'on m'a faite a été des plus honorables ; mais cet accueil, et quelques restes d'ambition dont je me croyais affranchi, m'ont entraîné à accepter le fauteuil de gouverneur de la Pensylvanie, quand la seule chose qui me convienne, c'est le repos et la vie privée. J'espère que j'aurai la force de supporter un an cette fatigue, après quoi je me retirerai.

Lors de notre dernière réunion, j'ai bien regretté d'avoir si peu de temps pour causer avec vous. Vous m'aviez donné des renseignements et des conseils dont j'avais besoin, mais nous sommes à peine restés une minute ensemble sans être interrompus. Je vous remercie du plaisir que j'ai eu à lire, après notre séparation, le nouveau livre que vous m'avez donné[1] ; je le trouve bien écrit, et je crois qu'il fera du bien ; quoique aujourd'hui les journaux et les brochures périodiques absorbent tellement le temps de lire que peu de gens ont le courage d'aborder la lecture d'un volume in-4. J'admire qu'au siècle dernier, un in-folio, l'*Anatomie de la Mélancolie* par Burton, ait eu six éditions en quarante ans. Aujourd'hui, nous avons, je crois, plus de lecteurs, mais non pas pour de si gros volumes.

---

1. La *Philosophie morale* de Paley.

Vous désirez savoir quels progrès nous faisons ici dans l'art d'améliorer nos gouvernements. Nous sommes dans la véritable voie des améliorations, car nous faisons des expériences. Je ne m'oppose pas à tout ce qui semble mauvais, car la multitude est mieux redressée par l'expérience, qu'elle n'est empêchée de mal faire par tous les raisonnements qu'on lui fait. Et je crois que de jour en jour nous sommes plus éclairés ; aussi je ne doute pas qu'en peu d'années nous n'ayions autant de félicité publique qu'un bon gouvernement peut en procurer.

Vos journaux sont remplis des récits fabuleux de l'anarchie, de la confusion, de la détresse et des misères où nous sommes tombés par suite de la révolution ; le peu d'amis que l'ancien gouvernement a gardés parmi nous s'efforcent de grossir le moindre petit inconvénient qu'a pu occasionner le changement du commerce. Pour arrêter les plaintes que ces gens s'efforcent d'exciter, on a écrit la petite pièce ci-incluse [1] ; en la lisant vous aurez de notre situation une idée plus vraie que celle que vous donnent vos journaux. Et je puis vous assurer que la grande majorité de notre peuple se trouve heureuse du changement, et n'a pas la moindre inclination à retourner sous la domination anglaise. Y a-t-il une preuve plus forte de l'approbation générale donnée aux mesures qui ont amené la révolution, et à la révolution elle-même, que de voir l'assemblée et le conseil de Pensylvanie choisir presque unanimement pour gouverneur un des hommes qui ont été le plus mêlés à ces mesures ? L'assemblée elle-même est nommée par le libre vote du peuple, et partage ses sentiments. Je dis presque unanimement, parce que sur soixante-dix à quatre-vingts votes, il n'y a eu pour la négative que mon vote et celui d'un autre.

---

1. Probablement *la Réplique courtoise*, un petit pamphlet de Franklin.

Quant à mon intérieur, qu'avec tant de bonté vous voulez connaître, il est aussi heureux que je puis le désirer. Je suis entouré des miens ; j'ai dans ma maison une fille attentive et dévouée, avec six petits-enfants. Vous avez vu l'aîné ; il est maintenant au collége, dans une rue voisine ; il y achève son éducation littéraire ; les autres ont d'excellentes qualités et de bonnes dispositions. Quelle sera leur conduite quand, devenus plus grands, ils entreront sur la grande scène de la vie, je ne vivrai pas assez pour le *voir*, et je ne sais pas *prévoir*. Au milieu de mes enfants je jouis de l'heure présente, je laisse l'avenir à la Providence.

Celui qui élève une famille nombreuse, aussi longtemps qu'il vit auprès des siens et qu'il les surveille, *donne*, comme dit Watts, *une plus large prise à la douleur ;* mais il donne aussi une plus large prise au bonheur. Quand nous lançons sur l'Océan notre petite flotte de barques, destinées à des ports différents, nous espérons que chacune fera un bon voyage ; mais les vents, les écueils, les orages, les ennemis ont leur part dans la disposition des événements ; de là, plus d'un espoir trompé ; aussi, quand nous songeons à ce risque contre lequel il n'y a pas d'assurance, nous devons nous estimer heureux s'il en est quelques-unes qui retournent avec succès. Le fils de mon fils, Temple Franklin, que vous connaissez aussi, a reçu de son père, pendant que nous étions à Southampton, le don d'une belle ferme de six cents acres ; il a renoncé quant à présent à suivre la carrière politique, et s'applique avec ardeur à l'étude et à la pratique de l'agriculture. Cela m'est beaucoup plus agréable, car j'estime que l'agriculture est le plus utile, le plus indépendant, et par conséquent le plus noble des emplois. Les terres de Temple bordent un cours d'eau navigable, qui communique avec le Delaware ; il n'est qu'à seize milles de Philadelphie. Il s'est associé un fermier anglais fort habile, qui est récemment arrivé ici, et qui doit le mettre au fait, en partageant avec lui les revenus de la terre, pendant un certain temps. Il y a donc grande apparence et grande probabilité de succès.

Vous avez la bonté de me demander un mot ou deux sur moi-même. Ma santé et mes forces n'ont pas diminué depuis que vous m'avez vu, grâce à Dieu. La seule infirmité que j'avais alors n'a pas empiré, elle est tolérable. Je jouis encore de la société de mes amis, et ayant une honnête aisance, j'ai plus d'une raison pour aimer la vie. Mais le cours de la nature mettra bientôt fin à mon existence actuelle. Je m'y soumettrai avec d'autant moins de regret, que durant une longue vie j'ai vu une bonne partie de ce monde, et que je me sens une curiosité croissante d'en voir un autre. Avec la confiance d'un fils, je remettrai gaiement mon âme aux soins de ce grand et bon Père des hommes qui nous a créés, et qui depuis ma naissance jusqu'à l'heure présente, m'a si gracieusement protégé et favorisé. Où que je sois, j'espère garder d'agréables souvenirs de votre amitié, étant avec une sincère et grande estime, mon cher ami, votre tout dévoué, B. F.

A M. LE VEILLARD, A PASSY.

Prospérité de l'Amérique. — Le cardinal de Rohan.

Philadelphie, 6 mars 1786,

Mon cher ami,

J'ai reçu et lu avec grand plaisir votre bonne lettre du 9 octobre. Elle m'a appris que vous alliez bien, ainsi que la meilleure des femmes, et son aimable fille, qui, je le pense, marchera sur ses pas. Tout mon bagage est venu en bon état sur le même vaisseau, et nous buvons chaque jour *les eaux épurées de Passy* avec grand plaisir; elles se sont bien conservées, il semble même qu'un long voyage les rende plus agréables.

Je suis au sein de ma famille, et ne suis pas seulement heureux moi-même, j'ai aussi la joie de voir le bonheur de mon pays. Toutes les histoires que répandent les journaux anglais à propos de notre détresse, de notre confusion, de nos mécontentements politiques, sont aussi chimériques, soyez-en sûr que l'histoire de ma captivité en Algérie[1]. Elles n'existent que dans les souhaits de nos ennemis. Jamais l'Amérique n'a été plus prospère, ses produits sont abondants et se vendent bien, tous les ouvriers sont employés et bien payés, les terres et les maisons ont plus de trois fois la valeur qu'elles avaient avant la guerre, et comme notre commerce n'est plus un monopole aux mains des marchands anglais, on nous fournit tous les articles étrangers dont nous avons besoin, à un taux beaucoup plus raisonnable qu'autrefois. Aussi ne doutons-nous pas que nous serons en état de rembourser la dette de la guerre plus tôt que nous ne l'espérions.

Notre façon de lever l'impôt est sans doute imparfaite, nous aurions besoin de mieux nous entendre en finances, mais l'expérience de chaque jour nous instruit. Notre peuple est-il satisfait de la révolution, de ses nouvelles constitutions, de ses nouvelles alliances ? Rien ne le prouve mieux que la façon cordiale et joyeuse avec laquelle tout un peuple a salué le retour d'un homme qui passe pour avoir pris une part considérable à toutes ces choses. Tout ceci est une réponse à un passage de votre lettre, où vous me semblez trop imbu de certaines idées que ces menteurs de journaux anglais essayent de répandre à notre sujet.

Je suis étonné de ce que vous m'écrivez à propos du Prince-Évêque[2]. Si les charges qui pèsent sur lui se vérifient, ce sera un nouvel exemple de la vérité de ces pro-

---

1. Le bruit avait couru en France que Franklin avait été pris par des corsaires barbaresques.
2. Le cardinal de Rohan, et l'affaire du collier.

verbes qui nous enseignent que *prodigalité engendre nécessité*, que *sans économie il n'y a pas de revenu suffisant*, et qu'*il est difficile à un sac vide de se tenir droit*.

Je suis charmé d'apprendre le mariage de Mlle Brillon[1]; tout ce qui peut contribuer au bonheur de cette chère famille me fait plaisir. Offrez-leur mes félicitations et mes souhaits.

Soyez encore assez bon pour présenter mes respectueux compliments à Mme la duchesse d'Enville et à M. le duc de la Rochefoucauld. Vous pouvez communiquer à cet excellent homme la partie politique de ma lettre. Son bon cœur se réjouira du bon état de l'Amérique.

A bord je n'ai fait aucun progrès dans mon *Histoire*[2], mais je n'ai pas perdu mon temps; j'ai écrit trois morceaux, chacun d'une certaine étendue; l'un sur un sujet nautique, l'autre sur les cheminées, le troisième est une description de mon appareil pour consumer la fumée, avec des instructions pour s'en servir. On imprime toutes ces pièces dans les *Transactions* de notre Société philosophique; j'espère vous en envoyer bientôt un exemplaire.

Mes petits-fils vous présentent leurs compliments. L'aîné est fort occupé à se préparer pour la vie des champs; il entre en possession de sa ferme le 25 courant. Le plus jeune est au collége, et travaille avec ardeur. Vous connaissez ma situation; je suis sous le poids des soucis publics, mais ils ne me feront pas oublier que vous et moi nous nous aimons l'un l'autre et que je suis toujours, mon cher ami, votre tout dévoué, B. F.

---

1. Mlle Brillon épousait M. Viasal de Malacher, conseiller à la cour des Aides.

2. Les *Mémoires de sa vie*. Franklin avait déjà communiqué à M. Le Veillard la première partie de ces *mémoires*, écrite en Angleterre; on croit que c'est M. Le Viellard qui en a publié la première traduction française.

A BENJAMIN RUSH.

Philadelphie, 6 mars 1786.

Mon cher ami,

Pendant tout le cours de notre longue connaissance, vous m'avez donné de nombreuses preuves de votre estime ; je vous prie d'y en ajouter une nouvelle ; c'est, quand vous publierez votre ingénieux discours sur le *Sens moral*, de vouloir bien omettre et supprimer entièrement l'extravagant éloge que vous faites de votre ami Franklin : il m'a singulièrement blessé lorsque je l'ai entendu inopinément et me mortifierait au delà de toute idée, s'il paraissait imprimé. Dans la confiance où je suis, que vous ne manquerez pas de faire droit à cette pressante requête, je suis toujours, mon cher ami, votre, etc.   B. F.

A MISTRISS MARY HEWSON.

Vieilles lettres retrouvées. — Vie de Franklin.

Philadelphie 6 mai 1786.

Ma chère amie,

Un long hiver a passé depuis que j'ai quitté l'Angleterre, et je n'ai pas eu le plaisir de recevoir de vous un mot qui m'apprît que vous alliez bien, vous et vos enfants. Je suppose que vous avez été dans le Yorkshire, loin des nouvelles et des occasions, car je ne veux pas croire que vous m'ayez oublié.

Pour me dédommager, j'ai reçu il y a quelques jours un gros paquet envoyé par M. Williams, à la date de septembre 1776, il y a près de dix ans, et contenant trois lettres de vous, une entre autres datée du 12 décembre 1775. Ce paquet, M. Bache l'avait reçu après mon départ pour la France. Il a dormi dans les papiers de mon gendre, durant toute mon absence, et tout à coup il vient de fondre sur moi, *comme ces paroles*, qui suivant le conte, *sont gelées dans l'air*. Dans vos lettres je trouve toute l'aimable histoire de vos enfants ; comment Williams a commencé à épeler, surmontant à force de mémoire toutes les difficultés de notre détestable alphabet ; comment vous êtes convaincue de la supériorité de votre nouvelle façon d'épeler ; comment Tom, un génie, s'est créé des voies nouvelles, et laissant aux lettres leur vieux nom, a appelé l'U *la cloche* et P *la bouteille*; comment Élisa devient un bel enfant, c'est-à-dire grosse et grasse comme sa tante Rooke, que j'appelais *ma charmante*. Il y a aussi toutes les nouvelles *d'alors*; lady Blount est enfin accouchée d'un garçon ; Dolly va bien, la pauvre Catherine est morte ; Muir et Atkinson ont fait un contrat pour nourrir les poissons du canal, les Viny ont fait une excursion à Cambridge, dans la grande voiture, Dolly a fait un voyage au pays de Galles avec mistriss Scott, et les Wilkes, et les Pearces et les Elphinstones, etc, etc ; tout cela finit par la promesse qu'aussitôt que le ministère et le Congrès auront fait la paix, je vous aurai près de moi en Amérique. Il y a quelque temps que la paix est faite, mais hélas ! la promesse n'est pas remplie [1].

J'ai trouvé ma famille en bonne santé, dans l'aisance, et jouissant du respect de ses concitoyens. Les compagnons de ma jeunesse sont presque tous partis, mais je trouve une agréable société parmi leurs enfants et leurs petits-enfants. J'ai assez d'affaires publiques pour me préserver de *l'ennui*, et dans mon intérieur, j'ai, pour m'amuser, la conversation, des livres, mon jardin et le *cribbage*. Notre marché, abondant, bien fourni, m'ayant paru le meilleur des potagers, j'ai changé celui qui entourait ma maison, en gazons et

---

1. Peu de temps après cette lettre, mistriss Hewson tint sa promesse et s'établit à Philadelphie.

en allées, avec des arbres et des fleurs. Dans les longues soirées d'hiver nous jouons quelquefois aux cartes, mais comme au jeu d'échecs, pour l'honneur et non pour l'argent. Ceci ne sera pas une nouveauté pour vous : nous avons joué ensemble et de cette façon, durant l'hiver de Passy. De temps en temps j'ai quelque petit remords de passer mon temps à ne rien faire, mais une autre réflexion s'élève ; une voix me dit tout bas : *Tu sais que l'âme est immortelle, pourquoi donc serais-tu si avare d'un peu de temps, quand tu as toute l'éternité devant toi ?* Convaincu alors, et comme toutes les créatures raisonnables, satisfait de la moindre raison quand elle est en faveur de mon désir, je bats les cartes, et recommence une autre partie.

Quant aux amusements publics, nous n'avons ni comédie, ni opéra ; mais nous avons eu hier une espèce d'oratorio, comme vous le verrez par le papier ci-inclus ; et nous avons des assemblées, des bals, des concerts, sans parler de petites soirées particulières où on danse quelquefois, où très-souvent on fait de bonne musique. Vous voyez que nous menons aussi joyeuse vie que vous le faites en Angleterre ; j'excepte Londres, car là vous avez bon théâtre et bons acteurs. C'est le seul avantage que Londres a sur Philadelphie.

Temple a tourné ses idées vers l'agriculture ; il s'en occupe avec ardeur, étant en possession d'une belle ferme que son père lui a donnée dernièrement. Ben finit ses études au collége et continue à se conduire aussi bien que quand vous l'avez vu ; je crois que vous aurez en lui un bon fils. Ses jeunes frères et sœurs ne promettent pas moins, ils ont bon caractère, bonnes dispositions et bonne santé. Quant à moi, ma santé et mes forces sont plutôt meilleures que lors de votre visite à Passy. La maladie dont je me plaignais est toujours tolérable. Avec une sincère estime, etc. B. F.

P. S. Mes enfants et mes petits-enfants se joignent à

moi pour offrir leurs meilleurs souhaits à vous et aux vôtres. Mes amitiés à mon filleul, à Élisa, et à l'honnête Tom. Ils trouveront tous ici d'agréables compagnons. Tendresses à Dolly; dites-lui qu'elle ferait bien de venir avec vous.

A WILLIAM COCKE.

Le nouvel État de Franklin[1].

Philadelphie, 12 août 1786.

Monsieur,

J'ai reçu hier la lettre que vous m'avez fait l'honneur de m'écrire le 15 de juin dernier. J'ignorais jusqu'alors que le nom de votre nouvel État eût quelque rapport avec le mien : je croyais qu'on l'appelait *Frankland*. C'est assurément un très-grand honneur que me font les habitants de cet endroit; je serais heureux de pouvoir leur témoigner combien j'y suis sensible, par quelque chose de plus solide que les souhaits que je fais pour leur prospérité.

J'ai résidé plusieurs années en Europe, je n'en suis de retour que depuis fort peu de temps, je n'ai donc pas eu l'occasion d'être bien renseigné sur les points en dispute entre vous et l'État de la Caroline du Nord. Je puis dire seulement que selon moi vous faites très-bien de les soumettre à la sagesse du Congrès, et de vous en tenir à sa décision. C'est un tribunal sage et impartial, qui ne peut avoir de vues iniques, en prononçant son jugement. C'est un grand bonheur pour nous tous de posséder aujourd'hui, dans notre propre pays, un Conseil à qui nous puissions nous adresser, pour régler nos différends, sans être obligés, comme autrefois, de traverser l'Océan pour les faire dé-

---

1. Le nom de cet État n'a pas été conservé; c'est aujourd'hui le Tenesséc.

cider à grands frais par un Conseil, peu versé dans nos affaires, dédaigneux de s'en instruire, et qui pour l'ordinaire recevait nos réclamations avec mépris et les rejetait en nous injuriant. Chérissons et respectons notre tribunal; plus il jouira de la considération générale, plus il pourra répondre au but réel de son institution, apaiser nos querelles et favoriser ainsi notre sécurité et notre félicité commune.

Je n'entends rien dire de cet ajournement du Congrès, dont vous me demandez des nouvelles; je crois plus vraisemblable que le Congrès continuera de siéger toute son année, puisqu'il y a très-peu de temps qu'on se trouve en nombre suffisant pour s'occuper des affaires publiques, qui doivent être arriérées. Si vous persistez dans votre projet de voyage, je serai charmé de vous voir quand vous passerez par Philadelphie. En attendant, j'ai l'honneur d'être, etc. B. F.

A WILLIAM HUNTER.

Situation de l'Amérique.

Philadelphie, 24 novembre 1786.

Mon cher vieil ami,

J'ai eu grand plaisir à apprendre par votre bonne lettre de février dernier, que vous êtes encore sur la terre des vivants, et que vous êtes toujours à Bath, le lieu du monde qui vous donne les meilleures chances de passer agréablement le soir de votre vie. Moi aussi je suis rentré dans ma *niche*, après en avoir été éloigné pendant vingt-quatre ans par des fonctions à l'étranger. Ma maison est très-bonne, c'est moi qui l'ai fait bâtir, il y a longtemps, pour m'y retirer; je n'avais pas pu en jouir jusqu'à présent. Me voici derechef entouré de mes amis, avec une belle famille de petits-enfants qui grimpent sur mes genoux, une bonne fille et un gendre affectueux qui prennent soin de moi. Après cinquante ans de services publics, j'ai la satisfaction de voir que je conserve encore toute l'estime de mon pays, puisque ma dernière réélection à la dignité de président a été absolument unanime, malgré toutes nos divisions et nos partis. Je vous dis cela, non pour gratifier ma vanité, mais parce que je sais que vous m'aimez, et que vous vous réjouissez de tout ce qui arrive d'agréable à votre ami.

Pour complaire à l'honnête *John Bull*, vos journaux peignent notre situation sous des couleurs effrayantes, comme si nous étions réellement malheureux depuis que nous avons rompu notre liaison avec lui. Permettez-moi quelques remarques qui vous permettront de vous faire une opinion à vous. Nos agriculteurs, qui forment la masse de la nation, ont eu des récoltes abondantes, leurs produits se vendent à un prix élevé et en argent comptant; le blé, par exemple, vaut de huit shillings à huit shillings six pences le boisseau. Tous nos ouvriers sont occupés, bien payés, bien nourris, bien vêtus. Nos maisons ont triplé de valeur par l'augmentation des loyers depuis la révolution. On bâtit énormément à Philadelphie, sans parler des petites villes qui poussent dans chaque coin du pays. La loi gouverne, la justice est bien administrée, la propriété aussi assurée qu'en aucun pays du globe. Nos terres vacantes sont chaque jour achetées par de nouveaux cultivateurs; nos établissements s'étendent rapidement vers l'Ouest. Les marchandises européennes ne nous furent jamais fournies à si bon marché que depuis que la Grande-Bretagne n'en a plus le monopole. Bref, chez nous quiconque a d'heureuses dispositions est heureux; cette condition serait essentielle au bonheur, même en paradis.

Je vous parle de ce qui se passe en Pensylvanie; c'est le pays que je connais le mieux. Quant aux autres États, il me suffit de lire dans leurs journaux le détail des réjouissances extravagantes qu'ils célèbrent le 4 juillet, à chaque anniversaire de la déclaration d'indépendance, pour être convaincu qu'aucun d'eux n'est mécontent de la révolution.

Adieu, mon cher ami, et croyez-moi toujours avec estime et affection, votre tout dévoué. B. F.

A ALEXANDER SMALL.

Livre de prières. — Les réfugiés.

Philadelphie, 19 février 1787.

Cher ami,

J'ai reçu votre lettre de juin dernier, je vous remercie des aimables félicitations qu'elle contient. Ce qu'on vous dit de ma maladie est vrai : « elle ne va pas pire. » Grâce à Dieu je jouis encore de la société de mes amis, de mes livres, et plus encore, de la prospérité de mon pays, que vos compatriotes se plaisent toujours à traiter de chimère.

Je suis charmé que le perfectionnement du Livre de Prières[1] ait obtenu votre approbation et celle de la bonne mistriss Baldwin. Je ne crois pas qu'on en ait encore fait d'usage public en aucun lieu ; mais puisqu'on dit que les bonnes idées ne meurent jamais, peut-être un jour trouvera-t-on la nôtre utile.

J'ai lu avec plaisir le récit que vous me faites de l'état florissant de votre commerce et de vos manufactures, et de l'abondance des ressources qui restent à l'Angleterre pour surmonter toutes ses difficultés. Vous avez un des plus beaux pays du monde, et vous en ferez un des plus heureux, si vous pouvez vous guérir une bonne fois de la folie de faire la guerre pour votre commerce, guerres qui

1. V. *sup.* p. 389.

coûtent toujours plus cher que le commerce ne peut rapporter. Tirez le meilleur parti de vos avantages naturels, au lieu d'essayer de porter atteinte à ceux des autres nations, et il n'est pas douteux que vous pourrez encore prospérer et grandir. Commencer à ne plus considérer la France comme un ennemi naturel, c'est une marque que le bon sens de la nation est en progrès ; la postérité en aura le bénéfice, car les guerres devenant plus rares, l'impôt diminuera, et la richesse augmentera.

Vous trouvez très-impolitique de notre part d'avoir repoussé les *réfugiés*[1] ; je ne vois pas qu'ils nous manquent, ni que personne regrette leur absence. Certainement ils doivent être plus heureux là où ils sont, sous le gouvernement qu'ils admirent ; ils doivent être mieux accueillis chez un peuple dont ils ont épousé la querelle, que parmi des gens qui ne peuvent avoir oublié sitôt la destruction de leurs habitations, le meurtre de leurs proches et de leurs amis les plus chers.

Je pense souvent avec grand plaisir aux jours heureux que j'ai passés en Angleterre au milieu de nos savants et ingénieux amis. Ils nous ont quittés pour se réunir à la majorité dans le monde des esprits. Chacun d'eux en sait maintenant plus que nous tous, qu'on a laissés en arrière. Puisque nous vivrons éternellement dans un autre monde, j'ai cette idée consolante que nous trouverons un fonds d'amusement inépuisable, en apprenant toujours quelque chose de nouveau dans l'éternité ; car l'humaine ignorance excède infiniment la science humaine.

Adieu, mon cher ami ; dans quelque monde que ce soit, croyez que je serai toujours votre tout dévoué,

B. FRANKLIN,
dans sa quatre-vingt-deuxième année.

1. Les *Loyalistes* ou *Tories*.

A M. LE VEILLARD.

Philadelphie, 15 avril 1787.

Je suis tout à fait de votre avis : que nous n'aurons point accompli l'œuvre de notre indépendance, tant que notre dette publique ne sera pas liquidée. La Pensylvanie est au courant ; quant aux États qui sont arriérés, ils cherchent en ce moment le moyen de rétablir l'équilibre, mais ils ne sont pas tous également actifs, ni également heureux en affaires. Cependant je suis convaincu que dans quelques années, tout sera payé.

Les Anglais n'ont point encore rendu, conformément au traité, les postes qu'ils occupaient sur nos frontières. Le prétexte qu'ils allèguent est que nos négociants n'ont point encore payé leurs dettes. Je fus un peu piqué, lorsque j'appris un semblable procédé, et je fis à ce sujet quelques remarques que je vous envoie[1]. Il y a près d'un an qu'elles sont écrites, mais je ne les ai pas encore publiées, craignant d'encourager quelques-uns des nôtres à négliger leur devoir. C'est donc uniquement pour vous distraire, ainsi que notre excellent ami le duc de la Rochefoucauld, que je vous envoie ce morceau.

Quant à ma maladie, dont vous vous informez avec tant de bonté, je n'ai pas douté un seul moment que ce ne fût la pierre, et je sens qu'elle a grossi ; mais en somme elle ne me fait pas plus souffrir qu'à Passy. Quand on vit longtemps, et qu'on veut boire jusqu'au fond le calice de la vie, il faut s'attendre à y trouver la lie ; et pour moi, quand je réfléchis à la quantité de terribles maladies auxquelles la nature humaine est sujette, je m'estime heureux qu'il ne me soit échu en partage que la goutte et la pierre.

1. C'est la *Réplique courtoise.*

Vous avez raison de supposer que je suis l'auteur des remarques sur l'écrit intitulé : *Pensées sur la Justice exécutive*[1]. Je ne possède pas en ce moment un seul exemplaire de ces remarques, et je ne me souviens pas même à quelle occasion je disais qu'il valait mieux laisser échapper mille coupables que de faire périr un innocent. Vos critiques semblent justes ; mais je suppose que vous avez mal interprété mes intentions quand j'ai dit cela. J'ai toujours été de votre avis, quant à l'absurdité du préjugé qui fait croire en Europe qu'une famille est déshonorée par le châtiment de l'un des siens ; mon opinion est, au contraire, qu'un drôle qu'on pend, et dont on débarrasse la famille, lui fait plus d'honneur que dix coquins qui continuent de vivre dans son sein. B. F.

AU DUC DE LAROCHEFOUCAULD.

Réponse à ses félicitations. — Constitution *des États-Unis.* — Thomas Paine.

Philadelphie, 15 avril 1787.

Depuis que je suis en Amérique, j'ai eu le bonheur de recevoir trois excellentes lettres de mon cher et respectable ami. Elles sont datées des 30 novembre 1785, 8 février 1786, et 14 janvier 1787. Dans la lettre que j'écris aujourd'hui à M. Le Veillard, je me suis excusé le mieux que j'ai pu d'être un si mauvais correspondant. Comme je sais que vous le voyez souvent, je ne vous ennuierai point d'une nouvelle justification. Je confesse ma faute, je m'en remets à votre bonté pour obtenir mon pardon.

Vos félicitations amicales sur mon arrivée à Philadelphie et sur la réception qu'on m'y a faite, sont des plus

---

1. Voyez les *Essais de morale*.

obligeantes. Comme on vous l'a dit, la réception a été des plus flatteuses. Les deux parties de l'assemblée et du Conseil, les constitutionnels et les anticonstitutionnels, se sont réunis pour me prier d'accepter la place de conseiller, et m'ont ensuite élu président[1]. Sur soixante-quatorze membres du conseil et de l'assemblée qui votèrent à ma première élection, il n'y eut qu'une seule voix contraire, sans parler de la mienne ; et après un an de service, à ma seconde élection, je n'eus contre moi que ma voix. Les principaux membres du gouvernement me témoignent toute l'attention et me prêtent tout le concours désirable, pour me rendre mes fonctions aussi peu pénibles que possible. Ma seconde année se passe donc commodément et je ne vois pas d'apparence de changement ; mais l'avenir est toujours incertain, soit que la Providence ou le hasard le dirige, et la faveur populaire est si précaire qu'on la *perd* quelquefois comme on la *gagne*, en faisant le bien. Je ne compte donc point sur la durée de ma félicité présente, et je ne serais nullement surpris de la voir diminuer, avant la fin de mes fonctions.

En général, ces États jouissent de la paix et de l'abondance. Quelques troubles ont eu lieu dans les gouvernements de Massachusetts et de Rhode-Island. Ceux du premier sont apaisés ; ceux de Rhode-Island proviennent de disputes pour et contre le papier-monnaie ; il est probable qu'ils ne cesseront pas de suite. Le Maryland est aussi divisé pour la même cause : l'assemblée est favorable au papier-monnaie, le sénat le rejette. Chacun de ces corps s'occupe, en ce moment, de gagner le peuple à son parti avant l'époque des élections prochaines, mais il est à présumer que l'assemblée l'emportera. On sait par expérience que le papier-monnaie offre des avantages, quand l'émission en est modérée, mais dès que la circulation ex-

1. C'est-à-dire gouverneur de l'État.

cède les besoins du commerce, le papier se déprécie et fait du mal ; et la foule est toujours prête à en demander plus qu'il n'est nécessaire. En Pensylvanie, nous avons un peu de papier-monnaie ; il est utile et je ne vois pas qu'on en veuille davantage.

Les États particuliers ne songent guère à réformer leurs constitutions particulières ; mais on blâme généralement la grande constitution fédérale[1], pour n'avoir pas donné des pouvoirs suffisants au Congrès qui est la tête de la confédération. On a donc convoqué une convention pour réviser cette constitution et en proposer une meilleure. L'incluse vous prouvera que votre ami est un des délégués, quoiqu'il doute fort que sa maladie lui permette d'assister constamment aux délibérations. Je vois, avec plaisir, que vous êtes nommé membre de l'assemblée générale[2] qui est sur le point de se réunir en France. Je me flatte que votre chère nation tirera un grand bien des délibérations d'une pareille assemblée. Je prie Dieu de la bénir.

Je prends une part bien sincère à la douleur que vous cause, ainsi qu'à votre famille, la mort de cette excellente dame[3]. C'est là, sans doute, une grande perte. Mes vœux les plus ardents sont pour ceux qui restent ; puisse votre aimable maison n'être de longtemps troublée par des malheurs semblables !

Je joins à cette lettre trois volumes des Transactions de notre Société philosophique : l'un pour vous, le second pour M. de Condorcet, et le troisième pour l'Académie. La guerre a longtemps interrompu nos études scientifiques, mais nous commençons à les reprendre.

Le porteur de cette lettre est M. Paine, auteur d'un écrit célèbre intitulé : *Le sens commun*. Publié au commen-

---

1. Ce qu'on a nommé les *Articles de confédération*.
2. L'assemblée des notables.
3. La duchesse d'Enville, mère du duc de la Rochefoucauld.

cement de la révolution, ce pamphlet a puissamment agi sur l'opinion. M. Paine est un homme d'esprit, plein de probité, et, à ce titre, je prends la liberté de vous le recommander. Il apporte en France un modèle de pont d'une nouvelle construction dont il est l'inventeur : j'avais l'intention de le recommander à M. Peyronnet, mais j'apprends qu'il n'est plus. Vous pourrez facilement procurer à M. Paine la vue des modèles et dessins de la collection qui appartient aux *ponts et chaussées;* cela lui donnera des lumières utiles sur le sujet. Nous avons besoin d'un pont sur notre rivière de *Schuylkill*, et n'avons point ici d'artiste qui ait étudié ce genre d'architecture.

Mes petits-fils sont très-sensibles à l'honneur de votre souvenir, ils me chargent de vous présenter leurs respects. Avec la plus parfaite estime et le plus sincère attachement, je suis toujours, mon cher ami, etc.   B. F.

AU MARQUIS DE CHASTELLUX.

Sur la réception de son journal de Voyages. — Assemblée des notables.

Philadelphie, 17 avril 1787.

Cher monsieur,

Votre charmante lettre, avec votre précieux journal et la traduction du Poëme du colonel Humphreys, ne m'est parvenue que récemment, quoiqu'elle soit datée de juin dernier. Je crois qu'on a tout envoyé aux Antilles. J'ai eu grand plaisir à lire ces écrits, comme tout ce qui vient de vous. Le portrait que vous avez fait de notre pays et de ses habitants est ce qu'on appelle en peinture une *ressemblance en beau;* nous vous en sommes fort obligés. Nous deviendrons meilleurs, si nous nous efforçons de mériter les éloges que vous avez la bonté de nous adresser, et si nous profitons de vos critiques. On me dit que le Journal est traduit en anglais, et imprimé dans un de nos États ; j'ignore lequel, car je n'ai point vu cette traduction.

Les journaux nous apprennent que vous allez avoir une assemblée de notables, pour délibérer sur les réformes à introduire dans votre gouvernement. Il est singulier que nous soyons engagés en même temps, dans un projet semblable ; mais il en est ainsi, et le mois prochain une convention s'assemble à Philadelphie pour revoir et corriger notre constitution fédérale. J'espère que les deux assemblées auront le même succès, et que leurs délibérations et leurs conseils contribueront au bonheur des deux nations.

En Pensylvanie, malgré les partis, la marche de l'administration est facile ; j'ai beaucoup moins d'embarras qu'on ne le craignait. Quelques gens turbulents ont causé dernièrement des désordres dans le Massachusetts ; mais aujourd'hui tout est rentré dans l'ordre. Le reste de nos États va bien, à quelques troubles près que le papier-monnaie a excités dans le Rhode-Island et le Maryland. M. Paine, que vous connaissez et qui s'est chargé de remettre en vos mains cette lettre, pourra vous tenir au courant de nos affaires ; je crois donc inutile de vous en dire davantage. Permettez-moi seulement de vous recommander M. Paine. Je me suis acquitté près de ces dames de toutes les commissions dont vous m'aviez chargé ; elles sont très-flattées de votre bon souvenir. Ma famille se joint à moi, pour vous exprimer les sentiments d'estime et de respect, avec lesquels, mon cher ami, je me dis votre tout dévoué, B. F.

A MM. LES ABBÉS CHALUT ET ARNAUD.

Philadelphie, 17 avril 1787.
Chers amis,

Les réflexions que vous faites sur la situation de l'Amérique, comparée à celle des nations de l'Europe, sont pleines de sens et de justesse. Permettez-moi d'ajouter qu'il n'y a qu'un peuple vertueux qui soit capable d'être libre. Plus les nations deviennent corrompues et vicieuses, plus elles ont besoin de maîtres.

Nos affaires politiques vont aussi bien qu'on peut raisonnablement l'espérer, après un si grand bouleversement. Quelques désordres ont éclaté sur différents points, mais nous les apaisons dès qu'ils naissent. Chaque jour nous réparons et nous corrigeons, aussi je ne doute pas, qu'avec le temps, tout ira bien. Tout à vous.   B. F.

AU MARQUIS DE LA FAYETTE.

Constitutions. — Vocabulaires indiens.

Philadelphie, 17 avril 1787.
Cher ami,

J'ai reçu la bonne lettre que vous m'avez fait l'honneur de m'écrire en février 1786. L'indolence de la vieillesse, la fatigue perpétuelle de trop d'affaires ont fait de moi un si mauvais correspondant, qu'à peine ai-je écrit une lettre à mes amis d'Europe, pendant ces douze derniers mois. Cependant, comme j'ai toujours du plaisir à recevoir de leurs nouvelles, et qu'ils ne continueront pas de m'écrire si je ne leur réponds à mon tour, je reprends ma plume; et, pour commencer avec ceux dont la correspondance a pour moi le plus de prix, j'écris au marquis de La Fayette.

J'ai été charmé d'apprendre votre heureux retour à

Paris, après un voyage aussi long et aussi pénible. C'est là que votre zèle éclairé pour le bien de notre pays, pourra le mieux s'employer à notre avantage ; et je sais que ce zèle est toujours à l'œuvre, et toujours infatigable. Nos ennemis, comme vous le remarquez, sont fort occupés à déprécier notre caractère national. Quelquefois leurs outrages me poussent à bout : je suis prêt à leur répondre, mais jusqu'à présent, j'ai retenu ma main, quoique nous ayons beau jeu pour prendre notre revanche ; je ne voudrais rien faire qui hâtât une nouvelle querelle en exaspérant des gens qui souffrent encore de leurs récentes blessures. Peut-être vaut-il mieux qu'ils s'abusent eux-mêmes en nous supposant faibles, pauvres, divisés, sans amis ; ils seront moins jaloux de notre force, qui depuis la paix, fait des progrès rapides ; ils seront moins tentés de chercher à la réduire.

Je ne m'étonne point que les Allemands, qui ne se connaissent guère en constitutions libres, supposent que de pareilles constitutions ne peuvent pas se soutenir. Nous croyons, nous, qu'une constitution libre peut se maintenir, et nous espérons le prouver. Qu'il y ait eu des défauts dans nos premières esquisses, ou plans de gouvernement, cela n'a rien de surprenant? Quand on considère le temps et les circonstances, il est bien plus surprenant que nous ayons commis si peu d'erreurs. Les articles vicieux de notre confédération vont être examinés par une commission chargée expressément de les corriger, c'est assurément la tâche la plus difficile. Quant aux vices des constitutions particulières de nos États, on les corrigera à mesure que l'expérience en fera connaître les inconvénients. Et quelle que soit la différence de nos sentiments, en ce qui regarde certaines lois, l'enthousiasme qui éclate au jour anniversaire de notre déclaration d'indépendance prouve que le peuple est universellement satisfait de la révolution, et de ses grands principes.

Je vous envoie le vocabulaire que vous m'avez fait passer ; vous y trouverez les mots des langues *Shawanese* et *Delaware* que le colonel Harmar m'a procurés. Il m'a promis un autre vocabulaire plus complet ; je vous l'enverrai, dès que je l'aurai entre les mains.

Mon petit-fils, dont vous vous inquiétez avec tant de bienveillance, est dans sa propriété de New-Jersey ; il s'amuse à cultiver ses terres. Je souhaite qu'il en fasse une affaire sérieuse et qu'il renonce à toute idée d'emplois publics ; car l'agriculture est, suivant moi, la plus honorable de toutes les professions, parce qu'elle en est la plus indépendante. Mais je crois qu'il en tient un peu pour Paris ou quelque autre grande ville de l'Europe, dans l'espoir d'y trouver une société beaucoup plus agréable que celle de ses bois d'Ancocas, et il ne se trompe pas. S'il était en ce moment à Philadelphie, sans doute il se joindrait à moi, et au reste de ma famille, qui est très-flattée de votre bon souvenir, et il vous adresserait ses vœux les plus sincères pour votre santé, votre prospérité, et celle de toute votre aimable famille. Vous permettrez à un vieil ami de quatre-vingts ans de dire qu'il *aime* votre femme, en y ajoutant et vos enfants, et qu'il prie Dieu de les bénir tous. Adieu, croyez-moi toujours votre tout dévoué.

B. F.

A L'ABBÉ MORELLET.

*L'intérieur de Franklin. — La liberté de commerce.
Situation de l'Amérique.*

Philadelphie, 22 avril 1787.

Mon très-cher ami,

J'ai reçu, quoique fort tard, vos agréables lettres des 30 octobre 1785 et 9 février 1786, avec quelques pièces venant de l'*Académie des belles-lettres d'Auteuil*. Vos bons souhaits, vos compliments d'ami sont fort obligeants. Il m'est doux de voir qu'il me reste encore une place dans le souvenir des esprits distingués, des hommes de bien, dont j'ai eu le bonheur de goûter l'aimable et instructive société pendant mon séjour en France.

Je n'ai pu quitter sans regret cette chère nation, mais j'ai certainement bien fait de rentrer dans mon foyer. Je suis là dans ma *niche*, dans ma maison, au sein de ma famille ; ma fille et mes petits-enfants autour de moi ; parmi mes vieux amis, ou leurs fils qui me respectent également ; et qui tous parlent et entendent la même langue que moi. Et vous savez que si un homme veut se rendre utile en exerçant son esprit, il perd la moitié de ses forces dans un pays étranger, où il ne peut s'exprimer que dans une langue qui ne lui est pas familière. En un mot, je trouve ici mille occasions de faire le bien, je jouis de tout ce que je désire, excepté du repos ; encore ne l'attendrai-je pas longtemps, car mes fonctions ne peuvent s'étendre au delà de trois ans, et peut-être avant aurai-je cessé de vivre.

Je suis de votre avis pour ce qui est de la liberté du commerce, surtout dans les pays où les taxes directes sont applicables. Nous serons dans ce cas un jour, lorsque notre immense territoire sera peuplé. Mais aujourd'hui, nos habitants sont établis à une grande distance l'un de l'autre, souvent à cinq ou six milles, dans le fond du pays, comment lever des contributions directes? La peine que prendrait le collecteur, pour aller de maison en maison, coûterait plus que le produit de l'impôt. On ne peut exprimer plus clairement ses sentiments que vous ne faites ; vous préférez la liberté du commerce, de l'agriculture, des manufactures, etc., même à la liberté civile, parce qu'on ne porte que rarement atteinte à celle-ci, tandis que l'autre est menacée à toute heure. La guerre nous a imposé une lourde dette ; nous sommes dans la nécessité d'avoir des impôts, et d'employer tous les moyens qui peuvent nous donner un revenu, afin d'éteindre la dette; mais, en principe, nous sommes disposés à abolir les droits sur les importations, dès que nous serons en état de le faire.

Quels que soient les bruits que les Anglais répandent en Europe, soyez assuré que notre peuple tout entier est satisfait de la révolution : son respect pour tous ceux qui y ont pris part, guerriers ou hommes d'État, et la joie enthousiaste avec laquelle on célèbre partout l'anniversaire de la déclaration d'indépendance, sont des preuves irrécusables de cette vérité. Deux de nos États ont été troublés par des causes particulières et locales; mais nos anciens ennemis ne peuvent-ils pas aussi bien avoir fomenté ces désordres, qu'ils se sont plu à en exagérer le récit? Au surplus tout est rentré dans l'ordre; le reste de nos États jouit de la paix, du bon ordre, et d'une étonnante prospérité.

La peine que vous avez prise de traduire les adresses de félicitations que j'ai reçues à mon arrivée, est une nouvelle preuve de votre amitié; elle m'a fait autant de plaisir que les adresses mêmes, et pour moi ce n'est pas peu dire, car l'accueil que m'ont fait mes concitoyens a surpassé de beaucoup mes espérances. La popularité, qui n'est pas ce qu'il y a de plus constant au monde, m'entoure en ce moment. Mon élection à la seconde année de présidence s'est faite à l'unanimité. En sera-t-il de même à la troisième? Rien n'est plus douteux. Quand on occupe un poste élevé, on se trouve souvent exposé au danger de désobliger les gens, en faisant son devoir; et comme le ressentiment de ceux qu'on offense, est plus grand que la reconnaissance de ceux qu'on sert, il arrive presque toujours qu'on est violemment attaqué et faiblement défendu. Vous ne serez donc pas surpris, si vous apprenez que je n'ai pas terminé ma carrière politique avec le même *éclat* que je l'ai commencée.

Je suis peiné de l'indisposition que vous avez éprouvée. Je m'étonne quelquefois que la Providence ne mette pas les gens de bien à l'abri de tous les maux et de toutes les souffrances. Il en devrait être ainsi dans le meilleur des mondes, et puisqu'il n'en est pas ainsi ici-bas, je suis pieusement conduit à croire que si notre monde n'est pas le meilleur, la faute en est aux mauvais matériaux dont il est fait. Je suis, mon cher ami, etc. B. F.

A THOMAS JORDAN A LONDRES.

Réminiscences.

Philadelphie, 18 mai 1787.

Cher monsieur,

J'ai reçu votre bonne lettre du 27 février, ainsi que le baril de *porter* que vous avez eu la bonté de m'envoyer. Nous tenons maintenant ici ce qu'on appelle en France une *Assemblée des notables :* c'est-à-dire une convention composée des personnages les plus importants des divers États de notre confédération. Ces messieurs m'ont fait l'honneur de dîner chez moi mercredi dernier ; nous avons mis en perce le baril de *porter ;* il a trouvé accueil cordial, et approbation universelle. Bref la compagnie est convenue à l'unanimité que c'était le meilleur porter qu'elle eût jamais goûté. Recevez mes remerciments ; c'est peu de chose sans doute, mais c'est tout ce que je puis faire à présent.

Votre lettre me rappelle ces jours heureux que nous avons passés ensemble, et ces chers amis avec qui nous les avons passés. Quelques-uns, hélas ! nous ont quittés, et nous devons regretter leur perte, quoique notre cher

Hawkesworth [1] s'aventure maintenant en des contrées plus heureuses, et que notre bon Stanley [2] habite le seul séjour « où son *harmonie* puisse être dépassée. » Vous me faites plaisir en me disant que vous êtes au comble du *contentement*. Sans contentement, il n'est pas de situation heureuse ; avec lui, toutes le sont. Le moyen de se trouver content de sa position, c'est de la comparer avec une autre qui vaut moins. Ainsi, quand je pense au nombre de maladies terribles auxquelles le corps humain est exposé, je me console de n'en avoir reçu en partage que trois incurables, la goutte, la pierre et la vieillesse ; encore ne m'ont-elles ôté ni ma gaieté naturelle, ni le plaisir de lire, ni celui de jouir de la société de mes amis.

Je suis charmé d'apprendre que M. Fitzmaurice est marié, qu'il a une femme aimable et de jolis enfants. Il voulait un jour faire exécuter à Mme Wright une femme de cire, pour qu'elle tînt sa table ; le parti qu'il a pris vaut mieux, car, après tout, le mariage est l'état naturel de l'homme. Un célibataire n'est pas un homme complet. Il ressemble à une branche de ciseaux qui attend son autre branche pour faire la paire ; seule elle n'est pas de moitié aussi utile que réunie à sa compagne.

Je ne sais ce que je dois le plus admirer, ou des découvertes merveilleuses qu'a faites Herschell ou de l'infatigable génie qui l'a conduit là. Espérons, mon ami, qu'enfin débarrassés de notre enveloppe mortelle, nous voyagerons de compagnie parmi quelques-uns des mondes qu'il a découverts, nous aurons pour guide quelque vieux compagnon déjà habitué à ce nouveau séjour. Hawkesworth égayera le voyage par la gaieté de son ingénieuse con-

1. John Hawkesworth, auteur de *l'Aventurier*, et rédacteur de *l'Histoire des découvertes faites dans les mers du Sud par le capitaine Cook*.
2. John Stanley, musicien et compositeur distingué, aveugle depuis l'âge de deux ans.

versation, Stanley accompagnera la musique des sphères célestes.

M. Watmaugh me dit (c'est la première chose que je lui ai demandée) que votre fille existe, et qu'elle se porte bien. Je me souviens qu'elle promettait beaucoup dans son enfance, je ne suis donc pas étonné qu'elle soit devenue une belle femme. Dieu la bénisse et vous bénisse aussi, mon cher ami, avec tout ce qui vous touche ; c'est la prière sincère de votre tout dévoué,

B. FRANKLIN,
dans sa quatre-vingt-deuxième année.

A GEORGES WHATLEY.

Banque de Philadelphie. — Traité de commerce. — Projet de monnayage.

Philadelphie, 18 mai 1787.

J'ai reçu en temps utile la lettre de mon bon vieil ami, datée du 19 février. Je vous remercie de vos remarques sur les banques : autant que j'en peux juger, elles sont justes et solides. Notre banque a éprouvé ici beaucoup d'opposition ; l'envie s'en est mêlée ; et certaines gens, qui désiraient une émission plus considérable de papier-monnaie, ont craint qu'elle ne fût empêchée par l'influence de la banque. Mais, celle-ci a résisté à toutes les attaques, et a poursuivi ses opérations, quoique l'Assemblée lui eût révoqué sa charte. Une nouvelle assemblée vient de lui rendre ses pouvoirs ; sa gestion est si prudente, que je ne doute pas qu'elle ne réussisse parfaitement. Le dividende n'a jamais été au-dessous de six pour cent ; on ne l'augmentera pas de quelque temps, parce que le surplus des bénéfices est mis en réserve pour faire face aux évènements. Le dividende s'est élevé une fois à onze pour cent, mais le cas était tout particulier. On avait proposé de fonder une nouvelle banque. Pour prévenir la concurrence la Banque prit de nouveaux associés : parmi les premiers actionnaires, il y eut des mécontents qui préférèrent se retirer : il fallut régler les comptes. On fit un apurement général, on partagea les bénéfices accumulés ; après quoi les anciens et les nouveaux associés commencèrent leurs opérations sur un pied d'égalité. Les billets sont toujours payés à bureau ouvert ; aussi les reçoit-on comme argent, puisqu'on en peut toujours faire de l'argent.

Votre médaillon est en bonne compagnie ; il est placé près de ceux de lord Chatham, de lord Camden, du marquis de Rockingham, de sir George Saville et de quelques autres personnes qui m'honorèrent de leur amitié pendant mon séjour en Angleterre. Je crois que je vous ai déjà remercié ; mais je vous remercie encore.

Je pense, comme vous, que notre plénipotentiaire aura besoin de patience, s'il veut conclure un traité de commerce. Si j'étais à sa place, et sans autres instructions, je serais assez disposé à dire aux Anglais : : « Messieurs, ne vous pressez pas. Si le traité ne vous offre pas autant d'avantages qu'à nous-mêmes, ne le faites point. Je suis sûr que l'absence de traité ne nous gêne pas plus que vous. Que les négociants s'arrangent entre eux. *Laissez-les faire.* »

Je n'ai jamais examiné avec attention le projet qu'a formé le Congrès de battre monnaie : je n'ai pas ce plan sous la main : je ne puis donc vous en rien dire. L'avantage d'un monnayage, c'est d'assurer le titre du métal, et d'épargner le temps qu'on perdrait à le peser. La faveur attachée à des pièces dont la valeur est fixe, est si grande qu'elles continuent d'avoir cours, alors même que l'empreinte en est effacée, et qu'elles ont perdu la moitié de leur poids légal. Telles sont, par exemple, les pièces anglaises de six pences, qui, l'une dans l'autre, ne pèsent pas trois pences.

Vous avez aujourd'hui soixante-dix-huit ans, j'en ai quatre-vingt-deux : vous marchez sur mes talons, mais, quoique vous ayez plus de force et de vigueur que moi, vous ne m'atteindrez pas à moins que je ne m'arrête ; et cela ne tardera guère, car je suis devenu si vieux que j'ai enterré la plupart des amis de mon enfance ; et maintenant je vois des gens que j'ai connus enfants et qu'on appelle le *vieux* monsieur un tel, pour les distinguer de leurs fils qui sont des hommes faits, et établis. En dépassant de douze ans la période de David[1], il semble que je me suis faufilé dans la compagnie de la postérité, quand je devrais être depuis longtemps au lit et endormi. Toutefois si j'étais parti à soixante-dix ans, j'aurais perdu douze années des plus actives de ma vie, celles ou j'ai été employé aux affaires les plus importantes. Ai-je fait du bien, ai-je fait du mal, l'avenir le montrera. Je puis dire seulement que mes intentions étaient droites, et j'espère que tout finira bien.

Soyez assez bon pour présenter mes affectueux respects au docteur Riley. Je lui ai de grandes obligations, et je lui écrirai bientôt. Il sera heureux d'apprendre que ma maladie ne s'aggrave pas sensiblement, c'est un grand point. Elle a toujours été assez supportable pour ne pas me sevrer des plaisirs de la société, et pour ne pas diminuer ma gaieté dans la conversation. C'est aux conseils du docteur que je dois en grande partie ce bonheur. Adieu, mon cher ami, croyez-moi toujours votre tout dévoué,   B. F.

---

1. *Three scores and ten*, soixante-dix ans, c'est la durée que la Bible assigne à la vie de l'homme.

A MISTRISS JANE MECOM.

La convention fédérale. — La guerre. — Précautions contre l'incendie.

Philadelphie, 20 septembre 1787.

Chère sœur,

La convention a fini le 17 courant. J'ai assisté aux séances, cinq heures par jour, depuis le commencement, ce qui fait un peu plus de quatre mois. Vous pouvez juger par là que ma santé se soutient ; on me dit même que j'ai meilleure mine, et on suppose que d'aller chaque jour à l'assemblée et d'en revenir, m'a fait du bien. Vous verrez dans les journaux la constitution que nous avons proposée. Accorder tous les intérêts et toutes les vues n'était pas une tâche aisée, et peut-être les différents États ne recevront-ils pas la constitution avec l'unanimité dont la convention leur a donné l'exemple. Nous avons fait de notre mieux ; c'est à la constitution à faire son chemin.

—Je partage entièrement votre horreur de la guerre. Sans parler de son inhumanité, je pense que la guerre est mauvaise au point de vue de l'humaine sagesse. Quelque avantage qu'une nation veuille obtenir de l'autre, territoire, libre commerce, libre navigation des fleuves, il sera toujours meilleur marché d'acheter ces avantages argent comptant, que de payer les dépenses d'une guerre afin de les acquérir. Une armée est un monstre dévorant et quand vous l'avez levée, il faut pour l'entretenir non-seulement fournir à des dépenses nécessaires, telles que la solde, l'habillement, les provisions, les armes, les munitions, et un nombre infini d'autres charges légitimes, mais il faut encore pourvoir aux frais accessoires et frauduleux de la nombreuse tribu des fournisseurs ; quiconque vous procure les articles dont votre armée a besoin prend avantage de ce besoin pour vous demander des prix exorbitants. Il me semble que si les hommes d'État avaient un peu plus d'arithmétique, ou étaient plus habitués à calculer, les guerres seraient moins fréquentes. Je suis sûr qu'on aurait pu acheter le Canada à la France, pour le dixième de l'argent que l'Angleterre a dépensé à le conquérir. Et si au lieu de se battre avec nous pour avoir le droit de nous taxer, elle nous avait tenus en bonne humeur, en nous laissant disposer de notre propre argent ; si de temps en temps elle nous avait donné un peu du sien, en dotant des colléges ou des hôpitaux, en creusant un canal, en fortifiant un port, elle aurait tiré de nos dons accidentels et de nos contributions volontaires beaucoup plus qu'elle n'en aurait jamais pu avoir par des taxes. Les gens d'esprit donnent un seau d'eau ou deux à une pompe sèche pour en tirer plus tard tout ce dont ils ont besoin. Le ministère anglais a manqué de sens commun. C'est ainsi que l'Angleterre a dépensé cent millions de son argent, pour perdre finalement l'enjeu de la querelle.

Je déplore les pertes que Boston a faites cette année, par suite d'incendies. Je pense quelquefois que les hommes n'agissent pas comme des créatures raisonnables, quand ils se bâtissent des maisons combustibles, où ils sont obligés de faire du feu tous les jours. Dans mes nouvelles constructions, j'ai employé quelques précautions qui ne sont pas ordinaires ; aucune des boiseries d'une chambre ne touche aux boiseries d'une autre chambre ; les planchers et même les marches de l'escalier sont enduits de plâtre sous le bois, sans parler de l'enduit des lattes sous les solives. Il y aussi des trappes pour aller sur les toits, afin de pouvoir y monter et mouiller les bardeaux en cas de feu dans le voisinage. Mais je crois que les escaliers devraient être de pierre, les planchers carrelés comme à Paris, et les toits en tuile ou en ardoise.

Je vous ai envoyé dernièrement un baril de farine, et je

me blâme de ne vous avoir pas prié plus tôt de faire votre provision de bois et de tirer sur moi comme l'an dernier. Mais j'ai été si occupé! Pour éviter cet oubli à l'avenir, tirez sur moi chaque année au même effet.

Adieu, ma chère sœur, croyez-moi toujours votre frère affectionné.   B. F.

A ALEXANDER SMALL.

Taxes américaines. — Nouveau Livre de prières. — Les loyalistes américains.

Philadelphie, 28 septembre 1787.

Cher monsieur,

Je n'ai abandonné aucun des principes d'économie publique que vous m'avez connus autrefois ; mais pour changer les mauvaises coutumes d'un pays, et lui en faire accepter de nouvelles, fussent-elles meilleures, il est d'abord nécessaire de guérir les préjugés du peuple, d'éclairer son ignorance, et de le convaincre qu'il gagnera aux changements proposés ; ce n'est pas là l'œuvre d'un jour. Nos législateurs sont tous propriétaires et ils ne sont pas encore convaincus que, finalement, c'est la terre qui paye tous les impôts. De plus notre pays est si maigrement peuplé (dans le fond du pays, les habitations sont quelquefois à cinq ou six milles l'une de l'autre) qu'en allant de maison en maison, et plus d'une fois pour recueillir l'impôt, le collecteur perdrait plus de temps, et de peine que ne vaut l'impôt lui-même. Nous avons donc été forcés d'adopter le mode des taxes indirectes, c'est-à-dire des droits à l'importation, et des excises.

Je n'ai fait aucune tentative pour introduire ici le Livre de prières que vous et la bonne mistriss Baldwin m'avez fait l'honneur d'approuver. Les choses de ce *bas* monde me prennent trop de temps, il ne m'en reste point pour entreprendre rien qui ressemble à une réforme en matière religieuse. Quand nous pouvons jeter de bonnes semences, faisons-le, et faute de mieux, attendons avec patience le temps fixé par la nature pour qu'elles germent. Il en est qui restent plusieurs années en terre ; certaines saisons ou certaines circonstances favorables les en font sortir : elles poussent alors des jets vigoureux et donnent des fruits abondants.

Si, comme vous l'auriez souhaité, j'avais été dans mon pays, aussitôt après la paix, j'aurais peut-être été à même d'adoucir quelques-unes des mesures rigoureuses prises contre les royalistes ; car je crois que la crainte et l'erreur, plutôt que la méchanceté, leur ont fait abandonner la cause de leur pays et adopter celle du roi. Le ressentiment public contre eux est tellement tombé aujourd'hui, qu'aucun de ceux qui demandent la permission de revenir, n'éprouve de refus ; il y en a beaucoup qui vivent maintenant fort tranquilles au milieu de nous. Quant à la restitution des biens confisqués, c'est une opération que nul de nos politiques ne s'est encore hasardé à proposer. Ce sont des gens qui aiment à se fortifier dans leurs projets par des précédents. Peut-être attendent-ils que votre gouvernement rende aux Écossais les biens confisqués en Écosse, aux Irlandais ceux qui l'ont été en Irlande, et aux Gallois ceux qui l'ont été en Angleterre[1].

Je suis charmé que les exilés, qui restent chez vous, aient reçu ou doivent recevoir quelque indemnité pour les pertes qu'ils ont essuyées, car j'ai pitié de leur situation. C'était évidemment au roi qu'il appartenait d'indemniser ceux qu'il a séduits par ses proclamations ; mais il ne paraît pas aussi clair que le Parlement soit obligé d'en agir ainsi, au lieu et place du prince. Si, dans un accès de folie, quelque roi insensé jugeait à propos de faire la

---

1. Voy. *sup.*, p. 385.

guerre à ses sujets d'Écosse ou à ses sujets d'Angleterre en s'aidant des Écossais et des Irlandais, comme ont fait les Stuarts, l'exemple de ces générosités du Parlement n'encouragerait-il pas les successeurs du prince à l'imiter? Ses sujets ne seraient-ils pas excités à se couper mutuellement la gorge, d'abord dans l'espoir d'avoir part aux confiscations, et ensuite dans celui d'obtenir des indemnités en cas de mauvais succès? Le conseil des animaux savait cela. De peur que cette fable ne vous soit inconnue, j'en joins ici une copie [1].

Votre traité de commerce avec la France montre les progrès que les deux nations ont faits dans la science économique. Avec un peu plus de bon sens, toute l'Europe pourrait être beaucoup plus heureuse. En Amérique nous avons eu dernièrement une convention pour faire une nouvelle constitution. Je vous envoie le résultat des délibérations. Sera-t-elle acceptée et mise à exécution, c'est ce qu'on verra; jusqu'à présent les apparences sont en sa faveur.

Je suis toujours charmé d'avoir de vos nouvelles; je me rappelle avec plaisir les heureux jours que nous avons passés ensemble. Adieu, mon cher ami, et croyez-moi toujours votre tout dévoué. B. F.

Cette constitution dont parle Franklin n'est rien de moins que la constitution fédérale qui gouverne les États-Unis, depuis soixante-quinze ans. Franklin siégea à la Convention aussi assidûment que lui permettait son grand âge, et il y a lu quelques discours qui furent écoutés avec respect. Parmi ces discours il en est deux surtout qui nous intéressent, le premier nous montre la foi de Franklin et le second son patriotisme.

1. Voyez cette fable dans les *Essais de morale et d'économie politique*.

MOTION POUR FAIRE COMMENCER PAR UNE PRIÈRE LES SÉANCES DE LA CONVENTION.

Monsieur le président,

Après cinq ou six semaines de séances assidues et de discours continuels, nous avons fait peu de progrès ; nous différons de sentiments sur chaque question et souvent les *Oui* et les *Non* se partagent également ; triste preuve de l'imperfection de la raison humaine. Il semble que nous *sentions* que la sagesse politique nous manque, car nous nous sommes tous mis en quête pour la chercher. Nous sommes remontés à l'antiquité pour lui demander des modèles de gouvernement, nous avons examiné les différentes formes de ces républiques, qui portant en elles-mêmes, dès l'origine, un germe de dissolution, n'existent plus depuis longtemps ; nous avons fait le tour de l'Europe sans y trouver une constitution qui convînt à notre situation.

Dans l'état où se trouve l'assemblée, quand chacun cherche à tâtons la vérité politique, et serait à peine en état de la reconnaître, si elle se présentait à lui, comment se fait-il que nous n'ayons pas songé une seule fois à prier humblement le Père des lumières d'illuminer notre esprit ? Au commencement de la lutte avec l'Angleterre, quand nous sentions le danger, on priait ici chaque jour pour invoquer la divine protection. Nos prières ont été entendues ; la bonté divine les a exaucées. Tous ceux de nous qui ont été engagés dans le combat ont pu fréquemment observer ce que la faveur de la Providence a fait pour nous. C'est à cette bonne Providence, que nous devons le bonheur de délibérer en paix sur les moyens d'établir notre félicité nationale. Avons-nous oublié ce puissant Ami ? Ou supposons-nous que nous n'avons plus besoin de son assistance ? J'ai vécu longtemps, et plus longtemps je vis, plus je vois des preuves convaincantes de cette vérité, que DIEU *gouverne les affaires humaines.* Si un passereau ne peut tomber à terre sans la permission de Dieu, est-il probable qu'un empire puisse s'élever sans son secours? Les écritures saintes nous assurent que « on bâtira toujours en vain si le Seigneur n'y met la main », je crois cela fermement; et je crois aussi que sans le secours de Dieu nous ne réussirons pas mieux dans notre édifice politique que ne firent les constructeurs de la tour de Babel; nos petits intérêts locaux et partiels nous diviseront : nos projets seront confondus, nos noms seront l'opprobre et la risée de l'avenir. Et ce qui est pis, l'humanité après un pareil échec désespérera d'établir un gouvernement par l'effet de la sagesse humaine et abandonnera cette œuvre au hasard, à la guerre, et à la conquête.

Je propose donc :

Que chaque matin, avant de commencer nos affaires, il soit fait des prières pour implorer l'assistance du ciel, et ses bénédictions dans nos délibérations; et qu'un ou plusieurs pasteurs de la cité soient requis de faire cet office.

Excepté trois ou quatre personnes, la convention trouva que des prières étaient inutiles. Ainsi s'exprime Franklin dans une note, qui trahit sa mauvaise humeur. La convention, il est vrai, refusa d'accepter cette motion, mais simplement parce qu'elle craignit qu'au dehors on ne l'interprétât comme un aveu d'impuissance et de division. L'idée d'implorer Dieu, dans une assemblée, n'avait rien qui répugnât aux idées américaines; à Washington on prie à l'ouverture des séances du Congrès.

Le dernier discours que Franklin apporta à la convention, et qu'il fit lire par son ami James Wilson, est resté justement célèbre; le voici :

DISCOURS PRONONCÉ DANS LA CONVENTION FÉDÉRALE,
A LA FIN DES DÉLIBÉRATIONS.

Monsieur le président,

J'avoue qu'en ce moment je n'approuve pas entièrement cette constitution : mais je ne suis pas sûr que, par la suite, je ne l'approuverai pas. J'ai vécu longtemps, et j'ai souvent éprouvé que l'expérience ou la réflexion m'ont forcé de changer d'opinion, même sur des sujets importants; ces opinions, je les croyais justes d'abord, mais je finissais par trouver qu'il en était autrement. C'est pourquoi plus je deviens vieux, et plus je suis porté à me défier de mon propre jugement. La plupart des hommes, ainsi que la plupart des sectes religieuses, se croient en possession de la vérité tout entière, toute opinion différente est une erreur. Steele, qui était un protestant, dit au pape, dans une dédicace : « Que la seule différence qu'il y ait entre l'Église romaine et l'Église anglicane, c'est que l'Église de Rome *est infaillible*, et que l'Église anglicane *n'a jamais tort*. » Mais quoique beaucoup de gens ne doutent pas plus de leur propre infaillibilité que de celle de leur Église, peu d'entre eux l'expriment aussi naturellement qu'une dame française, qui, dans une petite dispute qu'elle avait avec sa sœur, lui disait : « *Je ne trouve que moi qui a toujours raison*[1]. »

Dans ces sentiments, j'accepte cette constitution avec tous ses défauts, s'il y en a, parce que je crois qu'un gouvernement général nous est nécessaire, et que quelque forme qu'ait un gouvernement, il n'y en a point qui ne puisse être un bienfait pour la nation, s'il est bien administré. Je crois en outre que le nôtre sera bien administré pendant une suite d'années, et que s'il finit par devenir despotique

---

1. Ceci est pris des Mémoires de Mme de Staal (Mlle de Launay).

comme ceux qui l'ont précédé, c'est que le peuple sera assez corrompu pour avoir besoin d'un gouvernement despotique, étant incapable d'en supporter un autre.

Je ne pense pas davantage qu'une autre convention fît une meilleure constitution que celle-ci; car lorsque vous assemblez un certain nombre d'hommes pour recueillir le fruit de leur sagesse collective, vous assemblez inévitablement avec eux leurs préjugés, leurs passions, leurs erreurs, leurs vues étroites et leur égoïsme. Une telle assemblée peut-elle produire rien de *parfait?* Non, sans doute; et je suis étonné que notre constitution approche autant de la perfection qu'elle le fait. J'imagine même qu'elle étonnera nos ennemis, qui s'attendent avec confiance à voir nos projets confondus comme ceux des constructeurs de la tour de Babel, et qui croient que nos États sont sur le point de se séparer, pour ne plus se rencontrer qu'afin de s'égorger mutuellement.

J'accepte donc cette constitution parce que je n'en attends pas de meilleure, et parce que je ne suis pas sûr qu'elle ne soit pas la meilleure. Je sacrifie au bien public l'opinion que j'ai de ses *défauts*. Je n'en ai jamais murmuré un seul mot au dehors. C'est dans cette enceinte que sont nés mes doutes, c'est ici qu'ils doivent mourir. Si, en retournant vers ses constituants, chacun de nous leur faisait part de ses objections et s'efforçait de gagner des partisans pour les soutenir, nous empêcherions qu'elle fût généralement adoptée, nous perdrions ainsi les effets salutaires et les grands avantages que nous produira à l'étranger et chez nous notre unanimité réelle ou apparente. La force et les moyens qu'a un gouvernement pour faire ou garantir le bonheur du peuple, dépendent beaucoup de *l'opinion*, c'est-à-dire de l'idée générale qu'on se forme de sa bonté, ainsi que de la sagesse et de l'intégrité de ceux qui gouvernent.

J'espère donc que pour nous, qui faisons partie du peuple, et pour nos descendants, nous travaillerons cordialement et unanimement à recommander cette constitution partout où notre crédit peut s'étendre; et nous tournerons nos pensées, nous dirigerons nos efforts vers les moyens de la faire *bien administrer*.

Enfin, je ne puis m'empêcher de former un vœu, c'est que ceux des membres de cette convention, qui peuvent encore avoir quelque chose à objecter contre la constitution, veuillent, avec moi, douter un peu de leur propre infaillibilité, et que pour *manifester notre unanimité*, ils mettent leur nom au bas de cette charte.

On fit alors la motion d'ajouter à l'acte, cette formule : « *Fait en convention, d'un consentement unanime*, etc. » — La motion passa, et la formule fut ajoutée.

A MISTRISS JANE MECOM.

Philadelphie, 4 novembre 1787.

Chère sœur,

J'ai reçu de vous une bonne lettre qui m'a fait le plaisir de m'apprendre que vous vous portez bien. Je suis charmé que vous ayiez fait la provision d'hiver dont je vous avais parlé. Votre billet a été payé. Il m'est impossible de toujours deviner ce dont vous pouvez avoir besoin, j'espère donc que vous ne craindrez jamais de me faire connaître de quelle façon je puis vous rendre la vie plus commode.

J'avais l'intention de décliner une nouvelle élection à la Présidence, afin d'avoir la liberté de faire un tour à Boston, au printemps; mais je me soumets à la voix unanime de mon pays qui me veut une fois encore au fauteuil. Voilà plus de cinquante ans que je suis employé dans des fonctions publiques. Quand j'appris au docteur Cooper, votre excellent ami, qu'on m'envoyait en France, à soixante-dix ans, je lui dis que le public après avoir mangé ma chair, semblait résolu à ronger mes os; sur quoi le Docteur me répondit qu'il approuvait le goût du public; car ce qui est le plus près des os est le plus délicat. Ce n'est pas pour moi une faible joie, et j'espère que ce sera un plaisir pour ma sœur, de voir qu'après s'être servis de moi si longtemps, mes concitoyens m'élèvent une troisième fois au poste le plus honorable qu'ils puissent me conférer, et cela à l'unanimité, moins ma voix. La confiance illimitée que me témoigne tout un peuple, flatte ma vanité, beaucoup plus que ne le ferait une pairie. Des rubans, des cordons, ce ne sont pas là de véritables honneurs.

Toute la famille va bien, et moi aussi, grâce à Dieu. Nous vous envoyons tous nos souhaits pour vous et les vôtres. Je suis toujours, chère sœur, votre frère dévoué.

B. F.

A L'IMPRIMEUR DE L'EVENING HERALD A PHILADELPHIE.

Monsieur,

Les nouvellistes anglais ne perdent pas une occasion de noircir l'Amérique. Ne devrions-nous pas éviter de les aider en nous critiquant les uns les autres, surtout quand ces critiques ne sont pas fondées?

J'ai lu dans un de vos derniers numéros des réflexions sur l'État de Massachusetts. Vous en blâmez la conduite, comme inconséquente, absurde et criminelle, parce qu'on y veut lever un impôt de timbre, et qu'on y fait la traite des nègres.

L'auteur de ces réflexions aurait dû considérer que lorsque les Américains ont repoussé l'Acte du Timbre, c'était surtout parce que cet impôt était établi par un parlement anglais qui n'avait pas le droit de les taxer; car autrement un impôt de timbre peut se lever sans plus d'inconvénient que tout autre impôt. L'Irlande a un acte de timbre qu'elle a votée dans son parlement; mais si l'Angleterre prétendait imposer une taxe semblable sur le peuple irlandais, il est probable que l'Irlande résisterait, sans qu'on pût néanmoins l'accuser d'inconséquence.

Un ou deux armateurs de Boston qui emploient leurs navires à l'abominable traite des nègres, méritent certainement d'être condamnés, quoiqu'ils n'apportent pas leurs esclaves dans le pays, et qu'ils les vendent aux Antilles. L'État de Massachusetts n'a jamais, que je sache, donné d'encouragement à ce commerce diabolique; et il y a toujours eu moins d'esclaves dans la nouvelle Angleterre que dans les autres colonies anglaises. Des jugements qui portent sur toute une nation sont rarement justes, et il ne faut pas décrier tout un peuple pour les crimes de quelques individus.

L'insertion de cette lettre sera une réparation pour ce brave peuple, et obligera un de vos abonnés qui est

Un Pensylvanien.

A MATHEU BYLES, PASTEUR A BOSTON.

Philadelphie, 1ᵉʳ janvier 1788.

Cher vieil ami,

J'ai reçu votre bonne lettre du 14 mai. J'étais alors fort occupé par notre Convention générale; cette occupation jointe aux affaires courantes du gouvernement, prenait tellement mon temps que j'ai été obligé d'ajourner mes réponses aux lettres de mes amis; il en est résulté que quelques-unes de ces lettres se sont égarées, et parmi celles-là était la vôtre qui m'est seulement retombée sous la main la semaine dernière.

C'est un grand plaisir pour moi d'apprendre que mes

paratonnerres ont servi à vous protéger vous et les vôtres. Je souhaiterais pour vous que l'électricité fût réellement un remède pour la paralysie comme on l'a supposé tout d'abord. Pour vous, que l'âge et la maladie ont affaibli, et empêchent d'écrire, il est toutefois heureux d'avoir sous la main une fille qui vous soigne avec une attention filiale, et qui se fasse votre secrétaire. L'élégance et la correction de la lettre à laquelle je réponds prouve combien votre fille est digne de cet emploi. Moi aussi j'ai une fille, qui vit avec moi, et qui est la consolation de mes dernières années, tandis que mon fils est éloigné de moi, par le rôle qu'il a joué dans la dernière guerre. Il vit dans cette Angleterre dont il a *épousé* la cause. C'est une preuve nouvelle du vieux proverbe : *Mon fils est mon fils jusqu'à ce qu'il ait pris femme, mais ma fille est ma fille tous les jours de sa vie.*

Je me rappelle que vous aviez une petite collection de curiosités. Faites-moi l'honneur d'y donner place à cette médaille que j'ai fait frapper à Paris. Les connaisseurs en ont approuvé la pensée, la gravure est bien exécutée. Recevez tous mes vœux, je suis toujours votre ami dévoué et votre humble serviteur.   B. F.

En lisant ces aimables lettres, on recule d'un siècle en arrière ; on se transporte en idée à Philadelphie, on voudrait entrer dans la maison de Franklin et se donner le plaisir de le suivre au milieu de ses études, et de causer avec lui.

Ce plaisir, un contemporain de Franklin l'a goûté si vivement et nous en a fait une peinture si fidèle, qu'on me permettra de placer ici ce tableau d'intérieur, qui, si j'en juge par moi, charmera plus d'un lecteur.

C'est à M. Sparks que j'emprunte ces pages extraites du journal tenu par le révérend docteur Manassé

Cutler, d'Hamilton (Massachusetts)[1]. Le docteur, qui était un botaniste distingué, fit une visite à Franklin, le 13 juillet 1787, voici comment il la raconte :

« Le docteur Franklin vit dans la rue du Marché. Sa maison est au fond d'une cour à quelque distance de la rue. Nous le trouvâmes dans son jardin, assis sous un très-grand mûrier, entouré de plusieurs messieurs et de deux ou trois dames. M. Gerry me présenta, le docteur se leva, me prit la main, il me dit qu'il avait du plaisir à me voir, que j'étais le bien venu à Philadelphie et il me pria de m'asseoir à côté de lui. Sa voix était foible, mais son visage était ouvert, franc, et agréable. Je lui remis mes lettres. Après les avoir lues, il me prit par la main, et me présenta à ces messieurs qui pour la plupart sont des membres de la convention[2].

« On se mit à causer librement et le temps se passa fort agréablement jusqu'à la brune. Le thé fut servi sous l'arbre ; mistriss Bache, qui est la seule fille du docteur, et qui vit avec lui, offrit le thé à la compagnie. Elle avait trois de ses enfants autour d'elle ; ils semblaient tous très-épris de leur bon papa. Le docteur me montra une curiosité qu'il venait de recevoir, et qui lui plaisait beaucoup. C'était un serpent à deux têtes, conservé dans un bocal. On l'avait pris au confluent de la Schuylkill et du Delaware, à quatre milles de Philadelphie. Il avait environ dix pouces de long et était bien proportionné ; les têtes étaient parfaites et s'unissaient au corps à un quart de pouce au-dessous des mâchoires. Le serpent était d'un brun foncé, presque noir, le dos était parsemé de taches blanches ; le ventre était marqué de rouge et de blanc. Le

1. Sparks, *Life of Franklin*, p. 519.
2. La convention fédérale qui faisait la Constitution des États-Unis.

Docteur supposait que l'animal était dans toute sa croissance, ce qui paraît probable, et il pense que ce n'est point un monstre, mais une espèce particulière. Il fonde son opinion sur la forme parfaite de l'animal, sur ce que le serpent paraît déjà d'un certain âge, et que dans la dernière guerre, on a trouvé un individu entièrement pareil près du lac Champlain. Le docteur m'en a montré le dessin. Il a demandé quelle serait la situation de ce serpent si, en traversant des buissons, une tête allait à droite, l'autre à gauche, et qu'aucune des deux ne consentît à reculer ni à céder. En comparant ce serpent à l'Amérique, il allait nous conter une ridicule histoire qui le même jour s'était passée dans la convention ; il oubliait que tout ce qui se faisait dans la convention devait être gardé dans un secret profond ; on l'en avertit, ce qui l'arrêta et me priva de l'histoire qu'il allait conter.

« A la nuit, on rentra dans la maison; le docteur m'invita à le suivre dans sa bibliothèque qui est aussi son cabinet. C'est une très-grande chambre; les murs en sont garnis de rayons couverts de livres; il y a en outre quatre grandes alcôves, qui grandissent la chambre des deux tiers, et qui sont garnies de la même façon. C'est je crois la bibliothèque particulière la plus considérable et de beaucoup la meilleure qui soit en Amérique. Le docteur nous montra une machine en verre qui sert à démontrer la circulation du sang dans les artères et les veines. On voit un fluide rouge qui passe d'un réservoir dans de nombreux tubes capillaires en verre, qui se ramifient dans toutes les directions ; puis le fluide retourne au réservoir par d'autres tubes semblables ; tout cela se fait avec une grande rapidité, sans qu'aucune force visible agisse sur le fluide. On dirait le mouvement perpétuel. Une autre grande curiosité était une presse à copier les lettres et manuscrits. En moins de deux minutes on a la copie d'une feuille de papier ; la copie est aussi nette que l'original et ne l'altère en rien. C'est une invention du docteur, elle est fort utile en mainte occasion. Il nous montra aussi un long bras artificiel qui lui sert à prendre et à remettre sur les rayons les livres qui ne sont pas à la portée de sa main, et son grand fauteuil avec un support à balancier, et un éventail placé au-dessus qui lui permet lorsqu'il lit, de s'éventer et de chasser les mouches par un simple mouvement du pied. Il nous fit voir bien d'autres curiosités de son invention, mais de moindre importance. Il y a aussi dans la chambre un nombre prodigieux de médailles, de bustes, de médaillons en cire, ou en plâtre de Paris qui représentent les personnages les plus célèbres de l'Europe.

« Mais ce que le Docteur tenait surtout à me montrer, c'était un énorme volume sur la botanique, qui, en effet, me charma plus que toute autre chose dans la bibliothèque. Le livre était si grand que le Docteur eut peine à le prendre sur un rayon d'en bas et à le mettre sur la table. Mais avec l'ambition d'un vieillard, il insista pour qu'on ne l'aidât pas, afin de me montrer combien il lui restait de force. C'était le *Systema Vegetabilium* de Linné, avec la gravure de chaque plante, coloriée d'après nature. C'était une fête pour moi, et le docteur ne semblait pas moins charmé que moi. Nous passâmes une couple d'heures à examiner ce volume, tandis que les autres visiteurs s'amusaient de leur côté. Le Docteur n'est point botaniste ; il regrette de ne s'être pas occupé de cette étude, quand il était jeune. Il est fou d'histoire naturelle, et m'a exprimé le vif désir de me voir poursuivre le plan que j'ai commencé. Il espère que cette science, si négligée en Amérique, sera quelque jour étudiée ici avec autant d'ardeur qu'en Europe. J'aurais voulu me consacrer trois mois entiers à ce seul volume, mais craignant de fatiguer le Docteur, je fermai le livre quoiqu'il me priât de l'examiner plus longtemps.

« Tandis que ces autres messieurs se noyaient dans la politique, le Docteur, durant toute la visite, me parut s'intéresser prodigieusement à l'histoire naturelle. Ce fut pour moi une circonstance favorable, car il ne causa guère qu'avec moi; je fus charmé des connaissances étendues qu'il avait sur chaque sujet, de la fraîcheur de sa mémoire de la clarté et de la vivacité de son esprit, malgré son âge. Ses manières sont d'une aisance parfaite; autour de lui, tout respire la liberté et le bonheur. Il a une veine incessante de gaieté et une vivacité qui lui semble aussi naturelle et aussi nécessaire que de respirer. Il me pria de revenir le voir, la courte durée de mon séjour ne me le permettait pas. Nous prîmes congé à dix heures et je rentrai chez moi. »

On voit que le révérend Manassé Cutler a des prétentions à la finesse et à l'observation; mais, à en juger par son récit, il a été *enguirlandé* par le bonhomme Franklin; il n'a pas compris que le docteur, malgré ses quatre-vingts ans passés, aimait bien d'autres choses que l'histoire naturelle, mais qu'il savait se faire tout à tous, et qu'il devenait *fou* d'histoire naturelle durant une ou deux heures, pour plaire à son hôte et lui faire passer quelques instants heureux. Et à ce moment même, Franklin, qui s'oubliait pour un étranger, souffrait cruellement de la maladie qui devait l'emporter.

A JOHN INGENHOUSZ

La Russie et la Turquie. — Le crédit public aux États-Unis.

Philadelphie, 11 février 1788.

Mon cher vieil ami,

Il n'y a guères plus de quinze jours que votre lettre, du 28 septembre 1787, m'est parvenue. Elle m'a trouvé très-souffrant de la pierre ; cet accès a suivi une chute que j'ai faite sur le perron qui descend à mon jardin ; j'ai été fort contusionné, et j'ai eu le poignet foulé de façon à ne pouvoir écrire durant plusieurs semaines. J'ai donc prié M. Vaughan de vous répondre pour moi; vous trouverez sa lettre sous ce pli. Mais comme ma main a repris des forces, quoique j'aie encore de la peine à écrire, j'ajouterai quelques mots.

Tous les livres que vous avez envoyés à la Société philosophique et à moi sont arrivés. Il en sera fait mention dans notre prochain volume. En attendant recevez tous nos remercîments. Parmi les livres publiés dans ces derniers temps, il en est peu qui contiennent autant de choses nouvelles et utiles que ceux que vous avez écrits.

Je déplore avec vous l'horrible guerre qui menace d'envelopper une si grande partie du genre humain. En général les guerres font si peu de bien et tant de mal que je souhaiterais aux princes de mieux comprendre combien il est imprudent de s'y engager ; peut-être alors seraient-elles moins fréquentes. Si j'étais conseiller de l'impératrice de Russie, et si je voyais qu'elle désire posséder quelques provinces du Grand Seigneur, je lui conseillerais de faire le compte des impôts annuels que paye ce territoire, et d'offrir au Sultan, comme prix d'achat, vingt fois le revenu que donne ce pays. Et si j'étais conseiller du Sultan, je lui conseillerais de prendre l'argent et de céder la domination de ce territoire. Car je suis d'avis que l'attaque coûtera à l'impératrice beaucoup plus que cette somme, sans même que le succès soit certain, et que la défense ne coûtera pas moins au Sultan, ce qui fait pour lui double perte, s'il refuse l'offre qu'on lui fait. Mais pour faire et pour accepter de pareilles propositions, il faudrait que ces potentats fussent tous deux des créatures raisonnables, et affranchies d'ambition; c'est plus peut-être qu'on ne peut supposer.

Je suis heureux que la paix se rétablisse dans votre pays natal avec si peu de sang versé, quoique la façon dont cette paix s'est faite ne soit pas agréable à une grande partie de la nation. Si les Français étaient entrés avec les Prussiens et avaient fait de votre pays le siége de la guerre, le mal eût été infini.

Je suis vraiment affligé des pertes que vous avez éprouvées en essayant de faire le commerce avec nous. Jonathan Williams était en Angleterre et en Irlande, plusieurs mois avant mon départ de France. Depuis on l'a vu en différentes parties de l'Amérique, recueillant ce qu'on lui devait; il est ici en ce moment. Je lui ai parlé de vos affaires. Il me dit que votre envoi en Caroline s'est bien vendu, et qu'on vous en a retourné le produit en indigo; ce qui eût donné un grand profit si l'indigo était arrivé. Mais, quoique son correspondant eût eu la prudence de faire assurer la cargaison à Charleston, on n'a pu rien tirer de l'assurance, car Charleston a été pris bientôt après, et les assureurs ont été ruinés. Williams dit qu'il perd cent guinées pour sa part de cette malheureuse spéculation. J'étais dans l'erreur quand je vous ai dit que son frère lui avait remis vos certificats; ce n'étaient que des copies authentiques qu'il m'a remises. Mais j'ai écrit à John de donner les originaux à M. Charles Vaughan, qui est à Boston en ce moment, et de régler votre compte, en payant à M. Vaughan tous les billets qu'il peut avoir entre les mains; je ne doute pas qu'il le fasse.

Ces certificats sont très-bas à présent; mais nous espérons et nous croyons qu'ils remonteront quand notre nouvelle constitution sera établie. J'ai prêté à l'ancien Congrès trois mille livres sterling, valeur en argent, et j'ai pris des certificats promettant intérêt à six pour cent; mais depuis plusieurs années je n'ai pas reçu d'intérêts, et si je voulais vendre le capital je n'en tirerais pas plus du sixième. N'attribuez point cela à un manque d'honnêteté chez notre gouvernement ; c'est un manque de pouvoir, la guerre a épuisé les ressources de la nation. Durant la guerre, le 3 pour cent de la Grande-Bretagne est lui-même tombé de 95 à 54. L'ennemi avait dans notre pays des armées puissantes qui ravageaient, pillaient, détruisaient nos villes, et empêchaient notre agriculture, tandis que les flottes anglaises ruinaient notre commerce ; cela a duré huit ans. Croyez-vous que même en votre riche pays, le crédit public eût résisté à un pareil traitement? Mais nous nous rétablissons rapidement, et si la paix continue (que Dieu nous l'accorde!) nous serons bientôt dans un état florissant.

Je ne croyais pas que je pourrais en écrire si long. Je l'ai fait, il est vrai, à plusieurs reprises, un peu chaque fois. Il ne me reste plus qu'à ajouter que, avec une inaltérable affection, je reste toujours, mon cher ami, votre, etc., B. F.

A M. LE VEILLARD

Mémoires de Franklin. — Constitution des États-Unis. Restrictions commerciales. — Papier-monnaie.

Philadelphie, 12 février 1788.

Mon cher ami,

M. Saugrain m'a remis votre bonne lettre du 23 juin ; c'est la dernière que j'aie reçue de vous. Vous avez tant de loisir, et vous aimez tant à écrire, que je ne puis croire à un si long silence de votre part, vous qui avez la bonté de m'aimer, et qui savez combien vos lettres me font plaisir. Je soupçonne donc que vous aurez écrit trop librement sur les affaires publiques, que vos lettres ont été arrêtées à la poste, et qu'on vous a logé à la Bastille. Vous voyez qu'il m'est plus facile de faire les suppositions les plus extravagantes, que de soupçonner, comme font trop souvent vos lettres, que mes amis puissent m'oublier.

Je me serais occupé de l'histoire en question[1], si j'avais pu éviter le fauteuil de la présidence pour cette troisième et dernière année[2]. Le Conseil et l'Assemblée générale, réunis en novembre, m'ont de nouveau réélu d'une voix *unanime*. Si je vis assez pour voir finir cette année, j'aurai peut-être quelques loisirs; je vous promets de les employer à l'œuvre à laquelle vous me faites l'honneur de me pousser si vivement.

Ma dernière lettre renfermait un exemplaire du nouveau projet de Constitution fédérale rédigé par la dernière Convention. J'en ai fait également tenir un à notre excellent ami le duc de la Rochefoucauld. J'ai assisté régulièrement aux séances de la Convention pendant quatre mois. Vous trouverez sous ce pli le dernier discours que j'y ai prononcé[3]. Six États ont déjà adopté la Constitution; et maintenant il n'y a guère de doute que si elle n'est pas immédiatement acceptée par tous les pays, elle le sera par un nombre d'États suffisant pour assurer sa mise à exécution[4]. Cependant elle a rencontré beaucoup d'opposition dans quelques États : car nous sommes aujourd'hui un peuple de politiques. Et quoique on craigne généralement d'accorder trop de pouvoir *aux gouvernants*, je pense que nous avons bien plus à craindre le trop peu d'obéissance chez les *gouvernés*.

Comme vous le supposez, nous allons mettre des impôts sur le commerce, et nous aurons des douanes, non pour suivre l'exemple des autres nations, mais parce que nous ne pouvons aujourd'hui nous en passer. Il nous faut liqui-

1. Les *Mémoires de sa vie*.
2. La constitution de Pensylvanie, ne permettait pas qu'on occupât plus de trois ans la présidence.
3. Supra, p. 447.
4. Il fallait pour cela neuf États.

der notre dette publique, fruit de la dernière guerre. Il n'est pas facile de lever des taxes directes chez un peuple clairsemé sur un vaste territoire, le consommateur sent moins ce qu'il paye quand l'impôt est compris dans le prix de la marchandise, et il y a moins de plaintes. Quand nous aurons payé nos dettes nous pourrons laisser notre commerce libre : car les dépenses ordinaires de notre gouvernement seront peu de chose.

Dans un gouvernement libre, où le peuple fait lui-même ses lois, par l'intermédiaire de ses représentants, je ne vois aucune injustice à ce qu'on s'oblige mutuellement à recevoir le papier-monnaie du pays. Cela n'a rien de plus inique que la loi qui force un homme à prendre son propre papier. Mais il est injuste de payer l'étranger avec ce papier, contre son gré. D'ailleurs, émettre du papier-monnaie avec cette sanction, c'est de la folie. La loi peut obliger un citoyen à prendre du papier en payement de ses marchandises; mais elle ne peut en fixer le prix, le vendeur est libre de les évaluer à son gré. N'est-ce point la même chose que s'il donnait à votre papier la valeur qui lui plaît, et la sanction n'est-elle pas illusoire [1] ?

Je suis affligé d'apprendre qu'il y a des troubles intérieurs dans le pays que j'aime [2], j'espère qu'il en sortira quelque bien et que tout finira sans désastres.

Dans votre lettre à mon petit fils, vous faisiez certaines questions qui sont d'un homme qui aurait l'idée de nous faire visite. Rien au monde ne me ferait plus de plaisir que de recevoir et d'embrasser ici toute la famille; mais c'est un bonheur trop grand pour oser l'espérer! Toute ma famille se joint à moi pour vous envoyer ses meilleurs vœux, et je

---

1. C'est pour cela que le papier-monnaie amène presque toujours à sa suite le *maximum*; mesure désastreuse, et qui prouve la folie de toute atteinte à la liberté des transactions.

2. La France que Franklin désigne presque toujours par ces mots : *the country I love*.

reste, avec une inaltérable estime, et une grande affection, votre tout dévoué, B. F.

A M. LE VEILLARD.

Mémoires de Franklin. — Constitution des États-Unis. Droits de douanes.

Philadelphie, 22 avril 1788.

Mon cher ami,

J'ai reçu, il y a quelques jours seulement, votre lettre du 30 novembre 1787, dans laquelle vous continuez à me presser de finir mes Mémoires. Mes trois ans de service expirent en octobre ; à cette date on nommera un nouveau président. Pour terminer mon œuvre à votre satisfaction, j'avais formé le projet de me retirer en New-Jersey, dans la propriété de mon petit-fils, là où je n'avais pas à craindre les visites ; car ici, dans la ville, mon temps est tellement mis en pièces par des amis et des étrangers que quelquefois j'envie les prisonniers de la Bastille. Mais en réfléchissant au peu qui me reste de vie, aux accidents qui peuvent survenir d'ici en octobre, et enfin en songeant à votre vif désir, j'ai pris la résolution de me mettre à l'œuvre dès demain, et de travailler journellement jusqu'à ce que j'aie fini ces mémoires, ce qui, si ma santé le permet, pourra avoir lieu dans le cours de l'été prochain. A mesure que j'avancerai, je ferai faire une copie pour vous ; attendez-vous à recevoir quelques fragments par le prochain paquebot.

Il est très-possible, comme vous le supposez, que certains articles de la nouvelle Constitution soient changés, après la première réunion du Congrès. Je pense comme vous que *deux* Chambres n'étaient pas nécessaires ; je n'étais point content d'ailleurs de quelques articles qui se trouvent dans le projet, et j'en aurais voulu quelques autres qui n'y sont pas; j'espère néanmoins qu'on l'adoptera, quoique sa mise à exécution ne me touche guères, car j'ai pris la ferme résolution d'abandonner toutes les affaires publiques, en même temps que ma présidence. A quatre-vingt-trois ans on a certainement le droit d'avoir l'*ambition* du repos.

Nous n'ignorons pas que les droits de douanes payés à l'importation des marchandises étrangères ne soient finalement remboursés par le consommateur; mais nous les établissons comme le moyen le plus simple d'imposer ces consommateurs. Si notre pays naissant était aussi peuplé que votre vieux pays, nous pourrions aisément percevoir un impôt foncier qui suffirait à tous nos besoins; mais lorsque des fermes sont à cinq ou six milles les unes des autres, et il en est ainsi dans une grande partie de notre pays, les frais de déplacement et de perception dépasseraient souvent la somme recueillie par le collecteur. Tels moyens sont praticables en un pays, qui ne le sont point en un autre, parce que les circonstances ne sont pas les mêmes. Du reste, les droits que nous mettons sur les marchandises sont généralement si faibles, qu'ils tenteront peu la contrebande. Croyez-moi toujours, mon cher ami, votre, etc.   B. F.

A JOHN LATHROP[1].

Réminiscences. — Progrès de l'humanité.

Philadelphie, 31 mai 1788.

Révérend monsieur,

Comme vous le dites, ce serait pour moi un bien grand plaisir que de voir une fois encore ma ville natale, et de

[1]. Pasteur à Boston, et pendant longues années voisin et ami de mistriss Jane Mecom.

me promener aux lieux où je jouais dans mon enfance ; j'y retrouverais les souvenirs de ces plaisirs innocents, j'y reverrais peut-être quelque vieille connaissance avec qui causer. Mais quand je considère combien je suis agréablement ici, ayant autour de moi tout ce qu'on peut appeler nécessaire ou commode, je n'ose m'exposer aux fatigues et aux incommodités d'un voyage de terre, encore moins aux désagréments d'une traversée; car si j'ai passé huit fois l'Atlantique, et si j'ai fait plus d'un tour en mer, je n'ai jamais été sur l'eau salée sans prendre la ferme résolution de n'y jamais retourner. Et quand j'arriverais à Boston, que pourrait y voir un homme qui ne peut ni marcher, ni supporter les cahots d'une voiture sur le pavé? Et enfin, combien peu de mes vieux amis y trouverais-je en vie ; moi qui ai quitté Boston il y a soixante-cinq ans pour m'établir à Philadelphie. Tout ceci bien considéré, il est probable, je ne dis pas il est certain, que je ne reverrai jamais cet endroit chéri. Mais je jouis de la compagnie et de la conversation de ses habitants, quand un d'entre eux a la bonté de venir me voir, car, sans parler d'un bon sens que j'estime fort, il y a dans les manières des Bostoniens, dans leur tour de phrase, même dans leur son de voix et dans leur accent quelque chose qui me plaît, me ranime et me rajeunit.

Il y a longtemps que je partage les sentiments que vous exprimez si bien. Le progrès de la philosophie, de la morale, de la politique, les nouvelles commodités de la vie, l'invention et l'acquisition de nouveaux outils, d'instruments utiles, tout contribue à accroître le bonheur des générations qui s'avancent; aussi ai-je quelquefois regretté qu'il ne m'ait pas été donné de naître deux ou trois siècles plus tard. Car l'invention et le perfectionnement sont de nature prolifique ; ils engendrent de nouveaux perfectionnements et de nouvelles inventions. Aujourd'hui le progrès est rapide. Mais d'ici à deux siècles, on fera des inventions dont on n'a point l'idée aujourd'hui, et si je vivais alors, non-seulement je jouirais de ces avantages, mais ma curiosité serait satisfaite en sachant ce que seront ces inventions. Je vois un peu de folie dans ce que je viens d'écrire, mais j'écris à un ami, qui sourira et me laissera dire quand j'ajouterai une dernière raison pour justifier mon souhait : c'est qu'alors la médecine sera perfectionnée comme les autres arts ; nous éviterons les maladies, et nous vivrons aussi longtemps que les patriarches de la Genèse ; ce à quoi, je suppose, nous aurons peu d'objections à faire.

Je suis charmé que ma sœur ait un si bon et si aimable voisin. Je soupçonne quelquefois qu'elle hésite à me faire connaître certains cas, où je pourrais lui être utile. Si vous voyez quelque chose de semblable, dites-le-moi, vous me rendrez un service dont je vous serai reconnaissant. Avec une grande estime, etc.

B. F.

A M. LE VEILLARD.

Tolérance. — Constitution des États-Unis.

Philadelphie, 8 juin 1788.

Mon cher ami,

J'ai reçu il y a quelques jours votre bonne lettre du 3 janvier. L'*arrêt* en faveur des *non catholiques* fait ici grand plaisir[1] ; non-seulement à cause du bien qu'il fait à présent, mais parce que c'est un bon pas vers la tolérance universelle, vers l'abolition de l'esprit de secte chez les chrétiens, vers la fin de tous les maux qui l'ont trop longtemps accompagné. Grâce à Dieu, le monde devient de plus sage en plus sage, et comme peu à peu les hommes sentent

1. Cet *arrêt du Conseil* reconnaissait un état civil aux protestants. V. inf., p. 500, à la note.

mieux la folie des guerres de religion, de conquête et de commerce, le monde deviendra de plus en plus heureux.

Huit États ont accepté la nouvelle Constitution ; il en reste cinq qui ne l'ont pas discutée, le temps de leur réunion n'étant pas encore arrivé. Deux d'entre eux se réuniront ce mois-ci, les autres plus tard. Dès qu'un seul de ces États aura accepté la Constitution, on la mettra à exécution. Il est probable que tous ne l'accepteront pas à présent, mais le temps les y amènera ; aussi ne doutons-nous guères qu'elle ne soit universellement adoptée, mais peut-être avec quelques amendements.

Quant à prendre une part dans ce nouveau gouvernement, votre ami n'y songe guères ; son âge et ses infirmités le rendent incapable d'affaires, et les affaires ne veulent plus de lui. A l'expiration de sa présidence, ce qui aura lieu dans quelques mois, il est *décidé* à ne plus s'engager dans la vie publique, même quand on l'en prierait ; mais ses concitoyens sont trop raisonnables pour l'en prier. Vous n'êtes pas aussi sage, vous êtes un maître un peu exigeant. Vous insistez pour que votre ami écrive *sa vie*, c'est déjà une longue besogne, et en même temps vous voudriez qu'il allongeât son sujet, quand le temps d'exécuter sa tâche s'abrége si rapidement.

Le général Washington est l'homme sur qui tous les yeux sont fixés pour la présidence ; le peu d'influence que je puis avoir est tout à son service. Je suis, etc.

B. F.

A M. DUPONT DE NEMOURS [1].

Constitution des États-Unis. — Principes de commerce. — Dictionnaire de Commerce.

Philadelphie, 9 juin 1788.

Monsieur,

J'ai reçu votre lettre du 31 décembre, avec l'extrait d'une autre, que vous désiriez que l'on traduisît et publiât ici. Mais, avant qu'elle arrivât, sept états avaient ratifié la Constitution nouvelle, et l'on attendait chaque jour que d'autres en fissent autant. La discussion la plus complète avait eu lieu dans la Convention et dans tous les journaux, le sujet était épuisé. Il était donc trop tard pour proposer un délai, et surtout un délai comme celui qu'eût exigé la révision et la correction de toutes les Constitutions séparées. Il faudrait au moins un an pour convaincre treize états que les Constitutions dont ils se servent, depuis la révolution, sans y observer d'assez grands défauts pour qu'il valût la peine de les corriger, sont cependant assez vicieuses pour ne pouvoir durer davantage, ni faire partie d'un Gouvernement fédéral. Et, lors même qu'on les en convaincrait, il faudrait probablement quelques années de plus pour faire les corrections.

Un huitième état vient d'adhérer à la Constitution; quand un neuvième s'y joindra, ce qu'on attend de jour en jour, la Constitution sera mise à exécution. Il est probable, cependant, qu'à la première session du nouveau Congrès, on proposera et on discutera divers amendements. J'espère alors que votre écrit, *Sur les principes et le bien des Républiques en général*, etc., pourra être mis dans les mains de nos représentants, et je suis sûr qu'un ouvrage de votre main

---

[1] Ami et disciple de Turgot; il a conservé jusqu'à la révolution le titre et les fonctions de Secrétaire général du commerce.

fournira des idées utiles, et produira de grands avantages, lors même qu'on ne le suivrait pas entièrement.

Mais nous ne devons pas compter qu'un nouveau Gouvernement se forme comme on joue une partie d'échecs; il ne suffit pas d'une main habile et qui ne fasse pas de fautes. Le nombre de nos joueurs est si grand, leurs idées si différentes, leurs préjugés si forts et si divers, leurs intérêts particuliers si indépendants de l'intérêt général et souvent si opposés, qu'on ne peut faire un coup qu'il ne soit contesté. Les nombreuses objections confondent l'intelligence; les plus sages peuvent accepter certaines choses peu raisonnables, pour en obtenir de raisonnables qui ont une plus grande importance; ainsi, le hasard a sa part dans beaucoup de résolutions, de sorte que ce jeu ressemble moins aux échecs qu'au *trictrac*, avec son cornet et ses dez.

Nous sommes charmés de l'intention de favoriser notre commerce, que votre Gouvernement manifeste dans son dernier *règlement*. Vous paraissez convaincus d'une *vérité* que peu de Gouvernements comprennent; c'est qu'A doit prendre quelques-uns des produits de B; autrement, B ne sera pas en état de payer ce qu'il voudrait acheter à A.

Mais, pour faciliter et augmenter nos relations, il manque une chose. C'est un dictionnaire, qui expliquerait dans les deux langues les noms des différents articles de manufactures. Quand j'étais à Paris, je reçus un ordre d'achat considérable de marchandises différentes, particulièrement de l'espèce que nous appelons *hard wares*[1] c'est-à-dire, objets de fer et d'acier. Quand je montrai la lettre d'envoi à vos fabricants, ils ne comprirent point quelles espèces de marchandises ou d'outils ces noms désignaient; et on ne pût trouver aucun dictionnaire anglais ou français qui l'expliquât. De sorte que j'envoyai

---

1. Ce mot répond à *quincaillerie*.

chercher en Angleterre un objet de chaque espèce, pour servir à la fois d'explication et de modèle. Ce dernier point était également important ; car les hommes sont prévenus en faveur des *formes* auxquelles ils ont été accoutumés, quoiqu'elles ne soient peut-être pas les meilleures. Ces objets me coûtèrent 25 guinées ; mais ils se perdirent en route et la paix étant survenue, mon projet tomba dans l'eau. Je pense néanmoins qu'il mériterait d'être repris ; car nos marchands nous disent : « Nous demandons encore à l'Angleterre les articles dont nous avons besoin, parce qu'on y comprend nos ordres d'achat, et qu'on les exécute avec précision. »

Je suis, etc, etc. B. F.

AU DUC DE LA ROCHEFAUCAUD.

Philadelphie, 22 octobre 1788.

Nos affaires publiques commencent à prendre un aspect plus calme. Les disputes sur les défauts de notre nouvelle Constitution sont apaisées. Le premier Congrès corrigera sans doute les vices principaux, les Congrès suivants feront le reste. Le défaut dont vous me parlez n'a pas échappé à la Convention. Plusieurs membres, si j'ai bonne mémoire, voulaient que le Président ne pût être réélu après les quatre premières années ; mais la majorité a été d'avis qu'il fallait laisser aux électeurs la liberté de choisir celui qui leur plairait. On a dit que cette incapacité rendrait le Président moins attentif aux devoirs de sa fonction et aux intérêts du peuple, qu'il le serait si une seconde élection dépendait de la bonne opinion qu'il donnerait de lui-même au pays. Nous *faisons des expériences* en politique ; la science que nous y gagnerons en sera plus certaine, mais peut-être risquons-nous beaucoup avec *cette* façon de nous instruire.

J'ai fini mes trois années de Présidence, et je suis décidé à ne plus m'engager dans les affaires publiques; j'espère donc jouir du peu de vie qui me reste, et goûter enfin ce repos après lequel j'ai soupiré si longtemps! Je compte l'employer à écrire cette histoire personnelle dont vous me parlez. Je l'ai déjà conduite jusqu'à ma cinquantième année. Ce qui suivra contiendra des événements plus importants; mais il me semble que cette première partie sera plus utile aux jeunes lecteurs; en leur montrant par un exemple frappant, les effets d'une *conduite prudente* et *d'une conduite imprudente* au commencement d'une vie d'affaires.

B. F.

A MADAME LAVOISIER.

Philadelphie, 23 octobre 1788.

Un violent accès de goutte m'a longtemps empêché d'écrire à ma chère amie; autrement je l'aurais remerciée plus tôt du portrait dont elle a eu la bonté de me faire présent. Ceux qui l'ont vu déclarent que la peinture a un grand mérite, mais ce qui surtout me le rend cher, c'est la main qui l'a fait. Quand nos ennemis les Anglais s'emparèrent de la ville et de ma maison, ils firent mon portrait prisonnier, l'emportèrent avec eux, laissant son pendant, ma femme, presqu'en état de veuvage. Vous avez remis le mari à sa place, la femme semble en sourire de joie.

Comme vous le dites, je jouis ici de tout ce qu'un homme raisonnable peut désirer; un revenu honnête, une maison commode que j'ai bâtie moi-même, avec tous les arrangements que j'ai pu imaginer; j'ai auprès de moi une fille attentive et dévouée, une foule de petits-enfants qui promettent et quelques vieux amis qui me restent, pour causer avec moi; on a pour moi plus de respect, on me rend plus d'honneurs que je n'en mérite. Voilà les bénédictions de la Providence, les preuves de sa perpétuelle bonté. Mais tout cela ne me fait pas oublier Paris, et les neuf années de bonheur que j'y ai goûté dans la douce intimité d'un monde dont la conversation est instructive, les manières séduisantes : et qui par-dessus toutes les Nations de la terre possède, au plus haut degré, l'art de se faire aimer des étrangers. Et maintenant, même dans mon sommeil, je trouve que la scène de tous mes rêves agréables se passe à Paris ou dans le voisinage.

J'aime beaucoup le jeune M. Dupont. Il me paraît homme d'esprit et de mérite ; je crois qu'il donnera beaucoup de satisfaction à son père.

Veuillez remercier M. Lavoisier de l'envoi qu'il a bien voulu me faire de la *Nomenclature chimique* (ce sera un livre bien utile); assurez-le de ma grande estime, et de mon sincère attachement. Mes meilleurs souhaits vous accompagnent ; et je pense que je ne puis souhaiter ni à lui, ni à vous un plus grand bonheur que de continuer longtemps votre union [1]. Avec respect et affection j'ai l'honneur d'être, ma chère amie, etc.   B. F.

AU DOCTEUR INGENHOUSZ.

Santé de Franklin. — Bateau à vapeur.

Philadelphie, 24 octobre 1788.

Vous avez toujours eu la bonté de vous intéresser à ma santé. Je dois donc vous faire part d'un fait qui y touche et qui me paraît curieux. Vous vous rappelez peut-être la maladie de peau dont je me plaignais jadis, et pour laquelle vous et le docteur Pringle, vous eûtes la bonté de me donner des conseils et des remèdes. Elle m'a incommodé

---

1. On sait comment le Comité de salut public exauça le vœu de Franklin, il envoya à la mort Lavoisier, coupable d'être fermier général.

près de quatorze ans, et au commencement de cette année elle était aussi mauvaise que jamais. Elle couvrait tout mon corps, excepté ma figure et mes mains. Il m'est survenu un accès de goutte qui m'a été fort douloureux. C'était un gonflement aux deux pieds, qui a gagné les deux genoux, et enfin les mains. A mesure que les enflures augmentèrent et prirent de l'étendue, l'autre maladie diminua et finit par disparaître entièrement. L'enflure a commencé depuis quelque temps à tomber ; peut-être la maladie cutanée reviendra-t-elle, peut-être est-elle usée. Je vous dirai, par la suite, ce qui arrivera. En somme je suis, beaucoup plus faible que lorsquelle a commencé à me quitter. Mais ce peut être l'effet de l'âge, car j'ai près de quatre-vingt-trois ans, l'âge où commence la décrépitude.

Je déplore les guerres dans lesquelles l'Europe se trouve engagée ; je voudrais qu'elles fussent finies ; car je crains que les vainqueurs mêmes n'y perdent. Je suis toujours, mon cher ami, votre tout dévoué.

B. F.

P. S. Nos affaires publiques vont enfin s'arranger. J'ai fini mes trois années de Présidence, terme fixé par la Constitution. Résolu à ne plus m'engager dans la vie publique, j'espère, si ma santé le permet, devenir près de vous un correspondant plus exact. Nous n'avons, quant à présent, aucune nouvelle scientifique, si ce n'est qu'un bateau[1] mû par une machine à vapeur, marche dans notre rivière contre le courant et qu'on espère perfectionner et simplifier assez sa construction, pour le rendre d'un usage universel.

---

1. C'est le bateau inventé par Fitch ; ce dernier avait écrit à Franklin dès 1785. Fulton n'a paru que plus tard ; mais il a eu le mérite de résoudre le problème. Le bateau de Fitch ne réussit pas, et ruina le pauvre inventeur.

A BENJAMIN VAUGHAN.

Mémoires de Franklin. — *Guerre de Turquie* — *L'Hérésie.*

Philadelphie, 24 octobre 1788.

Arrivé au terme de ma Présidence, et résolu à ne plus m'engager dans les affaires publiques, j'espère que je serai un meilleur correspondant pour le peu de temps qui me reste à vivre. Je commence à me rétablir d'une longue attaque de goutte, et je m'occupe sans relâche à écrire l'Histoire de ma Vie; les instances que contenait votre lettre du 31 janvier 1783 n'ont pas peu contribué à me faire prendre ce parti. J'en suis maintenant à l'année 1756, à la veille d'être envoyé en Angleterre. Pour abréger l'ouvrage, et pour plusieurs autres raisons, j'écarte tous les faits et toutes les circonstances qui ne pourraient pas tourner au profit d'un jeune lecteur. Par mon exemple, par l'heureux succès avec lequel je suis sorti de la pauvreté, et j'ai acquis un certain degré de richesse, de crédit et de réputation, je veux lui montrer les avantages de la conduite que j'ai suivie, et lui apprendre à éviter des erreurs qui m'ont fait du tort. En relisant ce que j'ai écrit je m'imagine (autant qu'un auteur peut juger de son propre ouvrage) que ce livre sera plus attachant, plus intéressant et plus utile que je ne n'y comptais en le commençant. Si ma santé se maintient, j'espère finir cet hiver. Aussitôt mon œuvre achevée je vous en enverrai une copie manuscrite, afin d'obtenir de votre jugement et de votre amitié des remarques qui serviront à l'améliorer.

Le bruit que nos partis faisaient autour de la nouvelle Constitution est tombé, et même éteint. Nous marchons rapidement vers un bon ordre de choses. Je me suis assez bien tenu à l'écart de ces disputes, car je n'ai écrit qu'une seule brochure, que vous trouverez ci-incluse [1].

Je déplore la masse de calamités que cette guerre avec les Turcs attire sur l'espèce humaine, et je crains que le roi de Suède ne se brûle les doigts en attaquant la Russie. Quand les Princes sauront-ils donc assez d'arithmétique pour calculer, lorsqu'ils convoitent quelque province de leurs voisins, ce qu'ils gagneraient à l'acheter, plutôt qu'à se battre pour la conquérir; le prix s'élevât-il au revenu de cent années? Mais si la gloire ne peut s'apprécier, et, par conséquent, si les guerres entreprises pour elle ne sauraient être soumises à un calcul arithmétique qui démontre leur avantage ou leur désavantage, du moins les guerres de commerce, qui ont le gain pour objet, peuvent être soumises à ce calcul; une nation commerçante devrait, tout aussi bien qu'un simple négociant, calculer les probabilités de profit et de perte, avant de s'engager dans de grandes aventures. C'est pourtant ce que les nations font rarement. Combien de fois, pour acquérir ou garder certaines branches de commerce, ne les avons-nous pas vues dépenser en guerres plus d'argent que ne pourraient leur donner cent années d'un commerce assuré.

Rappelez-moi au souvenir du bon docteur Price et de l'honnête hérétique, le docteur Priestley. Je ne l'appelle pas *honnête*, pour le distinguer des autres; je crois que tous les hérétiques que j'ai connus étaient des hommes vertueux. Ils ont la vertu du courage, autrement ils ne se hasarderaient pas à faire l'aveu de leur hérésie, et ils ne peuvent guères manquer des autres vertus, sans quoi ils donneraient prise sur eux à leurs nombreux ennemis; ils n'ont pas, pour les excuser ou les justifier, une aussi grande quantité d'amis que les pécheurs orthodoxes. Com-

---

[1]. *De la conduite des Antifédéralistes,* etc. Voyez les *Essais de Morale,* etc.

prenez-moi bien cependant. Ce n'est point à l'hérésie de mon bon ami que j'impute son honnêteté. C'est, au contraire, cette honnêteté qui lui a valu la réputation d'hérétique. Je suis toujours, mon cher ami, votre tout dévoué.

B. F.

A MISTRISS ÉLISABETH PARTRIDGE.

Philadelphie, 25 novembre 1788.

Vous me dites que notre pauvre ami Ben Kent nous a quittés; j'espère qu'il est maintenant au séjour des bienheureux, ou du moins dans quelque lieu où les âmes se préparent à ces régions célestes. Je fonde cette espérance sur ce que notre ami, s'il n'était pas tout à fait aussi orthodoxe que vous et moi, était un honnête homme et avait des vertus à lui. S'il y avait chez Ben quelque hypocrisie, elle était en sens inverse de l'hypocrisie commune : car il était moins méchant qu'il ne paraissait l'être. Quant au bonheur de la vie future, je ne saurais m'empêcher de croire qu'une foule d'orthodoxes zélés, de toutes les églises, qui se presseront en troupe au jour du jugement dernier, dans l'espoir de voir damner ceux qui ne pensent pas comme eux, seront désappointés et obligés de se contenter de leur propre salut. Votre, etc.

B. F.

A MISTRISS JANE MECOM.

Philadelphie, 26 novembre 1788.

Ma chère sœur,

Je suis fâché que ma santé vous inquiète jusqu'à vous faire verser des larmes. Il y a assez de maux réels dans la vie, et c'est folie de nous affliger de maux imaginaires. C'est assez tôt de pleurer quand fondent sur nous les maux réels. Je vois par les journaux que demain est votre jour d'action de grâces à Boston. La farine arrivera trop tard pour vos plum-puddings, car je vois qu'il y a peu de jours seulement qu'elle est partie. J'espère cependant qu'elle vous parviendra avant que l'hiver ferme votre port.

Je ne vois jamais les journaux de Boston. Vous dites qu'on y trouve souvent des choses fort honorables pour moi ; je leur en suis fort obligé. D'un autre côté, quelques-uns de nos journaux de Philadelphie font tout ce qu'ils peuvent pour me déshonorer. Je n'y fais pas attention. Mes amis me défendent. Je suis depuis longtemps accoutumé à recevoir plus de louanges et de blâmes que je n'en ai mérité. C'est là le sort de tout homme d'État : je laisse les injures et les louanges se balancer mutuellement.

Comme vous le remarquez, il n'y avait pas de juron dans l'histoire du tisonnier quand je l'ai contée. Le dernier conteur était peut-être parent de cet original qui rapportait une dispute survenue entre la reine Anne et l'archevêque de Cantorbéry, au sujet d'un évêché vacant. La reine voulait donner la mitre à une personne que l'archevêque n'en croyait pas digne. En contant cette histoire notre homme faisait lâcher à la reine et à l'archevêque trois ou quatre jurons à chaque phrase et enfin l'archevêque l'emportait. Un des auditeurs fut un peu surpris de ce langage et dit : « Est-ce que la reine, est-ce que l'archevêque jurent ainsi l'un après l'autre ? » — « Non, non, dit l'historien, c'est seulement *ma façon* de conter cette histoire. »

Toute la famille est maintenant en bonne santé, et vous envoie des amitiés pour vous et les vôtres. Votre frère dévoué,   B. F.

Tout en gardant sa gaieté, tout en aimant la vie, Franklin songeait que l'heure du départ approchait, et, avec l'habitude d'un voyageur, il mettait toutes ses affaires en ordre. Il disait adieu à ses vieux amis, faisait rentrer ses créances, dressait le catalogue de ses livres, et rédigeait son testament avec un calme et une présence d'esprit, qui fait de cet acte une pièce remarquable et digne d'être gardée à la postérité [1].

Son plus grand souci était de régler ses comptes avec les États-Unis. Comme tous les hommes qui ont joué un rôle et rendu des services éclatants à leur pays, Franklin avait des ennemis qui le calomniaient; on l'accusait tout bas de s'être attribué de grosses sommes et de devoir beaucoup d'argent au Congrès. Ses comptes avaient cependant été examinés et réglés à Paris, par une commission nommée par le Congrès, et, tout calcul fait, Franklin s'était trouvé débiteur de sept *sols* qu'il avait reçus en trop par mégarde et qu'il avait exactement remboursés.

De son côté, Franklin se croyait créancier de son pays; il désirait fort qu'on liquidât ses comptes et qu'on en finît avec les calomnies qui bourdonnaient autour de lui; il ne désirait pas moins qu'on récompensât les services de son fidèle secrétaire, William Temple Franklin, son petit-fils. Après plus d'une vaine tentative, Franklin se décida à écrire à Charles Thomson, secrétaire du Congrès, et joignit à cette lettre un mémoire, qui a ceci de curieux pour nous, qu'il résume tous les services que Franklin a rendus à son pays.

[1]. Il est imprimé à la fin des *Essais de morale et de politique*.

A CHARLES THOMSON, SECRÉTAIRE DU CONGRÈS.

Philadelphie, 29 décembre 1788.

Cher vieil ami,

Je vous envoie une lettre pour le président du Congrès. Je vous prie de la lui présenter, si vous n'y trouvez rien d'inconvenant, rien que, dans mon intérêt, vous ne désiriez retrancher ou changer. Je compte beaucoup sur les conseils de votre amitié ; vous connaissez mieux que moi les hommes et les choses ; si vous trouvez des changements à faire, nous en aurons le temps avant que le nouveau Congrès s'assemble ; mais, si la lettre doit être présentée, c'est à l'ancien Congrès qu'il faut l'adresser.

Dans la copie de ma lettre à M. Barclay, vous remarquerez, que je parle de « quelques articles importants que je n'ai pas portés dans les comptes que j'ai présentés au Congrès, espérant de son équité qu'on y ferait quelque attention. » Pour que vous puissiez savoir en quoi ils consistent, je joins ici un *Aperçu de mes services;* vous y trouverez les services *extraordinaires* dont j'ai été chargé, et qui n'appartiennent pas aux fonctions de plénipotentiaire. J'ai été juge d'amirauté, consul jusqu'à l'arrivée de M. Barclay, banquier pour examiner et accepter une multitude de lettres de change, enfin il m'a fallu être mon propre secrétaire pendant plusieurs années ; car on ne m'en envoya point, quoiqu'on en accordât aux autres ministres.

Comme l'usage est en Europe de récompenser libéralement les ministres lorsque, après avoir rempli leur mission, ils reviennent dans leur pays, j'avoue que j'espérais tout au moins que le Congrès aurait la bonté de montrer l'approbation qu'il donnait à ma conduite, en me faisant quelque petite concession de terres dans l'ouest, ce qui aurait été utile et honorable pour ma postérité. Je crois encore qu'il fera quelque chose de semblable quand il lui plaira de prendre mes services en considération ; car je vois d'après ses procès-verbaux qu'il a généreusement récompensé M. Lee des services qu'il a rendus en Angleterre avant d'être envoyé en France. M. Bolland et moi nous avions travaillé à Londres avec lui, et nous n'avions rien eu. Quand M. Lee est revenu de France, on lui a accordé une bonne place ainsi qu'à M. Jay, et cependant tout cela n'est qu'une bagatelle auprès de ce que le roi de France a fait pour M. Gérard, à son retour d'Amérique.

Quelle différence à mon égard ! A mon retour d'Angleterre, en 1775, le Congrès me nomma maître général des postes ; nomination dont je fus très-reconnaissant. C'était, il est vrai, une place à laquelle j'avais quelque droit ; car j'en avais considérablement augmenté le revenu, par les règlements que j'avais établis au temps où je remplissais cette fonction sous l'ancien gouvernement. Quand je fus envoyé en France, je chargeai mon gendre de gérer la poste, comme mon suppléant ; mais bientôt après mon départ, on me retira cette place et on la donna à M. Hazard. Quand le ministère anglais avait jugé à propos de me destituer, il m'avait laissé le privilége d'envoyer et de recevoir mes lettres, franches de port, ce qui est d'usage quand un maître des postes n'est pas destitué pour inconduite : mais en Amérique on m'a toujours demandé les frais de port, ce qui depuis mon retour de France, a monté à plus de 50 livres (1200 francs), et cependant la plus grande partie de ces lettres ne m'était adressée que parce que j'avais été ministre en ce pays.

Lorsque j'emmenai avec moi en France mon petit-fils William Temple Franklin, mon dessein, après lui avoir fait apprendre le français, était de l'élever dans l'étude et la pratique des lois. Mais comme on me promettait toujours de m'envoyer un secrétaire qui n'arrivait jamais, je me trouvai forcé de garder mon petit-fils avec moi pour remplir ces fonctions, et ce désappointement a duré jusqu'à mon retour. Mon petit-fils a perdu ainsi plus de huit ans qu'il aurait pu consacrer à la jurisprudence, et il a pris des habitudes si différentes, qu'il n'est plus temps pour lui de songer à cette profession. Dès lors je le regardai comme préparé pour la diplomatie, et en état, par les connaissances qu'il avait acquises, d'y remplir tout au moins une place de secrétaire. Je n'étais pas seul de cette opinion; car trois de mes collègues, sans la moindre sollicitation de ma part, l'ont pris pour secrétaire dans la négociation de traités dont ils étaient chargés. Je pris la liberté de le recommander au Congrès; c'est la seule faveur que je lui aie jamais demandée. La seule réponse que j'en reçus fut une résolution qui remplaçait mon petit-fils et donnait son poste au colonel Humphreys. Le colonel pouvait avoir beaucoup de mérite militaire, mais il ne connaissait rien en diplomatie, il ne savait pas le français, et n'avait ni l'expérience, ni l'habileté nécessaires en de pareilles fonctions.

Tout ceci est pour vous seul, c'est à l'ami que je parle, car je n'ai jamais fait et je ne ferai jamais aucune plainte en public. Eussé-je prévu que le Congrès me traiterait de la sorte, son manque de reconnaissance n'aurait en rien affaibli mon zèle ni mon ardeur pour notre cause. Je n'ignore pas quel est le caractère de ces assemblées changeantes, et combien les nouveaux venus connaissent mal les services rendus à leur corps avant qu'ils en fissent partie; ils ne se croient pas obligés par ces services, et en outre, l'absence de celui qui les sert dans un pays éloigné, laisse pleine carrière à une ou deux personnes envieuses et méchantes[1], dont les insinuations artificieuses et malveillantes finissent par indisposer les gens les plus équitables, les moins prévenus et les plus honnêtes. Je mets donc en oubli ces réflexions.

1. C'est à Arthur Lee son ennemi constant que Franklin fait allusion.

Mon bon ami, pardonnez-moi, si vous le pouvez, l'ennui que vous causera cette lettre ; et si le reproche qu'on fait aux républiques d'être *sujettes à l'ingratitude*, se vérifiait malheureusement à *votre* égard, souvenez-vous que vous avez le droit d'ouvrir votre cœur et de communiquer vos plaintes à votre ancien ami et très-obéissant serviteur,

B. F.

APERÇU DES SERVICES DE B. FRANKLIN.

En Angleterre, il combattit l'acte du timbre. Ses écrits dans les journaux, son *Examen* devant le Parlement, passèrent pour avoir beaucoup contribué au rappel de cette loi.

Il s'opposa à l'acte qui établissait de nouveaux droits, et s'il ne put l'empêcher, il obtint du moins de M. Townshend la suppression de plusieurs articles, notamment de celui concernant le sel.

Dans les différends qui suivirent, il publia divers écrits pour combattre la prétention du Parlement au droit de taxer les colonies.

Il s'opposa à tous les actes qui tendaient à l'oppression de l'Amérique.

Il conduisit deux négociations secrètes avec les ministres pour en obtenir le rappel, ce dont il a mis le détail par écrit[1]. Il offrit, à ses propres risques, de faire payer le thé qui avait été détruit à Boston, pour le cas où ces lois seraient rapportées.

Il fut associé à MM. Bolland et Lee dans toutes les demandes présentées au gouvernement à ce sujet. Il publia, à ses frais, contre les mesures prises par le

---

1. Voyez la *Correspondance*, tome 1ᵉʳ, pages 368 et suiv.

ministère, divers pamphlets dont l'impression fut très-coûteuse; il s'attira par là la haine des ministres, et fut insulté devant le conseil privé, destitué de la place de maître des postes, dont le produit annuel était de 300 liv., obligé de résigner ses diverses agences qui lui rapportaient :

Agence de la Pensylvanie. . . .	500 livres.
— du Massachusetts. . . .	400 —
— de New-Jersey.	100 —
— de la Georgie.	200 —
	1200 livres.
En tout.	1500 livres st.

(37 500 fr.) par an.

Des ordres furent envoyés aux gouverneurs du roi de ne signer aucune ordonnance sur la trésorerie pour le payement de son traitement; et quoique les colonies qui l'employaient ne lui eussent pas retiré leurs pouvoirs il pensa que le mauvais vouloir de la cour à son égard le rendrait moins propre que tout autre à conduire les affaires des colonies pour leur plus grand avantage, et jugea qu'il était de son devoir de se retirer et de laisser l'agence à des personnes mieux vues, ce qui évita aux colonies la nécessité de le rappeler.

De retour en Amérique, il encouragea la révolution. Il fut nommé président du comité de sûreté, et lui donna l'idée des *chevaux de frise*, pour protéger Philadelphie, où le Congrès tenait alors ses séances.

En 1775, il fut envoyé par le Congrès au quartier général, près de Boston, avec MM. Harrison et Lynch, pour régler quelques affaires avec les gouvernements du Nord, et le général Washington.

Au printemps de 1776, il fut envoyé au Canada avec MM. Chase et Carrol, et traversa les lacs qui n'étaient pas encore dégelés. Au Canada, il fit droit, de concert avec ses collègues, à diverses plaintes des habitants, ce qui les rendit plus favorables à notre cause. Il y avança de sa poche au général Arnold et à d'autres agents du Congrès qui se trouvaient dans le plus grand besoin, 353 livres en or, sur le crédit du Congrès, ce qui leur fut de la plus grande utilité pour procurer des provisions à notre armée.

Ayant soixante-dix ans passés quand il fut chargé de cette mission, sa santé souffrit des fatigues de ce voyage, et surtout d'avoir couché au milieu des bois dans une saison rigoureuse ; mais, la même année, dès qu'il fut rétabli, il reçut l'ordre du Congrès de se rendre en France. Avant son départ, il lui remit tout l'argent qu'il put se procurer, ce qui montait entre trois ou quatre mille livres (75 à 100 000 fr.), et la confiance qu'il montra engagea d'autres citoyens à prêter leur argent pour le soutien de la cause commune.

Il ne fit pas de marché pour ses appointements, mais un vote de l'assemblée lui promit un salaire *net* de 500 livres sterling (12 500 fr.), ses dépenses payées, et l'assistance d'un secrétaire qui devait recevoir, pour toutes choses, la somme de 1000 livres sterling par an (25 000 fr.).

Lorsque l'assemblée de Pensylvanie l'envoya en Angleterre en 1764, avec le même traitement, on lui en paya une année d'avance pour fournir aux frais de la traversée, et en considération du préjudice que son départ soudain et son absence devaient occasionner à ses affaires. Le Congrès n'en a pas agi de même : on l'a mis à bord d'un misérable vaisseau incapable de naviguer dans les mers du Nord, et qui a coulé au retour ; il y a été si mal nourri, qu'à son arrivée, il avait à peine la force de se soutenir.

Les services qu'il a rendus aux États-Unis en qualité de commissaire, et ensuite de ministre plénipotentiaire, sont connus du Congrès, et sont établis dans sa correspondance. Il est possible que ceux qu'il a rendus, en dehors de ses fonctions, soient moins connus, c'est pourquoi ils vont être mentionnés.

Le secrétaire qu'on lui avait promis n'étant jamais arrivé, les fonctions de cette place ont été remplies, d'abord en partie, et ensuite, quand les autres commissaires l'eurent quitté, entièrement par lui, avec l'aide de son petit-fils, dont le salaire borné d'abord à la nourriture, à l'entretien et au logement, n'a jamais excédé 300 livres (7 500 fr. par an), si ce n'est pendant le temps qu'il a servi de secrétaire aux commissaires chargés de négocier la paix. Il en est résulté pour le Congrès une économie de 700 livres (17 800 fr.), pendant plusieurs années, *s'il juge à propos d'en profiter*.

Il a rempli les fonctions de *consul* durant plusieurs années, jusqu'à l'arrivée de M. Barclay, et même ensuite, pendant les voyages que ce dernier fit en Hollande, en Flandre et en Angleterre; toutes les affaires du consulat qui se présentaient pendant son absence ont été renvoyées à M. Franklin.

Il a fait aussi, sans mandat spécial, les fonctions de *juge d'amirauté;* car le Congrès lui ayant envoyé un grand nombre de commissions en blanc pour des corsaires, il les délivra à des bâtiments équipés dans les ports de France, dont quelques-uns étaient montés par d'anciens contrebandiers qui connaissaient jusqu'à la moindre crique des côtes d'Angleterre, et qui croisant autour de cette île, gênèrent considérablement le cabotage des Anglais, et firent hausser le prix des assurances. Un seul de ces corsaires, *le Prince noir*, prit en un an soixante-quinze bâtiments. Tous les papiers qui se trouvaient à bord de chaque prise, étaient en vertu d'un ordre du conseil envoyés à M. Franklin, qui devait les examiner, prononcer sur la validité de la capture, et écrire alors à l'amirauté de chaque port que le bâtiment capturé lui paraissait de bonne prise, et qu'on pouvait en permettre la vente. Il produira ces papiers qui sont très-volumineux.

On l'a aussi employé comme *négociant* pour faire des achats et pour veiller à l'embarquement des objets achetés. Il y en a eu pour des sommes considérables, et il n'a jamais porté dans ses comptes aucune commission pour cet objet.

Mais la partie du service qui a été la plus fatigante et qui l'a tenu le plus au logis, a été celle de recevoir et d'accepter, après examen, les lettres de change tirées par le Congrès pour l'intérêt de ses emprunts, et qui montaient annuellement à *deux millions et demi de livres*[1]. Une foule de ces traites étaient de petites sommes, et la plus petite donnait autant de peine que la plus considérable. Un examen scrupuleux était d'autant plus nécessaire, que très-souvent on se présentait pour toucher les *secondes* et *troisièmes* lettres de change

---

1. 62 millons et demi de francs.

après que la *première* avait été acquittée. Ces traites arrivant en plus ou moins grande quantité, par chaque bâtiment et par chaque poste, il fallait qu'on fût toujours prêt à les recevoir. M. Franklin ne pouvait donc faire aucun voyage pour prendre de l'exercice, comme il était habitué de le faire chaque année; cette vie sédentaire lui a occasionné une maladie qui durera vraisemblablement autant que sa vie.

Bref, quoiqu'il ait toujours mené une vie très-active, jamais, il n'a eu, dans l'espace de huit ans, autant d'affaires à conduire que pendant cette résidence en France. Cependant il n'a pas voulu décliner cette charge avant d'avoir vu la paix heureusement conclue; il avait alors quatre-vingts ans, âge auquel un homme a droit, ou jamais, de se reposer. »

Il est triste de dire que cette demande ne reçut point de réponse. Quand elle arriva entre les mains de Charles Thomson, le Congrès n'était plus en nombre, il est douteux qu'elle ait jamais été présentée. Ce qui est certain c'est que Franklin mourut, non-seulement sans qu'on lui tînt compte de ses services *extraordinaires*, mais sans que le Congrès lui eût voté des remercîments pour les longs et heureux services qu'il avait rendus à son pays. L'histoire s'est chargée de venger Franklin de l'ingratitude du Congrès.

A ALEXANDER SMALL.

Philadelphie, 17 février 1789.

Cher ami,

Je reçois à l'instant votre bonne lettre du 29 novembre; je vous suis fort obligé de l'attention amicale que vous avez eue en m'envoyant une recette, dont je pourrai essayer à l'occasion. Mais ma pierre est fort grosse (si j'en juge par la pesanteur avec laquelle elle tombe, quand je me retourne dans mon lit) et je n'ai guère l'espoir de la faire dissoudre par aucun remède ; en outre, depuis quelque temps, j'ai très-peu souffert et je crains tout médicament. Je vous félicite de vous être tiré d'affaire, en évacuant la vôtre, quoiqu'elle fût de la grosseur d'un haricot. Si vous l'aviez gardée plus longtemps, elle serait devenue bientôt trop grosse pour passer, et elle vous eût fait souffrir comme moi.

Après avoir fait mes trois années de présidence, j'ai renoncé aux affaires publiques et je jouis de l'*otium cum dignitate*[1]. Mes amis m'honorent de leurs visites fréquentes; j'ai maintenant le loisir de les recevoir et d'en jouir. La Société philosophique et la Société des recherches politiques tiennent leurs séances dans ma maison, que j'ai augmentée d'un nouveau bâtiment. Cela me donne une belle salle pour nos réunions, une autre pièce qui renferme ma bibliothèque, aujourd'hui très-considérable, et enfin, au-dessus de tout cela, quelques appartements. Ma fille m'a donné sept petits enfants de la plus belle espérance, qui jouent avec moi et qui m'amusent. Quand je suis indisposé, ma fille est pour moi une garde attentive et tendre, de sorte que je passe une vie aussi agréable qu'aucun homme de mon âge peut la souhaiter. Il ne me reste qu'à désirer une fin plus heureuse que celle dont ma maladie semble me menacer.

La surdité, dont vous vous plaignez, m'afflige pour vous; si elle est forte, elle doit singulièrement diminuer le plaisir que vous trouvez à converser avec vos amis. Si elle est peu considérable, vous y pouvez remédier d'une manière simple et facile : il suffit d'appliquer derrière votre oreille vos

---

1. Un honorable repos.

doigts et votre pouce, en pressant l'organe extérieurement et l'agrandissant, en quelque sorte, avec le creux de votre main. En faisant cette expérience avec exactitude, j'ai trouvé qu'à la distance de quarante-cinq pieds, j'entendais le tic-tac d'une montre, qu'auparavant je n'entendait pas à plus de vingt pas. J'ai fait mon expérience à minuit, quand la maison était tranquille.

Je suis charmé que vous ayez fait passer à la Société d'Édimbourg les documents sur la *ventilation*. Vous y aurez joint, je l'espère, un exposé de l'expérience que vous avez faite à Minorque. Si cette Société n'imprime pas votre travail, envoyez-le moi, il sera inséré dans le troisième volume des *Transactions*, que nous sommes sur le point de publier.

Mistriss Hewson joint tous ses vœux à ceux que je forme pour votre santé et votre bonheur. Son fils aîné a fini ses études à notre université et pris ses degrés. Le plus jeune y est encore et sera gradué cet été. Mon petit-fils vous présente ses respects, et je suis toujours, mon cher ami, votre, etc.   B. F.

P. S. Vous ne m'accusez réception d'aucune de mes lettres. Je voudrais savoir si elles vous sont parvenues, surtout ma dernière, qui contenait l'*Apologue*[1]. Vous me dites que quelques-uns de mes vieux amis sont morts, mais vous ne me les nommez pas.

A MISTRISS CATHERINE GREENE.

Philadelphie, 2 mars 1789.

Chère amie,

A présent que j'en ai fini avec les affaires publiques, qui ont pris une si grande partie de mon temps, je vais, pen-

[1]. La parabole de la persécution. V. les *Essais de morale*.

dant le peu qui me reste à vivre, tâcher de jouir du plaisir de causer par écrit avec mes anciens amis, car leur éloignement m'ôte l'espérance de les revoir.

J'ai reçu l'un des deux sacs de maïs que vous avez eu la bonté de m'envoyer, il y a déjà longtemps ; le second ne m'est jamais parvenu. La lettre même qui m'en parle, quoique datée du 10 décembre 1787, est restée plus d'une année en route : je l'ai reçue, il y a environ quinze jours, de Baltimore dans le Maryland. Votre maïs était excellent et m'a fait grand plaisir ; je vous en remercie de tout mon cœur.

Comme vous le supposiez dans votre ancienne lettre, je suis charmé d'apprendre que mon jeune ami Ray *s'entend en agriculture*, et qu'il sait faire des haies aussi bien fournies. Je regarde l'agriculture comme la plus honorable des professions, parce qu'elle en est la plus indépendante. Le cultivateur n'a besoin ni de la faveur populaire ni de la faveur des grands ; le succès de ses récoltes dépend uniquement des bénédictions que Dieu répand sur son honnête industrie. Je félicite votre bon mari d'être, comme moi, libre enfin des soucis publics ; il pourra se donner tout entier au soin de ses terres : ce qui lui procurera tout ensemble profit et plaisir. Personne ne s'entend mieux que lui à ce métier.

Je suis trop vieux pour me mêler encore d'imprimerie ; mais, comme j'aime beaucoup cet état, je l'ai fait apprendre à mon petit-fils Benjamin. J'ai construit et monté pour lui une imprimerie, qu'il dirige maintenant sous mes yeux. Le reste de mes petits enfants me cause beaucoup de plaisir ; ils sont au nombre de huit, et tous de la plus belle espérance. Le plus jeune, qui n'a que six mois, donne déjà des signes d'un très-bon naturel. Mes amis sont nombreux : je jouis de leur conversation autant que je peux raisonnablement le souhaiter ; j'ai autant de santé et d'enjouement que le peut permettre mon grand âge ;

j'ai maintenant quatre-vingt-trois ans. Jusqu'à ce jour, cette longue vie a été passablement heureuse, de sorte que, s'il m'était permis de la recommencer, je ne m'y refuserais pas; je demanderais seulement la permission de faire ce que font les auteurs pour la seconde édition de leurs ouvrages, c'est-à-dire de corriger quelques-uns de mes *errata*. Parmi les félicités de ma vie, je compte votre amitié, que je me rappellerai avec plaisir tant que cette vie durera, étant toujours, ma chère amie, votre bien affectionné. B. F.

A MISS CATHERINE LOUISA SHIPLEY

Sur la mort de son père.

Philadelphie, 27 avril 1789.

Il y a quelques jours seulement que la bonne lettre de ma jeune amie m'est parvenue, sous la date du 24 décembre. J'avais déjà lu dans les journaux la triste nouvelle. Ainsi donc cet excellent homme nous a quittés! Sa mort est une perte, non-seulement pour sa famille et pour ses amis, mais encore pour sa patrie et pour le monde entier; car il s'occupait de faire du bien; il avait la sagesse qui choisit les moyens, et le talent qui les fait réussir. Son *Sermon devant la Société pour la propagation de l'Évangile*, et son *Discours à prononcer*[1], sont des preuves de son talent et de son humanité. Si les ministres eussent écouté les conseils que leur offraient ces deux ouvrages, que de sang on eût épargné! et combien de dépenses et d'humiliations on eût évitées à la nation!

Vos réflexions sur le calme parfait et la tranquillité de ses derniers moments sont bien touchantes. De pareils exemples semblent démontrer que le juste a quelquefois

1. Ces deux pièces, publiées en 1774, étaient d'habiles défenses de la cause américaine.

en mourant, un avant-goût de l'heureux état où il va entrer.

Selon l'ordre de la nature, j'aurais dû quitter cette terre longtemps avant lui ; mais je ne tarderai pas à le suivre. Je suis maintenant dans ma quatre-vingt-quatrième année. La dernière année m'a considérablement affaibli ; je ne compte guère en voir une nouvelle. Veuillez donc, ma chère amie, regarder ces lignes comme les derniers mots que, suivant toute apparence, vous recevrez de moi. C'est un dernier adieu. Présentez, je vous prie, mes respects les plus sincères et les plus tendres à votre bonne mère ; mes amitiés à tout le reste de la famille, à qui je souhaite tous les bonheurs, et croyez-moi, *tant que je vivrai*, votre bien affectionné   B. F.

A RICHARD PRICE.

Philadelphie, 31 mai 1789.

Mon très-cher ami,

J'ai reçu dernièrement votre bonne lettre qui en renfermait une où miss Kity Shipley m'informait de la mort du bon évêque. Cette nouvelle m'a fort affligé. Mes amis disparaissent l'un après l'autre, alors que mon âge et mes infirmités m'empêchent d'en faire de nouveaux. Et quand même je conserverais l'activité et les dispositions nécessaires, je ne vois pas où je pourrais trouver, dans la génération présente, des amis aussi bons que ceux que je perds. De sorte que, plus je vivrai, plus je dois m'attendre à être misérable. A mesure que nous approchons du terme de la vie, la nature nous fournit de nouveaux secours pour nous en détacher : et l'un des plus puissants, c'est la perte de si chers amis.

Je joins à cette lettre les deux volumes de nos *Transac-*

tions; je ne me rappelle plus si vous avez ou non reçu le premier. Si vous l'avez, obligez moi de remettre celui que je vous envoie à l'ambassadeur de France, en le priant de le faire tenir au bon duc de La Rochefoucauld.

Mes vœux les plus chers vous accompagnent, mon cher ami, etc.   B. F.

A GEORGE WASHINGTON.

Philadelphie, 16 septembre 1789

Cher monsieur,

Ma maladie me rend pénible de rester sur mon séant pour écrire ; mais je ne puis laisser partir pour New-York mon gendre, M. Bache, sans vous féliciter d'avoir recouvré une santé si précieuse pour nous tous, et sans vous complimenter de la force que notre nouveau gouvernement prend sous votre administration. Pour moi, dans mon intérêt personnel, j'aurais dû mourir depuis deux ans; mais quoique j'aie passé ces deux années dans de cruelles souffrances, je ne le regrette point, puisqu'elles m'ont permis de voir notre situation présente. Je finis ma quatre-vingt-quatrième année, et probablement ma vie s'achèvera avec elle ; mais dans quelque condition que je sois placé en sortant d'ici-bas, si je garde quelque souvenir de ce qui s'est passé sur la terre, je garderai en même temps l'estime, le respect, l'affection avec lesquels, mon cher ami, j'ai été depuis longues années votre tout dévoué B. F.

GEORGE WASHINGTON A B. FRANKLIN.

New-York, 23 septembre 1789.

Cher monsieur,

Vos compliments affectueux sur le retour de ma santé,

et les chaudes expressions d'amitié personnelle qui sont contenues dans votre lettre du 16 courant, méritent toute ma reconnaissance. La pensée que vous l'avez écrite au milieu des souffrances d'une pénible maladie accroît mes obligations.

Plût à Dieu, mon cher monsieur, qu'il me fût permis de vous féliciter sur la guérison des douleurs cruelles que vous souffrez. Plût à Dieu qu'une vie qui a été si bonne pour notre pays et si utile à l'humanité pût se terminer doucement pour vous. Si les vœux d'un peuple libre, joints à l'ardente prière de tous les amis de la science et de l'humanité, pouvaient exempter notre corps et de la douleur et des infirmités, plût à Dieu qu'à ce titre vous en fussiez affranchi; mais cela n'est point possible, et vous avez en vous-même la seule ressource qui puisse vous soulager, une âme philosophe.

S'il y a pour le cœur de l'homme quelque douceur à se sentir vénéré pour sa bienveillance, admiré pour ses talents, estimé pour son patriotisme, aimé pour sa philanthropie, certes vous devez avoir la consolation de sentir que vous n'avez pas vécu en vain. Pour moi, je me flatte que parmi les heureux souvenirs de votre vie, vous n'oublierez pas le respect, la vénération et l'affection que vous portera toujours votre sincère ami.   GEORGE WASHINGTON.

A BENJAMIN VAUGHAN.

Mémoires de Franklin. — Règles de composition. — Le Congrès. — La Parabole contre la Persécution.

Philadelphie, 2 novembre 1789.

Mon très-cher ami,

J'ai reçu votre bonne lettre du 8 août. Je vous remercie de vos renseignements sur les vertus de la ciguë; mais j'ai essayé de tant de choses avec si peu d'effet, que je suis découragé, je n'ai plus foi dans les remèdes contre la pierre. Je m'en tiens aux palliatifs. L'opium me donne un peu de repos dans mes attaques, et l'usage que j'en fais me rend la vie au moins supportable. Mais ne pouvant plus rester assis pour écrire, je me sers de la main d'un de mes petits-fils, et je lui dicte de mon lit.

Je regrette de n'avoir pas essayé plus tôt de cette méthode; car je crois que j'aurais fini mes Mémoires, tandis que je n'ai rien fait depuis six mois passés. J'ai maintenant pris la résolution d'essayer de les compléter en dictant à un secrétaire. Je vous envoie ce que j'ai fait, en vous priant, ainsi que mon bon ami le docteur Price, d'avoir la bonté d'en prendre lecture, d'en faire la critique et de me dire sincèrement s'il vaut mieux publier ces mémoires ou les supprimer; et, dans le premier cas, que faut-il effacer ou changer? Je m'en fie à vos avis, car je suis devenu si vieux et si faible d'esprit, que je ne puis plus avoir confiance en mon jugement. En attendant, je désire et j'attends que vous n'en laissiez prendre copie à personne, pour quelque raison que ce soit.

La révolution de France est vraiment surprenante. Je souhaite sincèrement qu'elle aboutisse à l'établissement d'une bonne constitution pour ce pays. Mais les maux et les agitations que la France souffre pendant ce grand œuvre me donnent de grands soucis.

Vous me demandez des conseils pour votre conduite et vos écrits; vous me priez de vous dire vos défauts. Quant à votre conduite, je n'y vois d'autre défaut que de refuser toute position publique, quoique vous soyez certainement qualifié pour faire beaucoup de bien dans plus d'une place que vous auriez pu occuper. Quant à vos écrits, votre langage me paraît, en général, bon et pur, et vos sentiments justes, mais votre composition manque de clarté, ce que j'attribue à l'absence de méthode. Ce que je voudrais donc vous recommander, ce serait qu'avant de vous mettre à écrire sur un sujet, vous prissiez soin d'y réfléchir pendant quelques jours, et qu'en même temps vous jetassiez en abrégé sur le papier les pensées qui vous paraissent de nature à entrer dans votre morceau. Quand vous aurez ainsi réuni un certain nombre de pensées, examinez-les soigneusement, en cherchant ce qu'il vaut mieux présenter *en premier lieu* à l'esprit du lecteur, afin qu'une fois possédé de cette idée, il soit plus en état de recevoir ce que vous comptez lui dire *en second lieu*. Je voudrais même que vous missiez un chiffre à chaque pensée pour indiquer le rang qu'elle prendra dans la composition. De cette façon, chaque proposition prépare l'esprit à celle qui va suivre, et le lecteur, qui souvent aperçoit à l'avance cette seconde proposition, avance avec facilité, plaisir et approbation ; il lui semble toujours qu'il retrouve ses propres idées. C'est le meilleur moyen d'obtenir une production parfaite ; l'esprit s'occupant d'abord des sentiments, puis ensuite de la méthode seule, on peut mieux traiter chaque chose, et je crois aussi en moins de temps.

Vous voyez que je donne mon avis crûment, sans adoucir mes critiques par des excuses. Cette façon blesserait certaines gens ; mais au point où nous en sommes, quand je sollicite vos critiques pour un de mes ouvrages, il est peut-être de mon intérêt que vous soyez un peu blessé, pour amener chez vous un plus grand degré de sévérité salutaire. Je pense comme vous que si l'on publie mes Mémoires, il faut en faire une édition en Angleterre, et une autre en Amérique, et je m'en remets à votre amitié.

Nous avons eu une session du Congrès sous l'empire de notre nouvelle constitution. Cette session a été conduite avec plus de modération, de prudence et d'accord qu'on n'aurait pu s'y attendre. L'avenir se présente sous un jour des plus favorables. Les récoltes de l'été dernier ont été extraordinairement abondantes et bonnes ; néanmoins elles obtiennent des prix élevés, par suite des grandes demandes de l'étranger. En même temps, nos marchés sont encombrés d'une immense quantité d'articles étrangers. Cet engorgement nous permet d'acheter à très-bas prix tout ce dont nous avons besoin. L'esprit de travail et d'économie règne partout : ce signe, de si heureux augure pour notre félicité nationale, me donne une satisfaction infinie.

Rappelez-moi avec respect et affection à votre bonne mère, à vos sœurs, à votre frère, et aussi à mon cher docteur Price, et croyez-moi, mon très-cher ami, votre tout dévoué
B. F.

P. S. Je n'ai pas reçu les *Transactions philosophiques* des deux ou trois dernières années. D'ordinaire on les dépose au siége de la Société avec mon adresse ; elles restent là jusqu'à ce qu'on les réclame. Je vous serais fort obligé de les prendre et de me les envoyer.

Ce que vous me dites sur le plagiat me rappelle une accusation du même genre, que j'ai vue dernièrement dans le *British Repository,* à propos du chapitre d'Abraham et de l'Étranger [1]. Peut-être est-ce cette attaque à laquelle vous faites allusion dans votre lettre, et contre laquelle vous m'avez défendu. La vérité est, comme vous le dites, que je n'ai jamais publié ce Chapitre, et que je n'y ai jamais réclamé que le style, ainsi que les menaces et les promesses de la fin. En le publiant sans mon aveu, lord Kames m'a privé du plaisir que je prenais à faire semblant de le lire dans ma Bible. Les Scripturaires [2] faisaient à ce propos des remarques qui étaient quelquefois fort divertissantes. Du reste, par l'importance de sa morale, je tiens que ce Chapitre mérite bien d'être connu du genre humain tout entier. Quand je l'écrivis sous la forme que je

---

1. C'est la *Parabole sur la persécution*
2. Les Théologiens qui ont un culte pour la lettre de la Bible.

vous ai envoyée, j'en écrivis un autre [1], dont j'avais pris aussi l'idée dans une ancienne tradition juive; mais n'y ayant pas aussi bien réussi, je le mis de côté. Depuis trente ans passés je ne l'avais pas vu ; mais il y a quelques jours une dame de ma connaissance m'en a remis une copie qu'elle avait gardée. Je ne tiens point à ce petit écrit ; je vous l'envoie sous ce pli.

A JOHN WRIGHT A LONDRES.

État de l'Amérique. — Abolition de la traite.

Philadelphie, 4 novembre 1789.

Cher ami,

Notre Congrès a tenu déjà sa première session sous l'empire de notre nouvelle constitution, et autant à la satisfaction générale qu'on pouvait raisonnablement l'espérer. Je souhaite que la crise où la France est engagée se termine aussi heureusement pour cette nation. Nous sommes maintenant en pleine jouissance de notre nouveau gouvernement pour *onze* États ; l'opinion générale est que la Caroline du Nord va s'y réunir. Rhode-Island, suivant toute apparence, prendra plus longtemps pour se décider.

Nous avons eu une année très-abondante. Notre peuple se guérit vite des extravagances et des habitudes d'oisiveté que la guerre avait introduites, il prend de sérieuses habitudes de tempérance, d'économie et de travail, qui donnent les plus riantes espérances d'une félicité nationale. Il y a chez vos marchands une grande imprudence à nous encombrer d'une si grande quantité de marchandises, que nos négociants n'ont pas commandées, et que nous sommes hors d'état de consommer d'ici à longtemps. Pour faire de l'argent, on envoie cet excès de marchan-

[1]. *La parabole de l'amour fraternel.* Voy. les *Essais de morale.*

dises à des salles d'encan ; nous en avons six ou sept à Philadelphie et aux environs ; les articles s'y vendent fréquemment au-dessous du prix coûtant, au grand préjudice des indiscrets spéculateurs. On trouve sans doute nos journaux dans vos cafés, près de la Bourse. Lisez les annonces ; vous y verrez le nombre et la continuité de ces sortes de ventes, aussi bien que les espèces de marchandises importées par nos commerçants ordinaires. Je lis souvent dans vos journaux anglais que nous n'avons plus de crédit chez vous ; il nous semble à nous que nous en avons trop, et que vos exportateurs ne sont pas tout à fait dans leur bon sens.

Je souhaite que vous réussissiez à faire abolir la traite des Nègres. La lettre de votre assemblée annuelle[1] de 1758, n'est pas *la première semence* du bon grain dont vous parlez. Je vois par une vieille brochure, dont je suis possesseur, qu'il y a près de cent ans que George Keith écrivit contre cette pratique inhumaine. Il y est dit que : « ce mémoire a été publié par ordre de l'assemblée qu'il présidait dans la maison de Philip James à Philadelphie, vers l'an 1693. » Il y est expressément enjoint aux *Amis*[2] « de donner la liberté à leurs Nègres, après un terme raisonnable de service, etc. » Et vers l'année 1728 ou 1729, j'ai moi-même imprimé un livre pour Ralph Sandyford, un autre de vos *Amis*, qui vivait ici. Ce livre où il se prononce contre l'esclavage des Nègres, a eu deux éditions que l'auteur distribua gratis. Et aux environs de l'an 1736, j'ai imprimé un autre livre sur le même sujet. L'auteur était Benjamin Lay, qui s'intitulait aussi un de vos *Amis*: il distribua son livre surtout parmi ses coreligionnaires. Ces exemples prouvent que le bon grain a été semé sur le bon terrain par des gens de votre Église, bien avant le

---

1. *L'assemblée annuelle* est la grande réunion des Quakers.
2. C'est le nom que se donnent les Quakers.

temps dont vous parlez.[1] Qu'il se lève enfin, quoique si tard, c'est une confirmation de l'observation faite par lord Bacon : *Bonne idée ne meurt jamais.* Cela doit nous encourager à en proposer, alors même que nous n'espérons pas un succès immédiat.

Je doute fort que je sois en état de finir mes Mémoires, et, si je les termine, je ne sais s'ils seront dignes d'être publiés. Vous paraissez en avoir une trop haute opinion, et en attendre un trop bon résultat.

Je crois que vous avez raison de préférer une forme mixte de gouvernement pour votre pays, dans les circonstances présentes. S'il vous était possible de réduire les

---

1. « Franklin a toujours été un ennemi de l'esclavage et de la traite. Le hasard m'a mis en possession d'une pièce inconnue, même en Angleterre : c'est une adresse très-remarquable que Franklin envoya, le 26 mai 1788, au marquis de La Fayette, au nom de la Société Philanthropique de Philadelphie. Cette adresse est ainsi conçue : « Nous avons embrassé une cause qui intéresse également et l'honneur des États-Unis et le bonheur du genre humain. Le but glorieux que nous nous proposons, est d'abolir la traite des esclaves, de détruire insensiblement l'esclavage lui-même. Nous regardons comme un devoir sacré pour nous de chercher à soulager, par tous les moyens qui sont en notre pouvoir, les maux de ce malheureux peuple, condamné aux misères d'une éternelle servitude. La réputation dont vous jouissez parmi vos compatriotes, l'intime conviction que nous avons de votre philanthropie, nous engagent à vous faire part du but intéressant de notre institution. Ce siècle s'est distingué par une révolution bien remarquable ; l'esprit humain a reconnu sa propre influence ; les hommes commencent à se considérer enfin comme membres d'une même famille. Les cris de douleur de nos frères infortunés ont retenti des côtes d'Afrique jusqu'aux oreilles des citoyens des États-Unis. La plupart de nos États ont aboli déjà la traite des esclaves, et notre Constitution générale a pris des mesures pour achever ce grand œuvre de philanthropie*. La

* La Constitution avait fixé à l'année 1808 l'abolition de la traite. Ce qui eut lieu. L'Amérique a été un des premiers pays à prohiber cet abominable trafic. En France la traite n'a été supprimée que par l'ordonnance du 8 janvier 1817.

énormes salaires, les émoluments ruineux de vos grands emplois, qui sont au fond la cause de vos factions violentes, ce gouvernement pourrait marcher plus tranquillement et plus heureusement; mais je doute qu'aucun de vos partis, quel que soit celui qui triomphe, ait jamais assez de vertu pour réduire ces salaires et ces émoluments; il préférera en jouir. Je suis, mon cher ami, votre tout dévoué.
B. F.

Grande-Bretagne a montré le même esprit de justice et d'humanité; ses journaux ont été remplis de pétitions aussi énergiques que touchantes, qui demandaient au Parlement l'abolition de ce commerce infâme; mais l'influence des préjugés locaux, celle des jalousies nationales ne nous donnent que trop lieu de craindre que tous nos efforts demeurent infructueux, jusqu'à ce que la France concoure à l'accomplissement d'une tâche aussi belle. Nous aimons à nous flatter que ce même Roi, qui tout récemment encore proscrivit si généreusement de ses États la persécution religieuse* opposera une digue à la plus cruelle des oppressions civiles; nous ne pouvons pas croire que la grande nation, sur laquelle il règne, veuille continuer de faire un commerce si honteux pour l'espèce humaine. Nous vous prions d'accepter quelques exemplaires des règlements de notre société, et des lois actuellement en vigueur en Pensylvanie pour empêcher le commerce des esclaves, et parvenir à l'entière abolition de l'esclavage. Signé, par ordre de la Société, B. FRANKLIN, président. »

(J'emprunte cette note intéressante à la traduction française de la *Correspondance inédite et secrète de Benjamin Franklin*, publiée à Paris en 1817. 2 vol. in-8°.)

* Édit du Roi en faveur de l'État civil des Protestants, enregistré non sans peine, au parlement en 1788. Cet édit avait été sollicité l'année précédente, sur la motion du général Lafayette, par un arrêté du second bureau des notables, présidé par le comte d'Artois.

A SAMUEL MOORE [1].

Philadelphie, 5 novembre 1789.

Cher Monsieur,

J'ai reçu votre lettre du 25 juillet, mais je n'ai pas eu occasion de rendre aucune politesse au porteur, qui vient, dites-vous, sous les auspices de William Franklin ; il n'est pas venu me voir.

Je vous suis obligé de l'intérêt que vous prenez à ma santé ; elle est tolérable, la pierre exceptée ; j'ai une bonne constitution, et, sans ce mal, j'aurais pu tenir encore quelques années.

J'espère que ce feu de liberté, qui gagne toute l'Europe, agira sur les inestimables droits de l'homme, comme le feu sur l'or ; il purifiera sans détruire ; et un ami de la liberté pourra trouver *une patrie* dans toute la chrétienté.

Je vois avec plaisir dans les journaux que notre Société [2] subsiste toujours, et continue d'être florissante. J'ai été un de ses premiers membres : car, lorsque M. Shipley m'envoya la liste des souscripteurs, il n'y en avait encore que soixante-dix ; et, quoique je ne m'attendisse pas alors à aller en Angleterre, et à coopérer aux travaux de la Société, j'envoyai une souscription de vingt guinées, en considération de quoi la Société voulut bien me regarder plus tard comme un de ses membres.

Je souhaite à l'industrie de vos fabricants, qui, en général, est excellente, comme au zèle et à l'ardeur de vos commerçants, qu'on dit francs et honorables en affaires, tout le succès que méritent les soins qu'ils prennent pour favoriser la prospérité de votre pays.

1. Secrétaire de la *Société de Londres pour l'encouragement des arts, des manufactures et du commerce.*
2. Celle dont M. Moore était secrétaire.

Je suis enchanté que notre ami commun Small garde autant de santé, et qu'il jouisse aussi bien de ses facultés que je le vois par ses lettres. J'ignore s'il est revenu de sa tournée en Écosse; c'est pourquoi je vous donne l'embarras de la lettre ci-incluse. Mes vœux vous accompagnent. Je suis, cher Monsieur, votre, etc.

B. F.

A ALEXANDER SMALL.

Lois des pauvres. — Les loyalistes. — Les gouvernements anglais et français.

Philadelphie, 5 novembre 1789.

Cher Monsieur,

J'ai reçu vos lettres des 23 avril, 9 mai et 2 juin, ainsi que le manuscrit du *Traité sur la Ventilation*, qui sera inséré dans notre prochain volume.

Je crois, comme vous, depuis longtemps, que vos lois des pauvres, sont un très-grand mal, en ce qu'elles encouragent l'oisiveté. Nous avons suivi votre exemple; nous commençons à voir notre erreur, et j'espère que nous la corrigerons.

Je vois par vos lettres qu'on a toujours assez de patience pour supporter avec calme et froideur les injures faites à autrui. Vous avez accordé un plein pardon aux royalistes, et vous paraissez surpris que nous conservions quelque ressentiment contre eux pour s'être joints aux sauvages, afin de brûler nos maisons, d'assassiner et de scalper nos amis, nos femmes et nos enfants. Je ne me rappelle plus le nom de celui qui a dit : « Il nous est ordonné de pardonner à nos ennemis; mais, nulle part, il ne nous est commandé de pardonner à nos amis. » Il est certain cependant que les offenses atroces que nous recevons de nos amis excitent chez nous un ressentiment plus profond que les insultes que nous font nos ennemis. Les Royalistes nous ont abandonnés, pour vivre sous le gouvernement de leur Roi, en Angleterre et dans la Nouvelle-Écosse. Nous n'avons pas besoin d'eux; nous ne souhaitons pas leur retour; et nous ne leur envions pas leur bonheur présent.

Ce que vous me dites des grandes espérances que vous donnent vos manufactures, votre agriculture et votre commerce, me fait plaisir, car j'aime toujours l'Angleterre, et je lui souhaite toutes sortes de prospérités.

Vous me dites que le Gouvernement français est bien puni de la trahison dont il s'est rendu coupable envers l'Angleterre, en nous prêtant des secours. Vous eussiez pu remarquer également que le Gouvernement anglais avait été puni de sa trahison envers la France, pour avoir envoyé des secours aux Corses, et s'être emparé des vaisseaux français en pleine paix, et sans déclaration de guerre préalable. Je crois qu'en fait d'honnêteté, les Gouvernements se valent tous, à peu de chose près. Il ne convient à aucun d'eux de se louer au détriment de ses voisins.

Vous me faites trop d'honneur en me comparant à Timoléon. Je ne lui ressemble qu'en ce que je renonce, comme lui, aux affaires publiques; il est vrai que c'est une nécessité que m'imposent la pierre et les autres infirmités de l'âge.

J'espère que vous êtes revenu de la visite que avez faite à votre pays natal, et que le voyage a fortifié votre santé.

La fortune de M. Penn, sur laquelle vous me demandez des détails, est toujours considérable; et j'apprends qu'il a reçu, en Angleterre, une ample indemnité pour la partie qu'il en a perdue [1].

---

1. La famille Penn avait des biens considérables en Pensylvanie, et en outre la propriété du gouvernement de la colonie. C'est cette propriété qu'elle avait perdue à la Révolution.

Je pense que vous avez fait un choix heureux d'amusements champêtres, en protégeant les abeilles, et en détruisant l'insecte qui ronge le houblon. Je souhaite un plein succès à vos expériences, et serai charmé d'en connaître le résultat. Votre Théorie des insectes me paraît la plus ingénieuse et en même temps la plus plausible de toutes celles qui ont été proposées jusqu'ici par les savants.

Notre nouvelle Constitution embrasse maintenant *onze* états; on s'attend à l'accession d'un douzième. La première session du nouveau Congrès fédéral s'est passée avec une sagesse remarquable, et beaucoup d'union. Nos dernières moissons ont été abondantes, nos denrées se vendent toujours à un bon prix, à cause des nombreuses demandes que nous fait l'étranger, et de l'état florissant de notre commerce. Je suis toujours, mon cher ami, votre tout dévoué B. F.

A M. LE ROY.

Affaires de France.

Philadelphie, 13 novembre 1789.

Il y a maintenant plus d'un an que je n'ai reçu de nouvelles de mon cher ami Le Roy. Quelle peut être la cause de ce silence? Êtes-vous encore de ce monde? Ou la populace de Paris a-t-elle pris la tête d'un *accapareur* de sciences pour celle d'un *accapareur* de blé, et l'a-t-elle portée en triomphe, dans les rues, au bout d'une pique?

Les nouvelles qui nous viennent de Paris depuis un an sont très-affligeantes. Je prie Dieu sincèrement que cette crise se termine heureusement pour le Roi et pour la Nation. Je crains qu'au milieu de ces tumultes, on n'entende guères la voix de la *philosophie*. S'il était survenu quelque chose d'important dans la science, je suis persuadé que vous m'en eussiez informé. Quoi qu'il en soit, donnez-moi de vos nouvelles un peu plus souvent. Quoique la distance qui nous sépare soit grande, et les communications peu régulières, cependant une année de silence entre deux amis donne nécessairement de l'inquiétude.

Notre nouvelle Constitution est maintenant établie, et promet de durer ; mais, hélas ! qu'y a-t-il de certain dans ce monde, hormis la mort et l'impôt ?

Ma santé est toujours la même, si ce n'est que je deviens plus maigre et plus faible ; aussi ne dois-je pas compter d'aller bien loin.

Mes respects à votre bon frère, et à nos amis de l'Académie, à laquelle je souhaite toujours gloire et prospérité. Adieu, mon cher ami, croyez-moi toujours votre affectionné, B. F.

A DAVID HARTLEY.

Convulsions en France. — La Grande-Bretagne et les États-Unis.

Philadelphie, 4 décembre 1789.

Mon bien cher ami,

J'ai reçu votre lettre du mois d'août dernier. L'intérêt que vous prenez à mon état de souffrance est très-obligeant. Néanmoins je remercie Dieu qui, au milieu de la quantité de maux auxquels l'humanité est sujette, ne m'a départi qu'une seule maladie sérieuse, et cela assez tard pour ne pas craindre qu'elle soit de longue durée.

Les convulsions dont souffre la France sont accompagnées de circonstances pénibles ; mais si cette crise lui vaut et lui assure sa liberté future et une bonne Constitution, la jouissance de ces deux bienfaits, durant quelques années, la dédommagera largement des maux que leur acquisition lui aura coûtés. Dieu veuille que non-seulement l'amour de la liberté, mais une connaissance parfaite des droits de l'homme, gagne toutes les nations de la terre, de sorte qu'un philosophe puisse s'écrier, en posant le pied sur quelque coin du globe que ce soit : « C'est ici ma patrie ! »

Dans toutes les lettres que vous m'écrivez, vous me manifestez le désir de voir une amitié cordiale et perpétuelle subsister entre la Grande-Bretagne et ses anciennes colonies. Si vous voulez jeter les yeux sur l'écrit ci-inclus [1], vous connaîtrez ma façon de penser à cet égard. Je ne vous fais passer aucune de nos gazettes, elles ne valent pas les frais de poste de Liverpool. Je vous envoie tous mes vœux pour la félicité des trois aimables Hartley; je m'honore d'être leur ami dévoué et leur très-obéissant et très-humble serviteur ;   B. F.

A MISTRISS JANE MECOM.

Le baron de Trenck. — Musique sacrée.

Philadelphie, 17 décembre 1789.

Chère sœur,

Vous me dites qu'une personne de votre connaissance vous prie de me demander si les faits, rapportés dans les Mémoires du baron de Trenck, sont fondés en vérité : je ne puis vous dire qu'une chose, c'est que j'ignore nécessairement une grande partie de ces faits, puisque le lieu de la scène est en Allemagne. Mais, quant à ce qu'il prétend s'être passé en France, entre les ministres, lui et moi, je puis dire positivement que c'est un *mensonge* qu'un mot suffit à dévoiler. Je n'ai jamais vu le baron de Trenck en France, je n'ai jamais entendu parler de lui, avant que ses *Mémoires*, imprimés en allemand, me tombassent sous la main. Il se permet d'y raconter que, de concert

---

1. On ignore quel est cet écrit.

avec les ministres français, je l'ai prié d'entrer au service de l'Amérique. Depuis il a paru une traduction en français de cet ouvrage, mais le traducteur a supprimé cette histoire ; il a craint sans doute que ce mensonge venant à être connu en France, cela ne nuisît au crédit et à la vente de sa traduction.

Je vous remercie du sermon *sur la musique sacrée*. Je l'ai lu avec plaisir ; c'est une composition ingénieuse. Vous trouveriez mon opinion tout naturelle, si vous lisiez ce que j'ai jadis écrit sur le même sujet, dans une de mes lettres imprimées[1] ; vous y verriez que nous sommes en parfait accord sur la musique compliquée, qui, suivant moi, n'est que trop à la mode ; elle ne plaît qu'à des oreilles savantes qui sont moins touchées de l'harmonie et de la mélodie, que des difficultés de l'exécution.

Votre frère affectionné,
B. F.

EZRA STILES, PRÉSIDENT DU YALE COLLÉGE A BENJAMIN FRANKLIN.

Demande de portrait. — Questions adressées à Franklin sur sa foi.

Yale collège, 28 janvier 1790.

Monsieur,

Nous avons reçu dernièrement le portrait du gouverneur Yale ; sa famille nous l'a envoyé de Londres, et nous l'avons placé dans la bibliothèque du collège, où se trouve également celui du gouverneur Saltonstall. J'ai longtemps désiré que le docteur Franklin voulût aussi nous honorer de son portrait. Dans le cours de votre longue

---

1. Cette lettre à lord Kames est publiée dans les *Essais de Morale*.

vie, vous avez eu sans doute plus d'un portrait. Ne prendrais-je point une trop grande liberté, en vous priant humblement de nous en donner un pour le collége de Yale? Vous avez bien voulu me faire présent, il y a plusieurs années, d'un portrait gravé en manière noire; je le regarde souvent avec plaisir. Mais la toile est plus solide, et nous désirons posséder l'image durable du Patriote et du Philosophe Américain. Vous avez mérité et reçu tous les honneurs de la république des lettres ; vous vous acheminez vers un séjour où toutes les vanités de ce monde vont se perdre dans les gloires de l'immortalité. Si, dans cet univers intellectuel et céleste, vous brillez de l'éclat dont vous avez brillé en ce petit coin de la création, vous aurez, monsieur, ce que je vous souhaite avec la plus grande ferveur, quel que soit mon sort dans l'éternité. La grande climatérique dans laquelle je suis maintenant, me fait songer aux scènes intéressantes du monde à venir.

Vous savez, monsieur, que je suis chrétien, et plût au Ciel que tous les autres hommes fussent tels que je suis, sauf mes imperfections et les défauts de mon caractère moral. Tout en connaissant le docteur Franklin, je n'ai aucune idée de ses sentiments religieux. Je voudrais connaître l'opinion de mon vénérable ami sur Jésus de Nazareth. Il n'accusera point d'impertinence ou de curiosité indiscrète l'homme qui n'a cessé, depuis tant d'années, d'aimer, d'estimer, de révérer ses talents et son caractère avec une ardeur et une affection qui touchent à l'adoration. Si j'en ai trop dit, que ma demande soit regardée comme non avenue, et n'en parlons plus. Je ne cesserai pas de vous souhaiter cette heureuse immortalité que, suivant ma foi, Jésus seul a achetée de son sang pour les gens vertueux et vraiment bons, quelle que soit l'Église chrétienne à laquelle ils appartiennent, et pour les hommes de tous les siècles, de toutes les nations, de toutes les croyances, qui respectent la divinité, et sont pleins d'intégrité, de droiture et de bienveillance.

En vous souhaitant toutes les bénédictions, je suis, cher monsieur, votre très-obéissant serviteur.

EZRA STILES.

A EZRA STILES.

Philadelphie, 9 mars 1790,

Révérend et cher monsieur,

J'ai reçu votre aimable lettre du 28 janvier ; je suis charmé que vous ayez enfin reçu des mains de sa famille, le portrait du gouverneur Yale, et que vous l'ayiez placé dans la bibliothèque du Collége. C'était un grand homme de bien, il a eu le mérite de rendre un très-grand service à votre pays, par la munificence qu'il a déployée envers le collége. L'honneur que vous voulez me faire en plaçant mon portrait à côté du sien, dans une même pièce est trop grand pour mes mérites, mais vous avez toujours eu pour moi une extrême indulgence ; c'est à elle seule que j'attribue votre proposition. Toutefois, j'ai trop d'obligations au collége de Yale, à la première société savante qui ait pris garde à moi, et qui m'ait conféré ses honneurs, pour me refuser aujourd'hui à une demande qui m'est faite par l'organe d'un ami que j'estime tant. Mais je ne crois pas qu'aucun des portraits que j'ai en ma possession soit digne de figurer à la place, et dans la compagnie où vous voulez le mettre. Vous avez un excellent artiste arrivé ici depuis peu. S'il veut se charger d'exécuter mon portrait pour vous, j'en ferai de bien bon cœur les frais ; mais alors qu'il ne tarde pas à se mettre à l'œuvre, ou je lui glisserai dans les doigts, car me voici dans ma quatre-vingt-cinquième année, et très-infirme.

Je joins à cette lettre un ouvrage qui traite des anciennes

monnaies Samaritaines, qu'on vient d'imprimer en Espagne, et qui me paraît très-savant; il est au moins curieux par la beauté de l'impression. Acceptez-le, je vous prie, pour la bibliothèque de votre Collége. J'ai souscrit pour l'Encyclopédie, qui s'imprime ici, dans l'intention de vous en faire également présent; j'aurai probablement quitté ce monde avant que l'ouvrage s'achève, mais je laisserai des ordres pour que la souscription soit continuée jusqu'à la fin. Je vous envoie aujourd'hui quelques-uns des premiers numéros.

Vous désirez savoir quelque chose de ma religion. C'est la première fois qu'on me questionne sur ce point. Mais je ne m'offense pas de votre curiosité et je tâcherai de la satisfaire en peu de mots. Voici mon symbole : Je crois en un seul Dieu, créateur de l'univers. Je crois qu'il gouverne le monde par sa Providence. Qu'il doit être adoré. Que le culte le plus agréable que nous puissions lui rendre c'est de faire du bien à ses autres enfants. Que l'âme de l'homme est immortelle, et sera traitée, dans une autre vie, suivant ses œuvres d'ici-bas. Tels sont, suivant moi, les principes fondamentaux de toute religion saine, et comme vous, je les respecte, quelle que soit la secte où je les trouve.

Quant à Jésus de Nazareth, sur lequel vous désirez particulièrement connaître mon opinion, je pense que sa morale et sa religion, telles qu'il nous les a laissées, sont les meilleures que le monde ait jamais vues, ou qu'il puisse jamais voir. Mais je crains que cette morale et cette religion n'aient subi divers changements qui l'ont corrompue; et j'ai, comme la plupart des dissidents d'Angleterre, quelques doutes sur la divinité du Christ; je ne dogmatise jamais sur cette question, ne l'ayant jamais étudiée, et je regarde d'ailleurs comme inutile de m'en occuper maintenant, alors que j'attends l'occasion prochaine de savoir la vérité, sans prendre tant de peine. Je ne vois néanmoins rien de mauvais dans cette croyance, si elle a le bon effet (et probablement elle l'a) de faire mieux respecter et mieux observer la doctrine du Christ. Je ne vois pas d'ailleurs que l'Être Suprême s'en offense, et qu'il frappe d'une marque particulière de son déplaisir ceux qui ne croient pas qu'il gouverne le monde.

J'ajouterai seulement, quant à moi, qu'ayant éprouvé la bonté de cet Être divin, qui m'a si heureusement guidé à travers une longue vie, je ne doute pas que cette bonté ne m'accompagne dans l'autre monde, bien que je n'aie pas la moindre présomption de la mériter. Vous verrez mes sentiments sur ce point dans la copie ci-incluse [1] d'une lettre que j'ai anciennement écrite à un vieux chrétien pour répondre à ses observations. Je l'avais guéri d'une attaque de paralysie par le moyen de l'électricité ; il craignait probablement que je ne tirasse vanité de cette cure, et m'adressa un avis sérieux mais inconvenant. Je vous envoie aussi la copie d'une autre lettre que vous fera connaître dans quelles dispositions je suis à l'égard de la religion [2].

Je suis avec estime et affection, etc.   B. F.

P. S. Votre collége n'a-t-il pas reçu du Roi de France quelques présents en livres ? Obligez-moi de me marquer si vous en attendez encore et sur quoi vous fondez cet espoir ? J'ai une raison pour vous faire cette question.

Je compte que vous ne m'exposerez point aux critiques et aux blâmes, en publiant tout ou partie de cette lettre qui ne s'adresse qu'à vous. J'ai toujours laissé aux autres leurs opinions religieuses, sans blâmer en eux celles que je croyais insoutenables et même absurdes. Toutes les

---

1. C'est probablement la lettre écrite à George Whitefield, et publiée à la suite des *Mémoires*, p. 374.
2. On suppose que c'est la lettre à un inconnu, publiée dans les *Essais de Morale*.

sectes que nous comptons ici (et certes nous n'en manquons pas) ont eu des preuves de ma bonne volonté, j'ai souscrit pour la construction de toutes les nouvelles églises, et comme je n'ai combattu aucune de leurs doctrines, j'espère sortir de ce monde en paix avec toutes.

Franklin ne survécut pas longtemps à cette lettre, une des dernières qu'il ait écrites. La pierre dont il souffrait depuis plusieurs années l'avait forcé de garder le lit, depuis plus d'un an, et quand la douleur était trop vive, il était obligé de prendre de fortes doses de laudanum pour alléger d'intolérables souffrances. Mais, dès que la maladie lui laissait quelque répit, il causait gaiement avec sa famille et ses amis, et racontait ces anecdotes qui charmaient ceux qui l'écoutaient. La mort dont il sentait l'approche ne l'empêchait pas de s'intéresser aux affaires publiques, son dernier pamphlet est la plus ingénieuse critique qu'on ait faite de l'esclavage. Il l'a publié vingt-cinq jours avant de mourir.

Il ne se faisait aucune illusion sur son état. Quelques jours avant sa fin, il se leva, et demanda qu'on fit son lit *afin qu'il pût mourir de façon décente*. Sa fille lui dit qu'elle espérait bien qu'il guérirait, et qu'il vivrait encore longtemps. *J'espère que non*, répondit-il tranquillement. Et comme on l'engageait à changer de position dans son lit pour qu'il pût respirer aisément ; *rien n'est aisé pour un mourant*, reprit-il. De longue date il avait envisagé la mort comme chose désirable à un certain âge, et tout aussi naturelle et nécessaire que le sommeil.

Auprès de lui, pour le soigner et pour recevoir son dernier soupir, il avait sa fille, qu'il aimait tendrement et sa chère Polly, maintenant établie avec ses enfants à Philadelphie. Mistriss Hewson nous a laissé le récit des derniers jours de son vieil ami, dans une lettre adressée à M. Viny, un des plus anciens compagnons de Franklin en Angleterre.

« Nous avons perdu ce cher, ce vénérable, cet excellent ami, dont la science éclairait notre esprit, dont la bonté échauffait notre cœur, mais nous avons la consolation de penser que notre perte est un gain, si une vie employée à faire le bien, si la reconnaissance des faveurs divines, si la soumission patiente à des épreuves sévères et une humble confiance dans la merci du Tout-Puissant peuvent donner le bonheur dans une autre vie. J'ai été le fidèle témoin de la dernière scène ; il l'a soutenue avec cette force calme qui l'a caractérisé toute sa vie. Pas une seule plainte, pas un seul mot amer, durant une retraite de deux années, où si l'on mettait ensemble tous les bons moments, on ne ferait pas un total de deux mois sans souffrances. Quand la douleur n'était pas trop forte pour qu'il ne pût se distraire, il s'occupait à lire, à écrire ou à causer avec ses amis, et montrait en toute occasion la clarté de son intelligence, la gaieté de son caractère. Alors même que l'intervalle entre deux douleurs était si court que ses paroles étaient souvent entrecoupées, je l'ai entendu tenir un discours d'une sublime piété. Je vous dis cela, parce que je sais que cela vous fera plaisir.

Je n'oublierai jamais un jour que j'ai passé l'été dernier avec notre ami. Je le trouvai au lit, accablé de douleur; mais quand la douleur s'apaisa un peu, je lui demandai si je lui ferais la lecture. Il me dit que oui. Le premier livre qui me tomba sous la main fut la *Vie des poëtes* par Johnson. Je lus la vie de Watts[1] un des auteurs favoris

[1]. Watts est connu par sa traduction en vers des psaumes, tra-

de Franklin ; au lieu de l'endormir cette lecture éveilla toutes les puissances de sa mémoire et de son esprit. Il répéta plusieurs poésies lyriques de Watts, et appuya sur leur sublimité avec un langage digne de ces poëmes et de leur pieux auteur. Nous aurions voulu, et cela est naturel, qu'un culte extérieur eût accompagné cette religion du cœur que Franklin a toujours possédée, j'en suis convaincu, mais nous qui sentons le bienfait de ces choses, continuons à les pratiquer, sans traiter légèrement cette piété, qui a pu supporter la douleur sans murmure et la mort sans effroi [1].

Mistriss Hewson est à la fois une pieuse protestante et une amie de Franklin; elle tâche de l'attirer un peu à sa communion, mais néanmoins elle ne le fait pas plus religieux qu'il n'était. Franklin était un de ces fervents déistes du dix-huitième siècle, qu'on a désignés comme des *chrétiens qui ne croient pas aux miracles*. Sa foi et sa morale étaient plus près de l'Evangile que peut-être il ne le croyait lui-même; on en jugera par le récit de sa mort que nous a laissé son médecin, le docteur John Jones de Philadelphie. En général les médecins sont peu disposés à se faire illusion sur la piété des mourants.

« Seize jours avant sa mort, Franklin fut pris d'une fièvre, sans symptômes particuliers. Le troisième ou le

---

duction qu'on chante encore dans les églises protestantes. Il est aussi l'auteur d'une logique estimée.

1. Suivant un contemporain, il avait un Christ au pied de son lit. « Voilà, disait-il le portrait de celui qui est venu au monde pour enseigner aux hommes à s'aimer les uns les autres. » Son dernier regard fut pour cette figure du Christ. Il y a peut-être un peu d'illusion protestante en tout ceci. Parton, t. II, p. 618.

quatrième jour il se plaignit d'une douleur au côté qui finit par devenir aiguë, avec accompagnement de toux et de gêne dans la respiration. Dans cet état, quand la douleur lui arrachait un gémissement, il disait qu'il avait peur de ne pas supporter sa peine comme il devrait le faire ; il témoignait sa reconnaissance de tous les bienfaits qu'il avait reçus de l'Être suprême, qui l'avait tiré de la plus humble condition pour l'élever à un si haut rang et à tant de considération parmi les hommes ; il ne doutait pas que ses afflictions présentes ne lui fussent envoyées par bonté, pour le détacher d'un monde où il ne pouvait plus remplir le rôle qui lui avait été assigné. Il resta dans cet état de corps et d'esprit jusque vers le cinquième jour avant sa mort ; la gêne de la respiration disparut alors et sa famille se flatta de l'espoir d'une guérison ; mais un abcès qui s'était formé dans le poumon creva tout à coup et jeta une quantité de matière que le malade expectora tant qu'il en eut la force, mais la force lui manquant, les organes de la respiration s'alourdirent peu à peu ; survint un calme léthargique ; et le 17 avril (1790) vers onze heures du soir, il expira tranquillement, achevant une longue et utile existence qui avait duré quatre-vingt-quatre ans et trois mois.

Quatre jours après la mort de Franklin, la ville de Philadelphie lui fit des obsèques solennelles, et sur la proposition de Madison, le Congrès prit le deuil pour un mois. En France, on ne lui rendit pas de moins grands honneurs. Le 11 juin 1790, Mirabeau monta à la tribune, Mirabeau que Franklin avait accueilli quand il n'était qu'un pamphlétaire inconnu, et qu'il avait encouragé à écrire contre l'ordre des Cincinnati.

« Messieurs, dit-il, Franklin est mort! Il est retourné au

sein de la Divinité, le génie qui affranchit l'Amérique, et qui versa sur l'Europe des torrents de lumières!

« Le sage que deux mondes réclament, l'homme que se disputent l'histoire des sciences et l'histoire des empires, tenait sans doute un rang élevé dans l'espèce humaine.

« Assez longtemps les cabinets politiques ont notifié la mort de ceux qui ne furent grands que dans leur éloge funèbre ; assez longtemps l'étiquette des cours a proclamé des deuils hypocrites. Les nations ne doivent porter le deuil que de leurs bienfaiteurs. Les représentants des nations ne doivent recommander à leurs hommages que les héros de l'humanité.

« Le Congrès a ordonné dans les quatorze États de la confédération, un deuil de deux mois pour la mort de Franklin, et l'Amérique acquitte en ce moment ce tribut de vénération et de gratitude pour l'un des pères de sa constitution.

« Ne serait-il pas digne de nous, messieurs, de nous unir à cet acte religieux, de participer à ces hommages rendus à la face de l'univers, et aux droits de l'homme et au philosophe qui a le plus contribué à en propager la conquête sur la terre ? L'antiquité eût élevé des autels à ce vaste et puissant génie qui, au profit des mortels, embrassant dans sa pensée le ciel et la terre, sut dompter la foudre et les tyrans. La France éclairée et libre doit du moins un témoignage de souvenir et de regret à l'un des plus grands hommes qui aient jamais servi la philosophie et la liberté.

« Je propose qu'il soit décrété que l'Assemblée nationale portera, pendant trois jours, le deuil de Benjamin Franklin. »

MM. de la Rochefoucauld et Lafayette se levèrent pour appuyer la motion, mais elle fut votée par acclamation. L'Assemblée vota en outre l'impression du discours de Mirabeau, et ordonna que le président communiquerait au Congrès des États-Unis la décision prise par l'Assemblée.

Ce président était Sieyès; il écrivit au président des États-Unis, à Washington, une lettre dont j'extrais ce qui suit[1].

Paris, 20 juin 1790.

Monsieur le président,

« .... En rendant son décret l'Assemblée nationale ne s'est pas laissé détourner par la considération que Franklin était un étranger. Les grands hommes sont des pères pour l'humanité tout entière, leur perte doit être ressentie comme un malheur commun par tous les membres de la grande famille humaine. Une nation, encore toute pénétrée des sentiments qui accompagnent la conquête de la liberté, et qui doit son affranchissement au progrès de la raison, devait être la première à donner cet exemple de la gratitude filiale des peuples envers leurs véritables bienfaiteurs....

« Le nom de Benjamin Franklin sera immortel dans les annales de la liberté et de la philosophie; il est particulièrement cher à un pays où cet homme vénérable, amené par une mission sublime, a su en peu de temps acquérir un nombre infini d'amis et d'admirateurs, autant par la simplicité et la grâce de ses manières, que par la pureté de ses principes, l'étendue de sa science et les charmes de son esprit.

« On n'oubliera jamais que la France applaudit à chacun des succès qu'il obtint dans cette négociation importante. Elle les célébra comme autant de couronnes données au génie et à la vertu.

« Dès lors le sentiment de nos droits existait au fond de nos âmes. Il était facile de voir que ce sentiment se mêlait

---

1. Je traduis la traduction anglaise. L'original est perdu.

à l'intérêt que nous prenions à l'Amérique, et aux vœux que nous faisions pour sa liberté.

« A la fin l'heure de la France est venue. Nous aimons à penser que les citoyens des États-Unis n'ont pas regardé d'un œil indifférent nos progrès vers la liberté. Vingt-six millions d'hommes brisant leurs chaînes, et sérieusement occupés à se donner une Constitution durable, ne sont pas un spectacle indigne d'un peuple généreux qui nous a précédés dans cette noble carrière.

« Nous espérons que les citoyens des États-Unis verront avec intérêt les hommages funèbres que nous avons rendus au Nestor de l'Amérique. Puisse cet acte solennel d'amitié fraternelle resserrer de plus en plus le lien qui doit unir deux nations libres ! Puisse la commune jouissance de la liberté se répandre sur le globe entier, et unir d'une alliance indissoluble tous les peuples de la terre ! Ne devraient-ils pas comprendre que s'ils veulent atteindre leur véritable bonheur, c'est en s'entendant et en s'aimant les uns les autres qu'ils y arriveront ; ce n'est point par des jalousies et des combats.

« Puissent le Congrès des États-Unis et l'Assemblée nationale de France être les premiers à donner au monde ce beau spectacle ! Puissent les citoyens des deux nations se lier ensemble par une affection mutuelle, digne de l'amitié qui unit les deux hommes qui sont aujourd'hui les plus célèbres par leurs efforts en faveur de la liberté, WASHINGTON et LAFAYETTE ! »

Trois jours après le décret de l'Assemblée nationale, M. de la Rochefoucauld lut à *la Société de* 1789 un *Essai sur la vie de Franklin*. Les membres de la société votèrent un deuil de trois jours, et firent placer dans la salle des séances le buste de l'illustre mort, avec cette inscription : *Hommage rendu, par le suffrage unanime de la société de 1789 à Benjamin Franklin,* l'objet de l'admiration et des regrets des amis de la liberté.

La commune de Paris ordonna une cérémonie publique en l'honneur de Franklin. La halle aux blés fut tendue de noir, l'abbé Fauchet y prononça l'éloge civique du sage de Philadelphie, en présence d'une foule de députés, d'électeurs et de citoyens.

Le 13 novembre 1790, Condorcet prononça devant l'Académie des sciences un *Éloge* de Franklin, qui est fort bien fait et rempli de détails intéressants.

Enfin la société des imprimeurs de Paris voulut honorer à sa façon la mémoire de son glorieux confrère. On se réunit dans une grande salle, où sur un piédestal était le buste de Franklin, surmonté d'une couronne civique. Tandis qu'un des membres de la société prononçait l'éloge de Franklin, on composait le discours, on l'imprimait, et on le distribuait à l'assemblée [1].

Un siècle aura bientôt passé sur Franklin et ses admirateurs; sa gloire a-t-elle faibli? Est-il moins populaire en France? Non, il est toujours resté un des nôtres; chacun de nous connaît cette figure si fine et si humaine, chacun de nous sait l'histoire de cet ouvrier qui, à force de travail, d'économie, d'énergie, de patriotisme s'est élevé au premier rang dans la science et la politique, chacun de nous répète le beau vers où Turgot a résumé les titres de Franklin à l'estime des hommes. J'oserai dire que cette réputation est destinée à s'accroître; plus le peuple s'instruira, plus il aimera celui qui lui a enseigné ses droits et

1. Mémoires de Mme Campan, T. I. p. 233.

ses devoirs, plus il comprendra que Franklin est un véritable grand homme, car nul n'a fait davantage pour éclairer ses semblables, et pour leur montrer le lien qui unit d'une étreinte indissoluble le travail et l'honnêteté, la liberté et le bonheur.

FIN.

TABLE DES MATIÈRES.

Pages.

PRÉFACE........................... I

CHAPITRE IX.

Franklin nommé membre du Congrès. — Voyage au Canada. — Déclaration d'indépendance. — Convention de Pensylvanie. — Correspondance avec lord Howe. — Il est nommé commissaire à la Cour de Versailles (1775-1776). 1
1775. A Joseph Priestley........................... *ibid.*
— A William Strahan........................... 2
— A Joseph Priestley........................... 3
— Au même........................... 6
— A un ami........................... 7
— A S. A. S. Don Gabriel de Bourbon........................... 9
1776. Au général Lee........................... 10
— A lord Howe........................... 16

CHAPITRE X.

Arrivée en France. — Résidence à Passy. — Réception à Paris. — Entrevue avec M. de Vergennes. — Lord Stormont. — Lafayette. — Traité d'alliance. — Franklin à la Cour (1776-1778)........................... 22
1776. A John Hancock........................... *ibid.*
1777. A mistriss Mary Hewson........................... 26
— A Joseph Priestley........................... 29
— A mistriss Thompson........................... 30
— A M. Lith........................... 34

	Pages
1777. Au docteur Cooper	37
— A John Winthrop	39
— A David Hartley	40
— A un ami	44
1778. A Ralph Izard	46
— A David Hartley	47
— A Thomas Cushing	49

CHAPITRE XI.

La France se prépare à la guerre. — Voltaire et Franklin. —Avances faites à Franklin par le gouvernement anglais. Difficultés avec M. Lee. — Lafayette. — Détails sur Paris. — Situation critique de l'Amérique (1778-1781)........ 53

1778. A David Hartley	55
— A Charles de Weissenstein	57
— A James Lowell	64
— A Arthur Lee	67
1779. A David Hartley	68
— Au même	72
— A Josiah Quincy	73
— A Samuel Cooper	75
— A Thomas Viny	77
— A mistriss Patience Wright	78
— Au comité des affaires étrangères	80
— A sir Edward Newenham	86
— A Horatio Gates	88
— A Richard Bache	88
— A mistriss Sarah Bache	90
— Au marquis de Lafayette	94
— Au même	95
— Lafayette à Franklin	96
— A Samuel Cooper	97
— A Benjamin Vaughan	99
— Au père Beccaria	101
1780. A Richard Price	102
— A George Washington	103
— Au chevalier de la Luzerne	105
— A Thomas Bond	107
— A un agent des croiseurs américains	108
— A Robert Morris	109
— A Alexander Small	110
— A miss Georgiana Shipley	111

		Pages
1780.	A Richard Price	113
1781.	Au comte de Vergennes	114
—	A Félix Nogaret	117

CHAPITRE XII.

Les amis de Franklin à Paris. — Mme Brillon. — Mme Helvétius. — Mme d'Houdetot. — Franklin demande à être remplacé. — Refus du Congrès. — La Herse (1781)..... 119
1781. A l'abbé de la Roche.......................... 121
— A Mme Helvétius........................... *ibid.*
— A l'abbé Morellet............................ 124
— Au président du Congrès..................... 131
— A William Hodgson........................... 133
— A John Adams............................... 134
— A Samuel Cooper............................ 135
— A John Adams............................... 137
— A Robert Morris............................. 138
— A William Carmichael........................ 139
— A William Nixon............................. 141
— A John Adams............................... 142
— A Edmond Burke............................. 143
— A William Alexander......................... 145
— A David Hartley............................. *ibid.*

CHAPITRE XIII.

Traité de paix avec l'Angleterre. — Rôle de Franklin dans cette négociation. — Son journal (1782-1783).......... 147
1782. A David Hartley.............................. 148
— Au même.................................... 151
— A Robert Livingston.......................... 154
— Au même.................................... 159
— A George Washington........................ 160
— A David Hartley............................. 161
— Au chevalier de Chastellux................... 163
— A George Washington........................ 164
— A Robert Livingston.......................... 165
— A mistriss Mary Hewson...................... 166
— A Jonathan Shipley.......................... 167
— A mistriss Mary Hewson...................... 169
— A Richard Price............................. 170

TABLE DES MATIÈRES.

Pages.

1782. A John Ingenhousz	171
— A miss Alexander	173
— A lord Shelburne	176
— Lord Shelburne à B. Franklin	177
— Henry Laurens à B. Franklin	178
— Au comte de Vergennes	179
— A lord Shelburne	181
— A John Adams	188
— A Henry Laurens	190
— John Adams à B. Franklin	192
— A John Adams	194
— John Adams à B. Franklin	196
— Henry Laurens au même	198
— Lord Shelburne au même	200
— Au comte de Vergennes	203
— A John Adams	205
— Charles Fox à B. Franklin	206
— A Charles Fox	212
— A lord Shelburne	ibid.
— David Hartley à B. Franklin	217
— A David Hartley	218
— Henry Laurens à B. Franklin	221
— A Henry Laurens	224
— David Hartley à B. Franklin	228
— Du même au même	235
— Le comte de Shelburne à B. Franklin	237
— A M. Grenville	241
— A John Adams	242
— Richard Oswald à B. Franklin	252
— A Richard Oswald	253
— Au même	258
— Le marquis de Lafayette à B. Franklin	267
— A Robert Livingston	269
— A Robert Morris	272
— A Richard Oswald	273
— A Robert Livingston	274
— A Samuel Cooper	277
— A James Hutton	279
— A David Hartley	281
— A Richard Oswald	282
— Au comte de Shelburne	283
— A Robert Livingston	284
— A sir Joseph Banks	286

TABLE DES MATIÈRES.   525

                                                  Pages.
1782. A Robert Livingston........................ 287
  —   A Richard Oswald.......................... 289
  —   A Robert Livingston....................... 293

CHAPITRE XIV.

Traité signé sans la connaissance de la Cour de France. — Plaintes de M. de Vergennes. — Réponse de Franklin. Traité définitif. — Franklin chargé d'examiner la question du magnétisme. — Il obtient son rappel en Amérique. — Journal de son voyage de Passy au Havre. — Il part de Southampton et arrive en Amérique (1783-1784).. 298
  1782. Le comte de Vergennes à B. Franklin...... 299
    —   Au comte de Vergennes.................... 300
    —   A Samuel Cooper.......................... 303
  1783. A mistriss Mary Hewson................... 304
    —   A John Sargent........................... 306
    —   Au comte de Buchan....................... 307
    —   A Jonathan Shipley....................... 309
    —   Au comte de Vergennes 310
    —   Le comte de Vergennes à B. Franklin...... 311
    —   A David Hartley.......................... 312
    —   A M. Pierres............................. 313
    —   A Robert Livingston...................... ibid.
    —   A sir Joseph Banks....................... 318
    —   A Charles Fox............................ 320
    —   A David Hartley.......................... 321
    —   A mistriss Mary Hewson................... 322
    —   A Josiah Quincy.......................... 324
    —   A Thomas Brand Hollis.................... 327
    —   A David Hartley.......................... 328
    —   Au même.................................. 329
    —   A Robert Morris.......................... 330
  1784. A John Jay............................... 332
    —   A William Strahan........................ 333
    —   A Henry Laurens.......................... 335
    —   A mistriss Mary Hewson................... 336
    —   A M. de la Condamine..................... ibid.
    —   A Benjamin Webb.......................... 338
    —   A Samuel Mather.......................... 339
    —   A Charles Thomson........................ 341
    —   Au comte de Campomanes................... 343

		Pages.
1784.	A MM. Weems et Gant...	344
—	A William Franklin...	347
—	A Richard Price...	349
—	A lord Howe...	352
—	A William Strahan...	*ibid.*
—	A George Whatley...	358
—	A Benjamin Vaughan...	360
—	A Thomas Jefferson...	361
1785.	A John Jay...	362
—	A Richard Price...	364
—	A Benjamin Vaughan...	365
—	A John Ingenhousz...	367
—	Au comte de Vergennes...	369
—	A mistriss Mary Hewson...	370
—	A Jonathan Williams...	371
—	Le comte de Vergennes à B. Franklin...	372
—	A George Whatley...	373
—	A M***...	381
—	A Francis Mazères...	382
—	A mistriss Mary Hewson...	387
—	A Granville Sharp...	*ibid.*
—	A David Hartley...	389
-	A Mathon de la Cour...	390
—	Le comte de Castries à B. Franklin...	391
	JOURNAL DE VOYAGE...	*ibid.*

CHAPITRE XV.

Réception de Franklin. — Il est élu président de Pensylvanie, et occupe cet office pendant trois ans. — Il est délégué à la Convention fédérale pour doter d'une Constitution les États-Unis. — Ses discours à la Convention. — Ses comptes. — Sa maladie. — Sa mort. — Hommages rendus à sa mémoire (1785-1790).. 399

1785.	A John Jay...	*ibid.*
—	A George Washington...	401
—	A M. et Mme Jay...	402
—	George Washington à B. Franklin...	403
—	A David Hartley...	404
—	A Mathon de la Cour...	406
—	A Édouard Bancroft...	407
1786.	A James Bowdoin...	408
—	A Jane Mecom...	409

TABLE DES MATIÈRES.

Pages.

1786. A Jonathan Shipley...................	410
— A M. Le Veillard......................	413
— A Benjamin Rush......................	416
— A mistriss Mary Hewson................	ibid.
— A William Cocke......................	419
— A William Hunter.....................	420
1787. A Alexander Small...................	422
— A M. Le Veillard......................	424
— Au duc de la Rochefoucauld............	425
— Au marquis de Chastellux..............	428
— A MM. les abbés Chalut et Arnaud......	430
— Au marquis de Lafayette...............	ibid.
— A l'abbé Morellet.....................	432
— A Thomas Jordan.....................	435
— A George Whatley....................	437
— A Jane Mecom........................	440
— A Alexander Small....................	442
— Discours a la Convention..............	445
— A Jane Mecom........................	449
— A l'imprimeur de l'*Evening Herald*.....	450
1788. A Mather Byles......................	451
— A John Ingenhoustz...................	457
— A M.-Le Veillard......................	459
— Au même............................	462
— A John Lathrop.......................	463
— A M. Le Veillard......................	465
— A Dupont de Nemours.................	467
— Au duc de la Rochefoucauld............	469
— A Mme Lavoisier......................	470
— A John Ingenhousz...................	471
— A Benjamin Vaughan..................	473
— A mistriss Partridge...................	475
— A Jane Mecom........................	ibid.
— A Charles Thomson...................	478
— Aperçu des services de B. Franklin.....	481
1789. A Alexander Small...................	486
— A mistriss Catherine Green.............	488
— A miss Catherine Shipley..............	490
— A Richard Price......................	491
— A George Washington.................	492
— George Washington à B. Franklin.......	ibid.
— A Benjamin Vaughan..................	493
— A John Wright.......................	497

	Pages.
1789. A Samuel Moore	501
— A Alexander Small	502
— A M. Le Roy	504
— A David Hartley	505
— A Jane Mecom	506
1790. Ezra Stiles à B. Franklin	507
— A Ezra Stiles	509
— Discours de Mirabeau	515
— Lettre du président de l'Assemblée constituante	517

FIN DE LA TABLE DES MATIÈRES.

8862. — Imprimerie générale de Ch. Lahure, rue de Fleurus, 9, à Paris.

LIBRAIRIE DE L. HACHETTE ET Cie

Boulevard Saint-Germain, n° 77, à Paris.

ÉDITIONS A 1 FRANC LE VOLUME
FORMAT IN-18 JÉSUS

I. ŒUVRES DES PRINCIPAUX ÉCRIVAINS FRANÇAIS.

Barthélemy : *Voyage du jeune Anacharsis en Grèce dans le IV° siècle avant l'ère chrétienne.* 3 vol. Atlas dressé pour cet ouvrage. In-8. 1 50
Boileau : *Œuvres complètes.* 2 vol.
Bossuet : *Œuvres choisies.* 5 vol.
Corneille : *Œuvres complètes.* 7 vol.
Fénelon : *Œuvres choisies.* 4 vol.
La Fontaine : *Œuvres complètes.* 3 vol.
Marivaux : *Œuvres choisies.* 2 vol.
Molière : *Œuvres complètes.* 3 vol.
Montaigne : *Essais,* précédés d'une lettre à M. Villemain sur l'éloge de Montaigne, par P. Christian. 2 vol.

Montesquieu : *Œuvres complètes.* 3 vol.
Pascal : *Œuvres complètes.* 3 vol.
Racine : *Œuvres complètes.* 3 vol.
Rousseau (J. J.) : *Œuvres complètes.* 13 vol.
Saint-Simon (le duc de) : *Mémoires complets et authentiques sur le siècle de Louis XIV et la Régence,* collationnés sur le manuscrit original, avec une notice de M. Sainte-Beuve. 13 vol.
Sédaine : *Œuvres choisies.* 1 vol.
Voltaire : *Œuvres complètes.* 40 vol.

II. AUTEURS CONTEMPORAINS.

1° ROMANS.

Arnould (A.) : *Les trois Poètes.* 1 vol.
Assollant (A.) : *Jean Rosier.* 1 vol.; — *La mort de Roland,* 1 vol.
Aunet (Mme L. d') : *Étiennette;* — *Silvère;* — *Le Secret.* 1 vol.
Barbara (Ch.) : *L'assassinat du pont Rouge.* 2° édit. 1 vol.
— *Mes petites Maisons.* 1 vol.
Bast (A. de) : *Contes à ma voisine.* 2 vol. Chaque vol. se vend séparément.
— *Les Fresques,* contes et anecdotes. 1 v.
Claveau (A.) : *Nouvelles contemporaines.* 1 vol.
Deslys (Ch.) : *Le Mesnil-aux-Bois;* — *La mère Jeanne.* 1 vol.
— *Les Compagnons de minuit.* 1 vol.
Du Bois (Ch.) : *Nouvelles d'atelier.* 1 vol.
Enault (Louis) : *Christine.* 1 vol.
Forgues (E.) : *Le Rose et le Gris.* 1 vol.
Gauthier (Th.) : *Militona.* 1 vol.
Goudall (L.) : *Le Martyr des Chasmelles.* 1 vol.
Laboulaye (Ed.) : *Abdallah, ou le trèfle à quatre feuilles,* conte arabe. 1 vol.
— *Souvenirs d'un voyageur.* 1 vol.
Legouvé (Ern.) : *Béatrix.* 1 vol.

Lennep (J. van) : *La dame de Wardenbourg.* 1 vol.
Marchand-Gerin (Eug.) : *La Nuit de la Toussaint;* — *Il Cantatore.* 1 vol.
Marcoy (P.) : *Souvenirs d'un mutilé.* 1 v.
Masson (M.) : *Les Contes de l'atelier.* 1 v.
— *Une Couronne d'épines.* 1 vol.
Monnier (M.) : *Les Amours permises.* 1 v.
Ponson du Terrail : *Le nouveau Maître d'école.* 1 vol.
Reybaud (Mme Ch.) : *Le Cabaret de Gaubert.* 1 vol.
— *L'Oncle César.* 1 vol.
Rivière (H.) : *Pierrot;* — *Cam.* 1 vol.
Robert (A.) : *Contes excentriques.* 1 vol.
— *Nouveaux contes excentriques.* 1 vol.
Sand (George) : *André.* 1 vol.
Vilbort (G.) : *Les Héroïnes,* nouvelles polonaises. 1 vol.
Vitu (A.) : *Contes à dormir debout.* 1 v.
Wailly (J. de) : *Henriette;* — *Les Mortes aimées.* 1 vol.
Wailly (L. de) : *Angelica Kauffmann.* 2 v.
— *Les deux filles de M. Dubreuil.* 2 vol.
— *Stella et Vanessa.* 1 vol.
Wey (Fr.) : *Gildas.* 1 vol.
— *Le Bouquet de cerises.* 1 vol.
Yvan (le Dr) : *Légendes et récits.* 1 vol.

2° VOYAGES.

Castella (Hub. de) : *Les Squatters australiens*. 1 vol.
Colet (Mme L.) : *Promenade en Hollande*. 1 vol.
Deschanel (Ém.) : *A pied et en wagon*. 1 vol.
Gérardy-Saintine : *Trois ans en Judée*. 1 vol.
Gobineau (comte A. de) : *Voyage à Terre-Neuve*. 1 vol.
Léouzon-Leduc : *La Baltique*. 1 vol.
Marcoy (P.) : *Scènes et paysages dans les Andes*. 2 vol.
Perron d'Arc (H.) : *Les Champs d'or de Bendigo (Nouv.-Holl.)*. 1 vol.
Pichot (A.) : *Les Mormons*. 1 vol.
Piotrowski (Rufin) : *Souvenirs d'un Sibérien*. 1 vol.
Reclus (Él.) : *Voyage à la Sierra-Nevada de Sainte-Marthe*. 1 vol.

3° ŒUVRES DIVERSES.

About (Ed.) : *Nos artistes au Salon de 1857*. 1 vol.
Lasteyrie (Ferd. de) : *Causeries artistiques*. 1 vol.
Révoil : *Chasses dans l'Amérique du Nord*. 1 vol.
— *Pêches dans l'Amérique du Nord*. 1 vol.
Viennet : *Épîtres et Satires*. 1 vol.

III. BIBLIOTHÈQUE DES MEILLEURS ROMANS ÉTRANGERS.

Ainsworth (W. Harrisson) : *Abigail*, roman historique tr. de l'angl. 1 vol.
— *Crichton*, tr. de l'angl. 1 vol.
— *La Tour de Londres*, trad. de l'anglais. 1 vol.
Anonymes : *César Borgia, ou l'Italie en 1500*, trad. de l'anglais. 1 vol.
— *Les Pilleurs d'épaves*, tr. de l'angl. 1 v.
— *Paul Ferroll*, trad. de l'angl. 1 vol.
— *Violette; Éléanor Raymond*. 1 vol.
— *Whitehall*, tr. de l'angl. 1 vol.
— *Whitefriars*, trad. de l'angl. 1 vol.
Beecher-Stowe (Mrs) : *La Case de l'oncle Tom*, trad. de l'anglais. 1 vol.
— *La Fiancée du ministre*. 1 vol.
Berselio (V.) : *Nouvelles piémontaises*, tr. de l'italien. 1 vol.
Bulwer-Lytton (sir Edward) : Œuvres, trad. de l'anglais, sous la direction de P. Lorain. 19 vol.
Devereux. 2 vol.
Ernest Maltravers. 1 vol.
Le Dernier des barons. 2 vol.
Le Désavoué. 2 vol.
Les Derniers jours de Pompéi. 1 vol.
Mémoires de Pisistrate Caxton. 2 vol.
Mon roman. 2 vol.
Paul Clifford. 2 vol.
Qu'en fera-t-il? 2 vol.
Rienzi. 2 vol.
Zanoni. 1 vol.
Caballero (F.) : *Nouvelles andalouses*, trad. de l'espagnol. 1 vol.
Cervantès : *Nouvelles*, trad. 1 vol.
Cummins (miss) : *L'Allumeur de réverbères*, traduit de l'anglais. 1 vol.
— *Mabel Vaughan*, traduit. 1 vol.
— *La Rose du Liban*, trad. 1 vol.
Currer-Bell (miss Brontë) : *Jane Eyre*, traduit de l'anglais. 1 vol.
— *Le Professeur*, traduit. 1 vol.
— *Shirley*, traduit. 2 vol.
Dickens (Charles) : Œuvres, trad. de l'anglais sous la direct. de P. Lorain. 23 vol.
Aventures de M. Pickwick. 2 vol.
Barnabé Rudge. 2 vol.
Bleak-House. 2 vol.
Contes de Noël. 1 vol.
David Copperfield. 2 vol.
Dombey et fils. 3 vol.
La petite Dorrit. 2 vol.
Le Magasin d'antiquités. 2 vol.
Les Temps difficiles. 1 vol.
Nicolas Nickleby. 2 vol.
Olivier Twist. 1 vol.
Paris et Londres en 1793. 1 vol.
Vie et aventures de Martin Chuzzlewit. 2 vol.
Disraeli : *Sybil*, traduit de l'anglais. 1 vol.
Freytag (G.) : *Doit et Avoir*. 3 vol.
Fullerton (lady) : *L'Oiseau du bon Dieu*, trad. de l'anglais. 1 vol.
Fullon (S. W.) : *La comtesse de Mirandole*, traduit de l'anglais. 1 vol.
Gaskell (Mrs) : Œuvres, traduites de l'anglais. 6 vol.
Autour du sofa. 1 vol.
Marie Barton. 1 vol.
Cranford. 1 vol.
Marguerite Hale (Nord et Sud). 2 vol.
Ruth, traduit par M***. 1 vol.
Gerstäcker : *Les deux Convicts*. 1 vol.
— *Les Pirates du Mississipi*. 1 vol.
— *Aventures d'une colonie d'émigrants en Amérique*, traduit de l'allemand. 1 vol.
Goethe : *Werther*. 1 vol.
Gogol (N.) : *Les Âmes mortes*. 2 vol.

Grant (J.): *Les Mousquetaires écossais*, trad. de l'anglais. 2 vol.
Hackländer: *Boutique et Comptoir*, trad. de l'allem. 1 vol.
Hauff (W.): *Nouvelles*. 1 vol.
— *Lichtenstein*, trad. 1 vol.
Hawthorne (N.): *La Lettre rouge*. 1 v.
Heiberg (L.): *Nouvelles danoises*. 1 v.
Hildreth: *L'Esclave blanc*. 1 vol.
Immermann: *Les Paysans de Westphalie*, trad. de l'allem. 1 vol.
James: *Leonora d'Orco*. 1 vol.
Kavanagh (J.): *Tuteur et Pupille*. 1 vol.
Kingsley: *Il y a deux ans*. 2 vol.
Lennep (J. van): *La Rose de Dekama*, trad. du hollandais. 2 vol.
— *Les Aventures de Ferdinand Huyck*, trad. du hollandais. 2 vol.
Lever (Ch.): *Harry Lorrequer*. 2 vol.
— *L'Homme du jour*. 1 vol.
Ludwig (O.): *Entre ciel et terre*. 1 vol.
Lutfullah: *Mémoires d'un gentilhomme mahométan*. 1 vol.
Marvel (I.): *Le Rêve de la vie*. 1 vol.
Mathews: *Légendes indiennes*. 1 vol.
Mayne-Reid: *La Piste de guerre*. 1 vol.
— *La Quarteronne*. 1 vol.

Mugge (Th.): *Afraja*. 1 vol.
Pouchkine: *La Fille du capitaine*. 1 vol.
Smith (J. F.): *La Femme et son maître*, trad. de l'anglais. 3 vol.
— *L'Héritage* (Dick Tarleton). 2 vol.
Sollohoub (comte): *Nouvelles choisies*, trad. du russe. 1 vol.
Stephens (miss A. S.): *Opulence et Misère*, trad. de l'anglais. 1 vol.
Thackeray: *Œuvres*, trad. de l'anglais. 8 vol.
Henry Esmond. 1 vol.
Histoire de Pendennis. 3 vol.
La Foire aux vanités. 2 vol.
Le Livre des Snobs. 1 vol.
Mémoires de Barry Lyndon. 1 vol.
Tourguéneff: *Scènes de la vie russe*, trad. du russe. 2 vol.
— *Mémoires d'un seigneur russe*. 1 vol.
Trollope (Mrs): *La Pupille*. 1 vol.
Wieland (C.-M.): *Obéron*, poëme historique, trad. de l'allemand. 1 vol.
Wilkie Collins: *Le Secret*. 1 vol.
Zschokke: *Addrich des Mousses*. 1 vol.
— *Le Château d'Aarau*. 1 vol.

IV. LITTÉRATURE POPULAIRE,

SPÉCIALEMENT DESTINÉE AUX OUVRIERS DES VILLES ET DES CAMPAGNES.

Cette collection comprendra environ deux cents volumes.

Le cartonnage en percaline gaufrée se paye 40 cent. en sus par volume.

Barrau (Th. H.): *Conseils aux ouvriers sur les moyens d'améliorer leur condition*. 1 vol.
Calemard de la Fayette: *Petit-Pierre, ou le bon cultivateur*. 1 vol.
— *La Prime d'honneur*. 1 vol.
Carraud (Mme): *La Petite-Jeanne ou le Devoir*. 1 vol.
— *Maurice ou le Travail*. 1 vol.
Charton (Éd.): *Histoires de trois enfants pauvres*, racontées par eux-mêmes et abrégées par É. Charton. 1 v.
Corneille (Pierre): *Chefs-d'œuvre*. 1 v.

DelaPalme: *Le premier Livre du citoyen*. 1 vol.
Homère: *Les Beautés de l'Iliade et de l'Odyssée*, par Giguet. 1 vol.
Joinville (sire de): *Histoire de saint Louis*, texte rapproché du français moderne, par Natalis de Wailly. 1 vol.
La Fontaine: *Choix de fables*. 1 vol.
Molière: *Chefs-d'œuvre*. 2 vol.
Racine (Jean): *Chefs-d'œuvre*. 2 vol.
Shakspeare: *Chefs-d'œuvre*. 3 vol.
Véron (Eugène): *Les Associations ouvrières en Allemagne, en Angleterre et en France*. 1 vol.

ATLAS UNIVERSEL
D'HISTOIRE ET DE GÉOGRAPHIE

CONTENANT

1° LA CHRONOLOGIE :

Notions préliminaires ; concordance des principales ères avec les années
avant et après Jésus-Christ ;
Table des archontes d'Athènes, des consuls de Rome ;
Catalogue des Saints, Calendriers, etc., etc.)
et tables chronologiques universelles contenant tous les faits de l'histoire universelle ;

2° LA GÉNÉALOGIE :

Tableaux généalogiques des dieux et de toutes les familles historiques
suivis d'un traité élémentaire de l'art héraldique,
avec : 1° neuf planches de blason coloriées ;
2° une planche coloriée des principaux ordres de chevalerie ou décorations ;
3° deux planches coloriées de pavillons des principales puissances ;

3° LA GÉOGRAPHIE :

58 cartes gravées et coloriées, faisant connaître la géographie ancienne et moderne
de tous les pays du monde.
Cette troisième partie comprend en outre des tables explicatives
indiquant les ressources commerciales et industrielles,
les divisions administratives et religieuses de chaque pays ;

PAR M.-N. BOUILLET,

Auteur du *Dictionnaire universel des Sciences, des Lettres et des Arts,*
et du *Dictionnaire universel d'Histoire et de Géographie.*

Un beau volume grand in-8, broché, 20 francs.

Le cartonnage en percaline gaufrée se paye en sus 2 fr. 75.
La demi-reliure en chagrin, tranches jaspées, 4 fr. 50.
La demi-reliure en chagrin, avec tranches et gardes peignes, 5 fr. 50.

LE MÊME OUVRAGE
SANS LES DOUZE PLANCHES DE L'ART HÉRALDIQUE
BROCHÉ, 21 FR.

Le cartonnage en percaline gaufrée se paye en sus 2 fr. 25 ;
La demi-reliure en chagrin, tranches jaspées, 4 fr. ;
La demi-reliure en chagrin, avec tranches et gardes peignes, 5 fr.

Imprimerie générale de Ch. Lahure, rue de Fleurus, 9, à Paris.